W I Z A R D

THE UNTOLD STORY OF
HOW I DESTROYED
SWISS BANK SECRECY

BRADLEY C. BIRKENFELD

堕天使バンカー

LUCIFER'S BANKER

スイス銀行の黒い真実

ブラッドレー・C・バーケンフェルド［著］
長尾慎太郎［監修］
藤原玄［訳］

Pan Rolling

First published as <Lucifer's Banker> by Bradley C. Birkenfeld

Japanese translation rights arranged with Muenchner Verlagsgruppe GmbH
through Japan UNI Agency, Inc., Tokyo

監修者まえがき

本書はスイスの大手銀行のひとつＵＢＳの職員であったブラッドレー・バーケンフェルドによる“Lucifer's Banker : The Untold Story of How I Destroyed Swiss Banking Secrecy”の邦訳である。バーケンフェルドは、スイスの銀行業界が長年にわたって行ってきた秘密口座による非合法ビジネスに関して大規模な告発を行った。だが、彼がなぜすべてを捨ててＵＢＳを告発したのか本当のところは謎である。それはどう見ても勝算の小さい割にリスクが大きすぎる危険なゲームであった。現にこの件で刑務所に行くことになったのは告発者であるバーケンフェルド本人だけで、ＵＢＳ本体はわずかばかりの罰金を支払ったものの、関係者はほとんど無傷で済んでいる。ひょっとすると、本書には書かれていないが、彼には告発に動かざるを得ない理由があり、真実のストーリーは別にあるのかもしれない。いずれにせよ、告発後に制定された内部告発者に対する報奨制度によって、内国歳入庁（ＩＲＳ）から一億四〇〇〇万ドルを受領したことで、バーケンフェルドの挑戦は経済的にも報われることになった。

ところで、本書の内容はスイスの大手銀行を一個人が追い詰めたノンフィクションとして気楽に読むこともできるが、「アメリカ外交公電ウィキリークス流出事件」「パナマ文書」「エドワード・スノーデンによる暴露事件」といった、ここ一〇年ほどの一連の告発事件の流れのなかでとらえることもできるだろう。こうした現象は前世紀にはあり得なかったことで、なぜならば、以前なら社会階級間に交流がほとんどなかったからである。ピエール・ブルデューが指摘したように、どの文化においてもそれぞれの階級は固有のハビトゥスを有し、それを通じた選別が厳然と行われてきた。学歴や軍歴という例外的なワイルドカードを除けば、階級が異なれば住む世界が異なるという閉鎖性が、社会構造の再生産を維持してきたのである。しかし、近年のグローバル資本主義とネットによる情報の民主化は階層間の大規模な越境をもたらし、階級別の住み分け（ディスタンクシオン）と権益をも徐々に破壊することになった。今世紀に入って世界のあちこちで発生した告発事件の連鎖は、こうした社会的な変化と独立ではない。これは既存のエスタブリッシュメントにとっては大きな脅威である。その意味では、バーケンフェルドの当初の告発に対し米国司法省がそれを抑えにかかり、闇に葬ろうとしたのは、体制側の忠実なエージェントである彼らにとってはごく自然なことだったのだ。

翻訳にあたっては以下の方々に心から感謝の意を表したい。まず藤原玄氏には臨場感があり読みやすい翻訳を、そして阿部達郎氏は丁寧な編集・校正を行っていただいた。また本書が発行される機会を得たのはパンローリング社社長の後藤康徳氏のおかげである。

二〇一七年六月

長尾慎太郎

目次

付録

このジェットコースターのような人生が始まった、まさにその日から一緒に居てくれた兄のダグに感謝する。忠実なる友人であり、優秀な弁護士でもある彼は、不正を目の当たりにし、事態を把握し、そして道々、アドバイスをくれた。

「事が起きた。説明するのは容易ではないが、黙ってはいられない」

――エドマンド・バーク（アイルランドの哲学者）

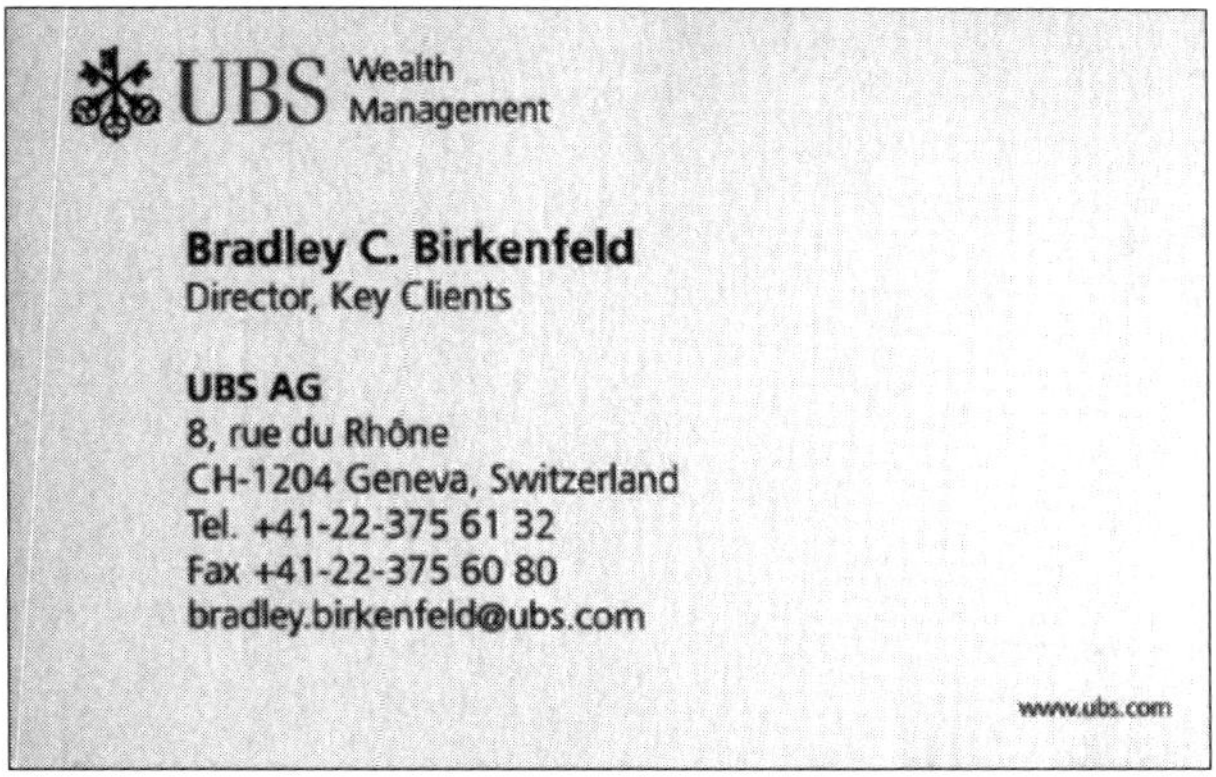

UBS Wealth Management

Bradley C. Birkenfeld
Director, Key Clients

UBS AG
8, rue du Rhône
CH-1204 Geneva, Switzerland
Tel. +41-22-375 61 32
Fax +41-22-375 60 80
bradley.birkenfeld@ubs.com

www.ubs.com

序章　だまされやすい人

「私は、ずる賢い海外の銀行家たちが、狡猾な方法でアメリカの豊かな富を支配し、文明を破壊すべく、その富を組織的に利用せんとすることを恐れる者である」――オットー・フォン・ビスマルク（ドイツ帝国宰相）

二〇一〇年一月八日　ペンシルベニア州マイナースビル

連邦刑務所へと続くすべての道のりは長いものであった。

この旅路を短縮し、予想される痛みを和らげるための出口も近道も存在しない。それらの道はすべて決断のうえに築かれ、急カーブやロストハイウエーに満ちている。最後の行程は、裁判所から直行するか、刑務所の排気ガス臭いバスで六時間に及ぶ移送をされるかであるが、それは常に狂った人生の報いであり、結末は常に同じである。

凍えるような金曜日、スクールキルにある連邦矯正施設へ続く道は、終わりなき道かのように感じられた。ペンシルベニア州スクラントンのホテルから、郊外にある刑務所までの道のりは、車で一時間ほどの距離にすぎなかったが、私には一年にも感じられたものだった。レクサスの車中でも息は白く、車外では先が見えないほどに雪が舞い、道路は滑りやすく危険な状態になっていた。私は収監される前に、最後のドライブを楽しみたいと思っていたのだが、手錠につながれ、足首には監視装置を付けられていたので、もはや車を運転することはできなかった。私と同じく一九五センチもの背丈のある兄のダグは、荒天のなか車を走らせていた。私は車中で何人かの友人に別れの電話をかけたが、ほとんどの時間は口をつぐみ、二人とも望んでいない約束の場所へと向かっていた。

これがダグにはつらいものとなることは分かっていた。おそらくは私自身よりもつらかったであろう。彼は私がやったこと、つまり史上最大の金融詐欺と脱税を暴露したことを誇りに思っていたし、アメリカ司法省には激しい怒りを覚えてもいた。ダグは、私には足かせではなく、自由勲章がふさわしいとさえ考えていたのだ。私は、何も問題はないのだと彼に伝えようとした。

「おい、リラックスしようぜ。刑務所での三年は、胸を張って過ごすよ」と、ハンドルを握り、冷や汗をかいた兄の指を見つめながら言った。

しかし、ダグは聞く耳を持たなかった。彼は怒り、苦しみ、そして復讐に燃えていた。私にしてもそうだった。そうでないふりをしても何の意味もないのだ。

私が虚勢を張るのをあきらめたころ、車は雪をかぶった松林を抜ける長いカーブに差し掛かっていた。突如、車はコントロールを失い、スリップを始めたが、ダグはまるでＦ１ドライバーかのように車をドリフトさせ、けっしてスピードを落とそうとはしなかった。ダグはハンドルに覆いかぶさるようにして、フル回転するワイパーが雪を吹き飛ばすフロントガラスを見つめていた。ワイパーの音は、まるで時限爆弾に取り付けられたメトロノームのようにも思われた。少々ドラマチックにすぎるかもしれないが、実際にそうであったのだ。

「気楽に行こうよ、兄貴。僕は急いではいない」と私は彼の肩に手を伸ばした。

ダグはやっとほほ笑みを見せたが、それはあたかも死者のほほ笑みかのようで、われわれはまたふさぎ込んでしまった。

非業の死を遂げんとするとき、これまでの人生が目の前を走馬燈のように流れると聞いたことがある。幸運にも、それを経験することはなかったが、刑務所に収監されようとしているときにも、似たような現象が起こることをじかに体験した。今振り返ってみると、私の場合は不治の病を患ったようなもので、喜びも悲しみも、さらにはすべての成功体験といくつかのバカげた失態もじっくりと振り返るだけの時間があった。私の人生が目の前を駆け巡ることはなかったが、おんぼろの映写機で古い映画がゆっくりと映し出されているかのようであった。

私は後悔もしていないし、残念会も好きではない。しかし、可能であるならやり直したいこともある。例を挙げるなら、スイス銀行の上司たちには誠実さのひとかけらもないことに気づいたときに、彼らを信用して私を助けてくれるなどとけっして考えるべきでなかった。また、アメリカ司法省に駆け込むにあたっても、史上最大の脱税スキームを丁重に告発する私を守ってくれるなどと期待するべきではなかった。四四歳という十分な年を重ねていたにもかかわらず、私はいまだアメリカの司法制度を信用していたのだ。まぁ、長生きはするものだ。

車中の私の心を占めていたのは、失ったものである。つまり、成功するために猛烈に働いた日々であり、両親であり、兄弟であり、友人であり、そして自由であった。一時間後には、まったく対照的な世界に直面することを私は知っていた。今日までの人生をディズニーランドで過ごしたとするならば、これからはロンドン塔で過ごすことになるのだ。

私は座席に背をもたせ、目を閉じてジェットコースターのような日々を思い出していた。ちょうど二年前、私はだれもが夢見るような生活を享受していた。そこでは目に映るもの、香り、そして感動のすべてが、暖かいカリブの波のように繰り返し押し寄せてきた。

私は、スイスはジュネーブのリブ通りを見下ろす豪華な三階建てのアパートのベランダにもたれていた。エスプレッソを満たした陶器からは湯気が上がり、フィナンシャル・タイムズのオレンジ色の紙面は朝のそよ風に揺れていた。通りの向かいに立つ朝市で仕入れた新鮮なイチゴの山が大理石のテーブルの上に輝き、足元にはスイスのトラムがまるでクリスマスの鉄道模型のように行ったり来たりしている。土曜日の朝、私が住むオーヴィヴは静まり返り、キャバレーのシャッターは下ろされ、観光客を乗せた馬車が石畳の道を進むパカパカという音が遠くから聞こえてくる。雪をかぶったスイスアルプスに陽光が輝き、観音開きの窓からはダイアナ・クラールのジャズの調べが流れていた。

魅力的なブラジル人の彼女、タイはまだ部屋のなかにいて、ペルシャ製の枕の山に埋もれている。二人とも昨夜のお酒が残っていた。ネパールのシルクのような彼女の肌の感覚もまだ残っていたが、ポルトガル語訛りの誘うような声に私は思わずニンマリする。

「ブラッディ、ベッドに戻ってよ、ダーリン。私の大好きなあれが欲しいの」

また晴れやかな週末のひとときであった。われわれは真っ赤なフェラーリ550マラネロに乗り込み、ツェルマットまでドライブに出る。サングラスと白い歯を輝かせながら、美しい山道をブンまわすのだ。私が所有するスイスシャレー（山小屋）は絶景の街の頂にある。車で乗り入れることは禁じられているので、山の麓の小さな村に車を止め、ケーブルカーで、長く険しい谷を越え、頂上まで進む。やっと到着すると、窓からはまるで絵画のようなマッターホルンの絶景が楽しめるのだ。

それほど特別なことではないのかもしれないが、それもローラン・ペリエのマグナムボトルや、新鮮なブルーガのキャビア、ハバナ産のチャーチル葉巻をありがたいと思わないのであれば、の話である。もしフリゴールのスイスチョコレートやオーデマ・ピゲの時計、ブリオーニのスーツに、あなたを喜ばせ、楽しく過ごすことだけに関心のある魅力的な女性が好きなのであれば、うらやましい話であろう。さらには一番良いことに、すべては現金で支払って手に入れたということを想像してみればよい。

つまるところ、すべては金次第、ということではないだろうか。だからこそ、私は国際的な銀行業界に身を投じ、ラ・トゥール・ド・ペの大学で修士号を修得し、ジュネーブで身を粉にして働いたのである。それゆえ、私はだれもがうらやむスイス・ユニオン銀行、つまり世界最大にして最高の銀行、ＵＢＳに職を得たのである。そして、同行ではスイスのプライベートバンカーの精鋭部隊で唯一のアメリカ人として、職務を遂行し、世界中をファーストクラスで旅し、五つ星のリゾートホテルに泊まり、世界の最富裕層が問答無用にスイスの秘密口座に富を隠すよう誘惑してきたのだ。金融の知識と、目いっぱいの笑顔、そして肝っ玉を武器に、ＵＢＳと顧客たちのために何百万ドルも稼いできた。そして、私もそこから大きな報酬を得てきたのだ。

しかし、もはやすべては終わり、金がすべてではなくなった。私は、イアン・フレミングが描く人物のような人生を送っていた。スリルがすべての人生であり、またそれを求め続けるものでもあった。私は、この迷惑極まる性質を善意と呼んでいたことに気づき、やがて「会社」にはそんな善意などまるでないことを発見しなければ、今でもまだその生活を続けていたかもしれない。ＵＢＳの腹黒い申し子たち、私の極悪な上司たちは、われわれが取り組んでいたことすべてがアメリカの税法に対する目に余る反逆であり、私のあごひげが真っ白になるまで刑務所に入ることになることを最初からお見通しであったのだ。彼らは、私と私の顧客、仲間たちを陥れようとしたのだ。だからこそ、私は、スイスのマフィアたちを追い詰め、先に飛び降りたのだ。

問題は、私が飛び込んだ先が間違いだったことだ。アメリカ司法省は私を歓迎し、保護し、さらにはスイスの秘密と不正とを覆う頑迷な殻を砕き、アメリカの納税者が今後だまされることがないようにした最初にして唯一のスイス・プライベートバンカーである私に感謝するはずであった。しかし、司法省は粘着質の一方の手で私が持つ宝の山に手を伸ばし、もう一方の手で私に手錠をかけたのだ。

卑劣な連中だ。それが洗練されたやり方だというのだろうか。

目を開けると、また怒りがふつふつと込み上げてきたが、車外の風景にふと、われに返る。お前はただ汚名を背負わされたサムライではないのだ、バーケンフェルドよ。私は、アメリカ中部の炭鉱町を眺めていた。馬や家畜が行きかい、ひび割れた煙突からは煙が立ちのぼり、錆びついた古い車はコンクリートブロックに乗り上げている。馬が目に入った。ガソリンが高すぎた時代の唯一の交通手段である。雪に覆われた丘に立ち、青草を探している。かつてこの地は、自国民が求める黒い石を目指してアメリカの英雄たる男たちが地中深くで働いた場所である。鉱山の落盤で多くの者たちが命を失い、またそれ以上に多くの者たちが肺を病んで死んでいったのだ。しかし、今や彼らは、環境保護主義者からは呪われ、選挙のことしか頭にない政治家どもからは遠ざけられた、社会ののけ者となっている。自国に裏切られたのだ。まるで私のように。異なることと言えば、彼らはツェルマットのスキーシャレーなど知りもしなかったことであろう。

われわれは、「マイナースビル」の標識を通過した。もうじきゲームが始まるのだ。私は、秘密を漏らした報いとしてアメリカ政府の慰み者となるのだ。アンクル・サムよ、ありがとう。

私が本当に驚いたのは連邦政府のマフィア連中であり、スイスでの派手な生活などさしたることはなかった。私は質素に育ったし、厳しい環境でも素晴らしい人生を送ることはできた。さらに言えば、全米最古かつ最も厳しい私立の軍学校であるバーモント州のノリッジ大学でもなんとかやってきたのだ。大学では、毎日雪のなかでの腕立て伏せに始まり、ラックサックを背負って一六キロに及ぶ行進を行い、情け容赦ない鬼軍曹に大声で命令され、何時間もおかしくなるくらい講義を受け、そして狂ったように深夜まで勉強するのだ。それに比べれば、スクールキルで起こることなど大したことはなかろう。連邦政府の職員が受刑者を訓練兵のように扱うことは許されないのだ。だが、それゆえに再犯率が下がるのだから皮肉とも言えよう。

いずれにせよ、彼らがどんな無理難題を持ちかけようとも、私は彼ら自身の土俵で彼らを打ち負かすのだとすでに心に決めていたのだ。私は、第二次大戦をテーマにしたコメディで、連合軍の捕虜たちがナチの刑務所長を手玉に取る古いテレビ番組のOK捕虜収容所の熱烈なファンであった。それゆえ、スクールキルは私にとっては「第一三捕虜収容所」であり、私はホーガン大佐となるのだ。さぁ、かかってこい。

私は兄のダグのほうに目をやった。彼はハンサムで、私やわれわれの兄よりも見てくれが良く、とび色の髪も豊富で、歯も白い。ダグはタフな弁護士でもあり、怒ると大きな下あごをつきだし、冷たい青い瞳で標的を射抜くのだ。今、彼のあごは小刻みに震えている。

「怒っているな」と私が語り掛ける。

「いいや、かわいい弟を刑務所に送り届けるのも悪くないね。デーブも何かで訴えられたら、送り届けてやるよ」

兄の返事に私は大笑いした。笑うことができなくなったら、人生は終わりだろう。

「気楽に行こうよ。すぐに終わるさ、分かるだろう」と私。

「だれかを殺してやりたいよ、ケビン・ダウニングのような奴をね」と彼は怒りをあらわにする。

ダグの怒りには心底同意する。ケビン・ダウニングというのは、司法省税務課の上席検事で、私が最初に事案を持ち込んだ相手のひとりである。私は彼に王国の鍵、不法なスイス銀行界の秘密のすべてを手渡し、そして彼は狂犬のように私に襲い掛かったのだ。倫理観にあふれる弁護士であるダグはケビン・ダウニングを職業人として最低の種族とみなしていた。しみったれで、偽善者で、利己的で、本質的に悪人なのだ。

「ほかにだれか候補はいるかい」と私が尋ねる。

「ダウニングの次にかい？　そうだな、オレニコフだな」

そう、イゴール・オレニコフ。彼の名前を聞くだけではらわたが煮えくり返る。ロシア生まれのオレニコフは、カリフォルニアの不動産業界の大物で、億万長者。ＵＢＳ時代の私の最大の顧客である。彼に初めて会ったのはマリーナであった。そこに係留されているヨットは、どれもがマンションを買えるほど高価で、クルーたちはみんな、アバークロンビー・アンド・フィッチのモデルみたいな男の子たち、ヨットのオーナーたちの愛人連中は、本妻の目の前で、シリコン整形の巨乳とダイヤモンドのブレスレットを見せびらかしているのだ。その後、再びオレニコフに会い、彼をリヒテンシュタインに住む私の同僚で、金儲けと姿を隠す天才であるマリオ・スタグルに紹介した。

オレニコフは大金持ちで、万一に備え、その大部分を詮索好きなＩＲＳ（米内国歳入庁）の目から逃れさせたいと考えていた。そこで、スタグルは、オランダのペーパー・カンパニー三社を出資者としたリヒテンシュタイン信託を二つ創設した。最終的な受益者はオレニコフである。その後すぐに、私は、彼がアメリカの不動産から上げた二億ドルの利益をＵＢＳのいくつかのナンバーアカウントに移した。本当の口座保有者がオレニコフであることを示す唯一の証拠は、彼の名前が入った索引カードと彼のコードネームである。そのカードは、ジュネーブのＵＢＳ本部に厳重に保管され、それを見ることができるのは、私と私の上司であったクリスチャン・ボヴァイだけである。ＵＢＳのほかの社員はだれもオレニコフのことは知らないのだ。

技術的には、この取引に違法な点はない。ただ、オレニコフが税務申告のときにスイスに資金を置いていることを「忘れずに」申告するかぎりは、である。私は、数多くのアメリカ人をＵＢＳの顧客としたが、彼らがＷ－９に記載しようとしまいと、私には関係のないことだった。しかし、誤解しないでいただきたい。私はガキではないし、自分がしていることは理解していた。さらに、ＵＢＳは大金を持った金持ちたちを連れてくるべく、われわれ「狩人たち」を追い立て続けた。そこで私は、善意にはしばらくお休みいただいて、ゲームを続けたのである。私は、上司たちが私を辞めさせようとしていることを知って初めて、先制攻撃に出ることを決め、彼らを密告したのだ。

そして、アメリカ司法省はあらがいがたい取引を持ちかける。「バーケンフェルドさん、アメリカ人の口座保有者の名前を教えてください。すべての名前です。さもなければ、あなたのことも起訴しますよ」。私には選択肢などほとんどなかった。密告しようとすれば、だれも守ることはできないのだ。

さて、イゴール・オレニコフは、まったくもってしみったれの、高慢な億万長者の典型であった。彼はお金で最高の弁護士を雇い、罰金を逃れようとしていることを知っていたので、彼のことを密告するのに罪悪感はなかった。さらにオレニコフは私にこうも言っていた。来世はニューポートビーチの主婦になりたい、と。彼のとっぴな発言に、私はその真意を尋ねた。彼の答えは、「だって、連中がやっているのは旦那のお金を使うだけだろう」。何と立派な男であろうか。

彼についての私の判断は正しかったが、阿呆省については間違いであった。彼らのＤＮＡには感謝の念など存在しなかったのだ。彼らはオレニコフを脱税で告訴するとともに、私もその共謀者として訴えたのだ。さらには、私を確実に投獄するために、私がオレニコフの名前を挙げたのは起訴されたあとである、と彼らは主張したのである。

まったく信じられないことだった。私が司法省に名前を教えなかったとしたら、彼らはどうやって知ったというのだ。しかも、私はすでにアメリカ上院議会に召喚され、宣誓のうえで証言しており、オレニコフとの取引の全容を詳述してもいた。にもかかわらず、ケビン・ダウニングは量刑審理の場でも裁判官の目を見つめ、私がその名前を隠したと宣言したのだ。悪魔のように無表情で、誠実ぶったダウニングは、私は金持ちの顧客たちをかばい、ほとぼりが冷めたら、また一儲けするつもりだと主張したのである。

判事の小づちが振り下ろされた。バーケンフェルドを実刑に処する。

私はあのときの感情と、マホガニーの机を叩く小づちの音を忘れることができない。私にとっては、リー・ハーベイ・オズワルドの一瞬である。だれかが殺されたというだけだ。だからどうした、というのだ。お前はだまされやすい男なのだ。

一方、オレニコフは悪魔との取引に応じ、二年間の執行猶予と追徴課税の支払いで免れた。追徴金の額は五二〇〇万ドル。大金のように思えるが、オレニコフにとってはポケットマネーにすぎない。しかし、その後に毒入りの花が添えられた。オレニコフはＵＢＳと私と三〇人以上の個人や企業を訴え、彼らは自分の税金の支払いを邪魔したと主張したのだ。バカげた話である。彼は何十年にもわたり政府をだましつづけ、だれかが彼を密告したら、その男を付け狙うのだ。その者が刑務所に向かう一方で、彼は乱痴気騒ぎに舞い戻るのだ。そのころには、私は弁護士費用が払えなくなっていた。弁護団を失った私はやがて収監され、為す術もなく、一方でオレニコフはパーティーを開いて、裁判所で私を中傷したのだ。

なんて国だろうか。自由の地である。ただし、自由を買うお金があれば、の話であるが。

さて、この話の落ちまでお付き合いいただきたい。オレニコフにはアンドレイという最愛の息子がいた。私は、父親よりも彼のほうが好きであった。彼はお洒落な若者で、見てくれも良く、勤勉であった。カリフォルニア州ニューポートビーチで開かれた彼の結婚式には私も出席した。麗しき花嫁の名はキムである。ある日、アンドレイはジープに乗って国道一号線を海岸に沿って走っていたが、何らかの理由でブレーキが利かず、彼は死んでしまったのだ。私はショックを受け、心から悲嘆に暮れたものである。キムは精神的に打ちのめされ、イゴール・オレニコフは終生消えぬ心の傷を負った。

この物語の教訓は、あなたがどれだけのお金を持っていようと、どれほど賢いと思っていようと、死者を取り戻すことはできないということであろう。古い格言ではないが、確実なものは死と税金だけである。皮肉にも、オレニコフはそのどちらをも経験したことになる。

再びダグに目を向けると、口元に笑いを浮かべていた。彼もオレニコフの運命について考えていたのであろう。

それこそがバーケンフェルド兄弟の長所である。われわれはタフで、厳しい競争にも耐え得る、根っからのファイターなのだ。われわれの父親は有名な神経外科医で、三人の兄弟はホッケーやフットボールをしながら育ち、幼いころから雑用を買って出ていた。われわれは穏やかな環境で育ったが、けっして甘やかされることはなかった。われわれの苗字は、ドイツ語で「樺の地」という意味である。それこそわれわれに相応しく、背が高く、屈強で、時に風にたわむことがあっても、けっして折れることはない。もしわれわれを切り倒したいのであれば、少なくともバタ一ナイフよりも大きなものを持ってきたほうがよいであろう。

激しい吹雪のなか、カーブを曲がり、長く細い道を進むと、ついに見えてきた。スクールキル（「スクール［School］」「キル［kill］」と発音するわけだが、そこでは何も学ぶものはないと言っているかのようだ）である。それは辺ぴな所で、森に囲まれ、フットボール場一〇個分もある敷地に建っていた。正面玄関は、コンクリート造りの低い長方形で、黒い曇りガラスの窓がはめられ、天井には有刺鉄線が張り巡らされていた。星条旗が風に揺れ、滑車がカタカタとなっていた。胃が締めつけられるように感じた。報いを受ける時が来たのである。

敷地の外では、報道番組の中継車が並び、歩道にはジャーナリストたちの車が列をなしている。世界中のカメラクルーやリポーターは、ダウンジャケットに身を包み、辺りをうろついたり、寒さに腕をさすったりしている。われわれの車を見つけると、彼らはコーヒーカップを投げ捨て、照明やマイクにスイッチを入れた。彼らがそこで待ち構えていたのは、私がこっそりと教えておいたからである。私は記者会見を開き、アメリカ政府に対して、私を投獄するというでたらめについて話をしようと決めていたのだ。

私というものがまだ分からないなら、言っておこう。私は出る杭を求めるハンマーなのだ。

最後尾に車を停めると、「さぁ、行くぞ」とダグは言った。私は車を降りて、空を見上げた。ぼた雪が落ちてきていた。これから三年間離れることになる自由な世界の見納めである。私はフランネルのランバーシャツに赤いスキージャケット、黒い野球帽と、至って普通の格好をしていた。すぐに見慣れた顔を見つける。

最後まで私の味方でいてくれた唯一の弁護士であるスティーブンコーンである。彼は無償で働いてくれたのだ。白髪を短く刈り込み、メガネをかけ、明るい笑顔を絶やさない小柄な男である彼はとても賢く、またピットブルのように短気でもあった。彼は、ワシントンDCにあるナショナル・ホイッスルブロアー・センターの主席顧問でもある。コーンは、政府は私に大きな報酬を与えるべきであると固く信じており、それを獲得すべく絶対にやり遂げようとしていた。私は彼を愛していたが、一方で彼は夢想家だとも考えていた。私は彼にうなずきかけ、最後の歩についた。ダグは歩くショットガンとして私に寄り添った。リポーターたちが集まってきたが、黒い防寒着を着て、拳銃と警棒を下げた二人の刑務官が正面玄関から飛び出してくるのが見えた。そのうちの一人が慌てふためいて手袋をした手を振る。

「ここで記者会見をするんじゃない。ここは私有地だ」と彼は叫んだ。

私は道路を指さして、彼にニューイングランド訛りでお見舞いしてやった。「この道路はアメリカ国民のものであって、貴様のものではない。ここは連邦の所有地だ。貴様は、私に与えられた表現の自由を否定しようと言うのか」

刑務官たちは何かぼそぼそと話し合い、罵りながら引き下がっていった。一人の背の低い女性リポーターが私を見上げ、マイクを向けてきた。

彼女はカメラにポーズを取りながら、「バーケンフェルドさん、あなたは脱税を共謀したかどで連邦の権力に屈することになりますが、何かおっしゃりたいことはありますか」と言った。

私は彼女に向かって目いっぱいクリント・イーストウッドを気取る。

「私は、勇気をもって自ら名乗り出て、世界最大の脱税を暴いたことを誇りに思っています」。リポーターたちはレコーダーを操作し、メモを書きつける。「そして、私が得たものはこれです」と刑務所をあごで指した。「司法省によって起訴されました」。そして全員にこれ以上ない冷たい視線を向けて、「ご自身の結論を下してください」。

大勢のリポーターからの質問が殺到したが、私はすでに政府に一矢報いたのだ。スティーブ・コーンは私を押しのけ、感情をむき出しにした。

「アメリカの納税者のために最大の金額を取り戻したホイッスルブロアー（内部告発者）を捕まえて、刑務所に入れるだって。司法の茶番だ。司法の失敗だ。グロテスクだよ」

そして私はコーンの肩に手を置き、兄と握手すると、群衆を押しのけ、コンクリート板を敷いた道を玄関に向かって歩いた。二人の刑務官が私の手を後ろに回し、手錠をかける。ガチャン。

彼らは私を建物のなかに連れていくと、ドアを閉めた。外にいるリポーターたちの喧噪は静まり、靴に当たる雪以外に音をなすものはなかった。二重あごの刑務所長の肖像が飾られた白壁の受付を通過する。リノリウムを塗った床は高校の体育館のようなにおいがする。何となく嫌いではない。その先に、恰幅の良い金髪の女性がハイデスクに座り、オズの魔法使いのように周りに目を配っていた。彼女はすでに私のことを知っていたが、私は一応気をつけの姿勢を取った。

「ブラッドレー・C・バーケンフェルド、です」と名乗る。

彼女は私の嫌味にも反応しない。「えっと、バーケンフェルドさん。何か所持品はありますか」

私はオーデマ・ピゲのロイヤル・オーク・オフショア・T3モデルを外す。ターミネーター3でアーノルド・シュワルツェネッガーが着けていたモデルだ。

「これだけです。なくさないでくださいね。二万五〇〇〇ドルもするのですから」と言って彼女に手渡す。

彼女は私を無視し、威嚇するコブラでもあるかのように時計をつまみ上げると、茶封筒に放り込んだ。

刑務官たちは私を「処理室」に連れていく。汚れた靴下のようなにおいのするスチールのロッカーがある空き室だ。私を壁の前に立たせると、刑務所内での写真を取る。カメラのフラッシュに私はほほ笑んだ。

「なんで笑ってやがるんだ」と一人の刑務官が見下した態度で言う。

「だって、遊びに来たんですから」と私。

二人は憤然として互いを見つめる。もう一人が私の足を指さして、「監視装置はどこだ」。

「昨夜ナイフで切り取って、保護監察官に返しました」

その後、彼らは手錠を外し、ワナにはまった子猫でも見るかのように私を見つめる。私は服を脱ぎ、彼らに渡した。

数分後、私はピタッとした白い肌着とグレーのTシャツ、オレンジ色の囚人服を着て、編み上げの作業靴をはく。予想どおりの服装だ。事前に調べてあったのである。私は軽警備の建物に収監されるであろうとも思っていた。そこは、ホワイトカラーの犯罪者を収監しておく、兵舎のような建物だ。

白衣を来た医者が入ってきて、私の血圧を測ると、イライラしながら数値を口にする。刑務官は私に再び手錠をかけ、私をミス・ハッピー・フェイスのもとへ連れていく。彼女は何かの書類に判を押していた。

「私の宿舎はどこでしょうか、昼食をふいにしたくないのですが」と私は尋ねる。

彼女は眼鏡越しに私をにらみつけた。「今日はそこには行きません、バーケンフェルドさん」

「では、どこに行くのですか」

彼女は天井を指さして、「独房です。上からの指示です」。

なるほど。おそらく所長は、私が正門の前で刑務所を見世物にしたのが気に入らないのだろう。それで私を独房にぶち込むことにしたのだ。しかし、ここでいつまでかと聞けば、恐れをなしたように思われるので、彼女にバーケンフェルドのほほ笑みを返す。

「それは好都合だ、私は一人の時間が好きなのですよ」

刑務官の一人が私の肘をつかんで、オートロックのドアを通らせる。もう一人の刑務官がミス・ハッピー・フェイスにつぶやく声が聞こえた。「あんなこと言う奴は初めてですよ」

長く、静かな廊下を進むと、その先に小さな防弾窓と巨大な鍵の付いた重たいドアがあった。刑務官はそれを引き開けると、手錠を外す。私をなかに押し込むとドアを激しく閉めた。窓を振り返ると彼が鍵をかけていたので、私はウインクして言ってやった。

「良い週末を」

彼は一瞬たじろいだが、すぐに去っていった。

私はずっと昔、社会人となって銀行業に従事するずっと以前に重要なことを学んでいた。私はそれを、マサチューセッツ州の高校でホッケーをしているときに氷上で学んだのだ。相手には自分が如何なる者かすぐに分からせなければならない。優しそうに見えても、かなり気まぐれであることを。彼らを見下ろし、冷たいほほ笑みを与えるのだ。そうすれば、彼らにバカにされるようなことはないだろう。

連中が私を投獄したのは確かだ。自らが法律のように振る舞い、人々を守り、正しいことをしているかのようなふりをする。そして、和解をあきらめ、人生は言うまでもなく、すべてのキャリアをリスクにさらすほどの秘密を明かすよう誘いこんだ。やがて彼らは私を裏切り、私をクズと罵り、金持ちどもとは不正な取引をして、本当の獲物を逃がしてやったのだ。そして、私を独房にぶち込み、鍵を放ったのである。

しかし、忘れてはならないことがひとつある。私はやがて釈放されるのだ。

そして、お前たちは報いを受けることになる。

第1部

第1章　成功への道

「言葉は悪いが、強欲は善です」――ゴードン・ゲッコー（映画『ウォール街』より）

私の子供のころのことなど知りたくもないだろうが、とにかく書いていこうと思う。空想的になるが、十数ページの間、お付き合いいただきたい。

私は城で育ったのだ。

おそらく目を引いたことであろう。もちろん、騎士やお姫様がいる本当の要塞ではない。それはただ、われわれが住むマサチューセッツ州ヒンガンの街の人々が「ザ・キャッスル」と呼んだ建物である（**グラビア　図1**参照）。ベッドルームが六つある石造りの大きな建物で、破風や小塔を備え、鉛枠にガラス窓がはめられていた。それは二〇世紀初頭に裕福な実業家によって建てられたものである。手入れの行き届いた二ヘクタールの芝に囲まれ、その周りには一〇〇メートル弱の私道のついた数ヘクタールもの手つかずの土地があり、古風な趣のあるヒンガン湾に接せんばかりの場所であった。今日、その地に立ち寄ったら、「金持ちのドラ息子め」と思うかもしれないが、実際には、一九六〇年代後半に「バーケンフェルド城」となったときの価格は現在のジープ・ラングラーよりも安かったのだ。土地の広さを正確に覚えている理由は、私と兄たちが春夏秋は毎週のように芝生の刈り入れをしていたことにある。

前述のとおり、私の父はボストンの有名な神経外科医で、懸命に学び、勤勉に働くことに価値を感じており、十分に働いたと感じたときにしばしの休憩を取るばかりであった。父は、幼少期にペンシルベニア州にあるクエーカー教徒の寄宿学校（彼はロシア系ユダヤ人であったので、少々奇妙な組み合わせに思えるが）に通い、そこで「多言を弄すれば、学びは少ない」という考え方を学んだのである。私の母は、看護婦の資格を持った美しい元ファッションモデルで、プロテスタントとして育った。しかし、専業主婦となるためにすべてのオートクチュールをなげうったのだ。当時、専業主婦になることは今日考えられているような不名誉なことではなかった。

私の幼少期の登場人物として、母の兄弟であるE・ドナルド・ウォルシュ少将がいる。私は彼を尊敬し、そして愛していた。ドンおじさんは、コネティカット州の総務局長をしていたのでめったに会う機会はなかったが、彼の影響は大きかった。彼は多くの勲章を獲得した伝説的な退役軍人で、硫黄島や沖縄での戦闘にも参加していた。私がスリルや冒険を求めるのは彼の影響であるようにも思える。

社交性にあふれた専業主婦である母と、厳格な職業倫理を持った優秀な神経外科医の父、そして硫黄島や沖縄での戦争の英雄を叔父に持てば、面白い子供に育つであろう。

私の兄であるデーブとダグは、分別と目的意識とを持った優秀な少年であった。私はキラキラと目を輝かせた少年であった。三男は時に遠慮がちになるので、私にとっては良いことであったろう（**グラビア　図2**参照）。しかし、怠け者は一人もいなかった。われわれは、ゴルフ場ほどの広さの芝生を刈り、滑走路ほどの長さのある私道の手入れをしなければならなかった。夏になると、よその芝生を刈ったり、チームスター組合と家具を運ぶなどの雑用もこなした。父はわれわれに良い成績を残すことを望んだし、また競争心を身につけるためにホッケーやフットボールをするよう薦めた。私には役に立ったようだ。われわれはネクタイの締め方も知っていたし、母の主催するカクテルパーティーでの「マーム、サー」の言い方も知っていた。さらに父に見つからずに済ませる方法も知っていた。もし父に見つかったら大変なことになっていただろう。

高校に進学するにあたって、私立校に通わせてほしいと父にお願いした。ハリー・ポッターのようなものではなかった（当時まだ執筆されていない）が、私には何か格好良いものに思えたのだ。父の医学の腕は引く手あまただったので、学費が負担になることはなかろうと思っていたのだ。父はため息まじりに同意してくれ、私はセイヤー高に進学し、ジャケットとネクタイを身に着け、月曜日には教会のミサでクスクス笑うのだ。私は成績も良く、ホッケーやフットボールの試合でも活躍し、週末には女の子たちと大騒ぎし、親友たちと大量のビールを飲んだものだ。

ここまででも、私は先達の丁寧な教育にもかかわらず、いつも冒険や主体性を望んでいたことが分かっていただけたと思うが、それでも私は満足していなかった。一八歳になるころには射撃に熱中し、ドンおじさんの軍服に下がっていそうなコルト45キャリバー拳銃を購入した。ニューヨークでパラシュートをつけてダイビングし、嫌がる仲間をバーモント州の山に三日間のトレッキングに連れ出し、キャンプを張って、魚釣りや猟をし、次に落としたい女の子への作戦を練ったりしていた。ごくありふれた、元気いっぱいのトム・ソーヤの冒険といったところだろう。

しかし、将来については真剣に考えていた。一番上の兄であるデーブは医学の道を志し、ダグは弁護士を目指していた。私はどうするべきか。そこで、私は軍人として身を立てることにした。もちろん、ライフルを下げた歩兵などではない。私は戦闘機のパイロットになって、「フライトスーツを身につけた日神」のように世界を飛び回りたいと思った。そこで、私は軍学校に出願し、そして優秀な学校に籍を得た。

バーモント州ノースフィールドにあるノリッジ大学は、全米最古の私立軍学校である。ご想像のとおり、緑豊かな山間にあり、レンガと花崗岩の堅牢な建物が建っている。軍人たちが遊ぶ森や川と好対照をなす、白く、美しい教会もある。ノリッジでは軍隊のすべての部門がカバーされているので、私は空軍のROTC（予備役将校訓練団）候補生として入学した。しかし、最初の一年間は、「新兵」にすぎず、アドバイザー（本物の陸軍士官である）が「士官候補生」にふさわしいと認めるまでは、要は試用期間なのだ。

「新入り、太陽はとっくに上がっているぞ。貴様は何をしているんだ」

「新入り、靴は鏡のように磨きあげろ。ひげを剃るのに使えるようにしろ。さもないと戦場じゃ使えないぞ」

「新入り、どこを見てやがるんだ。三〇秒以内に背嚢とライフルを持ってこい。散歩に行くぞ」

言うまでもなく、この「散歩」はひざが埋まるほど雪が積もったなかで行われ、どのくらい歩くのかはだれも知らないのだ。ただ、一五キロ以下であったことはめったにない。われわれが学んだのは、迷彩服と小粋なグレーのスーツの着方、戦場での銃器の使い方や移動、航行の方法、居住スペースを清潔に保つ方法に、ドラッグをキメたロボットのように規則にツバする方法といったところである。腕立て伏せに腹筋、ランニングは終わりなく続いたが、私はそれほど困らなかった。高校でスポーツをやっていたので、身体トレーニングはいつまでも続けられたが、ほかの生徒には難しかったようだ。

講義はやりがいのあるものであった。軍事に関するものもあったが、ほとんどは数学や英語、歴史や語学など一般的なものである。ただ、懸命に勉強すれば良いのであるが、一方で、どうにもならない矛盾があるのだ。軍務が一段落するまでは勉強に集中することができないのだ。だが一方で、良い成績を残さなければ、バックルやライフルに集中することもできない。それゆえ、毎日真夜中すぎまで血のにじむような努力をし、そして五時間後には朝を迎える、不平など許されないのだ。「練兵場に向かえ、教科書に向かえ」

さて、一回生の終わりまでに、私は士官候補生となり、本当の訓練が始まった。私は経済を専攻したが、すぐに二回生のクラスに移った。何があったのだろうか。私はすでに飽きていたのだ。講義は十分に面白く、ファイナンスや統計、株式市場などについて学ぶのは興味深かった。しかし、楽しみがないのであれば、それは単なる理論にすぎないのである。私にとって楽しみとは、リスクのことである。

部屋で試験のためのがり勉をしていたある夜、私はルームメートのデーブ・バークに「なぁ、ビーカー、ビジネスをやらないか」と言った。

「ビジネスってどういうこと」

私はベッドのうえに立ち上がった。われわれにはリビング付きの十分な広さの部屋が与えられていたが、そこは高速道路の料金所みたいに殺風景な場所であった。

「この学校って、男子修道院みたいだろ。休憩時間に何もすることがないじゃないか。それに、このとおり雪もひどいから映画を見に街に出ることもできやしない」

「それで、何を考えているんだよ、バーケンフェルド。トップレスバーか」

私はにっこり笑って、指を一本立てる。「映画のレンタル業さ」

「バカじゃないのか」

「僕は真剣だよ。テレビを持ってる奴はたくさんいるけど、僕らの自由時間の半分は天気予報かモーク・アンド・マインディだろ。もしたくさんのビデオデッキと映画があったら……」

ビーカーもベッドの上に立って、「でも、停学になるんじゃないか。規則はどうなってるんだ」。

「規則はもう調べてあるよ。校内でお金を稼ぐことを禁止するものは何もない」と私はニヤリとする。

「ずる賢いやつだな」とビーカーは言う。

「言われなくても分かってるよ」

その週末、われわれはありったけのお金をかき集めて、車でボストンまで出ると、四台のビデオデッキと三〇本のビデオテープ、映画のポスターを六枚とカラーテレビを一台買ってきた。そして、リビングのサイズを計り、ノースフィールドに向かうと、木製パネルとコード類、部屋一面のカーペットとラウンジチェアを三脚買ってきた（テレビを持っていない士官候補生は、料金を支払えばわれわれの「劇場」で映画を見ることができる、というわけだ)。やがて、われわれの部屋はフレンチシネマのようになっていた。そして、うわさは野火のごとくわれわれのキロ中隊小屋から広がっていった。

彼らは大挙して押し寄せた。お金を払える連中は喜んでビデオデッキを部屋に持ち帰り、最新のスタローンの映画を鑑賞する。デッキをレンタルするだけの連中もいたが、どうやらどこかにポルノビデオを隠し持っていたらしい。彼らがナニをしようと(軍隊の隠語で「chewed out」という)、私には関係ないことだ。そして、映画を借りて、われわれの劇場で見たい連中には、もちろん適正価格でポップコーンも提供されるのだ。

バークと私は、あっという間にビジネスの収穫、つまり投資利益を得て、教科書やかなり格好いい軍服を買い、学外ではビールを飲み、週末にはバーモント州バーリントンまで旅行に出かけた。ある夜、大きな握りこぶしに部屋のドアがノックされるまでは、シルクのようにスムーズに進んだ。私はドアを少しだけ開ける。

「ちくしょう、カルボーネ大佐だ」

バークはまるで夏のセミのように目を見開き、私がドアを開けると、パッと気をつけの姿勢を取った。

カルボーネは現役のアメリカ陸軍大佐で、われわれ士官候補生の指揮官であった。彼の髪はきっちりと横分けにされていて、バックルや階級章は黄金のように輝いていた。彼はわれわれの部屋に入っても口を閉ざしている。彼が木製パネル、ポスター、注文済みのビデオデッキに、娯楽の詰まった本棚を見渡す間、われわれはそこで氷像のように直立していた。彼は、毛足の長いカーペットに埋まった光沢仕上げのブーツを見下ろし、そして革製のラウンジチェアに目をやる。そして、うなずいた。

「驚いたよ、諸君。これは私の部屋よりもよほど良い。続けてよろしい」。彼の唇にほほ笑みともつかぬ何かが見て取れた。

彼はくるりと後ろを向くと部屋から出ていった。バークを見やり、私は笑った。

「言ったろ、規則なんて何もないんだ」

「信じられない、ちびりそうだったぜ」と彼も笑った。

二回生が終わり、私は帰省するとともに、いくつかボストン地域でのサマージョブに申し込んだ。専攻が経済学で軍人らしい振る舞いを身につけた私は、長髪に結膜炎の目をした学生を断るのに慣れた人事部の連中には魅力的であろうと思っていた。私が職を得たのは、ボストンの最高にして最古の金融機関、ステートストリート・バンク・アンド・トラスト・カンパニーであった。夏の間でおよそ四〇〇〇ドルと給料も破格で、三カ月の間、ファンドマネジャーにコーヒーを届け、ストックリポートを持ってトレーディングフロアを駆け回りながら、大学の教授が教える以上のハイファイナンスのリアルな世界について学んだ。

本物の戦闘機のパイロットになるのであれば、航空宇宙の分野で職を探すべきだったと心のどこかで考えていた。しかし、銀行業界のお金は魅力的で、さらに私はキャッシュに弱いのだ。今にしてみると、これが災いの前兆だったのだ。

三回生が終わるころには、私は上級士官候補生となり、下級生もおり、新入りを怒鳴りつけ、雄牛より強く、また訓練もビジネスの講義もやすやすとこなしていた。その夏、私はまたステートストリートで働き、初秋にはノリッジへ戻り、最終年次に臨んだ。ある秋晴れの日、私は行軍用のフィールドに立ち、右向け右、左向け左とやっている新入りの連中を眺めていると、ふと隣に人の気配を感じた。カルボーネ大佐であった。

「バーケンフェルド士官候補生。ずっと君と話がしたいと思っていたのだ」と、教官の訓練歌がフィールド中に響くなか彼は言った。

「何でしょうか、大佐」

「君は素晴らしい軍人で、賢く、規律正しく、そして確たるものを持っている。しかし、将来については考え直したほうが良いだろうと思う」

私は向き直り、彼を見下ろした。私だけの背丈があると、だれのことも見下ろさなければならないのだ。「どういうことですか、大佐」

カルボーネ大佐は私をまっすぐに見つめる。ほかにはだれもいない。「君が戦闘機のパイロットになることはけっしてないのだ、ブラッド。今は、空軍士官学校でエンジニアリングを専攻した最優秀の士官がパイロットになるのだ。君は素晴らしいが、ファイナンスの男だ。さらに成績も三・〇しか獲得していない」。彼は、おわびをせんとばかりに肩をすくめて、「さらに君はF16のコクピットにはでかすぎるんだよ。バターを塗って、靴ベラでも使って詰め込まなければならないよ」。

私はまったくショックを受けなかった。士官候補生は、軍隊での目標についての現実的な可能性を常に話し合っており、私の場合、可能性が低いことは分かっていた。カルボーネは私の疑念を確実なものにしただけのことだ。

「では、どうしたらよいと思いますか。大佐」

「照準を調整するのだ。何かほかに、楽しいと思えるものを探しなさい。今のままで、もし空軍に入ったとしても、せいぜいネブラスカの地下一・五キロのところで、バカバカしいミサイル発射の担当官を務めるのが関の山だ」

それだけだった。私は彼の言葉を受け止めたが、泣きもしなかったし、落ち込みもしなかった。ただ、大学での日々が無駄だったと感じただけである。私はクリント・イーストウッドの映画『ダーティ・ハリー』でのセリフを頭に浮かべていた。「自分の限界を知っとけよ」。おそらく戦闘機乗りにはなれないだろうが、銀行やファイナンスの世界ではエースになれると考えていたのだ。

一九八七年の冬、私は荷造りをして、ノリッジ大学で最後の敬礼を行った（**グラビア　図3参照**）。私は四回生の最終学期、イギリスのサウスケンジントンのリッチモンドカレッジに留学した。国際金融都市に身を委ね、新しい外国の友人を作り、ヨーロッパの豊かな文化を吸収できることに興奮していた。さあ、準備は万端である。私は、戦争の英雄にはなれなかったが、世界を征服する準備は整ったと思っていた。

こうして、刑務所の監獄での小休止を含めた、長い旅路を歩み始めたのである。

だが、その喜びと陰謀と冒険という紆余曲折のあとには、スクールキルが待っていたではないかと言われるかもしれないが、私はこう言うであろう。

「忘れてもらっては困る、バーケンフェルドはけっして屈服などしない」

第2章　ボストン虐殺事件

「君子は其の言の其の行を過ぐるを恥ず」――孔子（中国の哲学者）

一九八九年　ステートストリート・バンク・アンド・トラスト・カンパニー

ステートストリート・グローバル・アドバイザーズのＣＥＯ（最高経営責任者）であるニック・ロパルドを初めて見たとき、彼は『ゴッドファーザー』シリーズのセットから抜け出し、間違って建物に入ってきたのではないかと思った。

一九〇センチはあろうかという背丈に、光沢のあるシルバーのスーツをまとい、真っ赤なネクタイをした彼は、右手が義手の太ったボディガードを引き連れて、アナリストのフロアに駆け込んできた。ロパルドは豊富な黒髪に、ゲジゲジのような眉毛、太い鼻、フルバックの選手並みに太い首のうえに、さらに大きなあごを乗せていた。会議にいらだって顔を真っ赤にした彼は、デスクを叩き、コーヒーカップを震わせると、社員を怒鳴りつけた。私が初めて聞いた彼の言葉である。

「机から脚を下ろしやがれ。ここはフェンウエーパークじゃねえんだぞ」

社員は座ったまま身を固くし、即座に足を下ろした。冷や汗をかいたことだろう。ロパルドがエレベーターのガラスドアに八つ当たりしているのを見ていると、仲間のリック・ジェームズが顔を寄せてつぶやいた。「あれが、新しいボスだよ」

ニコラス・A・ロパルド。堅苦しいボストンの銀行界には不似合いな男だ。ブルックリンの鉄くず屋の息子に生まれた彼は、ペンシルベニア州のサスクェハナ大学在学時には野球のショートと、フットボールのフルバックの選手として活躍した。マーケティングと経営の学位を取得しただけで、ウォートン・ビジネス・スクールの戯言など不要だと考えた彼は、リトルイタリーの貧困地域からハイファイナンスの世界に飛び込んだのだ。エクイタブル・ライフの企業年金の営業として八年を過ごした彼が名門の金持ちをターゲットにした古めかしく、紳士気取りの同社を急拡大させたことは、ステートストリートのだれもが知っていた。

一九八七年にロパルドがステートストリートに現れたとき、同社の資産運用部門の預かり資産は一八〇億ドルであった。二〇〇一年、彼がやっと同社を去ったときには、預かり資産は七〇〇〇億ドルまで増大していたのだ。われわれのだれもが彼に畏敬の念を抱いていた。われわれのだれもが彼に憧れていたのだ。彼は従業員にも忠実で、ドーベルマンのように守ってもくれたが、要求水準も恐ろしく高かった。ニック・ロパルドは情け容赦なかったのだ。彼のそばに寄るときは注意しなければならない。彼が「さぁ、大儲けするぞ」と口にしたときは、利益の話をしているのか、それともアル・カポネのようにどこぞのチンピラを抹殺しようとしているのか、ようとして知れなかった。

だからこそ、旋律を奏でるのはニック・ロパルドで、われわれはみんな、それに合わせて踊るだけである。

ステートストリート・バンク・アンド・トラスト・カンパニーは、私が最初に足を踏み入れたトップレベルの金融の地であった。大学の夏休みにもサマージョブで働いたが、そのときはウォーレン・バフェットを夢見るほかの連中と地下室に待機していたようなものだ。われわれは見せかけばかりのメッセンジャーで、「サー」と呼ぶことしかできないバンカーたちのためにファイルの山を運び、われわれにはチンプンカンプンの会議にサンドイッチと炭酸水を届け、早口で話す上司の言葉をメモに取り、必要な人には即座にコピーを配布するのだ。出版社の小僧のようだったが、給料は破格で、ボストンの夏は暖かく、また蒸し暑かった。ボストン地域には七〇を超える大学があるが、夏のインターンシップに参加している女の子などほぼ皆無であった。

だが、ロンドンでの最終学期を終えた私は、今や正社員で、得意の絶頂であった。ほとんどの新卒社員と同じように、前途洋々で金融のことなら何でも知っているかのように思っていた。まさに絶好調である。私はスポンジのように何でも吸収し、がむしゃらに働き、金持ちへの階段を駆け上がろうとしていた。

ステートストリートは、国内外の巨大な年金基金と取引があり、ロパルドの天才的なマーケティングの下、同社は顧客企業の大口の資金に手を伸ばし、そしてつかみ取っていった。ここで銀行業の枠組みを簡単に説明しよう。

まず、ゼネラル・エレクトリック（GE）のような数十億ドル規模の企業を例に取ろう。この手の大企業には忠実な社員が二五年を勤め上げ、金時計を手にし、魚釣りに帰省するようになると、支払いを開始する退職金を準備する仕組みがある。このような従業員が働いている間、企業は利益の一部を年金基金に充当していくのだが、従業員自身が給与の一部を基金に投じることを選択できる場合もある。その場合、最終的にその従業員が手にする資金は大きくなるわけだ。

さて、ＧＥのような企業は大量の社員を抱えており、年金基金も何十億ドルと巨額になる。しかし、その資金のすべてをしみったれた町場の銀行で三％ほどの金利を稼ぐために寝かせておくわけではない。株式や債券など、より大きなリターンをもたらす先に投資するのだ。そこにステートストリートが入り込むチャンスがあり、ＧＥの年金基金の運用を引き受け、みんなのために大金を稼ぎ出すのだ。もちろん、ステートはその運用や資産管理でピンをはねるわけだが、それが銀行の儲けとなる。

これがわれわれの商売だ。これが、私が二三歳で入った世界であり、そこで国際的なファンドマネジャーに仕える新入社員として働いたのだ。彼らはみんなＭＢＡ（経営学修士）やＣＦＡ（証券アナリスト）など素晴らしい経歴の持ち主で、みんなニック・ロパルドに仕えていた。私は下っ端だったので、初歩の初歩から始めなければならなかった。だが、新入社員はこうして学んでいくのだ。

「バーケンフェルド、この数字を計算しておいてくれ。三回チェックするんだぞ。間違えるなよ」

「バーケンフェルド、この買い注文を為替のところへ持っていって、連中にレートを確認してくれ。早くしろ。ドイツ・マルクの買いだぞ。ヨーロッパはあと一時間半で閉まっちまうんだ」

「バーケンフェルド、シカゴがこの売りを確認する前に帰ったら、明日、水槽に沈めてやるからな」

私は大好きだった。早くて、騒々しくて、乱暴で、止むことのない世界。私はプロの投資家の世界に没頭し、その雰囲気を心から楽しんだ。毎日、いや毎時間、私は新しいものを学んだのだ。ウォール街の戦場のミニチュア版とも言えるトレーディングフロアでわれわれはみんな働き、鳴りやまない電話を取り、キーボードを叩き、ファクス機をかき回し、私のような新入社員は階段を急いで上り下りし、そしてたくさんのいたずらをするのだ。紙屑を飛ばし、ブーブークッションを仕掛け、机の引き出しを瞬間接着剤で固めたりする。ある日、仲間の一人が、メグ・ライアンが『恋人たちの予感』のなかで、デリカテッセンで絶頂を迎えるシーンをダウンロードして、音声装置に手を加えた。だれかが大きな取引を成立させると、メグは貨物列車のような声でイクのだ。そしてみんなが「私も彼女と同じものを」と叫ぶのだ（これは一回こっきりとなってしまった。中東出身の女性社員から苦情が出たのだ）。

もちろん、これらすべてはニック・ロパルドや彼の子分たちがフロアに現れない間だけのことであり、彼らがひとたび登場すれば、図書館のように静まりかえるのだ。ネクタイを直し、背筋を伸ばし、まさにプロフェッショナルな振る舞いである。ロパルドの覚えを良くしておかなければならないのだ。彼が通りにいる靴磨きを追放し、全社に指示を与えたことでそれははっきりしていた。「きれいに磨いた靴で出社しろ、さもなくば出てくるんじゃない。給料もらってんだろ」。あるファンドマネジャーはそれを「輝きのライセンス」と呼び、自分の靴のコレクションを総動員していた。

元アスリートで、ボストン・ブルーインズの大ファンであったロパルドは、チーム操縦術を身につけていた。彼はすべての試合に勝つことを求めたが、ロッカールームでの態度には口を挟まなかった。彼はチームワークを重視し、そしてそれをすべての管理職に徹底した。五時にコンピューターを落として、ひとり帰宅する勇気のある者などいなかった。仲間と少数の女友たちとブルーインズの試合を見に出かけるか、通りにあるブランディピーツのような酒場に繰り出し、食らい、騒ぎ、真夜中まで飲んで、家に帰り、酔いつぶれ、六時間後には目を覚まし、職場に戻る。もちろん、時間厳守である。もしそれができないと、世にも恐ろしい「ピンクパンプス」の仕打ちが待っている。朝、デスクに女性もののピンク色のハイヒールが置かれるのだ。ピンク色のハイヒールがあまりに多くなると、あたかも性病持ちのように扱われ始めるのだ。

軍学校の出身者にしてみれば、これは普段のスタイルだ。懸命に働き、目いっぱい遊び、けっして笑いは忘れない。私は「パンツァー」なる恐ろしい評を得た。仲間に女の子のビールを取りに行かせると、彼は両手いっぱいにして戻ってきた。無防備だ。彼の後ろに忍び寄ると、その場で彼の「パンツ」をくるぶしまでずり下げ、下着をバタバタさせたのだ。私はステートストリートのソフトボールチーム（チーム名はリキッドアセッツだ）を組織し、ほかの銀行や、時にはボストン警察と試合をした。私は次々に連中のパンツを下ろしていった。そして賜った呼び名が「ザ・パンツァー・コマンダー」である。もちろん、彼らが復讐に来ることは分かっていたので、自分のベルトはきつく締めておいた。

真面目な仕事の話に戻ろう。私がステートストリートに勤務している間、同社は国内外の年金基金と次々に運用契約を結んでいった。われわれは、アモコやＩＢＭ、ゼネラル・

エレクトリックやNYMEX（ニューヨーク商業取引所）などの巨大企業の年金資産を扱うようになった。それらの資産は価値を増大させるために、株式や債券や通貨などに投資される。私の担当はコーポレートアクションで、合併や買収や株主割り当てや配当の再投資などについて、ファンドマネジャーと協力して対応を決するのだ。これは証券会社との関係構築にもつながり、発車のベルが鳴ったときに「正しい判断をする」のに役立つのだ。

次に私は、インターナショナルプロキシーのグループに移った。この部署は企業のガイドラインに沿って、顧客である年金の利益になるように国際的な企業の議決権を行使するのである（合併買収などのコーポレートアクションに対して、株主がどのように投票すべきかアドバイスするのだ）。私は日本企業に対して機関投資家として史上初となる議決権の行使も行った。これらはステートストリートの機関投資家部門の仕事であり、当時はアセットマネジメント部門と呼ばれていた。しかし、その重要性を増すにつれ、部門はステートストリート・グローバル・アドバイザーズ、SSgAと名前を変えた。私は最終的に、新たに創設された為替部門に籍を移すことになる。為替部門の人々は洗練され、上品な連中であった。何カ国語も操る人間もいて、彼らは世界中で活動していた。彼らが取り扱うのは外国通貨であり、ほかの銀行と取引関係を構築し、顧客のために信用枠を設定し、外国株の取引を決済したり、通貨のヘッジポジションを調整するために為替取引を執行する。私は自分ができそうなことは何でも積極的に学んでいった。

外国為替について説明するためには、アメリカ株以外にも投資したいということを前提にしなければならない。景気低迷期には、分散を図ることでリスクを大幅に軽減することができる。世界中に関心を向けるべきで、外国市場がNYSE（ニューヨーク証券取引所）よりも大きなリターンをもたらすこともしばしばだ。しかし、外国株を買うためには、まずその国の通貨を保有しなければならない。

たとえば、フランスの薬品会社であるサノフィを買いたいと思うならば、フランス・フラン（当時はまだEU［欧州連合］はおぞましき「ユーロ」を導入していない）を用いなければならない。そこでまず、米ドルを使ってフランを買わなければならないのだが、外国為替の売買レートは株式同様に変動するので、自分がしようとしていることを理解し、即座に考え、行動しなければならない。さもなければ、ニック・ロパルドに尻を蹴り上げられることになる。

この新たに創設された為替部こそが私が頭角を現した部署である。私にとってはカーニバルのようなもので、さまざまな山車がくるくると回り、浮いたり沈んだりする。素早くなければならず、チケットをつかみ、山車に飛び乗り、そして飛び降り、換金し、また次の機をとらえるのだ。細心の注意を払うべきことはたくさんある。取引相手となる銀行は一〇行に及び、それぞれの銀行に、一〇〇件以上の顧客企業のために信用枠と取引口座を開設しなければならない。さらに、われわれはフランス・フラン、ドイツ・マルク、イタリア・リラ、スペイン・ペソ、イギリス・ポンド・スターリング、オランダ・ギルダーなど世界中の主要通貨を手元に持っていなければならない。さらに、エマージング・マーケットの通貨にもすぐに手を広げていった。インド・ルピー、韓国・ウォン、タイ・バーツ、フィリピン・ペソといった具合である。サブカストディアンの銀行網における、これらすべての通貨の受け渡しにかかる指示書を手配し、世界中のあらゆる国の株式を即座に売買できるようにしなければならなかった。

為替部を立ち上げるまでは、すべての口座管理者がそれぞれの為替取引を執行していた。今やそれらは統合され、すべての市場の調査・売買・決済を一括して行っている。それまでは、五人のマネジャーが別のタイミングで異なる価格でフランス・フランを買っていたが、今はわれわれがすべての取引を取りまとめ、より良い価格を求めて、一括で取引を行うのだ。その後、われわれはＩＴ部門と協力し、先進のコンピューターシステムを構築して、すべてを自動化させた。洗練されたチェック・アンド・バランス・システムである。この取り組みによって、取引費用は削減され、取引ミスは減り、売買執行が改善されたことで、業務が効率化され、顧客のみならず銀行にとってもコストを削減することが可能となった。

私は毎日、国際的なファンドマネジャーと仕事をし、一年に満たない間に九〇の機関投資家の口座で為替の現物と先物の取引を行うようになっていた。資産規模にすると三〇〇億ドル以上である。私はアドレナリンを抑えながら、取引を成功させ、年に四万ドルの給料を稼ぐまでになっていた。一九八〇年代後半、特に一九八七年の暴落のあとでは悪くない金額であったが、満足してはいなかった。そこで、ノリッジ大学でのビデオビジネスを思い起こし、さらなる稼ぎを探し始めたのだ。

私はマサチューセッツ州ウェイマスの、一二階建ての建物が三つある集合住宅に住んでいた。すべての部屋に大きなはめ殺しの窓があり、港やボストンの風景が見渡せるようになっていた。ある土曜日、私が朝刊を取りに玄関まで出ると、隣に住む初老の女性がふと顔をのぞかせた。

「おはよう」

「おはようございます、スワンウィック夫人」

「ちょっとお願いしたいことがあるんだけど、ブラッドレー。あなた、背が高いじゃない」

「そして、二枚目でしょ」と彼女にウィンクする。

「もちろん」。彼女は顔を赤らめ、ハンカチで風を送る。

スワンウィック夫人の部屋の窓は汚れていたのだが、彼女には高いところを掃除する手立てがなかったのだ。私は部屋に戻り、バケツにスポンジ、スキージーを取ってくると、およそ三〇分をかけて彼女の部屋の窓を磨き上げた。掃除を終えると、彼女は背伸びし、私の頬をつまんで、五〇ドルを手渡した。

気づいてみたら、すべての部屋に私の新しい窓・カーペット掃除のビジネスを宣伝する広告を投げ入れていた。その後、土曜のたびに、地元のユーホールでスチーム洗浄機を借り出し、モップとバケツを持って、五時間にわたって掃除をする。時給は一〇〇ドルだ。その後、ペンキ塗りとベランダの室外用カーペットの設置も始め、さらにお金を稼いだ。私は平日の業務後に思い切り遊んでいたので、サイドビジネスで週末の生活が変わってしまうということはなかった。

ステートストリート・グローバル・アドバイザーズでの仕事は順調で、一九九〇年代に入

ると さらに繁盛した。銀行の評判と金庫は大きくなり、ニック・ロパルドは絶好調であった。彼がボストンのチームスター組合の集まりで、口うるさい組合員の前に登場したと聞いてわれわれは誇りに思ったものである。ロパルドは、要するに彼らには資金を取り扱う能力がないのだから、年金基金の運用をステートストリートに任せろ、と語ったのだ。彼はこのクーデターに快感を覚えたようで、この基金を「ジミー・ホッファ」ファンドと呼んでいた。

ＳＳｇＡにおける私の上司であるジョー・フォスターは誠実な男で、私は彼と働くのが好きだった。ボストン大学でＭＢＡを修得し、ＣＦＡの資格も持つ彼は、私よりも一五歳年上で、非常に優秀で、お洒落で、そしてプロフェッショナルであった。几帳面な彼の目を逃れることができるものなどなく、何事も公正に行われ、ほんのちょっとのミスが大きな影響をもたらしかねないということを教えてくれたのも彼である。すべての取引のダブルチェックを済ませるまでは職務を離れることはできず、それが終わってはじめてスポーツの話をしながらビールを自由に飲むことができるのだ。

社内にたくさんの友人ができたが、一番の友人と言えばリック・ジェームズだ。ジェームズはビジネスの学位とＣＦＡの資格を持っていたが、けっしてそれを鼻にかけることはなかった。彼は数字に大変強く、株式のティッカーをまるで心電図を読む心臓外科医のように読み解くのだ。私は背が高く、やせ気味で、にぎやかで、サルのように身振り手振りを交えて話をするが、ジェームズは小柄で、清潔で、ちょっと神秘的な二枚目で、おとなしかった。彼にはかわいい彼女がいたが、彼女がいずれはジェームズ夫人になりたいと思っているのはあきらかで、やがて子宝に恵まれ、ボルボを手に入れることだろう。私は一獲千金を目指しており、われわれは互いの人生設計について話をしたが、互いのスタイルを押しつけるようなことはなかった。陰陽の法則は今も機能しているということであろう。

しかし、銀行について言うと、入社三年目を迎えるころには、ステートストリートの夢のような日々は徐々に気味の悪いものになっていった。アセットマネジメントとグローバルカストディの業務は飛躍的に拡大したが、採用者が増大し、固い絆で結ばれていたわれわれ家族は、知りもしない「義理の家族たち」に侵食され、率直に言えば信用できなくなっていた。為替部では、経験豊富なトレーダーである上司のフォスターと私がすべてのトレードとバックオフィス機能を完璧にこなしていたが、経営陣はニューヨークから一組のカウボーイを採用し、彼らをフォスターの上役とすることに決めた。私は「壊れていないものを直す」という考えに疑問を持たざるを得なかった。

「どうして連中が必要なんですか」と、私はむっつり顔のフォスターに尋ねた。

「経営陣は為替を拡大したいと言うんだ。それ自体を単独の商品として、投資戦略として売り出したいらしい」と彼はつぶやいた。

嗅覚テストは通過しなかったが、私はあきれ果てながらも辛抱強く仕事を続けた。

このこずるくて、見掛け倒しの、ニューヨーク市からやってきた二人のカウボーイは傲慢な野郎だった。本当にバカ野郎だった。さらに彼らは、トレードでおかしなことを始めた。それまでわれわれの為替取引は、外国債券や株式の決済を行うための取引に限定され、外国為替の変動をヘッジしたい顧客のイクスポージャーを注意深く管理していた。しかし、新顔二人は、顧客の為替イクスポージャーをより積極的に運用することを望んだのだ。通貨の割高割安を見いだす社内の評価モデルに従うのではなく、彼らは衝動的に行動し、顧客の口座で積極的なポジションを取り、一日のうちにそのポジションを変えることさえあった。それは、長期的に買い持ちするわれわれの保守的な投資哲学には反するものだ。顧客はそれを望み、またわれわれはそれに応えるべく契約で縛られていたのに、である。

それゆえ、これらの取引で損失が膨らみ始めると、顧客と直接的な関係を持つ国際的なファンドマネジャーたちはつるし上げをくらい、自分たちは支持していない取引を擁護することを迫られたが、彼らには止めようもなかった。この上役の二人は、顧客のポートフォリオを自分たちの勘を試すための底なしの貯金箱のように扱ったのだ。彼らは目の前の利益と、ボーナスが欲しかったのだ。ビン・バン・ブン。連中はラスベガスのカジノにでもいるつもりだったのだろう。

この二人のお偉いさんは、株式のファンドマネジャーのことなど気にもかけなかった。ニューヨークの連中は何の知識もなく、一方でステートストリートのベテランたちは経験も知識も豊富だったのであるから当然である。いじめっ子はいつでも頭の良い子が嫌いなのだ。一方、私は四年間を軍学校で過ごした者である。軍人としてのキャリアは追い求めなかったが、団結し、仲間を助け、一人も置き去りにしない、その文化はこの身に染みついていた。私は常に時間どおりに、良いレートで為替の取引を終え、時宜を得た情報を交換し、それゆえ株式のファンドマネジャーは年金基金の顧客の株式を有利に買うことができた。だからこそ、彼らは私を好いてくれたのである。それゆえ、私は新たに来た、未熟で知ったかぶりのバカ野郎と、百戦錬磨の戦友との間に挟まれていたのだ。

最初の赤旗がたなびいたのは、マンハッタンの脳たりんどもが為替のデスクに新人を連れてきたときだ。「ハーバード出の新人、ダンだ」。私は彼をかつてのSSgA流で鍛え上げることにしたが、彼は蝶ネクタイをつけてニヤニヤ笑うばかりであった。彼はありとあらゆる間違いを犯し、私は我慢強く直していったが、ある金曜日、私の知らないところで大事件が起きた。ダンは大量の日本円の買い注文を出したのだが、ニューヨークの取引相手が最終的に買いに合意し、確定させるのを確認せずに、ガールフレンドとセックスするためにさっさと帰宅してしまったのだ。買いは成立した。

二カ月後、決済日が近づくと、上司のフォスターの電話が鳴った。相手はニューヨークの取引銀行である。フォスターは電話をハンズフリーにした。私はダチョウの卵にでも座っているかのような心持ちだった。

「あの、ちょっとした問題が起きています、ジョー」

「何事ですか、ラリー」

「円の買い注文です、御社のダンが反対売買したものです」

「反対売買ですか」。フォスターはネクタイを緩め、汗をかき始めた。

「えぇ、彼は誤って、売りではなく買いの約定をしたのです。そして、損を出しています」

「損失ですか」。長い沈黙のあと、「いくらですか」。

「七八万ドルです」

なんてこった。

雪の玉は頂上から転がり落ち、止める手だてもない。もちろん、フォスターはこの失態を上役であるニューヨーク市のカウボーイたちに報告しなければならなかった。七五万ドルもの損失を隠す方法などあるわけがないし、ＳＳｇＡ自身が自腹を切って顧客の穴埋めをするしか方法はないと私も考えた。上役のどちらかがニューヨークのケミカル・バンクに電話をかけて、次のような趣旨のことを話した。

「よく聞きなさい。われわれはその取引をあなた方に預ける。つまり、期間は知らないが、先物取引の先渡しだ。われわれの損失をそこから取り戻すには価格がちょっと上がれば良いんだろ」

なんだと。この話を耳にしたとき、私は気を失いそうになった。あのバカ二人が言っていることは、つまりこうだ。ステートストリートがアモコのような顧客のためにフランス・フランを買わなければならない場合、ケミカル・バンクはレートを見せずにわれわれに通貨を売り、差額は懐に入れろ、と。この方法は「パディング」と呼ばれ、もちろん違法で、トニー・ソプラノも赤面ものだ。さらにバカどもはケミカルにこう言ったのだ。「黙ってゲームを続けるのなら、おたくと取引しよう」

その後、雪の玉は止めどなく転がり落ちながら、牛の糞を巻き込んでいった。前述のとおり、われわれの部は銀行全体のファンドマネジャーの外国為替取引を統合した。イタリアの株式を買うためにイタリア・リラを必要としているファンドマネジャーが一〇人いるとしたら、われわれは全体の平均値を取得するために一営業日をかけてリラを買う。しかし、一億リラを買おうとしたら、分割して買わなければならない。つまり、市場が開けたところから閉まるまでに一〇回に分けて買ったりするわけだ。それらの取得価格には差が生まれる。比較的良いものもあれば、悪いものもあるが、公平を期すためには、上値も下値も等しくすべてのファンドマネジャーに分配しなければならない。

では、何が起きたであろうか。かのニューヨークのカウボーイたちには「お気に入り」の銀行があったのだ。また、好きなファンドマネジャー（ゴマすり野郎どもだ）もいれば、そうでもないマネジャーもいた。そこで、すべての為替取引の結果を取引時間が終了するまでとどめておき、市場が閉まったら、その結果に目を通し、最も良い取引をお気に入りのファンドマネジャーにあてがえと命令したのだ。これには心底腹が立った。

「顧客の玉の分配で連中がやったこと見たかよ」。ある夜、私は何杯かのビールのあとでリック・ジェームズに尋ねた。私は彼をオフィスから連れ出し、ファニエルホールのそばにあるバーに行った。われわれ二人だけでだ。

「あぁ、君がその話をいつ持ち出すだろうかと思っていたよ」。彼はサム・アダムズのジョッキを見つめていた。

私は愚痴った。「信じられねえよ。ジャック・トレモントのくそ野郎が一〇〇万ドルで日本円買う日に、ジョー・フォスターも同じポジションを取ろうとしたら、ジョーは一万円割を食うってことだろ。こんなのおかしいよ」

「それに、おそらくは違法だろうよ」とジェームズは言う。

私は彼に顔を寄せてつぶやいた。「上役のバカ二人の記録を取ろうと思う」

「君はやるだろうと思ってたよ。手が先に出るタイプだもんな」。ジェームズはジョッキを私に向けた。

その後しばらくの間、私は口をつぐみ、目だけは大きく見開いていた。おかしな取引を見つけるたびにコピーを取り、自分の部屋に持ち帰って貯めておいた。しかし、黙っているのもしゃくだった。上役の詐欺師たちはますますつけ上がり、自分たちを良く見せるべく虚偽の収支報告書を顧客の年金基金に送り、大損していることがばれないように隠したのだ。その後、経営陣たちは、クリスマスのボーナスの大部分を「仲良しの」財務官僚の再選運動に寄付するよう強要し始めた。驚くなかれ、その財務官僚は自分たちの州の何十億ドルもの年金基金の運用をステートストリートに委託したのだ。このあからさまな賄賂が首長国の幹部であるビン・カラバシュ博士に渡ったのを知っても驚きもしなかった。われわれはアブダビ投資庁と二〇億ドルの契約を結んだのだ。ＳＳｇＡの連中が海外汚職行為防止法をよく知らなかったのは明らかだ。

一九九四年までに、ステートストリートは数々の法律違反を犯していった。私がステートストリートにいたのは五年間だったが、そもそも最後まで勤め上げるつもりはなかったので、私の良心がとがめ始めたのだ。

そして、とどめの一撃を食らった。トレーディングフロアに中古の口述録音機が導入されたので、取引に関する電話での会話を記録するのだろうと思っていた。もちろん、電話の相手に「ジョーンズさん、お互いのために、この取引は録音されています」と伝えているかぎりは何の問題もない。ところが、われわれのボスは顧客たちに知られないようにしたいと言い出したのだ。そうすれば、あとで必要なときに都合の良い内容だけ選び出すことができ、必要でなければ記録がないことにしておけばよい、というわけだ。これは盗聴であり、もちろん違法だ。会話の録音に関していえば、マサチューセッツは今も昔も二大政党の州である。つまり、録音をするためには、会話の両者が合意しなければならない。すべての参加者が合意していないのに録音すれば、それは犯罪行為となる。

「こんなバカなマネはできませんよ、ジョー。もし当局が知ったら、われわれ全員が永遠に銀行業界から追放されますよ」。私は上司の部屋に飛び込み、野生の馬のごとくズカズカと歩み寄った。

「分かってる、分かってるよ、ブラッド。でも、奴らがそうしたいというんだ」。彼は私をなだめようとした。

「くそっ、もっと上に言いますよ」

私が実力行使に出たことで波乱が起こった。法務部が出てきて大混乱となった。もちろん私は口の軽い悪者である。経営陣は私を見ると知らんぷりをするようになった。しかし、結果として、ステートストリートの弁護士は書面で指示を出した。曰く、技術的には規範に反するが、われわれは一方的な録音を続けることにする。「違法なことをしましょう」とメモは言っているようだ。「われわれが違法行為をしていることにだれも気づかなければ、たいしてとがめられることもないだろう」と。

しかし、私は口述録音機を使うことを拒否した。そこで彼らは私を謹慎処分にしたが、それでも私は使わなかった。そして、会社の警備員二人がトレーディングフロアに現れ、私は辞めるのだから、すぐに「グッバイボックス」に荷物を詰めて、出ていくように求めた。私は彼らに笑いかけ、椅子に上り、腕を振り上げ、黒い羊のような私を見つめている同僚に宣言した。

「みなさん、素晴らしい同僚たち、私は自ら望んでこの会社を辞めるのではないことをお伝えしたいと思います」

社内警察官は私のＩＤを取り上げ、出ていくように促した。私はからかわれているのか。このときの感情を書き表すことなどできやしない。私は何一つ悪いことはしていないし、会社は長いこと、ガス抜きをさせるでもなく、私にひどい仕打ちをしてきたのだ。彼らは私に自ら辞めさせたかったのだ。そうすれば、退職金を払わなくて済むわけだ。しかし、そうはならなかった。

翌日、リック・ジェームズは銀行内での自らの立場をリスクにさらして、自分のＩＤを二回使い、こっそりとエレベーターホールを通過させ、私をオフィスに戻したのだ。私は自分のデスクにドスンと腰を下ろした。社内警察官が再び現れた。

「ここで何してやがるんだ、バーケンフェルド。貴様は昨日、辞めただろう」

「私は辞めていない、ここで働くんだ」と私は答えた。

次にお偉いさんたちが現れた。「分かった、お前は賢いよ。君はクビだ」

「僕のところで働かないか」。私は、上役をぼそぼそと罵っていた仲間たちに、私一流のサヨナラを伝え、歩き始めた。

しかし、私が静かに引き下がったわけがないと思う方もいるであろう。ステートストリートは退職金として給料の一年分を申し出てきたが、それには私が発言禁止命令に同意しなければならなかった。私はそれに反対し、弁護士を雇った。われわれは銀行の不正を示すあらゆる書類を集め、取締役会長のマーシャル・N・カーターに送りつけた。弁護士の添え状には「バーケンフェルド氏は、ステートストリートが彼のキャリアを台無しにしたことについて、五〇万ドルでの和解を検討している」と記してあった。しかし、マーシャル・N・カーターは、つまらん若いバンカーなど出し抜けると思ったようで、われわれのことを無視した。

しかし、私とステートストリートとの関係は終わらなかった。彼らは私の剣を折り、ペルソナノングラータのレッテルを張ったが、会社にはまだたくさんの友人がおり、彼らはみんな、私が解雇されたことに腹を立てていたので、こっそりと情報を提供してくれていたのだ。ステートストリートは、もうじき年次株主総会を開催するのだ。ステートストリート本社の大会議室で行われる最高のお祭りである。私はまだ真正な株主であったので、株主としての私の権利を行使することに決めたのだ。

二五〇人以上の株主と地元のメディアが集まる素晴らしい機会である。マーシャル・N・カーターは高座に付く。ニック・ロパルドやその他のお高くとまった連中もみんな、参加する。私は一時間ほどそこに座り、彼らがステートストリートの勇気と、それに支えられた戦略とを高々とうたい上げるに任せておいた。やおら、私は立ち上がり、質問をしたのだ。

「会長さん。私は株主で、またSSgAの元社員であります。私の弁護士は最近、SSgAの幹部たちが行った広範にわたる不正に関する詳細な報告を提出しました。その行為の多くが違法だということです。そのような状況を改善すべく何を行い、またその責任を負うべき人物たちをどのように扱ったのか説明していただきたい。また、なぜ取締役会は御行の不法な行為とアメリカ法違反に関する、私の無数の申し立てに対して回答をしようとしないのか、その理由を教えていただきたい」

ドカーン。二五〇人の好奇の目が私に向けられた。「あの男はだれだ」。カーターの顔は青くなり、司会者が立ち上がり、マイクを取った。「みなさま、総会は本日は休会とさせていただきます。隣のお部屋にドーナツとコーヒーを準備してございます」

うん、私はドーナツとコーヒーはだれよりも好きである。言うまでもなく、二次会の場ではだれもが私をクリプトナイトかのように避けていた。メディアは例外である。私を取り囲むリポーターたちに笑いかけ、彼らが差し出す名刺を受け取った。

「ご心配いただきありがとうございます。すぐに電話を差し上げますよ」

しかし、そうはならなかった。一九九五年四月一九日の朝、まさにそのとき、ティモシー・マクベイがオクラホマシティのアルフレッド・P・マラー連邦ビルを爆破したのである。風車に突進するドン・キホーテのような若きバンカーの物語などニュースにはならなかったのだ。

数カ月後、私がステートストリートの心臓にナイフを突きさす決心をしたニュースが届いた。ステートストリートは、女性従業員のリサ・チュイ（私の最初の上司だ）に、不公平かつ不当な行為を理由に訴えられたのだ。彼女はニック・ロパルドの承認を得て、産休を取っていたが、彼女が戻ると、彼は彼女を降格させ、さらには元のポジションはもはや空いていないと主張したのだ。私は彼を尊敬していたので、この出来事には心を痛めた。しかし、彼には私の解雇にも責任があると考えていた。彼は、あのカウボーイたちをきっちりと叩くべきだったのだ（ロパルドは、スタンレーカップで勝利したブルーインズの英雄のレイ・ボークがコロラドからボストンに戻る際に社用機を利用させたことで、経営陣とぶつかり、その直後の二〇〇一年に退職している）。いずれにせよ、ロパルドはチュイの差別に関する訴訟で証言を行うべく、裁判所から召喚を受けた。ある人が彼の証人としての召喚状のコピーを送ってくれたので、私はそれをぶ厚いピンクの紙に五〇〇部印刷し、配布物を作成した。二人のピエロを雇い、明るいオレンジ色の髪と水玉模様の服、赤い団子鼻を付けさせ、先の巻き上がった靴を履かせた。ある晴れた夏の午後、彼らはウォール街の本社前に出て、ロパルドの召喚状を配って回ったのだ。金融街のど真ん中、歩行者のあふれる昼食時のピークに、である（**グラビア　図4**参照）。このニューススタンドは大成功を収めた。ピエロが嫌いな者などいないからだ。

これが学生の戯言程度にしかすぎないことは分かっていた。顧客をだまし、法を無視するステートストリートを止める者などだれもいなかった。これは重大なことであり、そろそろ掩体壕に最後の手榴弾を投げ入れるときである。

　その夏、私は大量の資料を抱えて、ガバメントセンターにあるＦＢＩ（米連邦捜査局）に駆け込んだ。最初のうちは職員たちも礼儀正しく、用心深く、また興味を持っていたが、彼らもまた懐疑的であった。私はしょせん二九歳の不満を抱えた失業中の元バンカーにすぎず、それがボストンの最古にして最大の金融機関が不法なおとり商法をしていると言っているわけだ。私も己のことは分かっていたが、六回にわたる会議を終えると、職員は首を縦に振るようになり、また眉をひそめるようになってきた。彼らは決定的な証拠を求めた。私がそれを持っていることは言うまでもない。

　ＦＢＩはステートストリートに対する正式な捜査を開始し、ボストン支部の特別審査官であるロナルド・キーティングが捜査の指揮を執った。どういうわけか、捜査のことがメディアにリークされた（どうしてそのようなことが起きたのだろうか）。ステートストリートはメディアに反論し、それらのことは単なる「通常の規制当局によるもの」と主張したが、通常のレベルをはるかに超えるものであることはだれもが知っていた。ロパルドは社内の会議を主導し、熱弁をふるっていた。参加者の一人が教えてくれたのだが、彼はこう言っていたようだ。「われわれに指一本触れさせはしない。ＣＩＡ（米中央情報局）にもＦＢＩにも仲間がいるんだ」

そのような言葉は、殺しを指示し、連邦政府の職員を飼っているから心配する必要のない、どこぞのマフィアの親分の口から出たものではない。ロパルドはマフィアの親分ではないのだ。彼は単なる銀行の経営者にすぎない。さらに彼は、何十億ドルという世界中の年金基金の資産を預かる者なのだ。

後に分かったことだが、彼らは実際にＣＩＡとＦＢＩに仲間がいたのだ。それも有力な仲間である。ステートストリートのＣＥＯであるマーシャル・Ｎ・カーターの父親はＣＩＡの副長官だったのだ。一九六二年、キューバ危機の発端となる、キューバに建設されたソ連のミサイル基地の偵察写真を最初にケネディ大統領に見せた人物であった。では、ＦＢＩのほうはどうか。何の問題もない。彼らはそこもカバーしていた。

ステートストリート・バンクの評議会には、有力な弁護士事務所ロープス・アンド・グレイのパートナーであるトルーマン・キャスナーという弁護士が座っていた。ステートストリートはＦＢＩ対策の指揮を執らせるべくロープス・アンド・グレイを雇った。そして、彼らが最初に行ったのがＦＢＩの捜査にカウンターを打つべく、ボストン支局の元特別審査官の採用である。私はそれを聞いたとき、独り言を言った。「こうして物事は進むのだ。ロパルドがあの会議で自信満々だったのも当然だ」

私がＦＢＩのボストン支局に偏見を抱いていると思われるかもしれない。しかし、ＦＢＩボストン支局がアメリカ史上最も腐敗したところであることは、一九九五年の歴史が示している。彼らはステートストリートの捜査を行うのと同時に、有名なギャングであるジェームズ・「ホワイティ」・バルジャーと共謀していたのである。そのとおり。ボストンの連邦職員はホワイティとその部下をかばい、長年にわたり賄賂を受け取り、敵対するギャングや罪のない犠牲者たちを何人も殺害したことにも目をつぶっていたのだ。

それゆえ、ボストンのＦＢＩは私から入手したたくさんの補強証拠と証言をもって、ステートストリート・バンクの捜査を行うはずであったが、話はなかなか進展せず、それどころか停滞し始めた。裏づけ証拠と、事態を目撃した現役の行員による宣誓供述書があるにもかかわらず、捜査は沙汰止みになってしまったのだ。捜査を潰すためにロープス・アンド・グレイが雇った元ＦＢＩ捜査官が、捜査を指揮していたロナルド・キーティングと仲良く昼食を取っていたことが後に判明する。悪いことじゃないのか。彼らは寿司を楽しみながら、世界中の年金生活者をこき下ろしていたのだろうと思う。

これらのささやかな会合からほどなく、捜査は終了してしまった。「真実と正義、そしてアメリカの道」ももはやこれまでである。私にとっては、銀行とは何か、連邦職員とは何か、彼らと取引するにはどうしたらよいのかを学ぶ機会であった。これはあとに取っておこう。

私は、もうこれ以上追及しないことにした。仕事に戻り、もう一度人生をやり直すときだ。ボストンの二つの金融機関が私の履歴書に目を通し、ポジションを用意してくれた。しかし、そのうちの一つを受け入れようとしたとき、突然彼らは手を引いてしまったのだ。ステートストリートがボストン中に私を潰すようお触れを出したのだ。私は追放されたのだ。

ハリウッドの古い格言が頭をよぎった。

「あなたは二度とこの街では働けない」

遠く、遠くに行くべきときだ。ここから離れたところに行けば、私を温かく迎え入れる輝ける地があり、そこへ行けば、切れ者の若きバンカーは富と名声を築けると思っていた。私は熟考を重ねた。向かうべき先はどこか。

あぁ、そうだ。

スイスだ。

第3章　暗号を解読する

「スイス銀行の言葉が信用できなきゃ世も末だな」――ジェームズ・ボンド（映画『ワールド・イズ・ノット・イナフ』より）

一九九五年夏

スイスは銀行家のディズニーランドであり、私はその地に心躍らせていた。ヨーロッパの起伏に富んだ平野が霧の向こうに見えてきたころ、私はボーイング747の窓の外を眺めていた。大して考えもせずに夜の便を選んだわけだが、太陽が昇り始めるのを見て、無意識に選んだ計画が、再生と、そして再び始まる冒険の旅の印とも言える夜明けを愛でることになったことに気づいた。ボストンははるか遠く、海軍のフリゲート艦のスクリューに巻き込まれる漂流物のごとく、ジャンボジェット機の気流に吹き飛ばされていった。

ボストンの橋を焼き落とし、いくつかの手榴弾を放り投げたあとで、今こそ祖国を捨て、安息の日を過ごすときであることを知ったのだ。海外のどこかで、まともなＭＢＡ（経営学修士）を修得することができれば、再び職探しをするにあたって相当に有利となるであろう。さらに、しばらく姿を消せば、白紙に戻してやり直せるであろう。私は、レマン湖畔のラトゥールドペという古い街にある、小さなアメリカの大学を見つけたのだ。講義は英語で行われるので、私の錆びついたフランス語を引っ張り出してくる必要もなかった。それにだれも知らないのだ。大学を修了すれば、ヨーロッパで職を得ることができるであろう。一九七九年、私は祖母と一緒にスイスのルガーノを訪れたことがあった。そこは美しく、清潔で、安全な街であり、お気に入りのスポーツのひとつであるスキーをするには最高の場所であった。職探しがうまくいかなかったとしても、少なくとも楽しい時間は過ごせそうだ。

飛行機がチューリッヒ上空を旋回し始めたころ、私はボストンを思い出していた。そこで多くのことを学んだが、私の理想主義的な価値観は残念ながら子供の幻想の残骸にすぎないということも痛いほど学んだ。もしROTC（予備役将校訓練団）の道を最後まで続け、空軍の将校になっていたら、真の英雄の王国で成功したであろうが、このおとぎ話にも疑いを抱いていた。

ステートストリートが教えてくれたのは、少なくとも巨大銀行やメガファイナンスの世界で英雄を探すのは、暴走族のなかにボーイスカウトを見つけるに等しい、ということだ。制度に抵抗すれば、一人のけ者となり、けっして信用されることも、受け入れられることもなくなる。ほかの連中が車で出かけ、どんちゃん騒ぎをし、魅力的な女の子を手に入れ、けっして捕まることはない一方で、ひとりガレージに残され、こぼれたオイルをふき取るばかりとなるのだ。私も勝ち組に加わりたかったが、それは顧客を潰したり、自分が嫌になったりすることなく、という条件付きでだ。私は取引のトリックをたくさん見つけたが、顧客を儲けさせ、そして利益を得るためにそれらを使いたくはなかった。それが私のバンカーとしての役割だと思っていた。そうすれば、だれもが安心して家に帰ることができる。

そうではないだろうか。

飛行機がゆっくりと降下し、エンジンも徐々に閉じられていくと、きらめく景色が大きくなってきた。そこは、王侯貴族や億万長者、ＣＥＯ（最高経営責任者）や司祭の地であり、甘く柔らかいチョコレートとそれに釣り合う女性の地でもある。ステートストリート時代にスイスのバンカーたちとも取引したが、スイスではお金こそがモノを言い、でためがまかり通ることを知っていた。法律が認める秘密口座を使えば何でもできるし、スイスの法律では殺人以外はたいていのことが許されるのだ。私はシステムこそは知らなかったが、すぐに学び取ることはできよう。ほとんどあごにつくまで膝をたたみこむようにして、安いエコノミークラスに無理やり座ると、飛行機は滑走路に着陸した。私はほほ笑み、独り言を言う。「バーケンフェルド、順調にいけば、これがエコノミークラスでの最後の旅となるぞ」

大学院での日々の暮らしについては割愛しよう。ただこの年はロケットに乗っているかのようにあっという間に過ぎ去った。二九歳になり、人生初の大冒険に繰り出したのであれば、さもありなんである。私はラトゥールドペに部屋を借り、コーポレートファイナンスや計量経済学、経済法、管理会計や国際マーケティングの上級過程に没頭した（**グラビア　図7参照**）。同級生たちは国際色豊かで、ドバイやロシアやドイツやフィンランド出身の裕福で野心にあふれた者たちであった。彼らとは今日まで続く友情を育み、週末にはコペンハーゲンやバルセロナやプラハやローマなどに足を向けたものである。私は懸命に学び、思いっきり遊び、リフトのあるすべての山でスキーをし、またヨーロッパの女性はビキニを片方しか着けないことを知って大いに喜んだ。もちろん、下だけである。私は、オーストリアとスウェーデンのハーフであるシャルロットという美しい女性に出会い、同棲を始め、あふれる若さと果てしないエネルギーの発露を目いっぱい楽しんだ。一九九六年春の卒業が近づくと、「完全武装はしたが、財政的には厳しい」と感じるようになっていた。次に何が起こるのか、まだ分からなかったのだ。ＭＢＡを修得して履歴書を磨き上げるためにスイスまで来たが、スイスの就労許可がなければ職を得ることなどできないのだ。どうにでもなれ、だ。私はともかく面接を受けるだけ受けてみることにした。

一九九六年の晩春、私はうぬぼれ巨大銀行クレディ・スイスのプライベートバンク部門のフランス語チームのトップであるレト・カレガリ博士に履歴書を送った。意外にも、彼との面接に呼ばれた。背が高く、スリムで、グレーの髪に眼鏡をかけた彼は、チューリッヒ大学でファイナンスの博士号を取り、スタンフォードのＭＢＡも修得していたので英語も完璧だ。感銘を受けざるを得ない人物であった。

カレガリ博士はファイナンスに関するあらゆる種類の専門的な質問をし、私はそれに完壁に答えた。そして私が質問する番が来た。

「カレガリ博士、私も質問があります」

彼はびっくりした様子で、「バーケンフェルドさん、私はあなたの面接をするためにここにいることはお分かりですよね」。

私は笑いかけて「もちろんです。ただ、私もこのことを聞いておかなければなりません。あなたからご覧になって、御行の問題点を三つ挙げるとしたら何ですか」。この時点で、彼は両の眉をつり上げたが、私は構わずに進めた。「私は問題を解決するのがうまいと自認しています。私を採用し、高い報酬とスイスの就労許可を与えることをご検討いただけるならの話ですが、私は御行の問題点をまったく知りません。それでは私を採用しても無駄だと思いまして」

彼はこの受け答えが気に入ったようだが、もちろん、会社の問題点を私に教えることはなかったし、私も期待していなかった。われわれは名刺を交換して、それで終わりである。

さて、私がボストンで学んだことのひとつだが、知性や能力があるのは良いことであるが、それ以上に友人を持つことが重要である。会社の経費で昼食を食べるのではなく、要求に応えることでビジネス界では友人ができるのだ。私は、顧客の要求のひとつひとつをまるで死活問題かのように対応することで彼らに仕えてきた。私の職業倫理は「けっして後回しにするな、今やれ」である。私はそうすることで、ニューヨークのクレディ・スイス・ファースト・ボストンで為替トレーダーの長を務めていたジョー・ジェルソミーノと友人になったのである。彼とは大量の取引を行っていたので、親近感を持つのも道理で、面接の直後、私は彼に電話をかけた。

「ブラッドじゃないか、どうしたんだよ」

「やぁ、ジョー。ちょっとお願いがあるんだ。今、スイスのジュネーブでクレディ・スイスの面接を受けてるんだけど、ちょっと口添えしてもらえないかな」

「もちろん。相手はだれだい、名前を教えてくれ」

「レト・カレガリ博士」

「うわ、大物だな。俺に任せてくれ」

一〇分後、ジェルソミーノはニューヨークからカレガリ博士にメールを送った。極めて丁寧で礼儀正しいものであったと思うが、要はこういう内容だ。「ブラッドレー・バーケンフェルドは私がウォール街でともに働いた若いバンカーのなかでも最も優れた人物です」

一週間後、ちょうど最後の試験が始まる前に私はクレディ・スイスから採用の案内を受けた。最初の給料は一五万スイス・フランで、スイスの就労許可と四週間の休暇つきである。信じられない。ステートストリート時代の四倍の給料で、しかもジュネーブのカレガリ博士の部下として働くのだ。おそらくは私の行く末を見ていたかったのであろうが、彼をがっかりさせるつもりなどなかったのであるから、良いことであろう。

ただこの話の悲しい点はシャルロットで、彼女とは別れてしまった。彼女はベベイのネスレで好条件の仕事があり、引っ越すつもりはなく、一方、私はジュネーブまで毎日バスと電車を乗り継いで通勤するつもりもなかった。私もふさぎ込んでいたが、仲間のルイージが私を昼食に連れ出し、率直にぶつけてきた。

「わが友ブラッドレー、すぐに行ってみたいサークルはあるかい。どんなタイプの女性に会ってみたい。すぐに彼女のことは乗り越えられるさ、ちょっとの間だよ」

少し無神経にも感じたが、すぐに彼が正しいことが判明した。私の憂いなど、クレディ・スイスがジュネーブの中心地に素晴らしいワンルームの部屋を手配してくれたことで消え去ってしまった。二階建てで、寄せ木張りの床、大理石の暖炉があり、二つあるバルコニーの窓は観音開きだ。一人暮らしの男には申し分ない場所で、しかも月にたった一二〇〇スイス・フランである。傷心はあっという間に癒えてしまった。

クレディ・スイスでは、高給のアメリカ人「出稼ぎ労働者」に与えられる役割などほとんど皆無であることにすぐに気づいた。ヨーロッパ、とくに銀行家には面白い職業倫理がある。時間どおりに出社し、着飾り、古い文化を受け入れ、二時間の美味しい昼食を楽しみ、早めに帰宅し、髪を洗い、リンスをする。それの繰り返しである。カレガリ博士は私にプライベートバンクの専門家となることを求めた。つまり、裕福な顧客に特化し、コモディティやコイン、美術品や有価証券、通貨に投資するなどして、さらにお金を稼ぐ創造的な方法を提案するわけだ。それ以外にも、ＭＢＡの学位論文を書くことを求められた。「ブラッドレー、もし良かったら、この会社の業務を称えるような長い論文を書いてはくれまいか」。イェッサー、喜んで。

言うなれば、仕事の要領を覚えるために給料をもらっていたのだ。しばらくの間、私は「創造的な」スイスのプライベートバンキングの歴史や謀略について学んだ。これは本書を読むにあたっては知っておくべきことであろう。すでに国際的な銀行業に通じているなら、飛ばしてもらって構わない。ただ注意が必要だ。きれい事ではないのだ。

スイスのナンバーアカウント。この言葉を耳にしたことはあるだろう。それこそが伝説の代物だ。

およそ一世紀の間、スイス銀行の秘密口座は、世界中の超富裕層や権力者たちの宝箱であった。金や宝石や札束や無記名債の隠し場所である。しかも、名前が出ないのだ（**グラビア　図5**参照）それは、多くの人々の興味をそそるものではあっても、ごくわずかな特権階級の世界である。

石油長者がこよなく愛し、スパイ小説にも登場する。専制君主たちは、その天然資源を求めて第三世界を侵略するとスイスを頼るのが常で、その利益をスーツケースに入れてプライベートジェットに乗ってジュネーブまで運ぶのだ。政治家は政治資金をちょろまかすと、チューリッヒに立ち寄り、来る引退時の保証とするのだ。海運王は一〇〇フィートのヨットを現金で売却すると、真鍮製の磨き上げたエレベーターに乗ってバーゼルにある貸し金庫へと降りていき、その後は一ユーロたりとも税金を支払おうとはしない。

そのような秘密は、ローマ教皇へのざんげほどに守られるのだ。結局のところ、だれがそれを漏らそうというのだ。スイスが漏らすことがないのは確実である。

しかし、スイスは常にならず者の安全な避難先というわけでもない。スイス銀行の輝ける伝統は、一六八五年、ルイ一四世がナントの勅令を破棄し、フランスのプロテスタントを異端としたことに始まる。これによって、プロテスタントは迫害や拷問を受け、結果的に何百、何千というプロテスタントが他国に流れていった。そこにはスイスも含まれている。新たに住み着いたプロテスタントの移民たちが、富裕層に投資サービスを提供することを目的に多くのプライベートバンクを設立した。それは秘密組織ではない。金持ちの資産管理の手段というだけのことである。後に、スイスは国際赤十字や文民保護の原則をうたったジュネーブ条約、後に国際連合となる国際連盟（私のうがった見方では退化したのであるが）など多くの誇るべき歴史の地となる。いずれにせよ、これらの歴史の分岐点ともなった出来事には何も悪いことはない。それらはスイスの誇るべき業績である。

そして、一九三四年、スイス銀行法がスイス憲法第四七条に導入され、スイス銀行の秘密保持が確立された。それ以降、スイスの銀行家は、顧客口座の詳細や彼らの素性を明らかにすることはできなくなった。さもなければ、起訴され、刑務所にぶち込まれることになるのだ。偶然か必然か、そのころ、ナチスがドイツで権力の絶頂を迎えようとしていた。ヨーロッパ中のファシストたちは、今や秘密保持を義務づけられた無表情の銀行家たちに喜んで盗んだ富を預けたのである。すでに迫害され、悪い兆しを感じ取っていたユダヤ人たちは来る激変に自分たちの蓄えを守ることを期待して、ジュネーブやチューリッヒに大急ぎで逃げ込んだのだ。彼らの貯蓄は生きのびたが、口座保有者のほとんどは生きのびられなかった。何十億という資産がスイスの金庫で消えたのだ。もちろん、銀行側の手に落ちたのである。第二次大戦を通じて、スイスは中立を享受し、銀行家たちは髪を乱すこともなかった。結局、枢軸国も連合国も同様に、金庫にその富を隠したのだ。スイスはけっして侵略されることはないというジョークは今も続いている。自分の金庫に爆弾を投げ込むバカはいない、と。

二一世紀初頭まで、ジュネーブだけでも一三〇を超えるプライベートバンクが存在していた。街区に一行の割合である。プライベートバンクはスイス経済の六分の一を占め、スイスの政治家たちは、現状を維持するために引退後、銀行や信託会社、弁護士事務所の会長職に就くことを常としている。そして、スイスの不正な銀行業から過大な利益を得ている世界をペテンにかけている。何十億、いや何兆もの資産が隠され、盗まれているのだ。

金持ちに有名人、悪人にスパイ、そしてマフィアたちが妻や夫やビジネスパートナーの目を欺くためにナンバーアカウントにお金を隠すのである。つまり会社のお金を横領し、小さな戦争の資金を調達し、薬物カルテルに資金を回すためである。映画スターたちはそれらの悪巧みを愛し、愛人たちはルイ・ヴィトンの財布にアメックスのブラックカードを詰め込むのだ。ナンバーアカウントを持っているとしたら、実際にはその特権に定額の費用を払っているのであり、一銭たりとも金利を受け取るわけではない。残高は顧客の夢のためであって、スイスの鋼鉄製のマットレスの下に安全に隠されるわけだ。

何よりも良いことは、だれにも知られないお金には税金がかからないということだ。隠し事のある裕福なアメリカ人にとっては、神の恵みである。アメリカ市場にはターゲットになる金持ちが多いので、スイス銀行はプライベートバンカーたちをアメリカ全土に送り込み、うなるほどのお金を持つ潜在的な顧客が参加する豪華なパーティーや夜会に潜り込ませ、収穫を上げさせるのだ。

これがスイス銀行の秘史の概観であり、私が足を踏み入れた世界である。私はその成り立ちから今日に至るすべてを学び、そしてスイスはウインクと会釈と満面の笑みとで運営されていることを知った。私は、扱うお金が不正な手段で得られたものであったり、税をむしり取ろうとするどこその政府をだまして秘匿されたものであることを気にもとめなかったのだろうか。そうだ、まったく気にしなかった。食物連鎖のかなり上位にいるだれかが、それらはすべて合法であると決めたことなのだ。それを傘に着るつもりもなかったし、ざんげするつもりもなかった。

ざんげと言えば、クレディ・スイスは私が初めてナンバーアカウントの陰謀に深く足を踏み入れた場でもある。ある日、休暇中の同僚、キャロル・ハンブルトン・メーザーの代理を務めていると、彼女の顧客二人から電話があった。彼らは銀行に来て、それぞれ別の口座から一〇万ドルずつ引き出したいというのだ。何の問題もない。玄関のコンシェルジェが彼らをエレベーターに乗せると、二階のコンシェルジェがプライベートサロンにエスコートする。そこで私が登場し、自己紹介をして、メーザーの代理を務めている旨を説明する。彼らはイタリア人で、身だしなみも良く、ブレザーにスラックスをはき、ブリーフケースを持っていた。彼らのパスポートとコードネームを確認し、コンピューターに入力する。

システムには、偽者が現れ、他人の資金を引き出すことがないように多重のセキュリティがかけられていた。パスポート番号、コードネームを確認し、写真と年齢、身体的特徴とを照合する。アシスタントに電話をかけると、彼女は現金の入った箱と紙幣計数機とを持ってくる。ほどなく、二人のイタリア人はそれぞれ一〇万ドルをブリーフケースにしまった。引き出しの書類にサインをする。自分のお金を引き出すのに手数料がかかることを知っていたようだが、気にもしていないようだった。われわれはほほ笑み、そして別れた。

彼らが帰ったあと、私はコンピューター上の彼らの記録に目を通す。なんと二人はバチカンの神父だったのだ。なぜ彼らがスイスの秘密口座にお金を置いておくのだ。私は気にしないことにした。私の問題ではない。

ともかく、明らかに給料をもらいすぎのクレディ・スイスでの教育が半ばを迎えたころ、カレガリ博士は突然アジアに異動になると発表した。博士は私のことを気に入っており、一緒に来ることを望んだが、私はジュネーブであり得ないほど良い時間を過ごしていたし、道端にガムをはき捨てたら街の広場で警察官に五〇回もむちで打たれるシンガポールで同じような生活ができるとは思えなかった。それゆえ、しばらくの間、私は社内の「ホームレス」となり、新しい育ての親を探していた。そして、オリビエ・シェデルを見いだしたのだ。

シェデルは重要人物で、北米、イギリス、イスラエルと英語圏のアフリカにおけるプライベートバンキングの責任者であった。彼は四〇代後半のお洒落なドイツ系スイス人で、黒髪をなでつけ、青く冷たい目と二つに割れた大きなあごを持ち、英語、ドイツ語、フランス語とスペイン語を流暢に操るのだ。月曜日にはアルプスでのスキーで焼けた顔で出勤し、水曜日にはタキシードをまとってオペラに向かい、金曜日にはBMWのZ3に乗ってサントロペに向かうのだ。すぐに彼を好きになったが、初めて握手をしたときに、相通じるものを感じたものだ。

「アングロ」デスクでの初日はすべての口座の履歴に目を通して過ごしたが、ちょっとおかしなことに気づいた。何百万もの「英語圏」のお金がクレディ・スイスの金庫に眠っているが、それらの金持ち連中が銀行に来なければ、だれも互いに顔を合わせることはないのだ。彼らに会いに行ったバンカーなど一人もいないのだ。本当だろうか。アイスクリームトラックを持っているのに、夏場に通りに出ないかのように思われた。

「あの、シェデルさん。うちの部のだれがこれらの顧客の相手をしてるんですか」と、ある日、コーヒー（スターバックスではない、スイスの本物だ）を飲みながら彼に尋ねた。

「それはだな、だれもいないよ」。彼はドラマチックに間を置いて、レイバンの下でニヤリと笑う。

「だれも彼らに会いに行かないんですか。だれも彼らにおべっか使って、新しい顧客を獲得するためのネットワーク作りに利用しないんですか」

「おべっかとは面白い言いぶりだね。だが、それはしない。忘れているかもしれないが、ブラッドレー、クレディ・スイスはとても保守的な会社だよ」

「でも、営業活動はどうするんですか。顧客を訪問して、われわれの商品なりサービスなりを売り込むべきだと思うのですが。ちょっとした投資で大きなリターンが望めますよ」

「では、証明してごらんよ、ブラッドレー。君が何ができるか見せてくれ。やってごらん」と、彼はほほ笑み、カップを鳴らす。

私はさっそく取り掛かった。トロント、ボストン、そしてバミューダ諸島のハミルトンの三つの都市を選び、ステートストリート時代から知っているすべての連絡先に電話をかけ、クレディ・スイスの新しい上司が顧客候補を供応したがっていると伝えた。私はすべてのフライトと五つ星ホテルを予約し、シェデルと二人、シャトーブリアンに、ホッケーの試合やオペラやジャズクラブの貴賓席で過ごす二週間の旅に出て、ただよう葉巻の煙とクールボアジエを楽しみながら秘密口座の話をする。二週間の旅が終わるまでに、北米の六人の大金持ちが大喜びでジュネーブに来て、彼らの富をオリビエ・シェデルに預けることになった。

「ブラッドレー、素晴らしい仕事だよ。君は見事に期待に応えてくれた。その君と仕事ができなくなることを残念に思うよ」と、バミューダのホテルのベランダでお祝いのマティーニを飲みながら、彼は私に言った。

「どういう意味ですか、オリビエ」。このときまでには、ファーストネームで呼び合う仲となっていた。

「言えずにいたんだが、私はクレディ・スイスを辞めたんだ」

「え、何ですって」。私はラウンジチェアから立ち上がり、グラスの半分ほどをこぼしてしまった。

「あぁ、ジュネーブのバークレイズ銀行に移るんだ」。私が驚きのあまり呆然としているのを彼はしばらく楽しみ、例のいたずらっぽいほほ笑みを向けてきた。

「心配することはない、子分よ。君も一緒に来るんだ」

クレディ・スイスよ、さようなら、バークレイズよ、こんにちは。イギリス銀行界の大手だ。私の給料は二〇万ドルまで上がり、豪華な部屋に住み、ブリーフケースを持って、数ブロック先のバークレイズの本部に向かうだけだ。私の能力を試したあと、シェデルは信頼に足る完璧なポイントマンを手にしたと思ったようだ。シェデルは私に、オフィスと美しいスイス人アシスタントのバレリー・デュブイをあてがい、自分はマホガニー製のドアの向こうで革製の玉座に座り、任務を言い渡すために私を呼び入れるのだ。さしずめ、彼は「M」、デュブイはミス・マニーペニー、私は、言うまでもなかろう。

「ブラッドレー、座りなさい。君は日焼けすることになるだろうよ」

「どのような予定ですか、ボス」

「バークレイズ・チューリッヒが事業をたたんで、彼らが持つすべての口座をこのジュネーブに統合することになった。つまりすべてのアメリカ人、カナダ人の口座だよ」

「なんでそんなことするんですか」

「彼らは極めて英国的だからだよ、子分。想像力がまるでない。チューリッヒ支社は、事務の簡素化のために何十億と手を切るんだとさ」

「思うに、だれも北米の顧客にサービスしていないということですね」と私は言った。

「君の口ぶりを借りるなら、『ビンゴ』というやつだ。何をすべきか分かるな。さっそく取り掛かれ」

大金を稼ぐライセンスである。「お会いできて光栄です。私はバーケンフェルド、ブラッドレー・バーケンフェルド、ダブルオー・ドルです」。私は秘密口座を持つすべての北米の顧客の資料を集め、彼らに接触し（もちろん上品に、だ）、夕食の約束で予定表をいっぱいにした。そして、カナダとアメリカに向かい、古き良き時代に舞い戻る。五つ星のホテルに泊まり、リムジンを乗り回し、マンハッタンのピーター・ルーガーで最上のステーキをガツガツ食らいながら、既存の顧客に敬意を表し、さらなる投資を提案し、彼らの大金持ちの友人の名を引き出すべく魔法をかけるのだ。この手の人々はバカではない。ほとんどの者が有力で裕福で、成功した中年の男性で、私に現金の詰まったブリーフケースを預け、ヨーロッパにこっそりと持ち帰らせることなどないことはだれもが分かっていた。それゆえ、夕食後はたいてい、葉巻にコニャックを楽しみながら、名刺をさっと出し、微妙な提案をして終えるのだ。

「ご存知でしょうが、ミスター・エックス。ジュネーブは一年中快適です。あなたのようなお立場の方は、責任と事業のプレッシャーも多いでしょうから、ちょっとした休暇をお取りになって、お楽しみになられるのがよろしいかと思います。壮大な山々に、グルメレストラン、贅沢なお買い物。時にすぎることもあるくらいですね。それから、女性ですが、まあ素晴らしいですね。スイス人の固さというのは表向きにすぎないというのを知って実際に驚きましたよ。ちょうど日本人のようですね。セックス産業はブームを迎えていますが、完全に合法なんです。もちろん、お取り組みになれとは申しませんが、興味深い文化の違いですよね」とウィンクする。

彼らがジュネーブに来るのも当然だろう。私はジュネーブに戻ると、疲れ果て、笑顔とセールストークであごがつりそうになっていた。それなのに、荷ほどきをする間もなく、デユブイは私をドアから押し出し、会ったばかりのお客様を迎えさせるのだ。さて、また繰り返しだ。おいしい料理にシャンパン、スイスチョコレートに、極めて適正な価格で顧客のズボンに「魔法をかける」セクシーなロシア女性。そして、現金と宝石、美術品の引き渡しである。「あなたとお仕事ができて光栄です、ミスター・エックス」。そして私は休みを取り、また同じことを繰り返すのだ。二〇万フランをもらい、贅沢な生活をし、すべて経費で支払ってもらい、またスーツをまとって、人々を確実に幸せにするのだ。

バークレイズのプライベートバンカーでこのゲームに参加しているのは私ひとりであった。つまり、完全な独占である。飛行機のファーストクラスにドスンと座り、我流の「涙の乗車券」を口ずさむのだ。「とてもうれしい気持ちになるよ、記憶が正しければ今日だったはずだ」

クレージーだった。私の休暇ですら、同様だ。ビジネスが転がり込んでくるのだ。サンバルテルミー島で短い休暇を取ったとき、魅力的なブロンドの女性と出会った。後に彼女はポルノ女優であることが分かる。彼女は私の腰のうえで、休む間もなく二日間を過ごしたが、彼女は稼いだお金を現金で受け取っているので、スイスの秘密口座の可能性に興味を持ったのだ。数週間後、彼女はピンクのスーツケースと巨大なテディベアを持って、ジュネーブの私の部屋を訪れた。彼女が私のパン切包丁を使って、ぬいぐるみの首を切り落とすと、なかから現金で三〇万ドルが飛び出してきた。バークレイズは彼女のお金を歓迎した。その後しばらくして、アメリカ当局は彼女を連邦刑務所に迎え入れた。彼女はインサイダー取引で有罪となったのだが、私には関係のないことだ。

「ちょっと悪い知らせだ、ブラッドレー」

私はシェデルの部屋に座っていた。浮かない顔をした彼に「僕の電話料金が高すぎますか」と聞いてみた。

「いや、先月はたった一〇〇〇ドルだ。極めて適正だよ。だが、バークレイズはその無限の知恵を働かせた結果、これ以上北米での勧誘を行わないことに決めたのだ。彼らは少し神経質になっている」

彼が言わんとすることは分かっていた。私はフィナンシャル・タイムズを熱心に読んでいたし、財務省やＩＲＳ（米内国歳入庁）などのアメリカの規制当局の動きには気を配ってきた。二〇〇〇年を目の前にして、アメリカ経済は流動的で、そういうときこそ、富裕層、特に脱税をする者への監視の目が厳しくなるものなのだ。私にとっての良き日々は終わりを迎えたのかもしれないと思った。

私はため息をついて「でも、今となっては良い思い出ですね」と言う。
「そう慌てるなよ。君をロンドンに送るつもりだ。行きっぱなし、というわけではない。数週間ずつこっちとあっちとだ。君にはロンドンの支店網にある三つのプレミアオフィスを準備する。ナイトブリッジとスローンスクウェアとポールモールだ。そこにはあらゆる種類の裕福な顧客の札束が舞い込んでくるが、それを保管するオフショアの家が必要なのだ」

私の顔にフラッシュのような笑顔が戻った。無きに等しいほど税法の緩いイギリス。イギリス紳士が海外で上げる利益は、イギリス政府の手の及ばないものなのだ。イギリス国民は稼いだお金をスイスに運び、好きなように投資できるのだ。彼が獲得する利益は、イギリス国外で使うかぎりは非課税所得なのである。実際に、ほとんどの文明国が同様の規制を持っている。聞かざる、言わざるというだけだ。唯一、アメリカと日本だけが税金に関しては堅物なのである。では、イギリスはどうか。「病気とお金の話をしないのが紳士のたしなみである」

「それで、オリビエ。魔法の旅はどうしますか」

「彼らのソファに座って、好きにやるがいいさ。何百万ポンドでもインターセプトして、ここに持ち帰って来い。さぁ、行くんだ」

私がオフィスに戻ろうとすると、デュブイはデスクに座り、頬づえをついて、美しい茶色の瞳で私を見つめていた。彼女は私の任務のすべてをすでに知っていたのだ。

「私はロスマンズが好きよ。あとは、エルメスのスカーフと、セクシーなイギリスのロックミュージシャンかな」。彼女は細刻みのたばこが好きだった。

「タバコとシルクは引き受けたよ。でも、ミュージシャンは持ち込めないな。それに彼氏を見つけるのに僕は不要でしょ」

ところで、私は彼女にはけっして手を出さなかった。彼女は素晴らしいアシスタントだった。われわれは折に触れてどんちゃん騒ぎをし、何回かスキーに行ったこともあるし、あちこちで冷やかしたりもしたが、けっして手を出すことはなかった。

シェデルの言うとおり、ロンドン攻略は極めて簡単だった。ロンドンに到着すると、メンバーになっているお気に入りのイギリス・ジェントルマンズ・クラブ、ロイヤル・オートモービル・クラブにチェックインする。ここはピカデリーそばのポールモール通りにある（贅を極めた五つ星ホテルで、独自の高級レストランに、朝食用の喫茶店、ダンスホールに図書館、バーが二つにヘルススパまである。ただ、びっくりするほど高い）。そして、支社を回るのだ。ナイトブリッジ、スローンスクウェア、ポールモールのプライベートバンキング部のマネジャーたちは私を見て安心したようだ。彼らの顧客は、何棟ものマンションやコンテナ船を売却した者や起業家など、ヨーロッパのド級の金持ちたちで、大金を抱え、バークレイズのだれかが魔法のようにそれを増やすことを望んでいたのだ。そこでスイスのコンシェルジェである私の登場だ。

「バーケンフェルド先輩、お越しいただきありがとうございます。このルーマニア人ですが、不動産で大儲けした奴で、何百万ものポンドを預かってますが、文句ばかり言っています。良かったらジュネーブに持っていきませんか。彼は年中海外にいますしね。ところで、テニスが大好きです。これ、彼の名刺です」

そこで、私はこのルーマニア人に会いに行き、クアーリニョスに夕食に誘った。そこではお金以外の話をした。女性のことや、競走馬、カンヌの映画祭といった具合だ。その後、スーツのポケットから一組のチケットをさっと取り出す。

「ホスロー、あなたがテニスがお好きだと耳にしたものですから。偶然、来週のウィンブルドンの良い席が二枚あったんですよ。もしよろしければ、テニスと太陽を楽しみながら、財産の運用について話しませんか」

「素晴らしい、ブラッドレー」

顧客は彼だけではなかった。一時に渡されるファイルが二つ以下ということは皆無だった。私は、イーストインディアやロイヤルオートモービルなど最高のジェントルマンズクラブのいくつかのメンバーとなり、顧客をもてなすのだ。おいしい料理をたらふくご馳走し、スコッチに葉巻。その後は、ファッションショーやラグビー、クリケットにサッカーの決勝戦やアスコットでの競馬など、彼らが最も熱中していることに招待するのだ。お気に入りの馬がバックストレッチで二馬身もリードし、顧客が立ち上がって絶叫しているときが、彼にヘッジファンドを紹介する最良のタイミングだ。そのタイミングなら彼は何にでも同意する。

二週間の任務が終わると、私は何百万ポンドもの送金指示書の入った資料の束を三つから六つ抱えてジュネーブへの帰路に着く。ロンドンは私にお金を渡してくれる。まるで宅配便のようだ。サルでもできるほど簡単で、私はこのスイスの牛からたんまりとお金を搾り取るのだ。

読者はこう思うだろう。「それがあなたの仕事ですか」と。ところが、真面目な話、これがやってみると本当に疲れるのだ。つまり、フェンウエーパークでホットドックを食べ、ビールを飲む前に、黒コショウステーキとクレームブリュレをどれだけ食べられるか、ということだ。私はあちこち飛び回り、何百万ものお金をじゃんじゃん運び、会社のために猛烈に働き、ＶＩＰにネットワークを張った顧客網を構築する。しかし、ボーナスは業績連動ではないのだ。二万ドルのクリスマスプレゼントはうれしいが、私が勝ち取ったものに比べれば大したことではない。

シェデルはこう言うであろう。「本当に申し訳ない、ブラッドレー。おそらくは、イギリスの学閥みたいなものなんだろうと思うよ」。そして天井を見上げるのだ。「上役は君の成果を多としているよ」。シェデルはドイツ系スイス人だ。連中は彼を好むだろうが、陰では彼をヘルマン・ゲーリングと呼んでいることだろう。

さて、アメリカの税務当局のせいで、事態は過熱していた。バークレイズは北米のオフショアの顧客をどんどん投げ出すようになっていた。つまり、私の顧客リストも事実上、凍結である。ある日、デスクに座っていると、デュブイがひょっこり顔をのぞかせた。

「ポール・メジャーから電話です。バークレイズ銀行バハマ支店のリレーションシップ・マネジャーですよ」。私は受話器を取った。

「ブラッドレー・バーケンフェルドです。どのようなご用件ですか」

「こんにちは、ブラッドレー。バハマ支店のポール・メジャーです。ちょっと教えてほしいんだが、そちらのアメリカ担当の責任者はどなたですか」

「厳密に言えば、私ということになりますが、われわれはもうアメリカには行きませんよ。どうしたんですか」

「われわれは、こちらにあるアメリカ人の口座をすべて閉じているんです。ワシントンとけんかをしたくはないですからね。今われわれが管理している口座をそちらに移せないかと思っているんですよ」

「口座にはどれだけあるんですか、ポール」

「二〇〇です」

「ゼロ三つですか。そんな小さい口座はいりませんよ」

「二〇万ドルじゃないですよ、ブラッドレー。二億ドルですよ」と彼は笑った。

私は椅子から立ち上がり、「二億ドルもの顧客を持ってて、彼を銀行から追い出すって言うんですか」

「アメリカ人はもうダメだよ。われわれは決定したんだ。怒らせるつもりはないよ」

「だれもやらないなら、私に預けてください」

しかし、これはうまくいかなかった。カリフォルニア出身の不動産業界の大物であるこの金持ちの顧客は、ジュネーブにお金を移したがっていたが、適格仲介人（ＱＩ）契約への署名を拒んだのだ。ＱＩは外国銀行とＩＲＳとの契約で、顧客への課税を目的に収入に関する情報をＩＲＳに提供するか、もしくはアメリカ株を取得しないことを約するもので、それでも顧客の名前は伏せたままにしておけるものである。それゆえ、バークレイズとしては彼にＷ－９を記載してもらい、彼の二億ドルを預けてほしかったのだが、彼は承知しなかった。私はしばらくこの案件について考えていたのだが、友人の結婚式でハワイに行く予定があったので、カリフォルニアに立ち寄り、この顧客と話をしてみようと思った。彼を翻意させられるかもしれないし、彼のお金を獲得する創造的な方法が見つかるかもしれない。

休暇を取る前に、私はロンドンに飛び、いつもどおりワインを飲み、食べ、退屈そうな顧客たちを楽しませていた。ロンドン滞在中、アームストロング・インターナショナルの魅力的なヘッドハンターであるハリー・ピルキントンが私を昼食に連れ出し、もう一つのスイス銀行であるＵＢＳが私をバークレイズから引き抜き、報酬を大幅に増大させたうえで採用したいと考えていることを伝えてきた。ＵＢＳはたしかに大きかったが、自分は再び大きな会社で働くつもりはないとピルキントンに丁寧に伝えた。官僚的な連中が存在しない、小規模なブティック銀行のほうが自分のスタイルに合っている。彼は検討してほしいと言うが、私はそうしなかった。

私がロサンゼルスに旅立ったのが二〇〇一年四月である。ビジネスであれこれ策を弄するなかで、ベルテルスマン・CLT－UFAの重役で、ターミネーター3をはじめとするドン・ジョンソンとアーノルド・シュワルツェネッガーの映画の資金調達を担当していたマーティン・シャーマンと親交を深めた。そのシャーマンが美しいイギリスの女優であり、MTVのビデオジョッキーを務めていた「ダウンタウン」・ジュリー・ブラウンと結婚するのだ。彼らは愛らしく、温かく、寛大な人物であり、私はハワイで行われる彼らの結婚式に参加するのだ。

結婚式はひとりで参加しても面白くないので、私は一人仲間を連れていくことにした。マーケタはプラハのバーのホステスで、背が高く、スマートで、愛らしく、まだ二二歳になったばかりだった。彼女はアメリカに行ったことがなかったので、ビジネスクラスに乗って、ハリウッドのパーティーに参加し、ハワイで溶岩でも見ないかという私の誘いに満面の笑みを浮かべた。彼女は優しい子で、あらゆる面で無垢だったので、ビバリーヒルズのペニンシュラ・ホテルに着くと息をのんだ。楽しい時間を過ごしたかって。お返しのセックスのようなことはまったくなかったと言っておこう。私は彼女を「チェコの友人」と呼んだ。彼女は気に入らなかったようだが、私は一人悦に入っていた。

結婚式前のパーティーの直前、マーケタと私はプールのそばでのんびりしていた。彼女はビキニ姿でUSAトゥデーを読み、私はフィナンシャル・タイムズを熟読していた。

「ブラッドレー、このケイト・ケランってだぁーれ」

私は指を鳴らして「彼は小者だよ、ダーリン。O・J・シンプソンの客で、奴が奥さんとイケメンのウエーターを殺したときに、アリバイを崩した人物だよ」

「あ、そう」

さて、その夜、ビバリーヒルズの豪華なマンションで行われたプライベートのパーティーで、われわれのテーブルで隣に座ったのはだれであろうか。そう、ケイトだ。パーティーには映画スターや有名なスポーツ選手がうじゃうじゃしており、マーケタはその派手さに気を失いそうだったのではないかと思う。あるとき、彼女は立ち上がり、トイレに向かった。あまりに時間がかかるので心配していると、彼女は戻ってきた。

「ブラッドレー、不思議なことがあったの。トイレの外でずっと待ってたらね、あの金髪の二人の女性が一緒に出てきたのよ。でも、トイレを流さなかったわ」

私は彼女の頬にキスをして、彼女の手を軽く叩いた。「流す必要なんてないよ。便器の蓋のうえに座ってただけならね」。彼女は顔をしかめた。不思議の国のアリスだ。

翌朝、ポルシェ911コンバーチブルを借りて、われわれはニューポートビーチまで海岸沿いをドライブした。そこで彼女を下ろすと、彼女がショッピングをしている間に、私はポール・メジャーの座礁中の顧客であるイゴール・オレニコフ（**グラビア　図13参照**）に会うために控えめなビストロに向かった。私が席についてコーヒーを飲んでいると、オレニコフが入ってきた。彼を見た瞬間、お金を浪費するような男ではないと思った。第一印象は「ゴールドフィンガー」だ。彼はきれいな白髪に、冷たい青い目をし、薄い唇に、常に曲がった眉毛をしている。彼と一緒に若い男がいたが、彼が最愛の息子で後継者であるアンドレイであることはすぐに分かった。彼は若かりしころのブラッド・ピットのようだった。

「会えてうれしいよ、ブラッドレー」。オレニコフはそう言って、アンドレイとともにコーナー・テーブルの向かいに座った。彼は一九五〇年代後半にアメリカに移住したが、まだボリス・エリツィンのような訛りが抜けなかった。

「こちらこそ、光栄です、ミスター・オレニコフ。バークレイズのこのたびの不始末をおわびいたします」

「イゴールと呼んでくれ、それに君が謝る必要はないよ」。ウエーターがいきなりジュースとワッフル、イチゴにコーヒーのポットを運んできた。あきらかにオレニコフ親子は常連なのだ。「もっと融通の利く会社が私の子孫の面倒を見たがるだろうよ」。彼は自分のお金のことを言っているのだ。そして顔をしかめて「私の適正な持ち分を政府に支払うのは構わない。だが、適正というのは相対的な言葉だな。おそらく君は解決策を考えているんだろ」。

「ええ、方法を見いだせると思っています」と私は答えた。

彼の財政状態についていくつか漠然とした探りを入れたあと、この男が超の付く億万長者で、大量の不動産を持ち、高級車とヨットが好みであることが分かった。

「私が提案しますのは、二段階作戦です。まず、あなたのご希望に素直にお応えする銀行を私のほうで探し出します」。その銀行とは、顧客の資金を隠し、顧客が税金を払おうがうまいが気にしないところを意味する。「次に、私の親友をご紹介します。機転の利く会計士で、リヒテンシュタインの信託管理人です。この者は会社組織や信託、財団などを設立します。そこではあなたの名前は一切記録に残りませんが、最終的な受益者があなたであることは変わりません」

オレニコフは笑顔を見せ、太い指で私を指した。「君が気に入ったよ、ブラッドレー」。彼はロレックスに目を落とす。「だが、残念ながら、もう一つ約束があるんだ。この話の続きは電話でいいかな」

「電話はやめましょう」。私は立ち上がって彼と握手をし、抱きしめんばかりの笑顔を作る。「でも、われわれはできますよ」

私はニューポートビーチセンターの高級店の通りでマーケタを拾った。彼女には好きに使うよう五〇〇ドルを渡してあったが、サンドレスとサンダルが一足入った小さな買い物袋をひとつだけ持って出てきた。私はその場で彼女と結婚すべきだったであろう。われわれがロサンゼルスへの帰路についたとき、私の携帯電話が鳴った。アンドレイからだ（**グラビア　図14**参照）。

「父があなたを大変気に入ったようです、ブラッド。僕と昼食をご一緒していただける時間はありますか」

もちろんだ。ポルシェを再び転回させ、マーケタと私は、ニューポートビーチにあるしャれたメキシカンレストランのラスブリサスでアンドレイとおいしい昼食を取った。彼は本当に魅力的な青年で、「私たちはあなたと取引できることを大変喜んでいますよ、ブラッド。父は有頂天ですよ。父は、あなたがお金を隠す新しい家を探してくれることを大変喜んでいます」

「それが私の仕事ですから。やるべきことをやりますよ」。われわれ三人はマルガリータのグラスを上げ乾杯した。「アンドレイ、これが友情の始まりですね」。アンドレイには『カサブランカ』のセリフは分からなかった。彼は若すぎたのだ。

ロサンゼルスに戻る途中で、携帯電話が再び鳴った。ハリー・ピルキントンがロンドンからかけてきて、UBSでの職を改めて売り込んできた。ふと、ひらめいた。もしかしたら、もしかしたら……「ハリー、来週会おう」と私は答えた。

ハワイでのマーティン・シャーマンとジュリー・ブラウンの結婚式は豪華絢爛だった。ポール・ミッチェルの私有地で行われたのだが、結婚式の客よりもスタッフのほうが多かった。私はドン・ジョンソンと彼の妻ケリー・フルガーにかかりきりだった。テレビ番組マイアミ・バイスの大ファンである私には素晴らしい時間だった。ジュネーブに戻ると、マーケタはプラハに帰り、私はピルキントンに会いに出かけた。

「ＵＢＳの誘いを検討します。ただ、一つ条件があるんです」と昼食を食べながら伝えた。

「条件とは何ですか、ブラッドレー」。ピルキントンは俳優のレイフ・ファインズに似ていたが、彼ほど目つきはきつくなかった。

「業績連動のボーナスは最低条件です」。つまり、私が新たに獲得した資金の何％かを、すぐに報酬として受け取りたい、ということだ。

「それはまったく前例のないことですね」とハリーは答える。彼は正しかった。スイスのプライベートバンカーのほとんどが大学の学位を持っておらず、ＭＢＡとなると極めて珍しかった。彼らはたいてい、窓口の担当者や事務員からキャリアをスタートさせ、インターンとして昇進し、マネジャークラスでも給料は控えめで、一〇万ドルを超えることはめったになかった。ボーナスも質素である。クリスマスに数千スイス・フランの心づけがあるだけである。「いくらぐらいをお考えですか」

「二〇％」

「何ですって、ブラッドレー」

「もう一つあります。私のアシスタントのバレリーも一緒に雇ってほしい」

「そりゃ無理ですよ」

「ハリー。オールド・イングリッシュ・トライだよ。さもなければ、ほかのだれかを探してくれ」

ピルキントンが試しに伝えてみると、ＵＢＳは尻込みしたが、ピルキントンに私を安く釣ってくるようしつこく言ってきた。一方で、私は自分なりに調査をし、あちこちに電話をかけ、どうしてＵＢＳが私をそんなに欲しがっているのか知り合いにこっそり聞いて回った。ハリーと再び昼食をともにした。

「聞いてくれ、ブラッド。彼らはあなたに二五万ドルと、車の貸与、寛大なボーナスを提供すると言っている。ただ、二〇％の話は無理だ」

「本当かい。それは興味深いね。だって、彼らが私を必要としている理由が、私と同じ仕事をしている奴が仕事中にデスクでポルノを見ているのがバレて、そいつを首にしなくちゃならないからでしょ。君がクレディ・スイスのフレッド・ルイーズにもアプローチをかけて断られたから、ＵＢＳには選択の余地がないってことを偶然耳にしてね。さらに言えば、私がＭＢＡとたくさんの顧客を持っていて、彼らのお金をバークレイズにもたらしたのを彼らは知っているでしょ。ついでに言うなら、私は『Ｃ』の就労許可を持っている。だから、二〇％のピンハネだよ。さもなければ、この話はなし、だ」

気がつくと、私はジュネーブを本拠とする英語圏担当の長であるクリスチャン・ボヴァイとの面会に、ＵＢＳの本社に足を踏み入れていた。彼が薄汚い野郎だということはすぐに認めたが、私自身も生真面目な人間ではない。ボヴァイは薄い髪に、スイスアルプスの雪のようにふけを残した、痩せた、落ち着きのない男だった。彼はまた歯並びがグチャグチャで、押し込み強盗の道具を思わせた。彼のオフィスで三〇分間の一騎打ちだ。

「ご心配なく、ミスター・ボヴァイ。私のボーナスで銀行がつぶれることなんてありませんよ。私の過去の業績を考えれば、当然お支払いいただけるものと思っています。それに、私にボーナスを支払わなければならないのは、私が大きな成功を銀行にもたらした場合だけの話です。それだけのことですよね」

一週間後、ピルキントンは電話をかけてきた。ちびりそうになっていたことだろう。「さぁ、お立ち合い。サインをしてもらうぞ。彼らは一八％なら良いそうだ。降参だよ」

十分だ。だが、サインをする前に、カリフォルニアのアンドレイ・オレニコフに電話をかけた。

「こんにちは、アンドレイ。あなたの商品を気に入ったチェーン店を見つけたようです。まだご対応いただけますか」

「素晴らしい、こちらは問題ないよ」

二〇〇一年四月一日、私はＵＢＳに向かい、クリスチャン・ボヴァイと人事部長、それにジョン・ハンコックスの同席のもと、一八％の業績連動のボーナスを含んだ契約をＵＢＳと結んだ（**グラビア　図6参照**）。インクも乾かぬうちに、私は、すぐにＵＢＳにおける私の最初の顧客を、二億ドルの資産と合わせて連れてくるとボヴァイに伝えた。ボヴァイのがちゃがちゃの歯がパックリ開いた。

チェックメイトだ。

私は、あっという間にスイスのＵＢＳで最も稼ぐプライベートバンカーとなったのだ。

第4章　スポーツカー、モデル、ヨット、こりゃすごい

「銀行資本は武装した軍隊よりも恐ろしい」——トーマス・ジェファーソン（第三代アメリカ合衆国大統領）

二〇〇一年秋

二〇〇〇年モデルのフェラーリ360モデナ・スパイダー・コンバーチブル、特にキャンディアップルレッドの車体に勝るものはないだろう（グラビア　図8参照）。屋根を開け、太陽を顔に受け、ヴュアルネのサングラスをかけて、六速マニュアルのV8ディーノエンジンを始動すると、獲物を狙うヒョウのようなうなり声を上げる。ルマンの耐久レースに

でも出ているような思いになる。車外から聞こえるエンジン音は、金、権力、セックスと言っているかのようだ。

だが、フェラーリも、ほんのわずかなお金も払わずに手に入るなら、なお良いことであろう。このフェラーリは二台目で、私のお気に入りの現金「ＯＰＭ」、つまり他人のお金（Other People's Money）で買ったのだ。私の海外の顧客はヨーロッパで遊ぶおもちゃを欲しがった。彼の住む国に送る必要も、二五万ドルの値札にバカげた税金を支払う必要もない。そこで彼らは欲しいモデルを伝え、私がその車を買うのだ。そして非課税のフィランドナンバーを付けて、ジュネーブの豪華な車庫にしまっておくのである。彼らがジュネーブに来たときには鍵を渡すが、それ以外はいつでも好きなときに私が乗り回すのだ。これは持ちつ持たれつの関係だ。車は乗らずに置いておくと、錆びついてしまうのだ。エンツォ・フェラーリも草葉の陰で泣くことになる。

ジュネーブが一年で最も美しくなる九月上旬、私は午後の早い時間に街中を乗り回し、車を停められる戸外のランチスポットはないかと探し回っていた。私はすでにバークレイズを辞め、オリビエ・シェデルにも別れを告げていた。彼は一流の上司であり、私も彼とは離れがたかったので、その別れは辛いものだった。ＵＢＳでの新たな仕事は一〇月二日か

図1　マサチューセッツ州にあるバーケンフェルド「城」。ブラッドと二人の兄はここで育った

図2　1970年代前半、マサチューセッツ州ケープコッド。夏の間、海辺で遊ぶブラッドと兄のダグ

図3　ブラッドは1988年にノリッジ大学を卒業。この私立の軍学校で厳しい行動規範を植え付けられ、「一人の仲間も置き去りにするな」と教えられる

図4　ブラッドは1994年にステートストリート・バンク・アンド・トラスト・カンパニーを去る。銀行の疑わしい活動を世に知らしめるために、ピエロを雇い、忙しい昼食時に銀行の活動に関する情報を頒布した

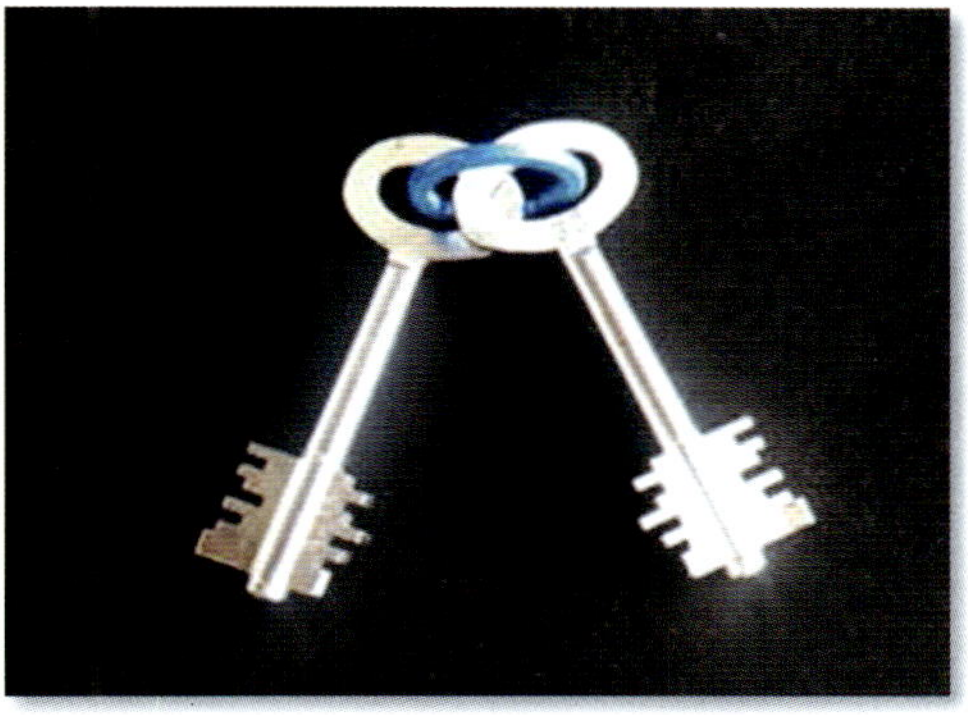

図5　UBSの貸し金庫の鍵の実物。顧客はこの箱に何でも隠すことができ、その秘密は厳格なスイスの守秘保持によって守られる

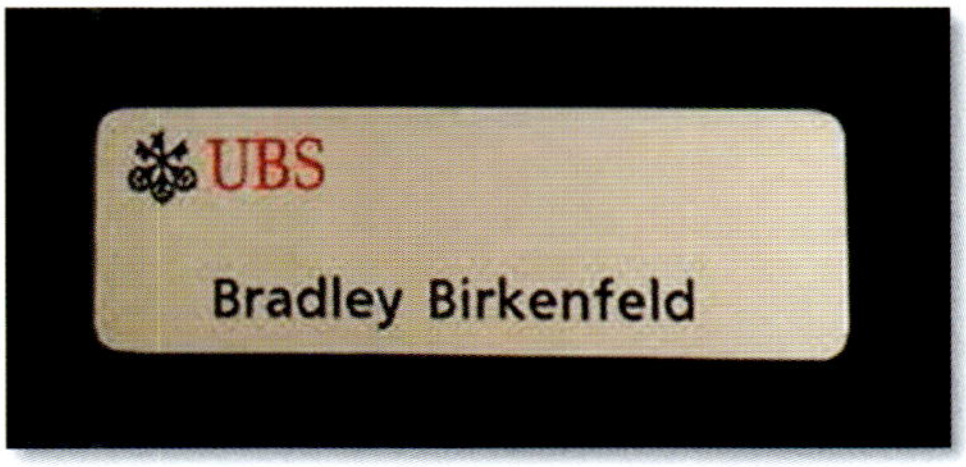

図6　ジュネーブのUBSで秘密の顧客を預かるディレクターとして、特殊な任務を負うブラッドの名札

図7　国際MBAを修得したあと、ブラッドは秘密のスイスのプライベートバンクの世界で働き始める。クレディ・スイスを皮切りに、バークレイズ銀行、その後、ジュネーブのUBSに移る。彼の家はツェルマットにあった

図8　ブラッドはフェラーリ360モデナ・スパイダー・コンバーチブルを26万5500スイス・フランで購入。その際の支払いはすべて1000スイス・フラン紙幣であった

図9　2002年、UBSがスポンサーを務めるバハマのナッソーでのプライベートジェットのイベントに参加するブラッド

図10　2003年、UBSがメーンスポンサーを務めるサンバルテルミー島のブケットレガッタで、デスティネーション号に乗船するブラッド

図11　ナンタケット島での億万長者の不動産業者ジャック・マニングと後妻のライル・ハウランド

図12　イゴール・オレニコフの35メートルのヨットのルサルカ。2004年、オレニコフはマリオ・スタグルとブラッドを招き、彼の大学時代の友人とともに中米へ1週間の旅に出た

図13　イゴール・オレニコフの名刺

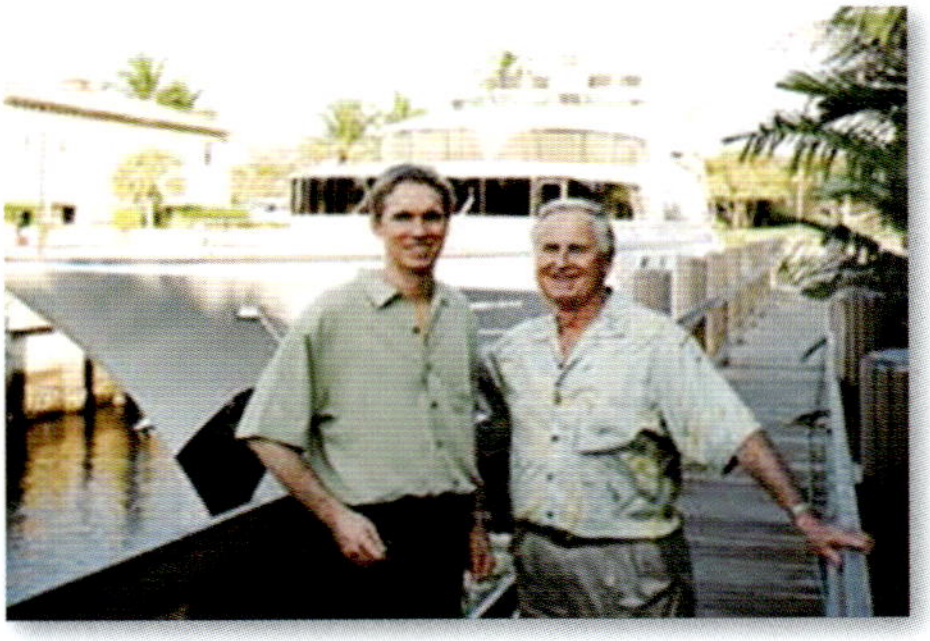

図14　フロリダで巨大ヨットの前で笑っているイゴール・オレニコフと息子のアンドレイ

図15　2007年6月19日、ブラッドはUBSの顧客で秘密口座に4億ドル以上を隠していたアブドゥル・アジス・アッバスの特ダネを提供して司法省を驚かせる

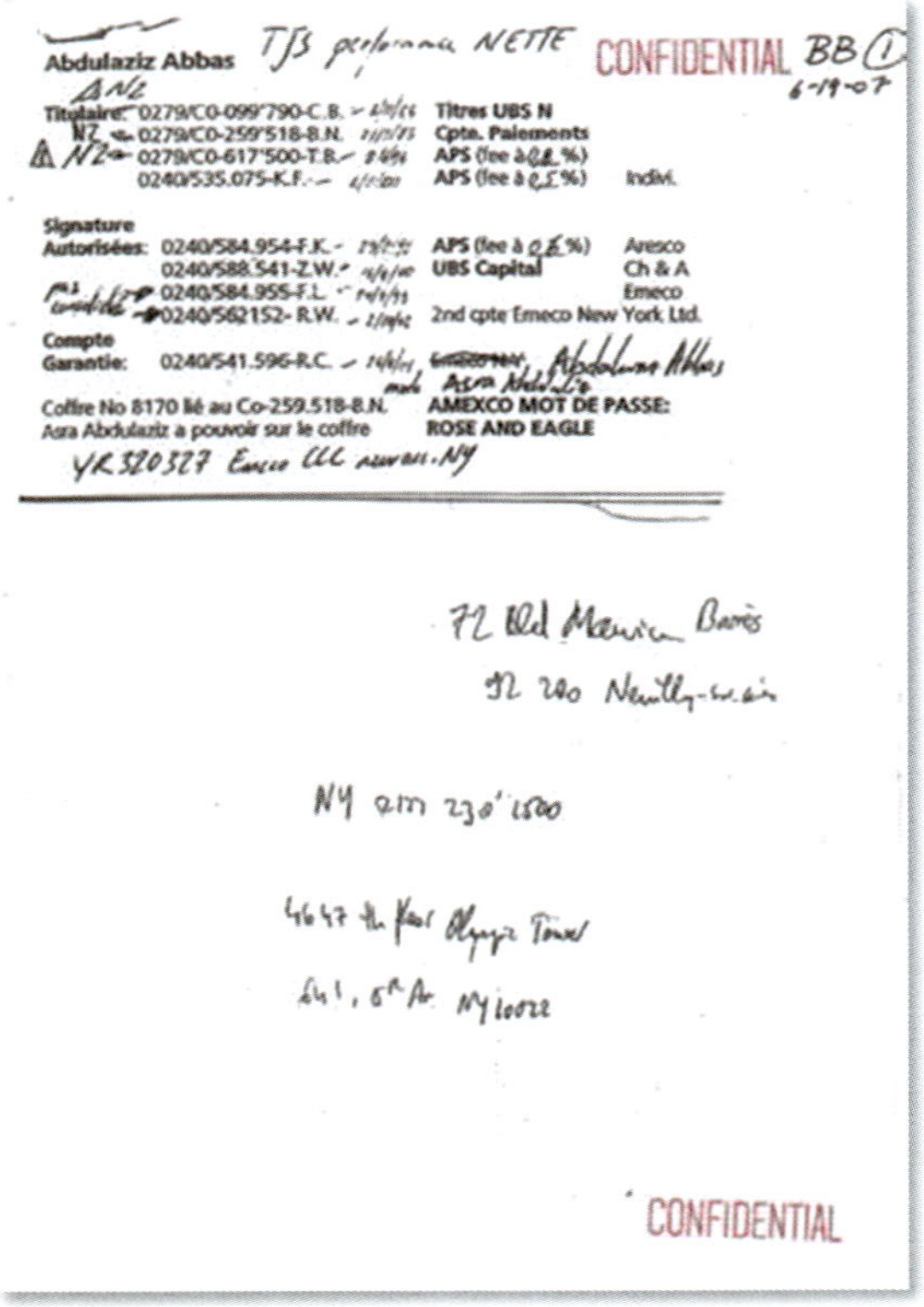

Abdulaziz Abbas　TJS performance NETTE　CONFIDENTIAL　BB ①
6-19-07

Titulaire: 0279/C0-099'790-C.B.　Titres UBS N
0279/C0-259'518-B.N.　Cpte. Paiements
0279/C0-617'500-T.B.　APS (fee à 0.8 %)
0240/535.075-K.F.　APS (fee à 0.5 %)　Indivi.

Signature
Autorisées: 0240/584.954-F.K.　APS (fee à 0.5 %)　Aresco
0240/588.541-Z.W.　UBS Capital　Ch & A
0240/584.955-F.L.　Emeco
0240/562152- R.W.　2nd cpte Emeco New York Ltd.

Compte
Garantie: 0240/541.596-R.C.

Coffre No 8170 lié au Co-259.518-B.N.　AMEXCO MOT DE PASSE:
Asra Abdulaziz a pouvoir sur le coffre　ROSE AND EAGLE

YR320327

CONFIDENTIAL

図16　ユーモアを忘れてはならない。ブラッドは逮捕後、司法省にモノポリーゲームの「刑務所からの釈放」カードを渡していた

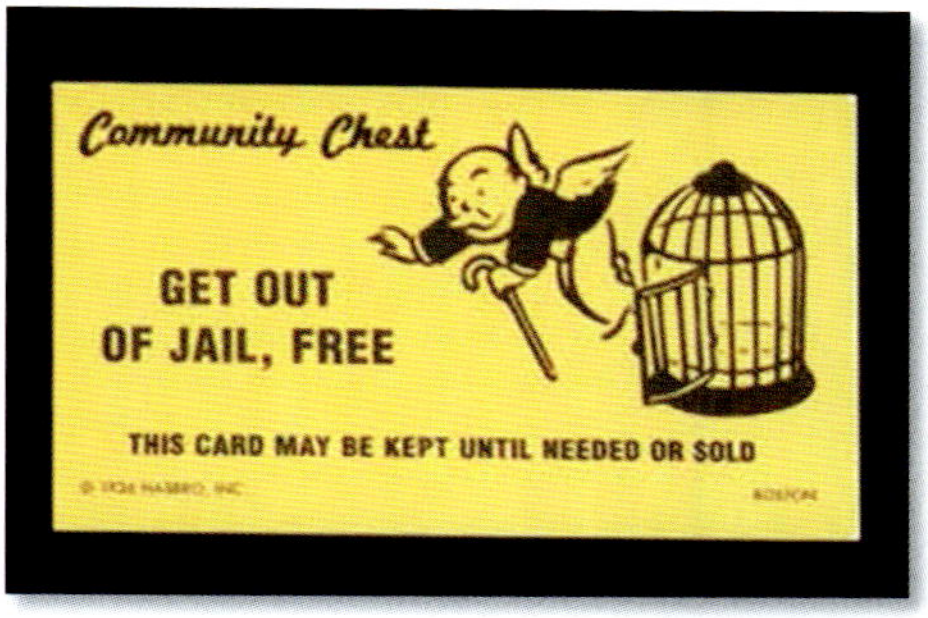

図17　2012年8月27日、IRSのホイッスル・ブロアー事務所はブラッドに1億0400万ドルの報奨金を与えた。これは史上最大の額で、連邦所得税を納めたあと、ブラッドは7600万ドルを手にした

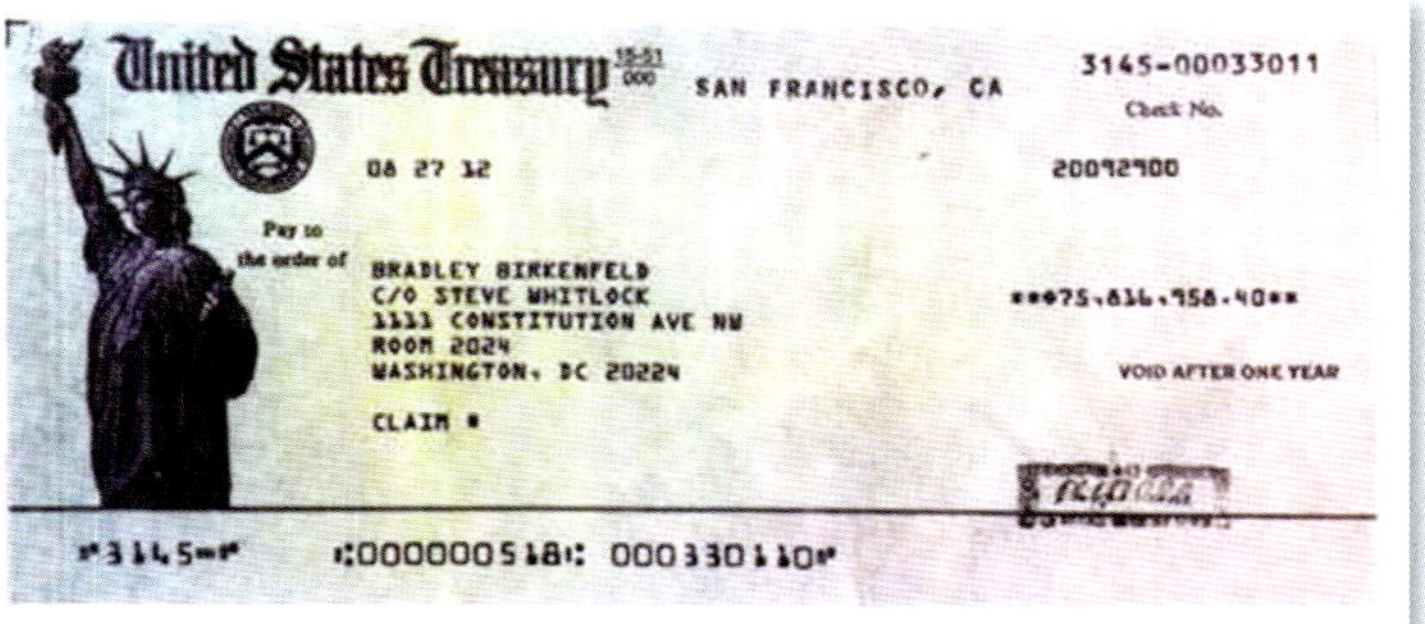

図18　ブラッドはギネス世界記録に登録される。この際、まったく新しいカテゴリー、ホイッスル・ブローイングが創設される

図19　2007年2月28日、イゴール・オレニコフは政府に5201万8460ドルを支払う。その日はブラッドの誕生日の2日後であった

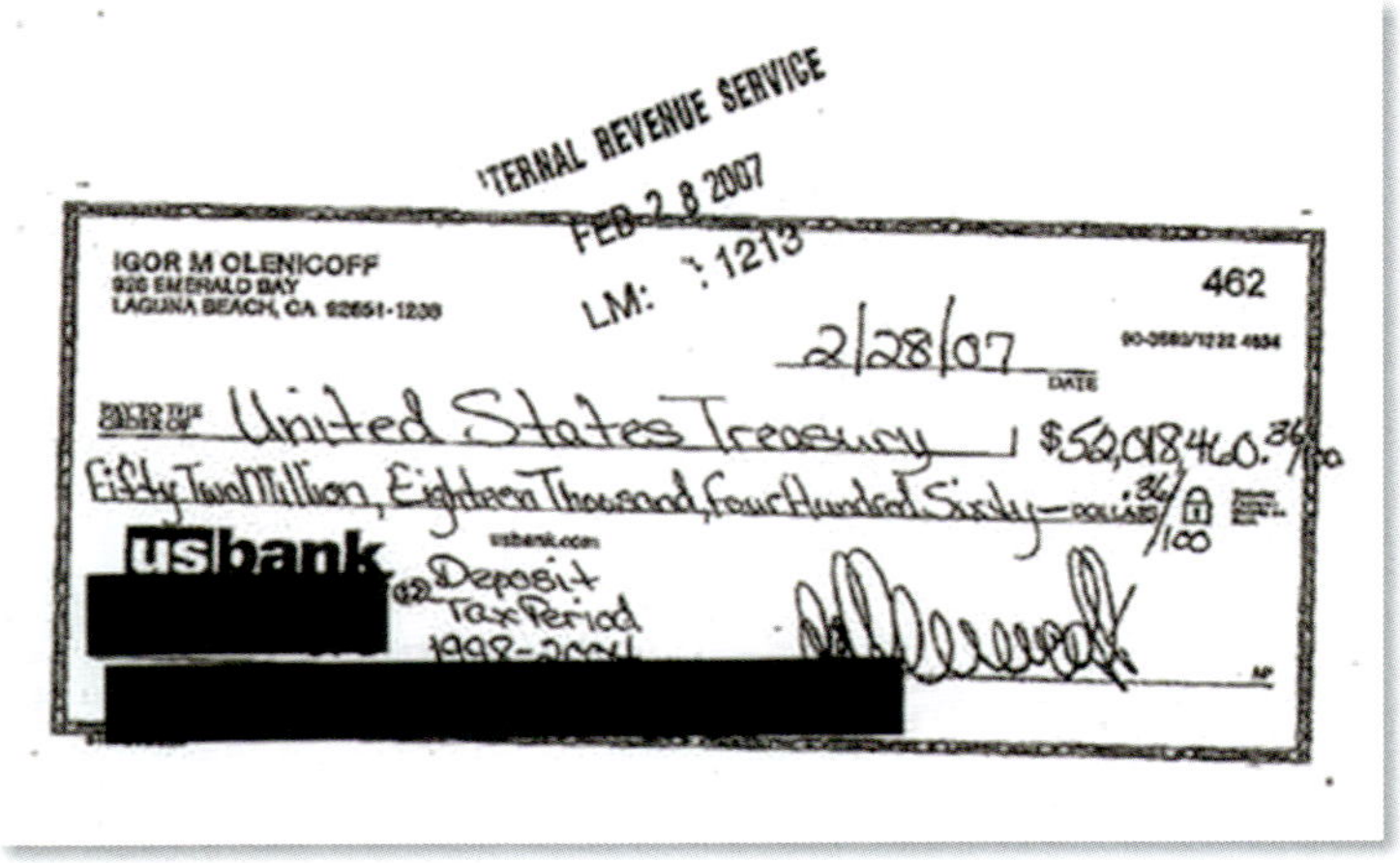
INTERNAL REVENUE SERVICE
FEB 2 8 2007
LM: 1213

IGOR M OLENICOFF
920 EMERALD BAY
LAGUNA BEACH, CA 92651-1230

462

2/28/07
DATE

PAY TO THE ORDER OF United States Treasury $52,018,460.36/100
Fifty Two Million, Eighteen Thousand, four Hundred Sixty — 36/100 DOLLARS

usbank
usbank.com
[redacted]
FOR Deposit Tax Period 1998-2004
[redacted]

図20　ボストン・ブルーインズの試合でTDバンクノース・ガーデンのスカイボックスに招待されたジェフ・バウマン。ジェフ・バウマンはボストンマラソン爆弾テロ事件の英雄で、爆発によって両足を失いながらも、犯人の情報をいち早く警察に提供し、当局による事件解明に貢献した。ジェフの周りにいるのは、ほとんどがボストン警察のメンバー。ブラッドは彼の左隣で、ボストン・ブルーインズの40番のジャージを着ている

ら始まるので、今は二カ月の「ガーデンリーブ」中である。これがまたヨーロッパの奇妙なところで、一つの仕事を辞めると、次の仕事が始まるまでの六カ月間はそれまでの給料が全額支払われるのだ。そうすれば、辞めた会社の悪口は言わないだろう、というわけだ。ガーデンは持っていなかったが、自宅にいるだけでも十分幸せで、植木鉢を育て、キャビネットバーに向かい、葉巻を入れたヒュミドールをいじり、仲間と盛り上がるのだ。マーケタがプラハに戻って以降は、二人の関係も薄れていた。彼女は結婚を求め、私は楽しみを求めていたのだ。

手元に置いてあった携帯電話が鳴る。ヌーシャテルでのワインの収穫祭で知り合ったカナダ人のジョン・ロスであった。彼は息を切らせていた。

「ブラッド、聞こえる」

「聞こえるよ、どうした、ジョン」

「飛行機がワールド・トレード・センターに突っ込んだぞ」

「そんなバカな、あそこは航路じゃないだろ」と私はあざ笑った。

「だから言ってるだろ、でっかい飛行機だ」

「ジョン、夢でも見てるんじゃないのか、あり得ないよ」

しかし、彼は譲らなかった。そこで、彼を無視して言った。「分かった、何でもいいよ。今、車を運転してるから、あとで電話するよ」

電話を切って、少しイラ立ちながら考えた。人々は、こんな声高な悲観論者のまねごとをする前に、事実を確認すべきだと。そんな出来事は私の知るかぎり、前世紀にロッキード・エレクトラがエンパイア・ステート・ビルディングに激突したことぐらいだ。とすれば、せいぜいセスナに乗ったバカ野郎がワールド・トレード・センターにぶつかったくらいのことだろう。大したことではない。私は今、石畳の道を走っていて、車台を擦らないようにしなければならないのだ。また電話が鳴った。

「今度は何だよ、ジョン」

「もう一機が別のタワーに突っ込んだぞ」

「あぁ、ちきしょう」

私は車を止めた。心臓がバクバク鳴った。

その朝に起こった悲劇を目撃したほとんどすべての人が同じ反応を示したことだろう。一機目は、事故だ。二機目がぶつかると、それは忌まわしきテロだ。私のようなすべてのアメリカ人が、たとえどこに住んでいようとも、不快なたんのように怒りがふつふつと込み上げてくるのを感じたことだろう。私はすぐにフェラーリをガレージに戻すと、鍵を駐車係に放り投げた。これ以上運転などしていられなかったし、急に寂しくなってウロウロ歩き回った。スイスはアメリカと違って、どこかのスポーツバーに駆け込んで、まったく見知らぬ人と飲み食いしながら、三大テレビのニュースや映像を見るなどということはできない。別の惑星にいるかのようだった。しかし、わが国が燃えているのである。

自分の部屋に歩いて帰り、目についた新聞をすべて手に取ったが、そのすべてが昨日のニュースである。その後、夜半まで大きなテレビの前にいて、スコッチを飲みながらタワーが崩れるのを何回も何回も見た。ペンタゴンも燃え、ペンシルベニアでも煙があがっている。マンハッタンにもたくさんの知人がおり、その多くが金融界で働く友人であった。私は息を凝らしつつ、全員に電話をかけた。次は母と父、そしてダグとデーブの兄弟である。ジョン・ロスは正しかったのだ。彼の声がふざけているように聞こえただけのことだった。知り合いや愛する人はだれも巻き込まれることはなかったが、多くの無実の人々が命を失ったのだ。

翌朝はむごいものだった。私は改めてすべての新聞を買ってみた。インターナショナル・ヘラルド・トリビューンの大見出しは叫び声を上げていた。「ハイジャックされたジェット機がニューヨークのワールド・トレード・センターに激突、ペンタゴンにも突進した」。ヨーロッパの新聞ではニューヨークでの写真に検閲が入らず、またテレビ報道も同様だったので、歩道に激突死した人々や体の一部、煙を上げる飛行機の車輪や、炎のなかで叫びながら飛び降りる人々、路上で焼け焦げる人々のロングショットまであった。私は怒りを感じたが、なす術もなく、ただもし軍隊にとどまっていたら、おそらくはだれかをぶちのめすためにアフガニスタン行きの荷物をまとめていたことだろうと思った。しかし、私は三五歳の外国人バンカーとしてスイスにおり、何一つ国に貢献できることはなかった。そして、次なる巨像が崩れ落ちるのを目撃した。株式市場だ。そこで、私は考えた。来る世界的な金融危機に際して、彼らアメリカ人の富を守ることくらいならできるだろう、と。気休めにすぎないかもしれないが、それが私のできることのすべてであった。

毎年この時期になると、私は三週間の休みを取り、友だちとみんなで旅に出るのを常としていた。まず、南フランスのサントロペへ向かい、その後、オクトーバーフェスに参加するためミュンヘンまでドライブし、それが終わるとジュネーブから北に一時間の距離にあるヌーシャテルでのワインフェスティバルだ。私はキャンセルしようと思っていたが、セブリーヌがひどく落ち込むであろうことも分かっていた。彼女は美しいスイス人で、ちょうど付き合い始めたばかりであった。身勝手な話だが、彼女は私にとって最高の気晴らしなのだ。喪に服してジュネーブに座っていても気持ちは癒えないし、われわれ西洋人の自由と喜びとに冷や水を浴びせることがあのバカ野郎どもの狙いなのだ。

セブリーヌと私は作り笑いをして、パンプローヌのビーチに座り、世界がどれほどめちゃくちゃになるかを話しながら、ローラン・ペリエのロゼを飲んでいた。彼女はもちろんトップレスで、見事なものであったが、私の心は別のことに占められていた。ミュンヘンでは、ドイツ人たちは何事もなかったかのように、何リットルものビールを飲み、バイエルンのダンスソングを歌い、最寄りの駅までふらふらと歩くのだ。おそらく彼らにしてみれば、ニューヨークはやっとドレスデンの報いを受けたくらいにしか考えていなかったのだろう。われわれは旅の大半は酔っぱらっていたが、最後のワインフェスティバルは崩れたケーキに酸っぱいアイシングを施したようなものだった。アメリカ人やカナダ人の友人はだれも現れず、イギリス人もいなかったのである。私はフェラーリに乗ってジュネーブに戻り、ガレージに入れると、仕事に戻る準備である。

仕事の話に戻る前に、もう一つ記しておくことがある。私は、オサマ・ビン・ラディンの妹とお酒を飲んだことがある。本当の話だ。オサマの父親であるムハンマド・ビン・ラディンは好色で、サウジアラビアの建設業界を牛耳る億万長者であるが、彼には二二人の妻と五四人の子供がおり、その多くが世界中に散らばっていた。それゆえ、ナディアは兄のＡＫ47の保管庫から来たわけではない。二〇代後半だった彼女は、典型的なアラブ系の容姿で、長い黒髪をし、いつも華やかに着飾っていた。われわれは同じサークルに入っていたので、ラセントラのバーでばったり会うと、おしゃべりをすることになる。彼女はアルコールも受け入れていたし、ヒジャーブをまとったこともないのではなかろうか。

彼女との会話は白熱した。彼女は身構えていたが、ビン・ラディンという名前を持ち、あの当時としてはヒトラー嬢と呼ばれるに等しかったのだから、それも理解できる。

「あなたたちアメリカ人は、あの出来事にそれほど驚くことないわよ。あなたたちは世界中の嫌われ者なんだから」とクロヴォジェをすすりながら、彼女はあざ笑った。

これには腹が立った。「そうかな。立場を逆転させてみようよ、ナディア」。私は努めて礼儀正しくあろうとしたが、私は材木に対峙したチェーンソーみたいな状態で、己を抑えるのが難しかった。「アメリカ人が飛行機でメッカに突っ込んで、三〇〇〇人の罪なきムスリムを殺害したようなものだろ。僕らが話しているのはそういうことだよ。分かる」

言うまでもなく、踊りに行くことはなかった。

一〇月二日、コラトゥリー通り一六番地に足を踏み入れた。ＵＢＳプライベート・ウェルス・マネジメントでの初出勤である。四〇〇年前の美しい建物で、茶色の石造りの五階建てには、看板はおろか、それが銀行であることを示すものが何もなかった。それと比べるとかなり大きな現代的建造物であるＵＢＳ本部はそこから数ブロック離れたところにあり、そこは三本の鍵のマークと、真っ赤なＵＢＳのロゴとで飾りたてられていた。われわれのほうの小さな建物は「ここでは匿名です。もちろん、あなたもです」と言っているかのようだ。

海外の顧客と堂々と取引し、眉をひそめられるようなことをしていることはおくびにも出さないクレディ・スイスやバークレイズとは、まったく異なることになるだろうことをとっさに把握した。ＵＢＳの連中は、税務当局との狭間の濁り水のなかから自分たちの利益を得ていることを知っていたし、知らないふりをすることもなかった。受付を通過するまでにも何重もの手続きがあり、二階に上がると、ちょうどステートストリートのトレーディングフロアのような広々としたオフィスで、「米州デスク」で働く三〇人のプライベートバンカーと彼らのアシスタントたちが働いていた。ただ、ここはボストンの学友会ではない。バンカーたちはＧＱのモデルのように着飾り、重厚なデスクはきちんと片づけられ、椅子やソファは贅沢なもので、株式市場の数字が『マトリックス』の一場面のように液晶画面に流れていた。電話をかけまくっている社員の後ろには、リキュールが備え置かれたキャビネットがある。さらに、スイス人は「禁煙」妄想には辛抱ならないので、葉巻の煙をくゆらせながら、ＶＩＰ顧客や、グルメレストラン、新たに獲得した資金について多言語での会話を繰り広げている。何重ものパスワードを打ち込まなくては、コンピューターにアクセスすることもできない。オフィスはまるで冷戦時代のＣＩＡ（米中央情報局）の部屋のようで、私は気に入った。

勤務初日、私はこれから担当することになる秘密口座保有者の名簿を受け取った。大物企業家など顔をほころばせたくなる名前もあれば、戸惑いを覚えるような名前もある。アブドラ・ビン・ラディン、今や悪名とどろくオサマの異母兄弟である。アブドラは秘密口座に一四〇〇万ドルも保有していたが、投資の話をするために彼を探し出すのは容易でなかった。彼は、一族とともにボストン地域に住んでいたが、９・11直後、アメリカのすべての民間航空機が飛行禁止となるさなか、ブッシュ政権は彼ら全員をプライベートジェットで国外に逃亡させたのだ。私の新たな顧客たちは、相当に面白そうだ。

初めの一カ月、バレリー・デュブイと私は、「お会いできて光栄です」「一緒に働けるこ

な彼女が、完璧

とを光栄に思います」を繰り返した。だれもが彼女を気に入るのも当然で、彼女は完璧な英語とフランス語、イタリア語を操り、デスクでタバコを吸って、電話で顧客たちのパンツをずり下ろすのだ。私についてはどうか。彼らは確信が持てなかっただろう。私は新規事業開発のヘッドで、よそからやってきた体の大きいアメリカ人である。ありがたいことに、私の業績連動ボーナスの契約についてはだれも知らなかったし、もし知れていたら大騒ぎとなっていただろう。しかし、私は彼らと打ち解けることに努め、わが家で何回もパーティーを開き、チーズフォンデュの夕食をともにするうちに、彼らも好意的になってきた。

一一月上旬、プライベートバンキングの「オフサイトミーティング」に参加するため、エルマツィンゲンまで車を走らせていた。会社勤めでない読者のために記すと、オフサイトミーティングとは要は会議で、たいていは高級リゾート地で開催され、そこでは企業が業績の良い社員をねぎらい、褒めそやし、業績を上げればどれだけ良い思いができるかを示す場である。しかし、今回の場所であるウォルフスベルグ城は格別で、アレクサンダー・デュマやフランツ・リストも滞在したことのある四〇〇年の歴史を誇る広大な砦だった。私にはマジックキングダムのようにも思え、その価値たるや何億ドルにもなるだろうが、現金のプールに泳ぐUBSは、この建物を買って持っていたのだ。フェラーリを停め、その塔や欄干を見上げると、ヒンガンの実家が思い出され、思わず笑った。「今にしてみれば、ありゃ、大した城だったな」

チューリッヒ、ジュネーブ、そしてルガーノのすべての支店から、およそ一〇〇人のプライベートバンカーが参加していた。アシスタントは一人もいない。会議でもフルコースのディナーでも、上役たちが場を支配していた。クリスチャン・ボヴァイ、チューリッヒで彼と同じ立場にあるハンスリュディ・シューマッハ、さらに彼らの上役であるマーティン・リヒティといった連中で、彼らはみんな、私の前例のないボーナス契約を承認しなければならない立場にあったので、私のことは知っていたのだ。しかし、彼らは私がクジラのような大顧客を釣り上げてくるとは思っていなかったので、私は余計な注意を引かないようにしていた。彼らはみんな、私が吹かしていると思っていたであろう。

さて、ビックリである。城の大ホールで行われたディナーの途中、ベストを着たウエーターが忙しなく動き回り、シャンパングラスが音を立て、石造りの暖炉が燃え盛るなか、メッセンジャーがボヴァイの耳元でささやいた。彼はテーブルから立ち上がり、私のところまでやってきた。私は彼のふけがチキンフランセーズにかからないことを願った。

「ブラッドレー。君の顧客から連絡があった。ミスター・オレニコフがバハマからうちの口座へ、一回目の送金を終えたようだ」

「本当ですか、ミスター・ボヴァイ。良い知らせですね。ところで、いくらでしたか」

「八九〇〇万ドルだよ」。彼は何回もまばたきをした。

私はにっこりほほ笑み、ガッツポーズしたい自分を抑えた。「ご心配なく。二億ドルの残りもすぐにかたがつきますよ」

ボヴァイはよろよろと離れていくと、すぐに上司のマーティン・リヒティを伴って戻ってきた。彼は上品そうな細身の男で、黒髪をなでつけ、指の爪も磨き上げていた。私が立ち上がると、リヒティは私の手を取り、祝福してくれた。そして彼の言葉は野火のようにディナー会場に広がっていった。

「彼はいくら持ってきたんだね」

「九〇〇〇万です」

「一人の顧客からかね」

人々が私のテーブルにやってきて、称賛してくれた。そのとき以来、私はＵＢＳではロックスターだったのだ。

私はすぐにUBSの営業のために出張に出るようになったが、やがて年に五～六回はアメリカに滞在するようになる。しかし、一回目の出張に出る以前は、私はすべての新入社員が受けることを義務づけられている社内のトレーニングに取り組んだ。クレディ・スイスで二年間の経験を積み、バークレイズでも四年間を過ごしたので、プライベートバンキングの商品について彼らが教えられることなどないことは分かっていた。通常のナンバーアカウントや株や債券、ヘッジファンドに為替取引、金や銀の現物、宝石やエネルギー先物などの商品についてはすべて理解していた。しかし、UBSにも顧客の資金でお金を儲ける、独自の創造的かつ不道徳な方法があることが分かった。連中は油の浴槽に入ったうなぎのようにとらえどころがない。それは、クリスチャン・ボヴァイがわれわれ五人の「新入り」を役員室に招き、講義をしたときにはっきりした。

「諸君、君たちの第一の目的は、顧客の資金を獲得し、当社のナンバーアカウントの一つに入れることにある」

ボヴァイは落ち着きのない奴で、われわれが贅沢な革張りの椅子に背を預けているなかで、ひとりテーブルの端でそわそわしていた。私はすでに内心あきれ、この場所を「退屈部屋」と名前を変えるべきだと考えていた。そして彼は、のこぎりのような歯を見せて笑った。女学生なら震え上がるような気味の悪い顔だ。

「しかし、第二の、そして最も大切な目的は、UBSがさまざまな方法で利益を得ないかぎりは、顧客がその資金を使えないようにすることである」

その言葉にわれわれはみんなハッとし、注目した。ボヴァイは黒いペンを取り、イーゼルに取りつけられた大きな白いポスターボードに「一〇〇〇万ドル」と書いた。

「たとえば、テキサスの牧場主の顧客がいるとして、彼が一〇〇〇万ドルをナンバーアカウントに預けたいとする。もちろん、われわれはありがたく受け入れよう」。そして、再び悪魔のような笑顔を見せる。「われわれの契約書を読んで、署名した彼は、その一〇〇〇万ドルを投資に回さないかぎりは一切の利息を生まず、またわれわれは資金を預かることに対して年に三％の費用を課金し、さらにカストディ費用と取引費用も課すことを理解したわけだ。だが、われわれのおめでたいカウボーイは、自分の貯金には一切税金がかからないことを喜び、このくらいの小さな費用はむしろ魅力的に感じる」

ここまでは驚くことではない。すべてのスイス銀行がこのようにしてナンバーアカウントを運営しているのだ。顧客は秘密が守られ、税務当局の目をかすめることに費用を払い、また銀行に対して資金を投資に向けるよう指示しないかぎりは、一銭も利息を得ることがないのだ。

「だが、ここで少し創造力を働かせよう。君たちは顧客に対し、資金をジュネーブに寝かせておくだけで何もしないのはもったいないと伝える。そして、五％の定期預金を売り込む。『素晴らしい』と顧客は言うだろうな。われわれは彼のお金を一年間凍結し、時が来たら、一〇五〇万ドルとなっているわけだ」。彼は、最初の数字の下に新しい数字を書き入れる。「魅力的じゃないかね」

たしかに魅力的だ。顧客は何もしないで、非課税の資金から五〇万ドルを得るわけだ。ボヴァイは大げさな身振りで言う。「さて、君たちはただ、カウボーイが急にそのお金が必要となるのを待つ。うちの顧客の多くがそうなのだが、そうなったら、彼に極めて適正な金利でその金を貸してやればいい」

なんだって。最初の研修が終わるころには、私の頭はクラクラしていた。どえらい詐欺だ。顧客の一〇〇〇万を一年かそれ以上凍結させ、突如彼がどこかの不動産を買うためにその金が必要となったら、金を取るというのだ。

「ミスター・ゲロ、あなたの一〇〇〇万ドルは満期を迎えるまで自由になりません。しかし、UBSではあなたの資金の九〇％、つまり九〇〇万ドルまでは融資致します。残念ながら、一〇〇万ドルは担保として口座にとどめておかねばならないことをご理解ください。もちろん、銀行からの貸し付けは金利とともにご返済していただきます。しかし、金利は微々たるものですし、ご入り用の流動性は確保されますよ」

お分かりだろうか。ＵＢＳはまず顧客の資金を預かることで手数料を取る。次に、顧客に彼の資金を貸し付けることで別途手数料を取るのだ。どうなるだろうか。顧客は喜ぶのだ。彼は取引を行うのだ、それも非課税の現金を使って。私には信じられなかったが、何とこれが何回となく行われてきたのだ。

次に行われた研修で、ＵＢＳはアメリカの税法をよく把握していない、またはＵＢＳはアメリカ人が海外にある資金について何ができ、何ができないのかをまったく知らないのではないかという私の考えは粉々に打ち砕かれた。実際に、ＵＢＳは全米に何百もの支店を持ち、弁護士や会計士をたくさん抱えているので、アメリカの銀行法や税法についてはは裏も表も知り尽くしているのだ。われわれ米州デスクの三〇人ほどが、資金獲得のためにアメリカに出かけるので、再び役員室に呼ばれた。

今回の講師はボヴァイではなく、「セキュリティ・アンド・コンプライアンス」を担当するはげた小男だった。彼の講義を聞き終えた私は、部署名を「ノンコンプライアンス・アンド・アスカバリング」に変えるべきだと思った。彼の名前はハンスである。彼はドイツ系スイス人の訛りがきつく、縁取りのついた黒のスーツに白い靴下という典型的なスイス人のなりをしていた。私は彼が乗馬ムチを取り出し、自らの手のひらを叩きだすのを待っていた。「みなさん、よく聞いてください。旅の途中で、アメリカの税関は間違いなく君たちを引き留め、難しい質問をすることでしょう。準備が必要です」

私は椅子に座って考えていた。これまたおかしなのが出てきた。「オットー・プレミンジャーの第二次大戦をテーマにした映画みたいだな。俺たちはニューヨークに派遣されるナチスのスパイかよ」

ハンスは自分のはげ頭を叩きながら続けた。「ですから、顧客の名前と電話番号はけっして携帯電話に残しておかないでください。ここ、つまり頭の中に入れておきなさい。金融取引に関するデータをどうしても持っていかなければならない場合は、これから支給する暗号のかかったノートパソコンに入れておいてください。分かりましたか」

私は腕を掲げ、叫びたい衝動にかられた。「ハイル、ＵＢＳ」。さすがにそれは我慢したが、アメリカに近づくときに暗号のかかったノートパソコンを持っていくことも、一〇〇を超える顧客の名前と電話番号を記憶することもしないと即座に決断した。ナンバーアカウントの資料を手渡すこともないが、どこぞのスパイのようにこそこそ動き回ることもない。赤旗が上がるようなことがあれば、そのときはそのときだ。

「では、みなさん。もし税関で止められて、質問されたらどうしますか。ぇぇ、シナリオとしては三つです。まず、職員は商用でアメリカに来たのか、旅行で来たのか質問します。どう答えますか」

仲間の一人が手を挙げた。「ビジネスと答えます。ウソはいけません」

ハンスはテーブルを叩き、「間違いです。あなたはいついかなるときでも観光で旅行してるのです」と言う。

このやり取りは一時間続いた。ハンスが言わんとしていることのいくつかは正しいと認めざるを得ない。しかし、結局のところ、彼に嫌気が差し、私は自身の「セキュリティ・アンド・コンプライアンス」プランに従うことにした。たとえ、彼らが特別だとしても、自ら逮捕される可能性は最小限にしなければならない。私はアメリカのパスポートを持つ唯一のバンカーだったので、その点については幸運であった。講義の終わりに、次の講義は「とても興味深い」もので、査察としっぽの振り方に関するものだとハンスは言う。私がどう思ったかって？　ＵＢＳの連中は本気だということだ。

ＵＢＳの文化に慣れるにつれ、ＵＢＳには私が入社するずっと前から、世界中の金持ち連中と親しく付き合うための確立したプログラムがあることに気づいた。ＵＢＳは、芸術的取り組みへの支援であり、人気のあるスポーツ選手へのスポンサーであり、価値あるものに対しては後援を惜しまないようだ。しかし、美術展覧会やテニスの試合やチャリティイベントやヨットレースやＦ１などのあらゆる場で、ＵＢＳのバンカーたちは金持ち連中に接触するのだ。すべては、新たな資金獲得と利益のためである。ＵＢＳが取り組む大きなプロジェクトの一つに、スイスのスキーリゾート地、ベルビエで行われるベルビエ音楽祭がある。オーケストラを構成する若き才能のためにＵＢＳが費用を負担し、ニューヨーク、ワシントン、シカゴ、マイアミ、ロサンゼルス、さらにはシドニーやミュンヘンへ派遣するのだ。最初のコンサートはカーネギーホールである。

「君も行きたいかい、ブラッド」と、ある朝、ボヴァイは大量のチケットを振りかざしながら聞いてきた。

「あなたのスイス時計を賭けますか」と答えた。彼は安いハミルトンの時計をしていたのでおかしな話なのではあるが、私はロロデックスを取り出し、カバンに詰めた。

ニューヨークではプラザホテルにチェックインし、タキシードを借り、カーネギーホールのガラに登場する。そこで私が招待した三人と会うのだ。アッパーイーストサイドに住む美容外科医、クイーンズの審美歯科医、トニー・ソプラノに似たジャージーの不動産業者である。オーケストラが演奏するシュトラウスを聞いたあと、私はさりげなく三人を隣にあるロシアンティールームでの遅い夕食に誘う。赤い革張りの椅子に、コサック兵襲撃をテーマにした絵画というレーニンが夢精しそうなその場所では、最上級のベルーガのキャビアにウオツカ、そしてボルシチが供される。いつもどおり、私は彼らが痺れをきらすまでお金の話はしない。

ボトックス詐欺師が、鳥のミルクをがっつきながらやっと切り出した。「ところで、ブラッドレー。われわれに何をしてくれるというんだね」

私は、アンリXOのブランデーを舐め、彼らにほほ笑みかけた。「私があなたがたにして差し上げられることはですね、ゴールド先生。ゼロです」

「なんだって」。彼は少しショックを受けたようだ。マフィアまがいと歯医者も同様だ。

「実を言えば、三つのゼロがあります。所得税がゼロ、キャピタルゲイン課税がゼロ、相続税がゼロ、です」と私は答える。

これで打ち解けたようで、彼らが笑い終えるやいなや、私は何気なく、スイスの牧草地で彼らが享受する、溶け出したお金の流れる緑地へと入り込んでいく。

ここで私から切り出す。「みなさん、一つのシナリオを想定してみてください。みなさんは勤勉なプロフェッショナルで、六〇〇万ドルもの貯金があります。みなさんは賢く、また注意深い方々なので、資金を市場に投じるようなまねはしません。モハメド・アタのせいでウォール街は今や開店休業中ですからね。ここまではよろしいですか」

三人はうなずく。私はソプラノ野郎の輝く目を見れば、どれだけのお金を持っているかが見てとれた。おそらく医者連中はそれぞれ数百万ドルは持っていそうだ。

私は続ける。「では、その六〇〇万ドルをチェースに置いておくと、今はくそみたいな利息ですから、たった一・三％といったところです。ところが、ジュネーブに来ていただければ、そのうちの五〇〇〇万ドルを申告口座に入れます」

歯医者があざ笑う。「申告口座だって。なんだそれ。税金でやられるじゃないか」

「もう少しご辛抱を」。私は指を立て、彼に心のなかで、黙って聞けと笑いかける。「残りの一〇〇万ドルを非申告のナンバーアカウントに入れます。これはだれにも知られません。ご自宅にお戻りになられた一カ月後、あなたはご自身の申告口座から四〇〇万ドルの貸し付けを受けます。そして、この資金をあなたのナンバーアカウントに入れます。そうすると、合計五〇〇万ドルとなるわけです。お分かりですね」

彼らは三バカ大将のようにうなずくが、連中もバカではない。頭のなかで電卓を叩いているのが私には分かった。

「さて、ここで私は優良な投資案件をご提案したいと思います。これです。デュッセルドルフのラインメタル・AGです。ここは偶然にも武器システムと大量の弾薬を製造しています。ドイツはすでにタリバンの連中を掃討するためにカブールに展開していますので、同社の株価はうなぎ登りです。さて、みなさんは米ドルでその株式が取得できますか。できませんよね。そこで、私はみなさんの五〇〇万でバカ安のユーロを買って、それでラインメタル株を取得します。六カ月後に二〇％のリターンで売却すれば、みなさんはナンバーアカウントに六〇〇万ドル手にすることになるわけです」

「素晴らしいよ、ブラッド。でも、非申告の金だよ。使えないじゃないか」とボトックス詐欺師が言う。

「ハッピーエンドですよ、ドクター。あなたはそのお金で借り入れを返済します」。私はUBSの金利には言及しなかった。デザートを台無しにすることはない。「今、あなたは合計で七〇〇万持っています。申告した五〇〇、未申告の二〇〇です。で、どうなるか。ご自身から借り入れた資金に対しては税金はかかりません。あなたは合法の五〇〇万をお好きなようにご利用いただけます。古き良きヨーロッパにお越しの際には、残りの二〇〇万をお使いになって、休暇を過ごされるなり、パーティーを開かれるなり、奥方様に宝石をお求めになるなり、と。そうだ、ご所望であれば、ヨットをお求めになってカンヌに置いておくことも可能です」

「分かった。もし役人がかぎ回ってきたら、申告した口座に関する書類を見せる。でも、君が持っているほかの書類については、スイスの法律で守られてるから、連中は手も足も出ない、ということだ」と、ソプラノ野郎が言う。

「ビンゴ」。そう言って、彼にウインクする。

「抜かりがないな、ミスター・バーケンフェルド」と歯医者が言う。

「これが唯一の取り柄ですよ、ドクター」。私は彼らにほほ笑みかけ、コニャックを掲げて「ご存知かと思いますが、ジュネーブは今の季節が一年で一番美しい（私にかかれば、ジュネーブは年中美しいのだが）。ぜひ、ご来訪をご検討ください」

裕福なアメリカ人男性はたいてい暇を持て余しているので、ジュネーブ空港に現れることになるが、そこから彼はバーケンフェルドの魔法のじゅうたんに乗ることになる。窓にスモークのかかった真っ黒なメルセデスのセダンが待ち受け、彼をホテル・リッチモンドまで素早くご案内する。レマン湖を見下ろす豪華なスイートルームにはみずみずしい花と新鮮な果物が盛られ、フリゴールのスイスチョコレートの箱が添えられている。私は午後七時にホテルに迎えに上がり、まずは彼の奥方が来られなかったことを残念がりつつ、何か良いお土産を買って帰ることを提案する。そして、五つ星のお洒落なレストランのル・コントワールで夕食を取る。いくらか杯を重ねるうちに九時になったので、ベルベットでセクシーな女性をチェックしようと提案する。ベルベットは超高級キャバレーで、不思議と店の隅に「ダンス」ステージがあるのだ。そこで、ロンドンから来た同僚のラジェル・ジャファーリが加わる。彼はアルジェリア出身のインベストメントバンカーで、若きころのオマル・シャリーフに似ていて、ユーモアにあふれた男である。

ベルベットの女の子には知り合いも多かった。彼女たちはみんな娼婦で、ロシアやチェコやポーランドの出身で、時折仕事を頼むには便利であった。もちろん、ビジネスのためである。なかには、興味本位でこの仕事をしていた女性もいたが、彼女たちはみんなゴージャスだった。深夜になると、背の高い、金髪の、人懐っこい若いチェコ女がミスター・クライアントの椅子の後ろに立ち、彼の肩をもみながら、神のみぞ知る言葉をささやきかける。私が彼女にウインクすると、彼女も返してよこす。お金はあとで私が払うということだ。ジャファーリがあくびをしながら言う。「ブラッドレー、お前に付き合っていると死んじまうよ。こんなところにいるのを母に知られたら何て言われるか」。私は笑って言った。「俺も早く済ませたい」。われわれは立ち上がり、テーブルに一〇〇フランを放る。そして彼女に言う。「マルティナ、ミスター・クライアントを無事に送り返してくれよ、良いね」

「もちろん、そうさせていただくわ、ブラッドレー」。ジャファーリと私がドアを出るころには、彼女はこのおめでたい男の膝にまたがっている。一時間もすれば、彼をイカせちまうことだろう。

朝、彼を迎えに行くと、ミスター・クライアントはご満悦の様子だ。コラトゥリー通り一六番地に私が持っているフェラーリの一台を駆って向かっている間も、彼は夢見心地だ。彼の重たいブリーフケースを手にし、彼をロビーにエスコートする。磨き上げられた大理石の床をわたり、装飾柱を抜ける。背の高い窓は錬鉄製のバーに囲われ、至るところに防犯カメラが設置されている。われわれはエレベーターに乗り、応接用の美しい個室に入る。赤毛の女性が焼き立てのクロワッサンに果物、エスプレッソを乗せた銀製のトレイを持って入ってくる。もう一人の金髪の女性が、紙幣計数機を乗せたワゴンを押して現れる。彼女はタイトなシルクのシャツに、グレーのミニスカート、そこからのぞく脚はどこまでも長い。ミスター・クライアントはブリーフケースを開き、彼女に一〇〇ドル札の大きな束を二つ渡す。彼女はほほ笑みかけ、手慣れた機関銃手のようにその金を紙幣計数機にかける。バラバラバラバラ。「二〇万です」。私にそう告げると、彼女は丁寧にお金を束ね、それを持ってどこかに消える。そして私は、書類と契約書の束をミスター・クライアントに渡す。彼はさして読みもせず、私はただ適切な場所にサインをしてもらうよう注意するだけだ。

その後、われわれは長い廊下を歩いていく。豪華なペルシャ絨毯を敷いた机のところまで来ると、そこにはきれいなスーツにネクタイ姿の警備員が立っており、われわれにほほ笑みかけると、磨き上げた真鍮に飾られたエレベーターのドアを開く。われわれはエレベーターで地下二階まで下りる。そこは、フォートノックスのＶＩＰ窓口かのような作りで、ペルシャ絨毯に、クロムの飾りのある革製の椅子、明時代の花瓶が飾られ、もちろん防犯カメラもある。胸の高さまであるカウンターの向こうには受付の二人の女性がいる。時限錠のついた大きなドアをくぐると、スチールの輝く貸し金庫のフロアが四層にまたがってある。額入りのモネの絵が入るほどの大きなものもあれば、高価な宝石用の小型のものもある。年間使用料が一番安いのは最も小さい金庫で年五〇〇フランだが、ミスター・クライアントには小さすぎたようで、彼はもっと大きな金庫を要求する。通行証を作成するために、コンピューターがランダムに抽出したアカウントナンバーとコードネームを彼が小さな白い紙に記載する。そして、署名をすると、貸し金庫の鍵が二つ渡される。これは銀製だ。もう一人の警備員が現れ、施錠を外すと、われわれを金庫室に案内する。ミスター・クライアントは自分のブリーフケースとピカピカの大きな箱を持って、密室に移る。おそらくはゴールドか誘淫剤の瓶でも箱にしまっているのだろう。だが、知ったことではない。彼は、空になったブリーフケースを持って密室から出てくる。担当者が貸し金庫の鍵を回収する。彼とわれわれの金庫をつなぐものはその鍵だけだ。彼が預けたものを取り出したければ、もう一度ここに来なければならない。

私は彼を空港まで送り届け、次のアメリカ行きのときに訪問する旨の約束をする。彼の足取りは極めて軽やかだ。おそらくは昨夜、マルティナにしてもらったことでも思い出しているのだろう。私はほほ笑み、車を走らせると、あとは終日休みを取る。この二〇万は単なる証拠金のようなもので、彼は一カ月後には三〇〇万ドルをナンバーアカウントに振り込むことだろう。

成功だ。スイスというパラダイスでの新たな一日である。

スイスのプライベートバンカーとしてのキャリアを通じて私が見てきたことを、顧客たちは忘れてくれるものと信じているだろう。彼らは手に入れたものを私に見せ、現金化すべきか、そのまま保有すべきかアドバイスを求めることもあれば、ただ私の反応を計っているときもある。金や銀のインゴット、ブドウの粒ほどの大きさのある真珠、世界中の通貨、珍しい切手、巨大なエメラルドに無記名債といった具合だ。五〇〇万ドルの現金と六つのパスポートを持っていた奴もいる。彼はスパイか麻薬ディーラー、または暗殺者あたりであろう。私は驚きもしない。値段が付けられないほど貴重な美術品などの大物を持ち込む顧客は、玄関を通っては来ない。私が警備員に連絡する。すると、武装したトラックに積まれた絵画は地下のガレージに直行し、素早く金庫室に運び込まれる。契約書に署名しただけで、あとは一度も銀行に来たがらない顧客もいる。その場合は、彼の宿泊先であるジュネーブのホテルで落ち合い、でっち上げではなく顧客であることが確認されれば、引き出し指示書を受け取る。そして、改めて現金を持って登場するのだ。ブリーフケースに一〇〇万ドルを詰めてジュネーブの街を歩いたことも一度ならずある。

私は、慎重で博識なバンカー、つまり信頼に足る男という評判を得た。あるとき、顧客から連絡があり、イタリアに行って彼の親友に会ってほしいという。ナンバーアカウントについて質問があるというのだ。私が同意すると、顧客はその男の特徴と合言葉を伝える。名前は明かされなかった。電車に乗って、ミラノのホテルのロビーでその男を見つけ、隣に座り、話しかける。「この時期は良い気候ですね」。彼はほほ笑み、「あぁ、だが傘は常に持ち歩いているよ」。中年の彼は、がっしりした体格で、訛りがひどかった。およそ一時間、彼は私にスイスのナンバーアカウントの手続きについて質問し、封筒を手渡した。「お手数おかけしました」。そう言って彼は去っていった。ジュネーブに戻る途中、その封筒を開けてみると、なかには一万スイス・フランが現金で入っていた。「コンサルティング」フィーということだ。

夢ではないかと自分の身体をつねったことが何回もある。

UBSでの一年目が終わりを迎えるまでに、イゴール・オレニコフの二億ドルのほとんどはナンバーアカウントに収まり、彼の要求どおりに、オフショアの会社と信託を使ったストラクチャーの構築を始めていた。

例の一八%についてはっきりさせておこう。これは、私が取り込んだ新たな資金のピンをそれだけはねるというのではない。もしそうだとしたら、オレニコフの玉だけで三六〇〇万ドルとなり、私は引退して、どこぞのホッケーチームでも買収できる。私が獲得する一八％というのは、新規の資金から銀行が上げるあらゆる収益の一八％という意味である。つまり、UBSがオレニコフの二億ドルを管理することに対して三％の手数料を課すとしたら、収益は六〇〇万ドルとなり、私はそこから一〇八万ドルを得るのだ。オレニコフが資金の一部を投資して利益を上げるとしたら、もちろん私はそうするよう仕向けるのだが、そこからもピンハネする。さらに、ほかの顧客の資金全体でさらに二億ドルあるので、私は計四億ドルに対する管理料・証券の売却・貸付金利・為替取引といった利益の一八％を手にするのだ。私の帳簿は、デスクにいるほかのほとんどのバンカーの二倍程の規模である。何事も同じであろうが、銀行業では規模がモノを言うのだ。そして、顧客が逃げないかぎり、私はその利益を得ることができる。

私は高級時計が好きである。まあ、だれにでもアキレス腱はあるものだ。私は、オーデマ・ピゲのロイヤルオークオフショアT3がどうしても欲しかった。これは『ターミネーター3』でアーノルド・シュワルツェネッガーが着けていたのと同じものである。そこで、私はショールームに出かけ、二万五〇〇〇ドルをポンと出した。また、良質の葉巻にも目がなく、ダビドフの店が私の部屋から三ブロックのところにあったので、そこを自分のヒュミドール代わりに利用した。彼らは、ロミオ・イ・フリエタのチャーチルやパルタガスのナンバー4ロブストの新作がハバナから届くと、必ず電話を寄越した。洋服も好きだったが、熱狂的というわけではなく、ただ身なりはキチンとしておかなければならなかった。私のスーツはイタリアのブリオーニで、ワイシャツはロンドンのジャーミンストリートであつらえたエジプト綿製である。ワニ革の靴は、ベルトとともにバンコクでオーダーメードしたもので、自分でもかなり優雅な身なりだったろうと思う。ただ、価格はさほどではなく、一そろえ一〇〇〇ドル程度で、一〇組しか持っていなかった。

では、リブ通り二〇番地の私の部屋はどうか。そこにはかなりのお金をかけた。男子たるもの、自分の部屋くらい持っていなければならない。だが、プライベートバンカーや芸能人であるなら、散財を恐れない金儲けの天才のように見えたほうが良かろう。雰囲気を出すために、玄関には特別あつらえの陶器製の表札を出した。そこには、骸骨と交差した二本の骨が描かれ、「強いエールと尻軽女」の言葉が掲げられている。部屋は、天井の高さは四メートル以上で、二つのバルコニーにつながる大きなガラス窓は観音開きだ。床は寄せ木作りで、丸く張り出た大理石の暖炉前には真鍮製のケルビムをかたどった薪台を飾る。

リビングルームはムンバイから船便で送らせたインドの彫像一対が「守っている」という趣向だ。二つあるソファが最大の目玉で、分厚いグリーンの革製にペルシャ製のクッションが付属し、女性客には快適なものだ。彼女たちは浴室の巨大な馬槽の浴槽がお気に入りのようで、風呂のお湯はまったくの雪解け水であるから、いつもクリスタルブルーに輝くのだ。台所はイタリア製の大理石を使った近代的な作りで、調理器具もすべて備えてある。また、リビングルームのステレオとテレビは、ジュネーブで手に入る最良のものだ。ベッドルームにも興味がおありであろう。大きな両開きのドアを開けると、足場を補強したキングサイズのベッドがある。女性はチクチクするのが好きではないので、シーツはすべてサテン製にしていた。

ここで思い出されるのがタイだ。そのころ付き合っていた女性である。ブラジル出身の彼女はファッション業界で働いていたが、ジュネーブのどこかのパーティーで出会った。タイは長い黒髪に、指は曲線美を描き、美しい笑顔に白い歯が輝いていた。ジュネーブのセクシーな女性の多くと同じように、彼女も挑発的ないで立ちで、歩く姿も美しい。彼女にはポルトガルとフランスの訛りがあったが、それが良い意味で私を狂わせるのだ。淡い褐色の肌は、瓶から取り出したばかりの大粒のオリーブのような肌触りだった。彼女がこのサテンのシーツをこよなく愛したのである。

タイのエネルギーは尽きることなく、いつでもどこでも盛り上がる準備は万端である。そこで、私が最大の買い物をしたときには、彼女にはそれが何か伝えなかった。彼女は私が言ったとおり、暖かい格好をしてわが家に現れた。タイトなジーンズに、暖かいブーツ、薄手のセーターにミンクのジャケットといういで立ちで、週末旅行の荷物は準備万端だ。そのときは、アジアに住む裕福な友人のために現金で買った二五万ドルのフェラーリ・マラネロ一二気筒を駆って、ツェルマットに向かう。車を駐車したあとも、ケーブルカーに乗り、何百段もの石段を登っていくのだが、私が買ったばかりの素朴ながら壮大なスイスシャレーの前に立つまでは、彼女は何が起こるのか分かっていなかった。なかに入ったとき、彼女は卒倒しそうになったのではないかと思う。巨大なピクチャーウインドウの前に敷かれた毛足の長い絨毯以外にはまだ何もなかったが、窓いっぱいに広がったマッターホルンの絶壁に彼女は茫然としていた。カバンを落とし、息をのんでいる。

私はオースティン・パワーズが大好きなので、彼女にほほ笑みかけ、こう言った。「マッターホルンにそそられるかい、ベイビー」

われわれは絨毯のうえで体を重ねた。

振り返れば、あのときがスイス銀行での私のキャリアとしては頂点であっただろう。私はたくさんのお金を稼ぎ、昼夜なくパーティーをしているような生活であった。顧客たちは無邪気で、裕福なアメリカ人ばかりで、政府は過大な税金を課し、彼らが一生懸命に稼いだお金を自分たちでは反対できないバカげたプログラムに費消していると考えていた。そのことに対しては異を唱えることはできないが、彼らはみんな感じの良い人々だった。投資がうまくいかないといった極めて珍しい場合にも、彼らはちょっと肩をすくめ、また追加でお金を入れてくる。私はロシアや中国の担当とならなくて本当に良かったと思っている。さもなければ、ボルガ川に沈められるようなことになったであろう。

私は夜もぐっすり眠り、またそれに慣れてきていた。もちろん、一人寝ということはめったになかったことを付け加えておこう。

第2部

第5章　ベルン炎上

「失敗を恐れてばかりいたら生きていけないぜ、バカだな、俺たちを信じろ」――オッター
（映画『アニマル・ハウス』より）

二〇〇五年春

ＵＢＳでの四年目を終えるころには、自分が火山の噴火口を裸足で歩いていることは分かっていた。

私自身それを楽しんではいなかった、というわけではないのだが、時折足元を見下ろすとすくむことがあったのも事実である。私が働いていた高い山の上から見上げると、太陽

は輝き、羽毛のような雲は金色に縁どられている。しかし、下を見下ろせば、鎖がカタカタ鳴り、迷路は汗の臭いに満ち、溶岩の海はボコボコと煮えたぎっているのだ。

私が住み、働いていたスイスで行ったことには、不法な点は何もない。むしろ、奨励されたことばかりである。しかし、アメリカでは、私がUBSのほかのプライベートバンカーたちとともに行っている掛け金のデカいゲームに当局が気づけば、彼らが私を泥棒か詐欺師とみなすであろうことは理解していた。命がけの綱渡りは始まっていたのである。

また、私の良心が咎めることもあった。それはテロとの世界的な戦いであり、私も戦闘に参加している気持ちでいた。すでにアメリカはアフガニスタンとイラクとの二方面作戦に取り組んでおり、アメリカ兵の死傷者数も増えてきていた。オサマ・ビン・ラディンの捜索でヘマを仕出かし、その代わりにサダム・フセインを狙いだしたブッシュと彼の子分たちに、私は猜疑心を抱いていたが、私には分からない重要な情報が何かあって、彼らにはそうする理由があるのだろうと思っていた。しかし、本国に住む多くのアメリカ人たちは静かな苦しみを受けていた。多くの父母が息子や娘たちを戦場に送り出し、そして律儀に税金を支払っているのである。遠くアメリカへの出張では、私の助けを得て自分たちの分担金を支払わずに済ませている人々のことを多くの時間を割いて考えているが、一方で、税務署員の斧は余裕のない者たちにばかり振り下ろされるのだ。世界の巨大企業や最高権力者たちはそのすべてを指図し、実現し、仲間の金持ちどもを支え、助けているのだ。そして私自身も、そのような一部の特権階級が納税義務を放棄するのを手助けし、一般国民たちはその負担に耐えているのである。嫌気が差し始めていた。そのとおり、あの頑固で、皮肉屋で、情け容赦ないボストンのバンカーでさえ私に賛意を表すであろう。

もちろん、アメリカの顧客たちは私を愛した。愛はお金では手に入らないとだれが言ったのだろうか。私はスイスのカッコウ時計が鳴るたびに彼らを豊かにし、それがどれほどおかしなものであっても、あらゆる要求に応え、彼らを確実に喜ばせてきた。それに、私の顧客など、UBSの秘密口座に資産を隠すアメリカ人脱税者のごく一部にすぎないのだ。バーケンフェルドのブラックボックスにはおよそ一五〇人の顧客がいたが、うち三〇人が北米の人間である。しかし、チューリッヒ、ルガーノ、ジュネーブの全支店を通じて、UBSがその財布を握っていたアメリカ人の顧客は一万九〇〇〇人に上り、そのすべてがオフショアの秘密ナンバーアカウントの恩恵にあずかっていたのだ。われわれは一〇億ドルを「B」とだけ呼んでいたのだ。それは軍隊の食糧や弾丸となることのなかった多額の税収でもある。

立派でもなければ、公平でもないが、私はまだそのすべてを投げ出し、司祭の道を進み、禁欲生活を送るつもりもなかった。とんでもない。映画『ローニン』のロバート・デニーロのセリフが繰り返し頭に浮かんだものだ。

「出口が分からないところには入らない主義だ」

正直に言えば、私には出口がさっぱり分からなかったし、その準備もできていなかった。なぜだろうか。

私は、七階建ての豪華なマンションのバルコニーに立ち、モナコはモンテカルロの起伏に富んだ丘や曲がりくねった道路を眺めている。そこは五月下旬のフレンチリビエラで、クリスタルブルーの空の下、荘重なヨットハーバーに停泊する船の純白の帆に陽光が輝いている。所狭しと並ぶ何百万ドルもする巨大なクルーザーは白鯨のように輝き、デッキにはパステルカラーのパラソルが夏のガーデンパーティーのように広がり、ビキニ姿のビューティークイーンたちが、自分の父親ほど年の離れたギリシャ人海運王たちの頬に顔を寄せている。

ジェット戦闘機の中隊が飛んでいるような音が聞こえてくると、九〇〇馬力を誇るＦ１レーシングカーがバルコニーのちょうど下を走るトンネルから爆音を轟かせて登場する。スタンドの観客たちが立ち上がる。スター・ウォーズに登場するＸウイングの戦闘機のようなデザインのマクラーレン・メルセデスに乗ったデビッド・クルサードがリードを保っている。クルサードがこのレースに勝利してくれると信じているが、そうなれば私は賭けに勝つことになるわけで、このマンションにいる多くの連中も同じであろう。

私は、レースのある金曜日まで、週末を通して、これらの豪華な部屋をＵＢＳのお金で借り上げている。もちろん、少数の顧客とその裕福な友人たちを招待し、彼らは私の部屋からの壮観な眺めを楽しんでいる。私の左でバルコニーにもたれているのはイタリアの若い映画女優で、黒髪に、ソフィア・ローレンのような体をしている。彼女は、クリスタルグラスに口をつけながら、興奮で私の腕をつかんでいる。私の右側にいるのはカルロ・バンディーニ。ローマの大物映画プロデューサーで、今はこの女優のパトロンをしている。彼は白い歯を見せながら、眺めを楽しんでいるようだ。ここからの眺めのほうが、ハーバーにある彼のヨットからのそれよりもずっと良いものであろう。部屋やバルコニーにいるのは、私が招待した過去・現在・未来の顧客たちで、速い車とフランスのナイトクラブ、スポットライトが好きな女の子を好む連中ばかりである。彼らはみんな、この週末のために私が雇ったシェフがキッチンで準備したできたての豪華な料理でお腹いっぱいなのだ。

足元にいる連中、スタンドにいる観客たちはレースのスリルを楽しんでいるが、それ以外の連中はみんな、お金のスリルを求めてここにいるのだ。スポンサーのバナー広告が建物やコース沿いの至るところに掲げられ、フェンスにも太字で書き上げられている。ブリジストン、ロレックス、フォスターズラガー、ＨＳＢＣ、ゴロアーズ、マルボロといった具合である。それらの広告は、高速で走る車を追うテレビカメラが瞬間的に拾うだけなのだ。そこで私は銀行のために、もう少し賢い広告を打った。

最後のヘアピンカーブのところでは、すべての車両が一団となって最後の直線に入る手前でスピードを落とさなければならないのだが、そこにある石造りの花壇に大きくＵＢＳの名が記された幕を張り、ＵＢＳの旗をたなびかせたのだ。その場所と今いるマンションの部屋を確保するには莫大な費用がかかったが、すべてはやがて報われる。今回のレースが終わるまでに、バンディーニは翌週ジュネーブで私と会う約束をし、ナンバーアカウントに一〇〇〇万ドルを預けることになる。たしかに、彼はアメリカ人顧客ではないので、厳密には私の顧客ではない。ただ、イタリアンデスクに伝えるのはあとにしよう。そう、ずっとあと、私が一八％をしっかり回収したあとである。

私はＦ１が大好きだ。

私はタキシードをまとい、ニューヨークにあるウォルドーフ・アストリア・ホテルの大宴会場で一万ドルの席に座っている。ほかには、一一〇〇人ものブラックタイや正装をしたゲストが参加している。そこは、乳ガン研究基金が主催する年次チャリティイベントのホットピンクパーティーの会場である。私はＵＢＳを代表してその場にいるのだが、ピンク色の私のポケットチーフの後ろにはかなり高額な小切手が差し込まれている。これをその夜に集められることになる五三〇万ドルの一部として寄付するのだ。

この宴会場は、まるでメトロポリタン歌劇場のメーンステージのようだ。ただ、すべてがピンク色だという点を除いて。ピンクの旗に、ピンクのテーブルクロス、ピンクの食器に、派手なピンクのフラワーアレンジメントという趣向である。ブロードウエーや映画界のたくさんのスターたちが語り、拍手をし、シャンパングラスを掲げ、参加する女性の多くが何千ドルもするピンクのドレスに身を包んでいる。私のそばのテーブルにはピンク色の蝶ネクタイをしたブルームバーグ市長が座り、元州知事のパタキとその夫人、ジョージ・ソロスの一族も同じテーブルに座っている。映画スターのエリザベス・ハーレーが式典の司会を務めたが、オースティン・パワーズの大ファンである私は大喜びである。数分後、エルトン・ジョンがステージに立つ。

エルトン・ジョンは何曲かを演奏してその場をあとにした。「ロケットマン」「可愛いダンサー」と演奏した彼が「あばずれさんのお帰り」にかかったころには、観客は立ち上がり、踊り始めていた。「ブルースはお好きに」の曲が始まると、私の隣に座っていた厳かなダイヤモンドに飾られたダークブラウンの髪の女性が立ち上がり、私の肘をグイッと引っぱる。彼女の夫の席は空席である。おそらく彼は何か儲け話でもしに行ってしまったのであろう。ノーマン・メイラーの『タフ・ガイは踊らない』（ハヤカワ・ノヴェルズ）という小説のタイトルを思い出した。たしかにそうだろうが、バンカーは踊るのだ。私はほほ笑み、彼女の手を取り、エルトンのうっとりした曲に彼女が踊るのに任せた。私は、金曜の夜に白い手袋をつけて行う舞踏会の訓練を中等教育で受けてこなかったのだ。

私はダンスパートナーに彼女と夫の職業を聞いてみた。

「彼の専門は空、プライベートジェットよ」。彼女の口ぶりと、夫の話をすると釣りあがる目を見て、彼に愛人、それも金食い虫がいることが私には分かる。「私は彼のお金を使うだけ」と彼女は付け加える。

私は笑い、「それは大変なお仕事ですね、でもだれかが取り組まなくてはならない」と応える。

彼女も笑い、「あなたは何をしているの」と聞く。

「私はスイスのプライベートバンカーですよ。ご主人にお会いしたいですね」

「会ったらうんざりするわよ」と彼女は言う。

「構いませんよ、私は一人遊びが好きですから」

彼女は笑い、自ら体を離していった。この夜が終わるまでに、私は顧客をもう一人獲得した。また、彼の奥さんの携帯番号が書かれた紙もポケットに入っているが、それは捨てることにしよう。うまくいっているものをめちゃくちゃにしても意味はない。

八月の暑い日、私はカリフォルニアのカーメルにいた。ペブルビーチのゴルフコースで一九三六年製のコード・ベイビー・デューセンバーグを前にファンに囲まれているジェイ・レノを眺めていた。この車は五〇万ドルもする代物だ。レノはテレビで見るかぎりは、親しみやすく、陽気で、だれとでも気軽に冗談を言い合うような、冷淡さのかけらもない人物のように思える。もちろん、この「だれとでも」というのは、彼のような金持ちの自動車コレクターに限った話で、そういった連中は新しいおもちゃを見つけたらすぐに手付金を払わなければならないので、いつもポケットに札束を入れてあるものなのだ。

レノは小国の王子ほどの金持ちで、「ビッグドッグガレージ」と名づけたプライベートのコレクションに一〇〇台ほどの四輪車を所有している。だが、彼はUBSの顧客にはけっしてならないだろうと思っていた。彼はアメリカが与えてくれたものに感謝し、IRS（米内国歳入庁）がそれを乱暴に刈り取っていっても気にしない質の男である。私はそれに敬意を表するが、このコンクールデレガンスに来たのは「別の」タイプ、つまり金持ちで反抗的な男を探しに来たのである。

ショーの今年のスポンサーはロレックス、優勝者には二万五〇〇〇ドルの金時計が授与されるのだ。そのような景品も計算されたもので、彼らはイヤホンを付け、ポケットを膨らませ地味な服装をした大男たちに守られた高級時計をたくさん展示しているのだ。ロレックスもUBSと同じように、まずはお金をかけて、上級な顧客をピックアップしようとしているのだ。会場には、プロゴルファーや一流スポーツ選手や映画やテレビのプロデューサーなどがゴロゴロしている。著名なレースドライバーのジャッキー・スチュアートなどは、写真やサインを求める連中に囲まれている。彼がシフトレバーを握っていたほうの手のけいれんを止めようとしているのが私には見て取れた。

私は、見事に手入れされた緑の芝をカーペットにした、一九五四年製の美しいBMW502コンバーチブルに目を止めたが、ゴルフコースのグランドキーパーたちはこのショーを心底嫌っているだろうとも思った。その車体は重厚なクリスタルグリーンのボディに、溶かしたバターかのように柔らかく見える小麦色の幌がついている。所有者は六〇代のハンサムな男で、麻のゴルフズボンに、ピンクのポロシャツ、パイロット使用のレイバンをかけ、ビーチチェアに身を委ね、ヘミングス・モーター・ニュースを読んでいた。私はゆっくり近づいていく。

「美しい車体ですね。私が今まで見たこのモデルでは最上です」と声をかける。

彼は顔を上げて、「ありがとう」と答えた。

「私はＢＭＷフリークなんですよ。フィンランドで新しいＭ５を買ったばかりです」

「あぁ、良い車だね」。彼は雑誌を少し下げて私を見上げる。「なぜ、フィンランドで」

「私はジュネーブで働いております。プライベートバンキングです。それでヘルシンキに飛んで、向こうで非課税のフィンランドナンバーを入手するんですよ。私は税金アレルギーでしてね」。私は彼を見下ろして笑いかける。

さて、彼も雑誌を膝においた。「僕もそのアレルギーなんだがね。治療法がないと思ってるよ」

「驚かれますよ。ブラッドレー・バーケンフェルドです」と私は言って手を伸ばした。

「サーストン・ホワイトゲートだ」と彼は答える。

「お会いできて光栄です、サーストンさん。ご一緒させていただいてよろしいですか。少々足が疲れました」と周りを見回す。

「もちろんだ」。彼は肩越しに親指で指さして、「日よけの下にもうひとつ椅子があるよ」

一五分後、われわれは日差しを受けながら、マンハッタンをながめていた。ホワイトゲート氏はバカではない。私がここにいる目的が車ではないことを理解していた。

「さて、ブラッド。何を売ろうというのだね」

「ゼロ、です」と私はほほ笑む。

彼も笑って、「まさか、日本海軍の戦闘機じゃなかろうね」

「もちろん違いますよ」。そして、彼が興味を持とうが持たまいが意に介さないとばかりに肩をすくめて、得意の「三つのゼロ」を彼に披露するのだ。やがて、われわれはナンバーアカウント、信託の仕組み、非課税となる長期のキャピタルゲインなどについて話し合った。二杯目のお酒がなくなるころには、サーストンはアメリカ政府とその時代遅れの全体主義的税制への不満を口にしたので、私は彼になぜ自分がチーズとチョコレートと現金の国であるスイスに住んでいるのかを説明した。

一カ月後、われわれはレマン湖のほとりにあるパール・デュ・ラックでお酒を飲んでいた。ちょうど、フェラーリを駆っての時速一八〇キロのドライブから戻ってきたところである。彼は八〇〇万ドルをUBSに移すつもりだという。

彼に私を温かく受け入れ、信用してくれたことの感謝を伝える。

その後、私は一週間サンバルテルミー島に滞在し、UBSを代表して私がスポンサーとなっている、かの有名なサンバルテルミー・ブケット・レガッタ（**グラビア　図10**参照）に参加する。チャリーン。また、顧客獲得だ。その後、これまたUBSがスポンサーとなっている現代美術フェアであるアートバーゼルのためマイアミに移る。アートバーゼルは退屈なのだが、マイアミのナイトライフにはいつも大興奮だ。ラテン系のきれいどころと飲み、踊ることが嫌な奴などいるのだろうか。そこからさらに、ロードアイランド州のニューポートに移る。そこでは、エルネスト・ベルタレリがアメリカスカップに挑むアリンギに参加するためだ。これももちろん、UBSがスポンサーとなっている。彼の帆船には「Societe Nautique de Geneve」の旗がひらめいているが、それも大金持ちのヨット狂たちがスイスの大ファンになれば、バンカーたちが大儲けするということだろう。

それから、これらの高級宝探しの旅の間、三カ月にわたり、私はジュネーブのUBSの

「中庭」でロダンの展覧会を企画した。ＵＢＳのウエルスマネジメント部門の長であるジョージ・ガグネビンが開会のカクテルパーティーのホストを務めた。私は五四体の銅像を集めたが、地上でひとところに集めたものとしては最大のものである。だれもがそれを見たがり、当然ながら私はその場で何回もカクテルパーティーを開き、名刺を配ってまわった。さて、その成果はいかに。それら美術愛好家のどれだけがわれわれの金庫に立ち入ったかは覚えていない。

さて、営業にワインに食事にと懸命に働いたあとは休暇を取るのが妥当であろう。私は友人で億万長者のマウロとともにフィリピンにいた。ちょうどクリスマス前だったので、彼の所有するマンションで、彼の母親とともに夕食を囲んだ。彼女は素敵な女性で、私は翌朝、みんなで集まり、ミサに行こうと提案した。マウロはテーブルの下で私の脚を蹴ったが、母親は祈るかのように手を合わせ、息子に信仰心ある友人がいることを喜んでいた。だが、われわれが目覚めたのは正午ちょうどで、教会に足を運ぶことはなかった。

そのかわり、われわれは有名なボードック社の創業者である億万長者のろくでなしのカルビン・エアーと合流した。もう一人の参加者は、中国人シークレットサービスのジミー・ヤンである。彼はジャッキー・チェンくらいならコテンパンに打ち負かしそうな男だ。

マウロは外出するときに常に五人のボディガードを連れ、彼らはみんなネイティブ柄のシャツの下にハンドガンを三丁ずつ忍ばせていた。そのデカい男たちの一人は、サバイバル部隊であるスネークイーターのように見えるが、東南アジアで傭兵として働いていたのだ。私は彼に何人殺したか聞いてみた。彼は私をにらみつけて、「銃でですか、ナイフでですか。そのご質問は却下」と答えた。

それからわれわれはマウロのヘリコプターを降りて、エアフォースワンに向かう。もちろん、大統領専用機ではない。そこは私が今まで訪れたなかで最大のストリップクラブである。三階建てで、駐車スペースは六〇〇台分もあるのだ。バーに、ピカピカのポールとギラギラに飾った女の子のステージはお定まりだが、ここのフロアはコーチ（エコノミー）、ビジネス、そしてファーストクラスに分かれているのだ。われわれはエスカレーターに乗って最上階に向かう。そこは、内装も美しく、バスタブもあるホテルスタイルの「マッサージ」ルームが並んでいた。豪華なカウチに横たわり、ドリンクを飲んでいると、突然、大きなカーテンがブロードウエーのステージのように開いた。そこには一〇人の女の子が立っており、魅力的な笑顔を浮かべ、マニキュアをした指をお尻にはわせていた。マウロが私を見て言った。

「だれでも好きなの選べよ、ブラッドレー。俺持ちだ」

難しい選択だった。彼女たちはみんなセクシーで、しかも裸なのである。

それゆえ、私はこのすべてに背を向けることができなかった。楽しすぎるし、儲かりすぎるのだ。四年の間、私は楽しみとお金とで作られた魔法の絨毯に乗っていたのだ。週末、ジュネーブにとどまり、自分の部屋でゆっくり過ごしたり、湖沿いの公園を散歩したりなどということはめったになかった。だれかと一緒にマラケシュやミコノス島に出かけたり、サントロペに行ったり、ブダペストまで足を延ばして女の子とグーラッシュとをあさったりしたものである。ジョン・ロスなどの友人の一人が日曜日に部屋にいる私を捕まえると、こう言ったものである。「ブラッド、この週末はジュネーブに来てるのかい」。月曜日にオフィスに出かけるのがやっとということもしばしばあり、トイレで休んでいたことも一度ならずある。

私のチームであるUBSの米州デスクは、自らを「狩猟採集民」と呼んでいた。われわれは積極的に攻撃し、楽しむことを愛する、稼ぎ頭たちの強固なチームであった。私もチームのメンバーが好きであったし、われわれは互いに助け合い、だれかが稼ぎを上げたときは互いに喜び合い、問題が起きれば互いを支え合った。

バレリー・デュブイは「ミス・マニーペニー」としての役割から、『アベンジャーズ』のエマ・ピール以上の働きをするようになっていた。彼女は私の世話をしながら、細かなことにも目を配り、私が頼んだ仕事は何でもこなしていた。彼女の二五歳の誕生日が近づいたので、何か希望があるか聞いてみた。もちろん、合法的な範囲内でという条件付きだ。

彼女は手のひらにあごを乗せて笑った。

「アムステルダムに行ったことがないの。とってもセクシーな街だって聞いてるわ」

私はほほ笑み、指を鳴らして「そのとおりだよ。では、アムステルダムに行こう」。

われわれは、デスクのほかの女の子三人と、ＵＢＳのバンカー三人を伴って、週末にアムステルダムに行った。私はアメックスのゴールドカードをさっと取り出し、インターコンチネンタル・アムステル・ホテルのスイートを二部屋押さえた。われわれは街に繰り出し、エスニック料理を食べ、ジャズクラブで飲み、不埒な白黒ショーを見て笑い、クラシックな木製ボートで運河のミッドナイトクルーズを楽しみながら、オランダのハッシッシの味見をしてみたりした。あなたがどう考えるか知らないが、われわれはだれもベッドをともにすることはなかった。われわれはみんな戦士なのである。月曜日にはデスクに戻ったが、まだオランダの冒険は冷めやらなかった。デュブイは一週間ニコニコである。ハッピーバースデー。

私は銀行の内外にたくさんの友人がいたので、遊び友だちには事欠かなかった。インド人の友人のスリナバンサン・ラマシャンラン（「僕のことはラムと呼んでくれ」）は楽しいことが大好きなベジタリアンである。彼はバークレイズ銀行でインド市場を担当していたが、バークレイズはインドの最富裕層が移り住み、活動の拠点としている東アフリカでのプレゼンスも大きく、私は彼にくっついて、マネー・ハント・サファリに行ったものである。友人のコーネル・フェルマークはタバコも酒もやらない、アフリカーナ系の自転車好きバンカーで、めっぽう面白く、トラブルが大好きで、私とは瓜二つであった。それから、マニラ出身の大親友マウロである。私が買ったフェラーリ550マラネロは彼のためである。チェシャ猫のような笑顔を見せる、ずんぐりしたマウロは、アグスタのヘリコプターを所有するほどの金持ちである。狩猟採集の旅の途中でマニラに立ち寄り、香港やシンガポール、時にはバリなどへ飛び、飲み、踊り、エキゾチックなナイトクラブやパーティーでナンパを繰り返すのが常であった。とめどなきバカ騒ぎに浸ったものである。

しかし、乱痴気騒ぎをするにも私には流儀があった。私は楽しさを追い求めはするが、けっしてボールから目を離すことはなかった。私は黒い大きなローロデックスを持っていたが、そこには相手の名前、会った場所とコンタクトの方法しか記していない。彼らが何者で、職業は何であるかを思い出せばよいだけであるから、メモも取らなかった。そして、パソコンのスプレッドシートで原簿を作成し、毎年クリスマスになるとカードを作り、高級な紙に印刷する。そこにはアジアの白い砂浜やカイロのピラミッドやカンヌの豪華な帆走ヨットなどでの私の写真も入れ、二〇〇通を普通郵便で送るのだ。それから、私はもうひとつのスプレッドシートを作成した。そこには、ヨットレガッタ、テニストーナメント、映画祭、ワイン試飲会、自動車ショーや自動車レースなど毎年世界中で開催されるハイエンドなイベントと、すべての国の最高のレストラン、バー、ホテルの概要が記されている。

あたかも、バンカーと旅行エージェントとエンターテインメントのディレクターを兼ねているかのようであった。顧客やその友人たちは私に電話をかけてきて、こう言うのだ。「ブラッド、五月にブリュッセルに行くんだ。ハリーが君と話せと言うんだよ」。私は「そのとおりです」と答える。そして、ブリュッセルをクリックすると、そこでのイベントやホテル、レストラン、最高のナイトライフのスポットが出てくる。もちろん、私から特ダネ情報を仕入れた連中は、楽しい時間を過ごすと、次はお金の問題で相談してくるか、彼らの金持ち友だちを紹介してくれるのだ。だれにでもできることだとは思うが、私なりの特色を出した。ブラッドレー・バーケンフェルドは「頼りになる男」だと。私は贅沢な生活をし、世界中を旅し、裕福な人々を喜ばせた。また、私にはたくさんの友人がいる。そして、私はクラップステーブルのクルーピエのように現金をかき集めるのだ。

では、正直なところはどうだろう。あなたはこれらすべてを捨てられるだろうか。そうだとしたら、どうして捨てるのか。

さて、世界がゆっくりと変わってきていることに私も気づいていた。まずは、アメリカの愛国者法によって、すべての連邦政府の役人はあらゆる人々のタンスを引っかき回すことができるようになったのだ。国際的なテロ資金のネットワークを明らかにするというのが表向きの目的である。つまり、古い刑事よろしく、「金を追え」というわけだ。モハメド・アタと9・11のテロ仲間はみんな、ジュネーブで携帯電話を購入しており、さらには五〇万ドルほどの現金を所有していた。それを理由に、ＦＢＩ（米連邦捜査局）やＣＩＡ（米中央情報局）、司法省やＩＲＳはスイスをかぎ回り始めたのである。彼らは、電信送金やクレジットカードの取引、オフショア口座や事業取引を丹念に調べていた。スイスはスイスらしく、それにまったく協力しなかったのである。「われわれの評判は匿名性の上に成り立っている」というわけだ。そのため、捜査官たちは、大きな網を打たなければならず、そうするとあらゆる種類の魚が引っかかってくることになる。しかし、国会議員や大物ロビイストなどのＰＥＰ（重要な公的地位を有する者）に出くわすと、彼らは何も知らないふりをするのだ。しかし、そのほかの者たちにとっては公平なゲームである。

「これは、国会議員の某が動かした資金のようだから、放っておこう。でも、こいつはビーニーベイビーズを売ってる金持ちのようだ。こいつは揺さぶり落とそう」

私の顧客たちは、権力類まれなる政治家というよりも、ビーニーベイビーズのタイプが多かったので、みんな、神経質になっていた。

海外旅行も捜査の対象となった。私や仲間のバンカーたちのように、ジュネーブ、ルガーノ、チューリッヒとアメリカとを行ったり来たりしている連中は眉をひそめ始めていた。国土安全保障省は気にする必要はない。あきれるほど無能で非効率なＴＳＡ（米運輸保安局）が重点的に取り組んでいるのは誤った対象ばかりである。おばあさんやよちよち歩きの子供たちが空港で所持品検査を受ける一方で、カフィーヤをつけたアフメドという名の男性には「イスラム嫌い」ゆえに触れもしない。しかし、多額の交際費を抱える身ぎれいなスイスのバンカーたちはどうか。「連中を追え」である。

そして、それは実行された。ＵＢＳの仲間の多くが税関で質問され、スーツケースを開けさせられ、これまでにないほど長い時間をかけられていた。アメリカで尾行された者もいれば、豪華なホテルのバーで飲んでいるときに、親しみやすく、身なりも良い、見知らぬ者に質問攻めにあった者もいる。私個人としては、そういったことは気にもしなかった。ボストンのＦＢＩの腐敗した連中との経験から、連邦職員が自分たちでは何もできやしない連中だというのは分かっていたので、ボニー・パーカーとともに逃走するクライド・バロウのようなまねはしないようにしていた。私はスイスの住民で、スイスの法律の範囲内で働き、また適切な税金を支払っているのだ。だが、私もバカではないので十分に注意はしたが、被害妄想は抱かなかった。

一方で、この妄想は私の上司たち、ＵＢＳの重役たちに忍び寄ってきていた。私はハンスルーディ・シューマッハとマーティン・リヒティのパニック状態のやり取りを聞いたときに、すでにその兆候を見て取った。彼らはわれわれのビジネスのチューリッヒにおける「支部長」である。シューマッハは、ＵＢＳはアメリカに何百もの支店を持っている（一九九九年にＵＢＳはペイン・ウェーバーを買収している）ので、アメリカの規制には敏感であると認識していた。もし事が起これば、アメリカで操業するライセンスを失う、というわけだ。

「なぁ、マーティン。今の規制環境下ではかなり危ないぞ。米州デスクを畳んで、外部の小さなスイス法人に移して、ＵＢＳのビジネスをそっちに付け替えたらどうかな」とシュ－マッハはリヒティに言った。

「畳むだって、ハンス。正気か」とリヒティはあきれる。

「聞けよ、マーティン。そっちの部下たちは銀行を辞めて、個人のアセットマネジャーとしてこの隔離した法人のために働くんだよ。連中は既存のビジネスは持っていき、新しい案件はＵＢＳに紹介させて、こっちで付けるんだ。ＵＢＳにとってはもっともらしい反証となるよ。アメリカ人がやって来たら、『それはわれわれではありません、あいつらです』と言えばいいのさ」

しかし、リヒティは受け入れなかった。彼は自分の権力基盤を失いたくなかったのだ。

「ハンス、君は僕が過去何十年もかけて築き上げてきたものを台無しにするつもりか。ふざけるな」

シューマッハはため息をつき、「でも、俺たちはいつか締め上げられるぞ。それじゃまずいだろ」と言った。このやり取りからほどなくして、シューマッハはＵＢＳを辞め、スイスのブティックプライベートバンクであるＮＺＢに移籍した。ジュネーブの私の同僚であるハンノ・ウーバーや、チューリッヒの四人のプライベートバンカーたちがかつての上司に従い、NZBに移り、一五億スイス・フランの資産を持っていった。そこには、ビーニーベイビーズで有名なタイ・ワーナーの分も含まれている。

私はそのころ、こう考え始めていた。「こんなことが永遠に続くわけがない。ウーバーにとってこのビジネスは人生そのものだ。もし彼がそう思っているのなら、俺たちは下落に向かっているのだ。それも、ナイアガラの滝のような……」

狩猟採集民の仲間内で噂が駆け巡り始め、みんな、暗い見通しをブラックジョークで茶化し始めた。スイス人の同僚、ジャック・リューバはある日私のデスクにやってくると、皮肉な笑いを浮かべてこう言った。

「もっと働け、ブラッド、もっと早く。その金を持ってこい、わが友よ。ハンプティ・ダンプティが落っこちそうだ」

「たぶん、旅行グッズはすべて放り捨てて、お金を刷るべきだね。ロシアデスクのだれかが腕の良い偽造屋を知ってるはずだよ」と私は答えた。

リューバは笑ったが、彼は上から、特にマーティン・リヒティからの圧力に対して皮肉っていたのだ。われわれの上役は、われわれプライベートバンカーたちに次のようなメモを次々に配布した。

社員のみなさんへ

今年、これまでの五カ月はわれわれの業界にとっては大変厳しいものでありました。投資家の自信は失われ、中東では軍事衝突が起こり、規制当局の監視の目は日々厳しさを増しており、われわれのビジネスは現在困難な状況に追い込まれております。しかし、厳しい環境下でも、われわれは顧客の財政的要求に最良の解決策を提供していけると確信しています。

言うまでもなく、新規資金の取り込みがわれわれの成功の鍵となります。われわれが達成すべきことは、今年、そしてそれ以降も新規資金の目標値を達成することです。

この目標を達成した社員のみなさんを報いることを心待ちにしております。

リヒティはメモの結びに親愛の言葉もサインも記載しなかったが、その代わりにブライトリングの時計の写真が載せられていた。つまりは「私のために働け、褒美はやるぞ」ということであろう。これは企業がやる典型的な叱咤激励で、社員のほとんどがあざ笑い、何事もなかったかのように仕事を継続していた。というのも、われわれはすでにリヒティが設定した非現実的なほどの資金獲得目標を達成すべく猛烈に働いていたからである。また、われわれが年間目標値、例えばプライベートバンカー一人当たり四〇〇〇万スイス・フランを達成すると、彼は必ずハードルを上げるのだ。「素晴らしい、だが不十分だ。六〇〇〇万スイス・フランは欲しいところだ」。このフットボールのコーチのようなクソ野郎に耐え抜かなければならないことに加え、ゲシュタポ気取りのセキュリティ・アンド・コンプライアンス部はパソコン上のファイルを適切に暗号化し、確実にしっぽを切れるようにしておくよう定期的にふざけたメモを回してくる。これはまさに、会社員の衣を着たシシリアのマフィアの手口である。

上からは継続的にプレッシャーをかけられ、足元ではリスクが沸騰し、一方でわれわれの賢い顧客たちは規制強化に神経質になっているので、もはや仕事は楽しいものではなくなり始めていた。永遠に続くトーガパーティーなどあるわけがないことは分かっていたので、私は何とかやり過ごしていた。バンドは疲れるし、食べ物や飲み物も底を尽く。女の子たちもお化粧直しが必要なのだ。バンドの演奏がまた始まっても、すでにショーは時代遅れになっている。

醜さがさらに増し始めた。初めてクリスチャン・ボヴァイに会ったときから彼のことは嫌いであったが、彼に何年も仕えることで、彼の粘着質な人格のすべてが明らかとなってきた。ボヴァイは典型的なスイスの官僚タイプで、しみったれで、性悪なのだ。彼は自ら戦場に出て危険に身をさらすことは好まないが、一方で自分の軍隊がぜいたくに暮らすことには不快なのだ。彼はほかの社員の新規資金を横取りしようとしたことが何回もあるが、彼がすることといえば書類にハンコをつくだけなのであるからお笑いぐさである。彼はわれわれ社員の働きと成功から大いに恩恵を受けているのだが、常に不協和音を奏で、あるバンカーはほかのバンカーよりどれだけ優れているとか、だれそれは働きは少なくても、もらいが大きいとかを人々の耳にささやくのである。オレニコフの二億ドルを持ち込んだ瞬間から、ボヴァイは私のことを賢い男で、自分をまんまとだまし、不当な分け前を手にしたとみなしていた。私は彼の言うことにはまるで耳を貸さなかった。

その後、彼は私からデュブイを奪っていった。

われわれ二人の関係がどれほど良好かを知っていたボヴァイは、私の財布には触れることができなかったので、二人の関係をターゲットとしたのだ。彼は、彼女を自分の個人秘書へと異動させた。これは私の上司である彼の権限の範疇である。私がこれにあらがうには銀行を辞めるしかないことを彼は知っていたのだ。デュブイは激怒していた。

「まったく問題ないよ。これからも同じデスクにいるんだし、パーティーもあるし、楽しいこともあるさ」と私は彼女に言った。

「でも、ブラッドレー。私は彼には我慢がならないわ。いっつもブラックコーヒー飲んでて、息が臭いの。それにあの歯は何」。彼女はボヴァイの部屋の外にある自分のデスクからささやいた。

私は笑い、彼女の手を握って言った。「奴のデスクにミントを一盛り置いておきなよ、ヒントになるかもよ」

しかし、何をしようと彼女の気は晴れず、会社を辞めると言い出した。そして、この異動に彼女がどれだけ怒っているかを知っていたボヴァイは彼女を納得させようとするのではなく、何と彼女の年間ボーナスを締め上げたのである。私が彼女をバークレイズから連れてきたとき、私は彼女に大幅な昇給を約束した。二万スイス・フランだ。それは私とUBSとの約束であり、彼女はその額を受け取っていた。しかし、ボーナスは上司の裁量次第であり、ボヴァイは性悪である。ある朝、彼女が銀行の外でタバコを吸いながら泣いているのを見つけた。彼女から何があったのかを教えられて、私は怒りに度を失いそうになった。私は上階に向かい、ボヴァイの部屋に押し入った。彼は電話中である。

「バレリーのボーナスはどうなってるんですか」。私は彼をぶっ飛ばさないように努めた。

「予算にないよ、ブラッドレー」。彼はそのガタガタの歯を見せて笑わないようにしていた。

「予算外、だれの予算ですか」

「彼女が私のところに来て、たった三カ月だ。彼女の仕事ぶりを評価する時間はなかった。おそらく来年だろうな。ところで、今電話中だ、分からんかね」

私は部屋を飛び出して、ちょっと考えた。腹を立て、異議を唱え、戦うこともできるが、あと数日で休暇である。そこで、私はＡＴＭカードを持って、本社ビルに向かい、ロビーにある機械で一〇〇〇スイス・フランを一〇枚下ろして、封筒に入れた。スイスのＡＴＭではこんなことができるのだ。デュブイを顧客向けのプライベートサロンのひとつに連れていき、彼女に封筒を握らせた。それを開けた彼女はさらに泣くばかりである。

「これはできないわ、ブラッドレー。受け取れない」

「受け取れないことはないよ、バレリー。一緒にＵＢＳに来たときに、僕は君の面倒をみると言っただろ。僕は約束を守りたいだけだよ」と私は言った。

彼女は私にハグをしたが、私は引き離して、感極まる前にデスクに戻った。しかし、私は煮えくり返っていた。けちんぼ野郎め。こいつは自分のひどい歯並びを直すためにお金を払うようなことはしないだろう。お金のことになると、ボヴァイは本当に締まり屋で、レッカー車を持ってきても奴のケツの穴から針一本抜けやしない。醜く、性悪でけちん坊なんて最悪な組み合わせだ。しかも、週に八日も働かせやがる。

それからほどなく、二〇〇五年初頭、ボヴァイは私にも同じ仕打ちを仕掛けてきた。私の年間ボーナスは、ＵＢＳが私を採用するために交渉したとおり、私の顧客の口座から生まれた収益の一八％と決まっていた。スイスの銀行家はだれのこともだましはしないことをよくよく知っていたので、私は一ペニーに至るまで収益を注意深く監視していた。そして、ボーナスの日が訪れたが、追加の二五万は出てこなかった。私は同僚の何人かの業績給の支払いが確認されるまで二日間待った。そして、ボヴァイの角部屋にぶらりと入っていった。私はまったく冷徹だった。

「クリスチャン、会計処理の問題があるようです」。私は紙切れを出し、据わった目でそれを見る。「私の計算によれば、私の個人口座に二四万七八九〇スイス・フランが追加されるはずです。私のボーナスがＡＷＯＬ（帰営遅刻）になっています」

彼はネズミのような鼻を私に向けて「どういう意味だね」と答える。

「アブセント・ウィズアウト・リーブ（Absent without Leave）、別な言い方をするなら行方不明です」

「大騒ぎするなよ、ブラッドレー。君は大金を稼いでるだろう」。彼は振り払うように手を振った。

私はあからさまに眉をひそめた。

「ええ、クリスチャン。そのとおりです。大騒ぎする必要なんてありません。あなたは今すぐ問題を解決するか、もしくは私の弁護士と話をするかです」。私は彼のデスクにある銀製の名刺入れから名刺を一枚抜き取り、「これを弁護士に渡しますから、彼はあなたへの連絡がつくでしょう。さて、私との契約を引っ張り出したいようですね」。

そう言って私は部屋をあとにした。驚くなかれ、まさに翌朝にはボーナスが私の口座に入っていた。このこととデュブイの件があったあと、デスクの周りの雰囲気は潮が引くように悪くなっていった。後に、ボヴァイは私だけでなく、全員を愚弄していたことが判明する。われわれ幸福な大家族が父親の虐待によってバラバラになっていくように感じた。それ以来、仲間たちは潰し合いを行うようになってしまったのだ。

二〇〇五年四月のある日、まだ夜も早い時間、私は自分のデスクに座って、仕事が終わったら何人かの友人と遊びに出かけようかと楽しい想像をしていた。すると、だれかが肩越しに立っているのを感じた。仲間のジェームズ・ウッズである。背が高く、優しい目をして、いつもみんなに温かい言葉をかけるはげたスコットランド人である。彼は眉間にしわを寄せ、一枚の紙を指先でつかんでいる。彼は私のそばでかがみこみ、声を落とした。

「ブラッドレー、これをちょっと見てくれよ」とアイルランド訛りで言う。「三枚ずりの一枚目。内部資料だよ」

私は紙を受けとり、タイトルに目をやった。「クロスボーダー・ビジネス・バンキング」とある。骨子をつかむのに数行を読めば事足りた（**資料2参照**）。それはデスクにいるわれわれ全員に対する時限爆弾であった。「プライベート・ウェルス・マネジメントの社員は次に挙げる活動には従事しないものとする」そして、ページにはわれわれがしてはならない活動の一覧が記されていた。それらはすべて、われわれが職務としたものである。どういうことだ。その紙をピシャリと叩いた。

「どこで手に入れたんだよ、ジェームズ」

「イントラネットだよ」

「見せてみろ、俺は見たことないぞ。それに何の説明も受けてないだろ」

そして、彼は開いて見せた。ＵＢＳのイントラネットの規模を想像できるだろうか。扱う商品に関するものだけでも、一〇〇〇ページにわたり、その他、研修資料やコンプライアンスの用紙、パワーポイントのプレゼンテーション資料に、内部メモ、ワークシートに口座記録、そして年次報告書もある。『戦争と平和』をそこに差し込んでも、だれも気づきはしないだろう。ウッズは私のマウスを使って、彼の発掘作業を再現して見せた。まず「インターナショナル・プライベート・バンキング」をクリックして、「南北アメリカ大陸」、次に「アメリカ合衆国」と進むと、やっと「カントリーペーパー、新規」へとたどり着く。

私はマウスを取り返して、クリックしてみた。そこには三ページもののメモがあり、段落ごとにびっしりと記載されていた。そこに記載されているすべての言葉が米州デスクのすべてのプライベート・ウェルス・マネジャーたちへの恐ろしい警告である。

「ＰＭＷ（プライベート・ウェルス・マネジャー）はアメリカ人の顧客開拓のためにアメリカ大陸に渡ってはならない……ＰＭＷはアメリカの税法の埒外にある商品を提案してはならない……ＰＭＷは新規資金を獲得するためのマーケティングをするにあたり、顧客を勧誘するために策を弄してはならない」

なんてこった。

言い換えるならば、「ＵＢＳのプライベート・ウェルス・マネジャーは、われわれが教えたこと、そして何年間も賃金を支払ってきたことを、未来永劫やってはならない」というわけだ。

読み進めるに従い、私の手は実際に震えていた。われわれが長年にわたり働き、自分たちの将来を託していた会社が、われわれを川に放り捨てようとしているのだ。

「くそっ、こんなの見たことねぇぞ。なんで連中はこれを掲載したことを俺たちに伝えねぇんだよ」と私はなじった。

ウッズは私から紙を取り返して言う。「だから、教えておこうと思ってね」

「分かった。席に戻れよ、これについてはまたあとで話そう」と私は言った。

彼が去ると、私は夫の財布にコンドームが入っているのを見つけた妻のように、コンピュータのモニターを眺め入っていた。こんなことが許されるはずはない。これはＵＢＳがわれわれをファーストクラスのスリを働かせるために送り出そうとしたずっと以前に、弁護士にたきつけられて作成した「ゴミ箱行き」の原稿か何かで、それゆえ破棄されるべきものなのだ。さもなくば、彼らが出そうとしていた「お前ら、気をつけろよ」という警告か何かで、われわれが騒ぐのを抑えようとして、しまい込んだものだ。彼らは、ちょっとした苦労で大金を稼ぐために、しっぽを振り、公衆電話を使い、けっして公然と法を犯すことはないよう、全力を挙げてわれわれ結社のメンバーを教育しているのだ。そうではなかろうか。ウッズはこの書面の意図をはき違えている。そうではなかろうか。連中はわれわれを見殺しにするつもりはない。そうではなかろうか。

私のギラギラと輝いた青い目はレターヘッドに移った。しかし、そこには何もない。そのような指示書のほとんどで、真っ赤なＵＢＳのロゴと三つの鍵のマークが目立つように表示されているのだ。しかし、このメモにはヘッダー部分に「リーガル・アンド・コンプライアンス部」とあるだけである。日付に着目した私の眉間のしわは、小刀で切り付けたように深くなった。二〇〇四年一一月二四日とある。二〇〇〇と四年だって。われわれがヨットレースやゴルフトーナメントに初めて下り立った日よりはずっとあとであるが、その日付は、ニューイングランドの灯台かのようにモニターから私を見つめているその日からは半年以上も前のものであるのだ。非課税の資金を求めて血みどろの活動をしているまさにその真っ最中に、会社の弁護士はこの言い訳のような書類を考えだし、だれも見つけることができないスイスの締まりのきついケツの穴深くに埋め込んだのである。

私はもう一度さっと文書を読み通したが、私の頬は焼け、仕立ての良いワイシャツの襟がボアコンストリクターのように私のノドを締め上げてくる。私はネクタイを緩めた。三ページにわたりびっしり書かれた法律用語などくそくらえだ。

「これは絶対にやってはいけないよ。あれも絶対にやってはいけない。これは厳格で、実直で、高潔なお上がお許しにならないことなのだ。それをして捕まったとしても（たとえわれわれがそのやり方を教え、パラシュートなしで追い立てたとしても）、われわれは何にも知らないよ」

ふざけたミッションインポッシブルだ。私は拳を握りしめ、デスクに打ちつけた。秘書は驚いて椅子から跳ね上がった。彼女が何かを言ったようだが、私は彼女に目もくれなかった。私の目はモニターに注がれていた。

クリスチャン・ボヴァイ。ケチで、虫歯だらけの、フケやろう。すべては奴の仕業だ。私は彼が帰宅したある夜にでも、彼のオフィスに侵入しなかった自分を恨んだ。そうすれば、このネズミの巣からほかに何かを見つけたかもしれない。コカインだろうか。拳銃と三つの偽造パスポートだろうか。私の顔写真と、私が彼のために成功させたすべてのスキームの記録が入った、バーケンフェルドと銘打たれたぶ厚いファイルであろうか。あの野郎がアメリカやカナダから当局が来たときに備えて、われわれ全員のファイルを持っていることに、私の口座にあるスイス・フラン全額を賭けても良い。そして、奴は笑いながらわれわれすべてを売り渡し、自分は最初から不正に関する内部調査をしていたのだと主張するのであろう。そしてどうなるのか。奴は三ページにわたるこの裏切りの書を取り出し、自分たちがけっして法律を破ることのないよう警告していた証しとして振りかざすことであろう。

ボヴァイは悪魔の子のようだ。では、私はどうすれば良いのか。この人を信用しやすい、バカ正直な男は、堕天使のバンカーとなるしかないであろう。

私は彼のオフィスの方に目を向けた。だれもいない。真っ暗で、ドアには鍵がかかっている。あのバカ野郎は幸運にもすでに帰宅している。もしまだそこにいたら、私は彼のスワロフスキーのクリスタル製の灰皿で奴の頭を殴りつけていただろう。私はマラソン走者のような息遣いをしながら、キーボードを叩き、この運命の三ページを印刷した。そして、印刷された紙を畳み、スーツの内ポケットにしまうと、コンピューターをシャットダウンする。立ち上がり、マフラーを首に巻き、椅子をデスクに押し込むと、車のバンパーのような音がした。部屋の中は静まり返り、周りの目が私に注がれているのを感じていたが、私の目に映るのは真っ赤なトンネルと、廊下の先にある大きなガラスドアだけであった。ドアを開け、夜の街に出た私の耳に届いたのは、罵る自分の声だけであった。

くそったれどもが。

第6章　カウンターパンチ

「何が起こるか分からないが、外の便所が燃え落ちる前にスリルを感じたい」――ジム・モリソン（ドアーズのボーカリスト）

ついにハゲタカがねぐらに戻ってきたことを知った。

ローヌ通りに飛び出すと頭がクラクラした。私は急に足を止めたが、どっちに曲がるのか、どこへ向かうのか分からなかった。携帯電話を取り出し、お酒と夕飯の約束を取りやめにしたが、私には純度一〇〇％のお酒が少なくとも三杯は必要であったことは間違いない。だが、私は歩いて紛らわせることにした。考える必要がある、それも早急に考える必要があるのだ。寒い春の夜、湖の向こうにある豪華なホテルの屋上庭園にはライトがきらめき、湖畔の散歩道からはクラシックの演奏か何かが聞こえてくる。私は石畳の道を歩き、春の夜にどんちゃん騒ぎをする、まるで幽霊のような人々の群れを通り抜け、タバコを吹かし、己の醜い運命の展開を思い、そして落ち着くよう努めた。

「気楽に行こうぜ、バーケンフェルド。論理的に考えるんだ」と自分に言い聞かせる。

しかし、私はメリー・ポピンズのように甘く純粋であることで、世界中を旅し、リスクを負い、大きな成功を収めるプライベートバンカーになったのではない。UBSには腐った何かがある。これまでにもそれを感じてはいたが、吐き気を催すような肉の塊をいきなり噛みしめてしまったのだ。しかし、秘密のメモのすべてが単なる誤りであることなどあり得ようか。私は早まっているのだろうか。あのメモは実は何かの案文にすぎず、法務の若いインターンが考えたことで、誤ってコンピューター上に登録してしまったのかもしれない。もしくは、給料に不満を持つだれかが問題をひっかき回すために広めたのかもしれない。埋め込まれた対戦車地雷のように、私のような者が通り過ぎたら……ドカンと爆発する。クリスチャン・ボヴァイやマーティン・リヒティが本気でわれわれ全員をだますようなことをするだろうか。われわれは会社のためにかなりの富を生み出しているのだ。彼らは最高の稼ぎ手たちを、単なるバスではなく、高速列車に向かって投げ捨てるようなことをするだろうか。

「そうだ、連中ならやるだろう」。不快な結論が突如口をついて出た。「しかも、直ちに」。機は熟している。アメリカや西欧諸国の「役人ども」は辺りをかぎ回り、世界中で圧力をかけている。いつ爆発してもおかしくないのだから、ＵＢＳに巣くうスイスのマフィアは徹底的に隠蔽工作を図るであろう。連中がわれわれのことを心配するだろうか。われわれ米州デスクのすべてのバンカーたちは危機にさらされ、連中は今後も快適に、何事もなかったかのように給料をもらいつづけるのだ。金融界には尊敬に値する人間などほとんどおらず、英雄においてをや、であることを私は知っている。そうでないと思うのであれば、一度、地元の住宅ローン担当者と昼食を取ってみるとよい。

雨が降り始めた。水たまりに投げ捨てたタバコがヘビのような音を発した。私が相手にしているマムシのような人種を表すかのようだ。自宅への道すがら、どうやって連中の首を落としてやるかを考えていた。

部屋は冷え切っていたので暖炉が必要だ。暖炉に薪を入れ、靴を脱ぎ捨て、大きなタンブラーにジョニー・ウォーカーを注ぎ、グリーンの革製のカウチに身をあずけて、炎が踊るのを眺めていた。ボストンにいる兄に電話をしようと思ったが、ダグがテントを畳んで、スイスから脱出して来いと言うのは分かっていた。おそらくは彼が正しいのだろうが、逃亡は私のスタイルではない。私は、ジュネーブでキャリアを築くために懸命に働いてきたのだし、もしUBSを去るのであれば、南北戦争でアトランタへの道筋をつけたシャーマン将軍のようにありたいと思った。

綿密に計算し、注意深く計画し、背後から撃たれることがないようにしなければならない。私は、だてに大学でパットンやロンメルなどすべての偉大な軍事戦略家について学んだわけではないし、大学院ではビジネス関連の法律の操り方もたくさん学んできている。私や仲間たちが無事に逃げおおせるためには、チェスの名人のようにすべての反応を予測して、正確を期さなければならない。何時間かかけて酒を飲み、太めのコイーバ二本を灰にしたあと、私は例のメモは害のないものだという考えを捨て去り、「受け入れがたい現実」という結論に達した。今すぐにでも、二枚舌を平気で使う私の上司たちは私と私の同僚たちをアメリカ当局に売り渡し、自分たちはずっとわれわれの活動を禁じてきたと主張するのだ。それこそが、あの三ページのメモが意味するところである。

やっと、床に就いた。人生を変えるほどの事態に直面すると眠れない人もいるようだが、私はスナイパーのように眠り、力を蓄えていた。

翌朝、九時ちょうど。私は怒れる雄牛のようにクリスチャン・ボヴァイのオフィスに入っていった。彼は椅子のなかで身を引いたが、私はドアを閉め、三ページのメモのコピーをデスクに叩きつけ、ピカピカのテーブルを拳で叩いた。

「これは何ですか、クリスチャン」

彼は悪霊を払うかのように片手を挙げ、首を伸ばし、薄眼でコピーを見下ろした。彼はうなずき、椅子に深く座り直すと、例のガチャガチャの歯を見せて笑った。

「君が心配するようなものではないよ、ブラッドレー」

「心配するようなものではない」。私はさらに圧力をかけて聞く。「本当ですか」

「あぁ、本当だとも」。彼は、豆炭のように光っていたであろう私の目を避けるようにした。「騒ぎを起こす必要はない。大したことではないんだ」

私は手を伸ばし、彼の襟首をつかみ、椅子から引き起こした。鼻を突き合わせ、私は片方の拳を握り、振り上げた。

そして、彼の顔に怒鳴りつけた。「くそくらえだよ、クリスチャン。これが大したことがないだって。大事だろうが」。私は指でメモを叩く。「お前らが俺たち全員をさらしてるんだろうが。俺たち全員だ。俺だけじゃない。仲間も、顧客も、そして株主もだ、分かるか」

彼が私の拳のなかで震えているのが分かった。私は彼よりもかなり大柄で、彼を持ちあげ、美しいピクチャーウインドウから投げ捨てることができることを彼も知っていたのだ。彼は一般的な会社の手続きや行動を無視して感情的になるなと、モゴモゴ言っていたようだが、私の血液は沸騰していて、彼の言うことはほとんど聞こえなかった。襲撃は計算し尽くしたものだが、怒りは本物である。

「分かるか、クリスチャン。消え失せろ」。私は鼻に噛みつかんばかりに彼を引きつけて言った。

彼を下ろし、デスクのメモを取り、部屋から飛び出すと、後ろ手にドアを閉めた。まずはバレリー・デュブイの双眼に気づいた。ライオンが自分の上司を食事用に切り刻んでいるのを耳にしたかのように、デスクから私を凝視していた。次に、フロア全体が静まりかえり、すべてのバンカーやアシスタントたちがまったく同じ姿勢で固まっていることに気づいた。私はネクタイを直し、彼らに向かって微笑し、言った。「おはよう、みんな。今日は良い天気だね」

そして、自分のデスクまで進み、腰を下ろし、スーツの上着を脱いで、タバコに火をつけた。ジャック・リューバが湯気のたつマグカップを持って現れ、私の前に座る。

「バーボンをワンショット入れようかと思ったけど、まだ時間が早いよね」と言って、デスクの角に座った。「何があったんだ、ブラッドレー」

「ありがとう、友よ」。私はゆっくりと一口すすり、彼に紙を渡した。「これを見てみろよ」

リューバはすぐに目を見開き、それがいたずらか何かであることを確認するかのように、紙を裏返して見たりしている。この卑劣なメモを発見し、すでにすべてを理解しているジェームズ・ウッズが現れた。彼はリューバに向かって片眉を上げる。

「それ、ムカつくだろ、ジャック。イントラネットで見つけたんだよ」

それから、部下のエンジェル・ゴメスとスティーブ・マンドウィラーが現れる。彼らはメモを読み、顔を見合わせてささやいた。「何だよ、これ」

「俺たちの死刑宣告書だよ、棺のサイズを計っておいたほうがいいぞ」と私は言った。

「これ、いつ出されたんだよ、ブラッドレー」とリューバが聞く。

「一一月らしいよ。でもだれも知りやしないよ。そこに四年間あったとしてもね。それに『二〇〇四年一一月版』とある。つまりは、どれだけ更新されたかだれも分かりやしねぇってことだろ。レターヘッドがないのに気づいたかい。UBSの『不正の三本鍵』がどこにもないだろ。これは、まさかのときのためのUBSのアリバイ文書さ。連中が純金製の傘の下で快適に過ごす一方で、われわれ全員が溺死だな」

「どういうことですか、ブラッド」。ゴメスは、カラスの羽のような濃い眉毛を寄せる。ちょうど二週間後に、彼とマンドウィラーは狩猟採集の旅で、それぞれダラスとマイアミに飛ぶ予定なのだ。

「つまりだな、アミーゴ……俺たちはみんな終わりだ。パーティーは終わったんだよ」

二人はふらふらとデスクに戻り、頭を振り、互いに不平を言っている。ウッズが最後まで残ったが、彼が去る前に私は彼の肘をつかんだ。

「よく聞け。お前は米州デスクから降りるんだ。どこか別の場所、そうだ南アフリカにでも移れ。今すぐに、だぞ。分かるな」と私は言った。

彼は神妙な顔でうなずいた。彼には二度目の警告は不要である。

「お前はどこに行くつもりだ、ブラッド」

「今は、どこにも行かない。ちょっと研究すべきことがあるからね」と私は答えた。

「孫子か」

私は彼にほほ笑みかけ、「ご明察、兵法だよ」。

ウッズは笑い返し、その場をあとにしたが、私には彼が動揺しているのが見て取れた。私はどうか。かき回されはしたが、動揺はしていない。私は次になすべきことを知っていた。単純に職を離れるつもりはない。もしそうしたら、すべては崩壊し、UBSの悪行を調べに来た連中は私が共謀者であるとするだろう。それに、私には自分が守られるという確証がないし、そうなるように働きかけもしていない。私はたしかにひと騒ぎを起こさなければならなかった。しかし、企業犯罪を暴く第一のルールは、証拠を集め、大切に保管することである。

それゆえ、その後の数週間、私は「メモ事件」は忘れたかのように振る舞った。新規資金をもたらす顧客を探し、既存の顧客にサービスをすべくあらゆることを行った。私は携帯電話を駆使し、デスクに足を乗せ、オフィスにいるほかの社員と同じようにタバコを吸い、酒を飲み、バーケンフェルドの際どいジョークをお見舞いしていた。ボヴァイには敬意を持って接し、私の癇癪も一時のものであると思わせるようにした。

一方で、私は自分の攻撃計画に従い、静かに証拠を集めていた。最初に行ったのは、社内のセキュリティ・アンド・コンプライアンスの研修資料のすべてのコピーを集めることである。基本となるのはＵＢＳハンドブックで、それは北米の顧客を静かに勧誘し、アメリカ当局の目を確実に潜り抜ける方法を教えるものである。次に取り掛かったのは、私のコンピューターとＥメールの記録で、マーティン・リヒティやミッシェル・ギグナード、クリスチャン・ボヴァイ、さらにはラウル・ワイルなどの経営幹部からの「もっと押せ、新規資金を持ってこい」メモのすべてを保存する。それから、私の顧客とボヴァイが個人的に担当している少数の大物の記録を集める。これは、彼の金庫にどうにかアクセスして手に入れたものだ。秘密口座で保有される大量の資金をそれぞれの記録と関連付ける。私はこれらすべてのコピーを取り、銀行から持ち出していた。自宅に持ち帰り、長い時間をかけて酒を飲み、葉巻を吸い、お気に入りのジャズを聴きながら、ＵＢＳの不正行為に関する膨大な資料を見直すのだ。

その数週間の間、私はどんちゃん騒ぎこそしなかったが、あちこち顔を出すようにはしていた。ＵＢＳでの日々が数えるほどしか残っていないことは分かっていたが、ちょうど良いタイミングで、思うがままに会社を去りたいと考えていた。私は今後もプライベートバンキングに従事していこうとすでに決心していたのだ。荒々しく、面白い仕事であるが、最終的に情熱を失うまでに、何回投資家に株や債券や通貨や金などに投資させることができるだろうか。私はプライベートエクイティに手を拡げ、何年にもわたって築き上げた人脈をフルに利用して、大金持ちをパートナーに取り込み、投資先の新しい会社がどのようなものであれ、私はそこから分け前を得るということを考えていた。新エネルギーやバイオ技術農法などの新規事業や、絶好の地でのリゾートホテル建設の提案など優れたアイデアを持つ人々をたくさん知っていた。それらを集め、マッチメークがうまくいけば分け前を受け取り、合わせて新会社のストックオプションをもらうという具合である。いくつか成功させることができれば、それだけで一生安泰であろう。私は成功すると確信していたし、もはや会社の恩知らずどもに報告する必要もないのである。

二〇〇五年五月中旬、資料のバックアップが十分に集まり満足していたころ、カリフォルニアでイゴール・オレニコフが逮捕された。それはまさに「あぁ、くそ」というタイミングであった。私はこの「手」の顧客との通常の方法である公衆電話から電話をかけ、特定の投資について相談をしようとしていたのだ。

「今は話ができない」と彼は小さな、用心深い調子で答える。私の名前も言わなかった。

「いまIRS（米内国歳入庁）が事務所に来てる。SWAT（特別機動隊）も一緒だ」

電話が切れた。受話器を見つめていると、突然それが小さく縮んだように見えた。彼はたしかに「SWATチーム」と言ったのだ。なんてこった。狼が玄関にいて、オレニコフはちょうど一噛みされたところだ。奇妙なことに、彼はずっと以前からこうなることを予言していたのだ。

数年前、オレニコフは三五メートルのヨットを買い、ルサルカと名づけた（**グラビア 図12参照**）。とある日本の造船会社が作ったこの美しい船は、アメリカスカップに参加して、祭典の目玉にしようとしたものであったが、その試みは失敗に終わった。どうやら日本人はミッドウエー海戦以来、航海はうまくいっていないようだ。何はともあれ、オレニコフは東京の港に浮かぶのを見て、現金でそれを買ったのだ。船長にカリフォルニアまで航行させ、そこからパナマ運河を通ってフロリダまで運んだ。パームビーチ・ボートショーで、私はオレニコフやたくさんの魅力的な人々とともに船上でお酒を飲んだことがある。二〇〇四年春、彼は私に電話をかけてきてこう言った。「ブラッドレー、ルサルカでグアテマラ、ホンジュラス、ベリーズへとクルーズに出ようと思うんだ。君とスタグルも一緒に来ないかね」

「ラブリー」と私は答え、オレニコフのオフショアのストラクチャーを構築したマリオ・スタグルに電話をかけた。ロサンゼルスまで飛び、そこから中米まで同道した。そのときまでに、スタグルと私は単なる取引の相手以上の関係になっていた。リヒテンシュタインにある彼のトラスト会社は絶好調で、私は何回となく顧客とその資金を彼に預かってもらった。その都度、スタグルは顧客のために信託のストラクチャーを構築し、彼と彼のパートナーであるクラウス・ビーダーマン博士はたんまりと報酬を得るのだ。ちなみに、ビーダーマン博士は、リヒテンシュタインの信託法に関する総括的な書籍を著してもいる。一方、私はスタグルから五万スイス・フラン（なお、このお金は非課税である）で膨らんだ封筒をお礼に受け取るのである。取引の合間に、われわれはともに騒ぎ、ツェルマットにスキーに出かけ、ロンドンで戦略を練り、ベネツィア映画祭をはじめヨーロッパ中の金持ちイベントに参加した。スタグルは優秀なＣＰＡ（公認会計士）で、お洒落で楽しい男である。彼はエディ・マンスターにちょっと似ており、バディ・ハケットのように大笑いする。

それゆえ、中米までの航路はオレニコフのヨットで楽しい時間を過ごしていた。ある夜ベリーズの沖合で、「狂ったロシア野郎」がわれわれをそばに呼ぶまでは。

「諸君、われわれの冒険が終わりに近づいていることを伝えなければならない」と、彼はボリス・エリツィンのような口調で言う。

「なぜそんなことをおっしゃるんですか、イゴール」と、スタグルが尋ねる。

「白髪交じりの税務署員ですか」と、私はスコッチを舐めながら尋ねる。海風は心地良く、潮の香りが広がっていた。

「私は億万長者だよ、ブラッドレー」とオレニコフは肩をすくめながら笑った。「政府に勤めて小銭をもらっているような連中は、ヨットに乗った男には惚れないものさ。われわれはUBSにある僕のお金を移動させることを検討しなければならないのだ」

「それは簡単なことですよ。そうだろ、マリオ」と私は言う。

「朝飯前です」とスタグルは答える。

「いつでもお好きなときでいいですよ、イゴール」と私は言った。安心はしているが、私は熱が冷め、彼が心変わりしてくれることを期待していた。彼が二億ドルをUBSから動かしてしまうと、私のボーナスが急減してしまうのだ。しかし、顧客の安全と幸せが第一の目的である。もし誤ったアドバイスをすれば、あっという間に顧客は逃げてしまうのだ。

「もちろん、連絡するよ」。オレニコフは笑みを浮かべ、ほかの客や操舵室のそばで酒を飲んでいる古なじみの連中に手を振った。「さぁ、夕日を見に行こう」

しかし、その後、彼がトリガーを引くことはなかったが、今は彼に向けてトリガーが引かれているのだ。それも大きな銃を持ち、ヘルメットをかぶった連中によってだ。彼らがオフィス中を探索し、コンピューターや書類を手に歩き回っているのが目に浮かんだ。私は自分の名前がどこかで浮かび上がり、ワシントンに持ち帰ってじっくり調べられはしないかと思った。しかし、心配しすぎることもない。私は単なる仲介者であるし、そのうえ、スイスの銀行員として守られた立場なのである。お金はオレニコフのものであり、税金に責任があるのは彼だけである。彼が税金を払おうが払わまいが、私には関係がない。そのときはそう思った。政府の役人が彼を起訴するか何かして、パニックになったオレニコフがこの私を公然と非難し始めるとは思いもよらなかった。

いずれにせよ、オレニコフとの電話のあと、私はスタグルに電話をかけ、警告をしておいた。「事に備えておこう。オレニコフはカリフォルニアで高熱を出しているぞ」

しかし、スタグルは動じなかった。成功している彼は狡猾で、オレニコフのような超がつく金持ちの顧客をたくさん抱えている。それに、銀行法がスイスよりも相当に機密性が高く、盤石なリヒテンシュタインにいる彼は完全に守られ、快適なのだ。それから私は彼に三ページのメモのことを説明し、胸にしまっておいてほしいと伝えた。

「スイス人はそれほど好きじゃないな」と彼は言う。

「僕も連中が嫌いになってきたよ」

「まぁ、いつでもリヒテンシュタインに家があると思いなよ、ブラッドレー」

「ありがとう。だが、まだやりかけの仕事がある」

「もちろんさ」。スタグルは、私が侮辱を甘んじて受け入れるようなタイプではないことを知っていた。

六月となった。私の第二の作戦を決行するときである。クリスチャン・ボヴァイが私の問題を彼の上役に報告したかどうか分からなかったが、粘着質な彼の性悪さを考えれば、彼の金儲けの領地に何の影響もなきよう、自分自身でしまい込んでいるとも考えられた。社内での抗議運動を行うかどうかは今や私にかかっているのだ。「俺はお前らが企んでることは分かってるんだ。お前らだって、俺が分かっていることは気づいているだろ。さあ、白状しろ」

私は自分のデスクに座り、ＵＢＳの法務部長ルネ・ウースリッチとコンプライアンス部長のフィリップ・フレイに宛てたメモを書いた。それに、例の三ページのメモのコピーを添付する。

親愛なるルネ

このたびは、数多くの悪い結果をもたらす大変重大な問題に関してお伝えすべく、メモを差し上げます。小職は、本件を貴職にご承知いただき、また小職自身はディレクターとしてＵＢＳの方針ならびに手続きを順守しておりますことを合わせてご承知いただきたく存じます。

小職は、ＵＢＳのイントラネット（ウェルス・マネジメント・インターナショナル、アメリカス・インターナショナル、ＱＩ、ディームド・セールス、カントリー・ペーパー、ＵＳＡ、新規）上で、現在担当しております市場、つまりアメリカ合衆国に関する長文の法律関係書類（添付をご確認ください）を目にしました。

本件は、小職のみならずジュネーブならびにチューリッヒの同僚にとりましても、喫緊かつ最優先の問題と存じますので、ご対応をお願いしたく存じます。お手数をおかけいたしますが、ご助言を賜れますようお願い申し上げます。

敬具

ブラッドレー・C・バーケンフェルド（ディレクター）

私は、「送信」ボタンを押し、待った。そして、さらに待った。正直に言うと、私は何らかの返信、少なくとも呼び出しくらいはあるかと期待していた。ウースリッチとフレイは私の懸念を和らげるべく、その場で内密な相談をしてくるものと期待していたのだ。しかし、何もなかった。神に誓ってなかった。一週間後、彼らが私を無視しようとしていることに気づいた。「オーケー、ストーンウォールゲームをやりたいってのか。それならば、俺があきらめたと思ったころに、もう一度叩いてやろう」

一方、オレニコフは電話をかけてきて、UBSに置いてある資金をリヒテンシュタインのもっと小さな銀行に移すことにしたと言ってきた。すでに政府の役人がオフィスをひっかき回し、おそらくは電話も盗聴されているにもかかわらず、普通の回線で電話をかけてきた彼は度胸があると言わなければなるまい。もしくは、策略は終わり、資産を隠すことはできないであろうから、スイスよりも安全な場所に移しておいたほうがましだと考えたのかもしれない。リヒテンシュタインは、彼らのプライベートな事業をいじくりまわそうとする部外者に対しては、スイスよりもよほど頑強なのだ。スタグルの知り合いのバンカーは、アメリカの税務当局に白状するくらいなら死を選ぶだろう。信託管理人としてスタグルは、オレニコフに対して彼の資産に関してすべてを説明し、発注に応じて商品を送付したのである。

実際のところ、これは幸運の連鎖でもあった。遅かれ早かれ、私は手を引くつもりでいたので、オレニコフの資金が私のポートフォリオから抜けたことで、ステージを降りる良い言い訳ができたのだ。言い訳が欲しかったわけではないが、ヨーロッパでは退職するにも多くの利点があるもので、その理由がしっかりしたものであれば、すべて事は容易に運ぶのだ。六カ月間のガーデンリーブと基本給が与えられ、さらに未払いとなっているボーナスも法律によって保証されるのだ。

デスクを囲む職場の雰囲気はさらに悪辣なものになり、まるで「庭園の州」などと知事が喧伝しても、実際にはくそがまき散らかされたニュージャージーの石油精製所のようになっていた。しばらくの間、私はヨーロッパの外には出なかったが、多くの同僚たちはいまだ狩猟採集の旅に出なければならなかった。信じがたいことに、マーティン・リヒティは「取って来い」というメモを出しつづけ、バンカー仲間たちは地震直前の牛のように神経質になっていた。彼らに同情したが、夕食や夜の酒、夜会の場を通じて、私はハリケーン警報を鳴らしつづけ、万一に備えるよう、また最悪のケースに備えるよう警告していた。私ができることはそれだけであった。

七月、ウースリッチとフレイはクリケットの話しかしてこないので、私は再びEメール爆弾を発射し、また三ページのメモを添付したメールを部門間メールに送った。しかし、私の受信箱はカラのままだ。悪い子か、それとも良い子か。私は二度も確認したのである。八月に入り、私は再度発射したが、なしのつぶてである。「良かろう、くそども。俺はチャンスを六回もやったのに、まるで机の下に鼻水こすりつけてる小学校の女の子のように扱うつもりか」と、私は彼らに念力で伝えた。

UBSでの四年間を通じて、私はジュネーブ、チューリッヒ、ルガーノにも私のようなプライベート・ウェルス・マネジャーがたくさんいることを知っている。では、だれが、三ページのメモのコピーを共有したであろうか。私は自分がやっていることは理解していた。ペストのように不安と疑念をまき散らしている。ただし、それには明確な目的があった。私は、彼らの上司が、忠実なるバンカーたちに胸にナイフを突きたてられたときに、どのように反応するかを知りたかったのだ。そして、すべての友人が、彼らの上司が言い訳とウソを並べ立て、リーガル・アンド・コンプライアンス部の警告を知らなかったふりをしたと報告してきた。それは私の疑念を確信に変えるものであった。連中は結束して、われわれ全員を寒空に放り出すつもりなのだ。その後、何も変わらなかった。UBSのビジネスはこれまでどおり行われた。すべてのデスクによるオフショアでの活動には何の変更もなく、取り止めになることもなかった。奴らはお金を求め、たとえ兵士たちが「戦死」しても、それはそれ、だったのである。

もう我慢の限界だ。私は、スイスの国旗がかけられた棺に納められて戦場を去るつもりはなかった。九月中旬、労働案件を扱うジュネーブの法律事務所を二社訪問し、それぞれの弁護士に話を伝えた。私は、自分がほかの弁護士事務所にも相談していることをどちらにも秘しておくことにした。それは、彼らの反応を比較したかったからである。どちらの弁護士も、まったく同じことを言った。

「バーケンフェルドさん、今すぐこの銀行を辞めてください」

さて、メッセージを得るのに二回も撃たれる必要はない。ただ、大成功を収めた職業人生に別れを告げるのは容易なことではなかった。しかし、私は深呼吸をして、ＵＢＳで働き始めた日からちょうど四年を迎える二〇〇五年一〇月五日、簡潔な退職願いをしたため、クリスチャン・ボヴァイのもとへ持参した。

「ショックだよ、ブラッドレー。君はうまくいってたじゃないか。信じられないよ」と彼は言う。

この無責任な言葉は頭に来たが、私は彼のアライグマのような歯とフケは見納めだと考えるようにしていた。

「ご理解いただけるものと存じます。クリスチャン」。私はあざ笑い、彼の部屋をあとにした。

彼らは私を一週間オフィスにとどめ、事後処理の書類作成をしていた。私はすぐにバレリー・デュブイを昼食に連れ出した。彼女には直接伝えたかったのだ。

「残念すぎるわ。私ももうあそこには居たくない。あなたが居なかったら何もかも変わってしまう」と彼女は鼻をすすった。

「元気出せよ」と私はほほ笑み、涙に濡れる彼女の頬に触れた。「ジュネーブにいるんだし、僕は死ぬわけじゃないよ。またパーティーをやろう。ただ、ＵＢＳの経費ではないけどね」

しかし、彼女の気は収まることなく、まもなく彼女も会社を去った。私はいまでも彼女のことを恋しく思うことがある。優しい子で、最高の友人で、そして完璧なミス・マニーペニーであった。

その週の終わりに、彼らは人事部との退社面談に、私をUBSの本社ビルに呼び出した。部屋には、人事部長のモニカ・ボッシュと、「ユルグ」とだけ呼ばれる一人の男が待っていた。この男は、クリスチャン・ボヴァイとチューリッヒのミッシェル・ギグナードの仲介人である。それゆえ、大物が関係してきたと私は思った。席に着く前から私はイラ立った。

「ブラッドレー、退社したい理由は何ですか。われわれには理解できません」。彼女は見せかけばかりの心配をして聞く。

私はあきれた表情をした。「くだらない話はやめましょうよ、モニカ。私は三カ月の間、あの三ページのメモがなぜ存在するのか問い合わせてきました。だれも答えて寄越さないじゃないか」

ユルグは得意げに「それは、君が答えを得ようとしないからだよ」と言う。彼はスイスのシュレックかのようだ。デカすぎる手に、大きな頭、安物のスーツに白い靴下をはいている。

その言葉に私は心底腹が立った。本性をさらした私は立ち上がり、デスクに身を乗り出した。彼らは椅子のなかに身を潜めるようにする。

「大間違いだね。俺は回答を得ようとしたし、あんたらが答えられるようにしただろう。まあ、この問題についてはもう議論する気はないがね」。私は財布を取り出し、開いた。「ここに俺のＵＢＳのＩＤカードとコーポレートクレジットカードが全部入っている」。私はフルハウスのようにそれらをデスクに広げる。「さて、これで終了です」

私は米州デスクのある建物に戻った。守衛は私の顔を見たが、さすがにＩＤを見せろと言うことはできなかったようだ。私は上階に上がり、みんなと握手をし、ジェームズ・ウッズやリューーバとハグをし、デュブイにはウィンクを送る。そして、ちょうど一分間だけ自分のデスクをチェックする。持ち帰る必要のあるものは紙一枚なかった。私はすでにすべてを秘密裏に、そして安全に保管してあるのだ。私が銀行から持ち帰ったのはたった二つ、お気に入りの灰皿と、ＵＢＳのコーヒーカップだけである。

私は、切り落とした龍の頭のように、「不正の三本鍵」のロゴを暖炉の上に飾りたかったのである。

私はガーデンリーブという概念が本当に大好きである。苦しむときがあれば、くつろぐときもある。そして、その後、六カ月間続くのである。私は四四歳になっていた。人生の半分を世界中のハイファイナンスの世界で躍動し、突然訪れた猛烈なストレスで神経が過敏となっているのだ。四年の間、休暇中でさえ私は顧客候補を探していた。そして今、私は働かざるとも、毎月一万五〇〇〇フランもの給料を受け取り、またボーナスも発生しているのだ。技術的には、ＵＢＳの私のすべての顧客は、六カ月後に最後の給料の支払いを受ける日まで、バーケンフェルドの帳簿に固定されるのだ。ＵＢＳが私の口座で収益を上げるかぎり、その一八％はスイスにある私の貯金箱に入ることになるのだ。

私はタイに電話をかけ、サントロペで一週間過ごそうと提案した。四年前、９・11の直後にセブリーヌと浮かれ沈んだあの場所である。いつでも楽しむことには準備万端のタイは、彼女が一週間いなくてもハイファッションの世界は終わらないと上司に伝える。彼女はとびきりセクシーな洋服とビキニを荷物に詰め込み、われわれはＭ５に乗って、サントロペに向かった。ビーチでの初日、私の指は携帯電話を触りたくてピクピクしていた。オフィスに電話をかけて、顧客の様子を確認したかったのだ。彼女は携帯電話を取り上げると、自分のビーチバッグの底深くにしまい込み、私を海へと引きずっていった。その後、彼女はシャンパンにダンスにロマンスにと、私がもはやスイスのプライベートバンカーではないことを得心するまで尽くしてくれた。

その後、ジュネーブに戻るのは気が重かった。冬はそこまで来ており、私はスキーが大好きではあったが、まだ寒さを楽しむ気にはなれなかった。そこで方向転換し、フィリピンへ飛んで、マウロと休暇を過ごすことにした。彼のアグスタ製ヘリコプターに乗って島々を転々とし、パーティーに次ぐパーティーを楽しんだ。それから、一息つきにジュネーブに戻ったが、それもほんの束の間のことである。今度はモロッコだ。友人のラジェル・ジャファーリとともに、たくさんのきれいどころと過ごした。私は、引退後の残りの人生を金融哲学者として過ごす方法を見いだそうとしていた。そのような職業を聞いたことはなかったが、あっても良いころ合いだろうとも思えた。

しかし、現実は、けだものを長いこと寄せつけずにおくことはできなかった。二月、最近とんとご無沙汰の自分の部屋でゆっくりしようとジューブに戻り、受け取って当然の多額のボーナスの確認に銀行口座を確認した。振り込まれていない。くそ、またかよ。

私はボヴァイにEメールをお見舞いした。今回は余分な文言なし、である。

「私のボーナスはどこですか、ボヴァイ。まだ銀行口座に入っていません」

私に届いた返信は人事部からのもので、まどろこしい言葉で綴られた長文にはボッシュのサインが付されていた。だが、彼女の言わんとしているところも飾り気のないものであった。

「バーケンフェルドさん。あなたには今期のボーナスならびにそれ以降のボーナスを受け取る権利はないことをお知らせしなければなりません。あなたは銀行を退社する決断をされたのですから、当然の結果です」

おっと、そりゃないだろう。私は容赦なく反撃する。

「親愛なるミス・ボッシュ。明らかにあなたは事実誤認です。スイスの銀行法では、私が綿密に調査したかぎり、金融機関と従業員との契約上の義務は、現時点での雇用関係上も有効であります。UBSがこれまで滞りなく私に年間ボーナスを支払ってきたこと自体が、銀行が恩恵を得続けた私の業績が今もって報酬に値することをはっきりと示していま す。それゆえ、私が退職したという事実が、銀行をしてこの契約上の義務を放棄させ得るものではありません」

彼女からの返事はなかった。それはさして驚くことでもない。しかし、一日後、ボヴァイがぶっきらぼうな一行を送ってきた。私は、狂ったスイスのラプラカーンのようにあざ笑う彼が目に浮かんだ。彼は実際にそうしていたことであろう。

「お前がボーナスを受け取ることはないよ、ブラッドレー。忘れなさい」

私は笑ってしまった。数年間をともにしたのだから、このこずるい男はそろそろ私のことを理解してもよいだろうに、と思うであろう。しかし、彼は私が今後もスイスに住み続け、もしかしたらどこか別の銀行か金融関係の会社で職を得たいと考えていると思ったのだろう。おそらく彼は、私がテムズ川からソンム川に至るすべての橋を焼き落とすことも意に介せず、過激な行動に出ることしかできないと考えていたのであろう。彼は私のことがまったく理解できていないのだ。私はオリビエ・シュデルに電話をかけた。

「ブラッドレーか。どうした。バークレイズにはお前が不可欠だよ。ＵＢＳと袂を分かったって聞いたぞ」

「そのとおりだよ、オリビエ。僕は元気だ。ガーデンリーブを楽しんでるよ」と私は言った。

「そりゃいい。ところで、何の用だい。新しいポジションを探しているのか」

「違うよ、オリビエ。僕が探してるのは弁護士だ。お金で買える最高の弁護士だ」

「ああ、果たし合いだな」と彼は言う。「フレイが来たみたいだ」と言って彼はしばらく話すのを止めたが、しばらくして「失礼した、もちろん、お前がご同業をずたずたにするのを助けることができる人間を紹介するよ。それが君の望みならね」

「それこそ僕の考えていることだよ、オリビエ」

彼は笑い、「チャールズ・ポンセ博士。法務博士だな。すぐに見つかるだろう。お前が訪ねることを伝えておくよ」

「君と働くのはいつでも楽しいね、オリビエ」

「俺も同じだよ、友よ」

チャールズ・ポンセ博士を見つけだすのに五分とかからなかった。彼は、剛腕弁護士で企業相手の大物食いとして有名であった。私はアポイントを取り、ＵＢＳとの契約書のコピーと給与とボーナスの支払い記録、私が銀行のために稼いだ記録を持っていった。フランスのアンティーク家具に囲まれた豪華なオフィスに身を置く彼は、一分の隙もない身なりをした中年の紳士で、頭は薄くなっているが、耳の上にはグレーの髪も美しく、バラ色の眼鏡を鼻の先に乗せていた。ＵＢＳは私に六〇万スイス・フランを支払う義務があると彼に伝えた。彼はジャッカルのようにほほ笑んだ。

一週間後、私はＵＢＳに対し一〇〇万スイス・フランの訴訟を起こした。

私はキリの良い数字が好きなのである。

第7章　タランチュラ

「連中が余を恐れているかぎりは、憎まれても結構だ」――カリグラ（ローマ皇帝）

スイスのバンカーは口を割らない

もし口を割ったとしたら、すべての顧客が死に、語るべきものが何もなくなるまで、長い間、石造りの冷たい刑務所で過ごすことになる。

ＵＢＳの例の三ページのメモで痛めつけられ、何回も何回も妨害にあったあと、私はどうしても声を上げ、世界中にあのくそどもの企みを知らしめたいと考えていた。しかし、スイスの銀行法は、それを公にすることを固く禁じている。私にできることと言えば、バチカンにいるスイス兵のような強面が現れ、刑務所に連行されていく前にピーピー泣きわめくくらいで、ひとたび刑務所に入れば、私が話のできる相手と言えば、フランス語を話す門衛と弁護士くらいのものである。二～三人のピエロを雇えばよかったボストンとは違うのだ。連中は、自分たちのお金に口を出す人間は本気で潰しに来るのである。

スイスのバンカーがしないもう一つのことと言えば、スイスの銀行を訴えることである。これは、コーポレートファイナンスやプライベートバンキングで再び働くことを考えているならば、ということではない。私には生計を立てる手段として六つの方法があった。しかし、私の訴訟はＵＢＳを通じてカリフォルニアの山火事のように広がっている。ポンセ博士がジュネーブの裁判所に提訴した数日後、ジェームズ・ウッズが電話をかけてきた。

「ブラッドレー、お前、銀行を訴えたのか。どうかしてるんじゃないのか」

「どっちの質問から答えたらいいんだ、ジェームズ。最初の質問への答えは『イエス』だ。二つ目の答えは、『たぶんね』だな」

「真面目な話だぞ、茶化すなよ。お前、二度とこの街で働けなくなるって分かってるんだろうな」

「前にも聞いたよ。それにな、売春宿のバーテンダーが俺の友人でね。奴が仕事をくれるよ」

「おい、頼むぜ」。そしてジェームズは声を潜めた。「言っておくぞ、ブラッド。連中はカンカンだ」

「そりゃいい、それなら連中は金払うだろうよ」

「バカな。その前に死んじまうよ」

私は笑った。「そりゃ楽しい葬式になりそうだな」

彼が二日酔いかのように頭を振っているのが想像できた。正しいのは彼のほうだ。UBSのような何百億ドルもの規模を持つ世界の有力銀行、しかも世界最大の金融機関を訴え、そこからお金をふんだくれると思う者などいないだろう。私以外のだれも。

大企業を訴えるということは、裁判を永遠に続けられる弁護士の大隊と対峙する、ということである。大企業側は引き延ばし、訴訟延長の訴えを出し、私を終わりなき宣誓供述へと引き込み、そしてあらゆる動議に反対する。ポンセ博士もそのことを警告していたが、それこそが想定していたことであり、むしろ私はそうなることを望んでいたのだ。もし彼らが訴えることが私にできる最後のサプライズだと考えたならば、大間違いだ。攻撃の第三弾に移るときである。すべての巨大金融機関を懲らしめるときである。つまり、怒りに震える危険なホイッスルブロアー（内部告発者）となるのだ。

俺の尻尾を引っ張ってみろ、警笛が鳴るぞ。

西欧諸国のすべての大企業には、ホイッスルブロー（内部告発）に対する一連の指針がある。それは何か不適切なことを発見した従業員はその上司に内密のまま訴え出ることができ、職はそのまま確保され、企業が正道に立ち返って経営されることが保証されるもの、と思われるかもしれない。そうではないだろうか。しかし、一人の従業員が板挟みになり、ホイッスルブロー以外の選択肢がなくなった場合、だれもが首を縦に振り、こう言うのだ。「本当にありがとう」。しかし、その後、その者はのけ者となるのだ。それは額に反逆者（Traitor）の「T」の入れ墨を入れるのと同じである。ホイッスルブローをした者は、社内での立場が本質的に台無しになることを知っているのだ。だからこそ、そのような行動はパリで処女を見つけるくらい珍しいことなのである。たいていのホイッスルブロアーは何一つ報いを得ることがない。彼らは密告者のように扱われるのだ。つまり、恫喝され、脅かされ、報復され、そして追放されるのだ。彼らは職を失い、財政基盤を失い、家族は崩壊し、人生が台無しになるのだ。それゆえ、よほどの窮地に追い込まれないかぎり、だれもホイッスルブローはしないのである。

一方、私は大変に珍しい、有利な立場にあった。技術的には私はまだＵＢＳに雇われており、ガーデンリーブ中であるだけで、多額の給与を得ている。しかし、すでに退職の手続きは終わっている。それゆえ、彼らは私に何ができるのか。私のボーナスをなきものとするのか。彼らはすでにそこに手をつけたが、われわれはそのことについて裁判所で争っているのである。つまり、彼らは、失うものが何もない相手と戦っているのだ。バカげた話だが、ＵＢＳのピラミッドの上部には大物の金融マンがそろっているが、結束して知恵を働かせることができないのである。

そのなかの一人に、ピーター・キューラーという名の紳士がいる。彼はマネジングディレクターであり、全世界のＵＢＳの相談役でもある。彼は、ＵＢＳのインターナル・ホイッスルブローイング・ポリシーを考案した人物である。それぞれ一〇～一五ページほどの長文の資料が三つある。グループポリシー、コーポレートポリシー、そしてプライベートバンキングポリシーである。それらのポリシー資料には、不正を知らせ、その是正を求める手続きが注意深く列挙されている。三ページのメモとは異なり、これらの資料にはＵＢＳのロゴとレターヘッドが付され、すべてキューラー自身の署名がなされているのだ。

さて、このポリシーの電子データとハードコピーをだれが持っているかお分かりだろうか。私はキューラーに長文の手紙をしたため、ＵＢＳの従業員であり、株主であり、そして社内のホイッスルブロアーとしての権利を行使する旨を伝え、またその理由も事細かく説明した。彼がこのメッセージを受け取ったことを明確にするために、私は彼が書いたポリシー資料と、かの有名な三ページのコピーを添付した。さて、彼もまた人事部と同様に返事を寄越さないと思うかもしれないが、彼にはそれができないことを私は確信していた。この時点で、私はＵＢＳの取締役全員の住所を入手しており、その全員にキューラーに送った手紙と添付資料のコピーを送っておいたのだ。それも、配達証明付きの書留で、である。ところで、スイスの郵便制度は完璧である。ジュネーブ郊外にあるメーンの配送センターはＮＡＳＡ（米航空宇宙局）のロケット発射施設のようで、郵便職員たちは正確な配送を行うべく躍起になっているのだ。中傷の手紙を受け取っていないふりができる取締役などいないのである。

三日後、ドカーン。核爆弾が彼らに直撃したようだ。銀行内の友人たちは、自分たちのプライベートのアドレスからＥメールを寄越すようになった。

「ブラッド、今、銀行内がどうなっているか想像もつかないだろう」

「なんとなく分かるよ」

「連中はビビりまくってるぜ」

「そりゃいい。トイレットペーパーを送っておくよ」

その後、私はピーター・キューラーからEメールを受け取った。「バーケンフェルドさん。チューリッヒ本社の内部監査人二名が、明日、あなたと面会したいと言っております。ご都合はよろしいでしょうか」

「スケジュールは空っぽです」と返信する。

そして、私は湖をわたる歩道橋のたもとにある、ホテル・デス・ベルゲスでの昼食にポンセ博士を連れ出した。われわれは、イアン・フレミングが一年間ジュネーブで勉強していたときに入り浸っていたバーでロブスターのリゾットを食べた。陰謀に関する会話をするには最適な場所である。こげ茶色の栃の木の壁に、ロイヤルブルーの錦織の椅子、ふかふかのペルシャ絨毯に、離れたところに立つ控えめなウエーターたち。

「博士、聞いてください。このバカどもは、私をだまし、譲歩させ、すべてをなかったことにしたようです」と私は言った。

「そうはならないよ、ブラッドレー」とポンセは言う。「なぜなら、僕が同行する。われわれは法的手続きの最中なのだ。『早打ち名人』を連れずに行ってはいけない。君たちアメリカ人が大好きな西部劇に出てくるようなね」

「『許されざる者』みたいな、ですね」と私はほほ笑んだ。

「その映画は見たことないが、題名はふさわしいようだね」

次の朝、ポンセ博士と私はモニカ・ボッシュとユルグに会ったときと同じ、UBSの本社ビルを訪れた。そのときまでには、私の顔も名前も、UBSの警備デスクではある種のBOLO（Be On the LockOut「監視対象」）として照会されていたので、われわれは、目的の階まで用心深くエスコートされ、殺風景な小さな会議室に通された。なかに入ると、チューリッヒから来た二人の内部監査人がテーブルの向こう側に立っていた。ムッシュ・シュミットとデコルトンである。二人は『メン・イン・ブラック』から飛び出した細身の双子のように見えた。ポンセ博士は名刺を取り出し、テーブルの上に置く。彼らの目が輝いた。

「君の弁護士がここで何をするつもりだね、バーケンフェルドさん」。片割れが尋ねる。

私が答える前に、ポンセは私を脇へ追いやると、はっきりと言い返した。「第一に、バーケンフェルドさんはこの会社を信用していません。二つ目に、彼はあなた方のどちらをも信用していません。それゆえに、あなた方が私がここにいることに反対意見があるなら、われわれは今すぐ、この場をあとにします」

「いやいや、そうじゃありません。われわれもチューリッヒに報告する義務がありますから」ともう片方が手を振った。

「それなら、黙って座ったらどうだね」とポンセはやり返す。「さぁ、さっさと片づけましょう」

終始、ボクシングの試合のようであった。私は自分が行ってきたすべて、そうした理由について繰り返し述べたが、この二人のピエロは言を左右にして逃げ回るだけであった。ポンセ博士にはすでに私の計画を伝えてあったので、彼はそれほど割り込むことはせず、私の耳元でささやくばかりであった。私は、この二人にある程度正確な情報と、いくつかの作り話を提供しようとしたのだ。というのも、この面会のあと、私は銀行内にいる友人を「バックドア」として使おうと考えていた。もし彼らが真剣に内部調査を行うのであれば、私が書き記した主張のすべてについて詳しく調べることであろう。もしそのつもりがないのであれば、私の想像どおり、すべてはつまらない見世物に終わるのだ。

一時間後、彼らはノートをブリーフケースにしまった。

「われわれは徹底的な調査を行うつもりです」。一人が約束し、もう一人がうなずく。

「ぜひそうしてください、お二方。お楽しみくださいね」と私は言った。

さて、また私が正しかった。ピーター・キューラーは全面的な、公式の内部監査を約束した。それにはおよそ一カ月を要したが、彼と彼の部下たちはすべてのスキャンダルを隠蔽したのだ。ジュネーブの米州デスクには三〇人余りの社員がいたが、彼らが簡単な面接を行ったのはたった一二人である。今でも同様の新規資金の獲得活動を目いっぱい行っているチューリッヒにおいては、だれとも話をしていないのだ。私が行った「創造的な」告発については何一つ言及されることはなかった。私のバックドア諜報はうまくいきすぎて、時に自分の見立ての正しさが嫌になったほどだ。

やっとキューラーからEメールが届いた。文中、彼は熱した石炭のベッドのうえで踊るバレリーナのように跳ねまわっていた。

「徹底的な調査を行った結果、貴職の懸念はすべて解消されたことをお知らせ致します。過去に小さな過ちがいくつかあったことは明らかでありますが、時間の経過とともに、もはや意味を為さなくなった過去のEメールや会話を貴職が誤解していることは理解できます……」

かくかくしかじか。彼は、みんなの靴にこびりついたスイスの牛の糞については一言も言及しなかった。私は激怒した。私を裏切り者の危険人物のように扱うつもりか。よろしい。だが、ウソつきとは言っていまい。火遊びをしているのを分かっているのか。彼の手紙には落ちがついていたが、それが主目的であることが分かった。

「さて、調査が終了致しましたので、貴職のボーナスについて解決を図りたいと存じます。ご都合のよろしいときにご返信ください」

この手紙をポンセ博士にファクスした。彼はピーター・キューラーに直接電話を掛けた。
「バーケンフェルドさんと和解したいということですね。われわれは受け入れるつもりです。あなたは彼に六〇万スイス・フランの支払い義務があります。その金額の小切手を彼に渡してください。そうすれば、解決です」とポンセは言った。

ドカーン。大砲の一斉射撃である。ＵＢＳの法務部は怒り狂い、彼らの弁護団は予審のために裁判所に駆け込み、飛び回り、怒り狂い、「ファール」と叫んだが、ポンセと私は座ってあくびをしていた。しかし、裁判官は彼らの意見を受け入れず、穏便に解決するか、危険を冒してまでも本格的な裁判を行うかだとした。そうなれば、マスコミの悪評を招く恐れがあるわけだ。私は家に帰り、改めて待った。ジェームズ・ウッズが電話をかけてきたので、われわれはラクレマンスに飲みに出かけた。そこは旧市街にあるお洒落なカフェバーで、緑色の大きなひさしがあり、生ビールを出すのだ。

「デスクで何が起きてるか分かるか。お前の名前は、まるでオサマ・ビン・ラディンの話でもしてるかのように連中の口をついて出てるよ」と、彼はセントアンドリュースのエールをガブガブ飲みながら言う。

「そりゃ面白いな、ジェームズ。だって、連中はやつのお金を預かってるんだろ」

「さすがにそりゃないだろう、ブラッド。でも、連中はお前の顔が書かれたダーツの的を特注で作らせるかもしれないね。こんなことするなんて、お前も肝っ玉がデカいよ」

「だって、男子たるもの、それ以外ないだろ」

ＵＢＳは、哀れみの解決を試みたが、それはバカげた戦略ミスである。彼らはポンセ博士に電話をかけ、一〇万スイス・フランにしたいと言って寄越したのだ。連中が支払う義務のある六分の一である。私は激怒したが、ポンセは大爆笑するだろうと思った。

「では、裁判でお会いしましょう」。彼は電話ごしに怒鳴りつけた。

しかし、裁判の日が近づくにつれ、UBS本社のだれもが自分たちは敗訴することが分かってきた。雇用に関するスイスの法律や規制はまったく融通の利かないもので、裁判官は改めて支払いを命じるであろうことに気づいたのだ。このときこそは、スイスの「堅物」ぶりをありがたく思ったものだ。あの裁判官はけっして意見を変えることはないであろう。それゆえ、裁判の前日になってチューリッヒ本社はジュネーブのボヴァイに電話をかけて伝えたのだろう。「クリスチャン、やつに金を払ってやれ」

さて、事実そうなった。われわれはみんな、法廷の外に集まった。そこには一流の弁護士事務所レンズ・アンド・ステヘリンからUBSの主任弁護人が来ていたが、彼はとんだ災難に巻き込まれたとばかりに、ぼそぼそと申し出てきた。

「バーケンフェルドさん、明日の朝一番で、あなたに五七万五〇〇〇スイス・フランを送金する手はずとなっております。それで同意されますか」

私はテーブルを回り、彼の肩を叩いてほほ笑みかけた。

「よろしいでしょう」と私は言った。そしてナイフをさらに深く突き刺すべく、付け加えたのだ。「もちろん、オフショア払いですよね」
彼は鉛筆を折り、真っ赤になった。てっきり心臓発作でも起こしたのかと思った。ポンセ博士が私の肘をつかみ、その場から連れ出した。われわれは地元のバーに向かい、われわれの歴史的勝利をシャンパンでお祝いした。私は、世界最大の銀行を、彼らの裏庭で訴え、そして勝ったのだ。

その後の一〇日間はパーティーに次ぐパーティーであった。最終的に私は、地上で最強の銀行のひとつを、連中の不公平とも言えるトランプゲームで打ち負かし、凱旋帰宅したのである。イアン・フレミングが行きつけのもう一つの場所、プッシーキャットクラブはオーヴィヴの私の部屋から高台を上がったところの角にある。私は数年ごしのおなじみで、ロシア人やウクライナ人のダンサーたちは私に会うのを楽しみにしていた。特に今は、割高なシャンパンを何本も空け、ナターシャとスベトラーナという名の美しいブロンドの女性二人にかしずかれているのだ。しかし、あっという間にさめてしまった。私は生まれて

初めて、夜寝つけなくなってしまったのだ。

五〇万ドル以上のお金が突然舞い込んで来れば、気が楽になるものと思われるかもしれないが、私はすでにたくさんのお金を持っていたし、ボーナスを勝ち取ったとしてもさして影響はない。ある朝、午前四時にやっと寝ついたあと、七時に動き始めたトラムの音に私は目を覚まし、ベッドに座っていた。ベッドのシーツはしわくちゃで、暖炉の火はまだくすぶり、空のシャンパンボトルは氷の解けたバケットに横たわっている。浴室の鏡には、口紅で描かれた大きなキスマークがあった。昨夜のことは何も覚えていないが、ひとつだけたしかなことがある。UBSに勝ったわけではない。

そのとき、私は何も勝ち取っていないことに気づいた。勝ったのはUBSだ。不正に満ちたスイス銀行という怪物が勝ったのだ。私はそこで一〇年にわたり働き、彼らのために大金を稼ぎ、北米での金集めゲームを上品な美術品の域にまで高めたのである。それにもかかわらず、連中は誠実さのひとかけらも、後悔の気配すらもなく、私や同僚、そして株主たちをペテンにかけようとしているのだ。私が現行犯で捕まえたあとですら、連中はウソをつき、悪だくみをし、私にもう一度復讐しようとしたのである。連中は私のボーナスを巡って叫び、文句を言い、戦ったのはたしかであるが、そのすべてはまやかしである。六

○万ドルはどうか。そんなもの、UBSにとっては昼食代にもならないのだ。連中は、品良くわびを入れ、私のボーナスを倍にし、新しい車を買ってよこし、送別会を開くことだってできたはずだ。その費用など彼らにとってはさしたるものではないのだ。連中がそのようなジェスチャーだけも取れば、私もおとなしく引き下がっただろう。

しかし、そうではなかった。裏切りの嫌な味はもう口には残ってはいなかった。私の銀行口座にもたくさんお金が入っている。やりたいことなら何でもできた。自身のプライベートエクイティの事業を始めることもできたし、ヨーロッパをブラブラすることも、アメリカに帰って家族や友人を訪ねることもできた。しかし、腐ったリンゴの芯のようにすべてが気に食わないのだ。連中は、機略に富む私が何をしようとしているのか疑ってみているることであろう。連中は負債を払い終え、汚い商売を続け、一方で私はアメリカの間抜けなロデオクラウンのように夕日の中へと去っていく、と思っているかもしれない。それは間違いだ。私はまるで納得していない。重税に苦しむあまりに多くの一般市民がスイス全体のペテンによって傷ついてきたのであり、私自身、そのキャリアを通じてトップクラスのイネイブラーであったのだ。そして、UBSのろくでなしどもが他国の法律や私のように犠牲を払う者たちを一顧だにせず、世界中の金持ち連中の隠れ蓑になり続けているということに激しい怒りを覚えるのだ。そのすべてに終止符を打つ何らかの方法があってしかるべきだ。

私は、渦巻く葛藤をジュネーブの友人に話すことはできなかった。彼らはみんな私と同じようなバンカーであり、匿名性と秘密保持をうたうスイスの規制に足かせをはめられているのだ。しかし、信頼に足る親友が一人いる。サンジャイ・クマールである。彼は物静かなプロフェッショナルで、インド生まれスイス育ちの信託の専門家である。われわれはいくつかの取引をしたことがあるが、顧客を共有することはなかった。彼は気品にあふれ、背が高く痩身で、幸せな家庭を持ち、七月のレマン湖のように物静かであった。彼の「微罪」を挙げるなら美術品とクラシックカーくらいのものである。「トラスト」が彼の名刺代わりである。

私は彼との夕食に、旧市街にあるラファヴォラを押さえた。現金しか受け付けない小さなイタリアンレストランである。平日の夜だったので、店内はわれわれとウエーターだけであり、一〇脚あるテーブルにはきれいな亜麻布のうえに、銀食器が輝いている。店内はアンティークの木枠で飾られていた。私はアラビアータのパスタをフォークでかき混ぜながら言った。

「このまま放ってはおけないよ、サンジャイ」

「でも、勝っただろう、ブラッド」。インド訛りの英語で彼は言う。「見事なものだったと聞いてるよ」。サンジャイは見事という言葉を控えめに口にした。

「僕が勝ち取ったのはお金だけだよ。もっと勝たなきゃいけないと思う」

「もっと、ってどういう意味」

「アメリカさ」

彼は食べるのをやめ、椅子に深く座ると、ピノノワールをすすった。「なぁ、友よ。スイスで起訴されるだけじゃすまないぞ。それ以上のリスクがあるって分かってるのか。人生をリスクにさらすかもしれないんだぞ」

「アメリカ政府の保護が得られれば大丈夫さ」

サンジャイは肩をすくめた。「いずれにせよ、ブラッド。君が決めたことなら僕は何でもサポートするよ」

「分かってるさ、だから今夜のディナーだよ」とほほ笑みながら言った。

彼も笑い返した。「それじゃ、勘定は君持ちだね」

われわれは別れ、私は家路についた。ダビドフの葉巻屋の輝く窓を通り過ぎ、アウアーのチョコレート店を抜け、滑らかな革製品を扱うバリーの店に差し掛かる。かつて自分がそれらのものに夢中になっていたことを思い出す。しかし、今となってはすべてが意味を成さなくなった。クマールとの会話は、精神科医とのそれと同じように秘められたものだった。だが、もはや必要はない。私は自分がなすべきことは分かっていたし、自分の戦略は成功すると確信していたのだ。

自分がしてきたことを思い返す時間はたっぷりとあったが、そのどれも喜ばしいものではなかった。アメリカの納税者がやりくりに躍起になっている一方で、金持ちはより金持ちになり、お金を隠し、ＩＲＳ（米内国歳入庁）をだましている。世界中で同じことが行われているが、それを可能にしている海賊銀行がスイスである。私はアメリカ政府に持ち込むことにした。ＩＲＳや財務省は、私のような人間でなければ明らかにできない秘密に心奪われ、自分たちのような強力な法の執行機関のみが、スイス銀行界という瀕死の城を打ち倒せることに夢中になるだろうと確信していた。彼らは大喜びするかもしれない。だが、暴露することで大きな報酬を得ようなどとは頭によぎりもしなかった。それに、その時点ではホイッスルブロアー法のようなものは存在しなかったのだ。

しかし、私は笑顔と秘密の束だけを持ってワシントンＤＣに現れるつもりはなかった。私はいまだスイスの住民であるし、合衆国のだれかが私に召喚状を出さないかぎりは、名乗りを上げることすらできないのだ。私は注意深く歩を進めなければならなかった。

部屋に戻り、コンピューターに向かって座ると、高価な時計に目をやった。アメリカよりは六時間早いので、ワシントンはまだ就業時間中である。アメリカ当局にホイッスルブローするつもりならば、強力な弁護団に支援してもらわなければならないことは分かっていた。政府がもろ手を挙げて出迎えてくれるなどという幻想は抱いていない。彼らが私を共謀者だとみなしたり、口論になる可能性もある。そうなれば、私が危機に陥ることになる。私は丸腰ではなく武装することにした。ただ、武器は金のモンブラン製のペンだけである。

私はネットサーフィンをしながら、既知の大手事務所の名前を拾い上げた。ウィリアムス・アンド・コノリーLLP、ホーガン・ロベルスLLP、アーノルド・アンド・ポーターLLP、コビントン・アンド・バーリングLLP。これらはすべて、金融と税法の専門家を抱える訴訟弁護士事務所として上位にランキングされている。私は、詳細を明らかにしすぎずに問題を提示する方法を考えた。そして、ウィリアムス・アンド・コノリーに電話をかけ、脱税を暴露しようとしている顧客の代理を務めるに最良の弁護士を出すようお願いする。すると、パートナーの一人が電話に出た。

「匿名で失礼します」と私は言った。「ひとまずは、ジョン・スミスということにさせてください」

「分かりました、スミスさん」

「私は、現在スイスに住んでいるアメリカ国民です。今、スイスの銀行に関連する問題で代理人を探しています」

「分かりました。ところで、どの銀行になりますか、スミスさん」

「ＵＢＳ　ＡＧです」

「むぅ」。彼はしばらく黙りこくり、書類か何かがガタガタ鳴る音が聞こえた。「それは問題がありますね」

「どのような問題ですか」

「ＵＢＳアメリカは当事務所と契約しているんです。そのため、利益相反になります。大変申し訳ありませんが、別の事務所を当たってみてください。幸運をお祈りいたします」

電話を切った。ふざけんな、「バカ野郎」と、私は叫んだ。「自分の正体をばらしちまったじゃないか。電話を取った奴は、ＵＢＳに電話をかけ、お前を見つけだし、反対にホイッスルを吹くかもしれないじゃないか」。それからゆっくりと考えた。UBSがウィリアムス・アンド・コノリーを雇っているというのは、連中がみんな飲み仲間であるということではない。銀行は彼らを隠し持っているということである。

その後、私は注意深く、残りの法律事務所がだれと契約しているかを探り始めた。案の定、すべての大手事務所はUBSと契約していたのである。あのスイスのバカ野郎どもは賢い。いつか私のようなだれかが戦いを挑んでくることに備えて、お金をまいて、ワシントンの大手法律事務所のすべてを押さえてあるのだ。私の最後の駒は、エリック・ホルダーがパートナーを務めるコビントン・アンド・バーリングである。彼がビル・クリントン政権下での司法副長官であり、クリントン政権の最終日に、スイスはツークに住む億万長者の石油王マーク・リッチに対する異例の恩赦を承認した人物であることは知っていた。世界的なメガファイナンスの裏表を知り尽くしたような人物こそが私の主張を取り上げるにふさわしいかもしれない。そこで私はコビントンの顧客リストに目を通した。ちきしょう、UBSかよ。

一流どころ相手ではすべて三振だった。これは容易ではなさそうだ。その後、私はワシントンのスキャデン・アープスの伝説的な弁護士のボブ・ベネットに会ったことがあることを思い出した。ベネットはイラン・コントラ事件のキャスパー・ワインバーガー国防長官やモニカ・ルインスキー問題でのビル・クリントンの代理人を務めた人物だ。この男は名実ともに大物で、彼の個人的な電話番号は私のブラックリストに載っているのだ。彼に電話をかけたが、今回は詳細は避け、ただ単に腕っぷしの強い弁護士を探しているとだけ伝えた。

「うちは高いぞ、ブラッド」と彼は警告する。

「今、偶然にも懐が温かいんですよ」

彼は笑った。「それなら、何で事務所に来ないんだ。アメリカにいるんだろ」

「今は海外なんです。ただ、数日前にご連絡いただければ伺えますよ」

「では、秘書に繋いでおくよ。おしゃべりできてうれしいよ」

良い兆しだ。ボブ・ベネット。大物だ。私は旅行会社に電話をかけ、荷物をまとめたが、掃除婦のおばちゃん以外には行き先を伝えなかった。

二〇〇六年春。レーガン国際空港に降り立ったときには、桜の花はすでに散り、ワシントンの公園の池を真っ赤なフラミンゴの羽のように覆っていた。五月一日が過ぎ、ガーデンリーブが終了したので、私はもはやUBSの社員ではなくなった。もう契約に縛られることもなく、会社に対する忠誠心もとうの昔に消え失せていた。これまでアメリカに来るときには、ボストンに立ち寄り、家族に会うことを常としていたが、今回は訪米することを兄のダグにも伝えなかった。私にとって大切な人たちは、何も知らないのであるから供述を迫られることもないのだ。しばらくの間、すべてを分けておいたのだ。フォーシーズンズにチェックインする。自分のお金で泊まるのは初めてだ。

スキャデン・アーブス・スレート・マアー・アンド・フロームLLPは世界の主要都市にオフィスを構えている。私がボブ・ベネットと会う約束となっているのは、二番目に大きい居留地で、首都のニューヨークアベニューNWにあり、ブロックの半分を占める古い美しい建物にある。アメリカ財務省を見下ろす位置にあるのは皮肉なことである。われわれはともに弁護士と依頼人との間の秘匿義務については知り尽くしている。公式には、まだ彼を雇っているわけではないが、私が話すことはすべて事務所内にとどめられるのだ。それでもなお、私は用心した。のちにそれがさほど問題ではないことが明らかとなる。私の訴訟がＵＢＳに真っ向からぶつかることであることを話すと、すぐに彼は大きな革製の椅子にもたれかかった。

「そりゃ、ゲームチェンジャーだね、ブラッド。君は、喜ばざる顧客との対立を裁判所に持ち込みたいというわけだ」

「ボブ、まさか、連中はあなたの顧客ではないですよね」

「彼らはみんなの顧客だよ」。彼は肩をすくめて、サスペンダーをつまんだ。「そりゃ、大手の金融機関ならどこでもやってることさ。不思議の国に大きな利害があって、ロビーイストを雇っていればなおさらね。彼らは全員と契約している。いわば、裁判保険を買っているわけだ」

「分かります。連中はまだあなたには手をつけていないと思っていました」。深いため息をついた。

「そんなふうに言うつもりもないが、要するに……」

「分かりました。では、だれか私が頼れる人はいますか。頼りになる腕っこきの弁護士が必要なのですが」

ベネットは彼のローロデックスをひっかき回し、一枚のカードを取り出した。「この人たちに当たってみたらどうかな。良い男だよ。彼らは司法省の代理人を務めていた人物だ。どうも君はそっちのほうに狙いがあるように感じるから、コツを知ってる人間が必要だろう。僕から電話しよう」

彼が電話をかけ、翌日、私は、セブンスストリートNWにある小さな建物に向かった。そこで、ポール・ヘクターとリック・モランは、自らが共同設立者となった小さな法律事務所を開業していた。ヘクター・アンド・モランLLPは私が期待していたような大手事務所とはまったく異なるものであったが、ベネットは、彼らは何の利益相反もなく、企業の内部監査や官庁による取り締まり、ホワイトカラー犯罪の弁護で高い評価を得ていると太鼓判を押した。最後に挙げられた特徴は、私自身が必要となることがないことを望むものである。

ベネットのような大物の紹介とあって、ヘクターとモランは質素なシェアオフィスで私を温かく迎えてくれた。二人はまるで兄弟のようであった。二人とも四〇代で、黒髪を短く刈り込み、ひげもきれいにそり上げている。白いボタンダウンのシャツに、細身のネクタイ、細身のスーツといういで立ちだ。『マッド・メン』が連邦検事を取り上げたら、彼らがそのまま演者になれそうだ。

「さて、バーケンフェルドさん、あなたの事件の要点はどのようなものですか」と、モランがみんなにコーヒーを注ぐ間にヘクターが口を開いた。

「ブラッドで結構ですよ。私は国際的な諜略の内部情報を持っています。私がそれをアメリカ政府に持ち込むにあたってあなた方に代理人として助けていただきたいのです」

彼らは互いを見合わせ、黄色の法律用箋を取り出し、ペンをクリックした。

「どのような国際的諜略ですか」と、モランが尋ねる。

私は彼らの両袖机から椅子を引いて、膝の上で指を組んだ。

「私はスイスのジュネーブに居住するアメリカ国民です。過去一〇年間、私はかの地でプライベートバンカーとして働いてきました。最後の四年間はＵＢＳ　ＡＧ、ユニオン・バンク・オブ・スイスという名の銀行で働き、そこを退職してきたばかりです。ＵＢＳでの在任中、私はディレクターであり、米州デスクの事業開発の長を務めておりました。私の仕事は訪米し、裕福なアメリカ人の顧客を勧誘し、彼らの富の大部分をスイスの秘密ナンバーアカウントに移すことです」

ヘクターとモランは狂ったようにメモを取り、私を見上げると、うなずき、先を促した。

「そうすることの目的は、それらアメリカの国民が資金を隠し、課税を逃れ、配偶者やビジネスパートナーをだまし、実質的にアメリカ政府の資金をだまし取ることにあります。私個人のポートフォリオだけでも、北米の三〇人を含めたおよそ一五〇人の顧客があり、そこから多額の報酬を得ておりました。私がいたUBSのジュネーブ支店では、そのような口座がおよそ七〇〇〇ありました。スイスでオフショアのプライベートバンキング事業を行っているUBSの支店三つを合わせますと、およそ一万九〇〇〇のアメリカ人の顧客がいます」と一息ついて、効果を持たせる。「UBSはこの活動を推奨しています。実際に、彼らは秘密の勧誘方法だけでなく、アメリカの連邦当局をペテンにかける方法もわれわれ全員に教育しています。その四年の間、私はそれに従ってきましたが、今は心変わり致しました。スイスはこのような詐欺を過去一〇〇年あまりにわたって行っており、麻薬王や独裁者やマフィアや政治家や映画スターや昔ながらの脱税者の富を隠しているのです。UBSはその巨大なピラミッドの頂点にある会社で、偶然にも私はすべてのファラオが埋葬されている場所を知ってしまったのです」

パートナーたちは書くのをやめ、自分たちのオフィスに空飛ぶ円盤から降りてきたエイリアンか何かのように私を見つめている。

「だれかがホイッスルを吹くべきときかと思っています。今こそだれかがあの連中をひざまずかせるときだと思っています。そうではありませんか」と私は言った。
彼らに笑いかけた。彼らは椅子から落っこちてしまうのではないかと思った。

その後数日間、私はワシントンをブラブラしていたが、ほとんどの時間はヘクター・アンド・モランのオフィスで過ごした。私はおとなしくしていたのだ。世界中に知り合いがいるので、顧客やコンサルタント、バンカーにばったり出会い、法律事務所に入るのを見とがめられ、「ブラッド、ロビーの街で何しようっていうんだ」と声をかけられる可能性は低くないのだ。いずれにせよ、パーティーをしに来たわけではないし、なすべきことはたくさんあった。

ヘクターとモランに詳細を説明するのに丸二日かかった。われわれは代理人契約に署名した。そのなかで厳格な守秘義務も定めているので、私は何も隠し立てしなかった。彼らは終日、速記者のようにメモを書き続けていたので、頭はクラクラし、指にはマメができていたことであろう。私がウソ偽りのない話をしたので彼らは喜んだ。ＵＢＳがどのようにわれわれをけしかけて新規資金を獲得させようとしたか。われわれはまるでローマのガレオン船のこぎ手のようだったのだ。また、どのようにして銀行は、われわれにウソをつき、だますこと、もっとかわいい言い方をするなら盗むことを教えたのか。私は彼らに顧客の名前と口座残高も教えたが、それには彼らも目を丸くした。イゴール・オレニコフ、セレブリティたち、大物企業家、アブドゥル・アジス・アッバス（サダム・フセインと直接関係を持つ怪しい人物である）、ポルノスター、著名な医師、オサマ・ビン・ラディンの異母兄弟のひとり、といった具合である。また、私は自分の主張を裏づける大量の資料を持っていったが、私がアメリカ国内での免責と、スイスからの訴追に対する保護を獲得しないかぎりは、それらをアメリカの役人に公開してはいけないことを明確にしておいた。

最後のやり取りが終わると、ヘクターがモランを見て、私に戦術計画を伝えた。

「ブラッド。われわれは本件を司法省に持ち込むことにしました」

「良いでしょう。ただ、その根拠を教えてください」と私は言った。

「ええ、われわれは二人とも連邦の検察官でした。それゆえ、共通の言葉で会話ができますし、どのような仕組みになっているかも承知しています」とモランが答える。

「それが正しい行動だということですね。ＩＲＳやＳＥＣ（米証券取引委員会）ではなく」と私は尋ねる。

「そのとおりです」とヘクターが答える。「われわれは五ページもの主意書にあなたの事案をまとめます。そこではあなたの名前も住まいもまったく特定されないようにします。あなたは『石油トレーダーのジョン・フォーチュン』ということにします。単純に追跡を避けるためだけのことです。弁論主意書では、あなたがスイスのプライベートバンクに対してホイッスルを吹く準備があること、またあなたがアメリカの脱税者のリストとその補足資料を持っていることと記します」

「大丈夫そうですね。私の免責と召喚状を当局から取得してください。そうしたら、私は本当の秘密を漏らす準備ができます」と私は言った。

「取得しましょう。ご心配なく。司法省にはたくさんの友人がおります。昔働いていたんですからね」とヘクターは答える。

そして、われわれは握手をし、私は荷物をまとめてジュネーブに戻った。その後の数カ月間、私は、ヘクター・アンド・モランが司法省とやり取りするうえで役に立つさらなる補強証拠を集めた。八月、彼らに再び会うためにワシントンを訪れ、またスイスに帰国した。私はすべてをかなり楽観視していた。結局は、ボブ・ベネットが彼ら二人は如才なく、優秀で、どれほど困難なことでも成し遂げると太鼓判を押したことが大きい。

彼らが私の人生を変えてしまうような戦略上の大失態を犯すことになるとは思いも寄らなかった。

ヘクター・アンド・モランの準備が整うまでにさらに四カ月を要した。ジュネーブに戻った私は、長い間知らせを待っていた。二〇〇七年の元旦が過ぎ、彼らはやっと司法省に電話をかけ、最初の釣り針を投げ込んだのである。

運が悪いときはこういうもので、最初にかかった魚はケビン・ダウニングという名の卑劣な男で、司法省税務課の上席検事のひとりである。ダウニングは、巨大会計事務所であるKPMG LLP（全世界で一六万二〇〇〇人の従業員がいる）に対するアメリカ史上最大の脱税事件の訴訟中であったので、彼の機嫌が悪かったのは明らかである。KPMGは最も裕福な顧客たちが二五億ドルの課税を逃れることを助けるために、不正なタックスシェルターを構築したかどで告発されていたのだ。聞き覚えがあるだろうか。さて、司法省は二〇〇五年に勝訴していたが、現在は控訴中であり、当局はかなり不利な状況にあったのだ。ＫＰＭＧの弁護はだれが行っているのであろうか。スキャデン・アーブスだ。そう、私を迎え入れるに司法省は最良の状態にあると判断した弁護士たちを紹介したスキャデン・アーブスのボブ・ベネットこそが、目下、政府にとって最悪の敵だったのだ。

ヘクター・アンド・モランは、ケビン・ダウニングと副検事のカレン・Ｅ・ケリーとの司法省での面会を手配した。ダウニングは、彼らが作った「石油トレーダーのジョン・フォーチュン」書類をざっと読むと、会議机の上に放った。

彼はあざ笑った。「こんなおとぎ話じゃダメだね。だれだね、この男は」

「それはまだ言えません。彼はある保証を必要としています」とヘクターが答える。

「証拠を見せろ、そしたらまた話をしよう」

ヘクターとモランが電話をかけてきて、彼らのオフィスに置いてきた補助資料のいくつかをダウニングに見せてよいかと尋ねてきた。

「もちろん。ただし、ＵＢＳや顧客の名前を示す点、また私の身元については確実に編集してくださいね」と私は答えた。

「もちろん、そうします」

二〇〇七年、ジュネーブの風にも春を感じられるようになったころ、私の代理人たちは二度目の面会の準備をしていた。その前に、彼らはカレン・ケリーにウォーミングアップのメールを送っている。「お伝えしましたとおり、本件は一生に一度の事案です」

「私が求めているのはそれです。もう一つの一生に一度の事案です」と彼女はやり返す。

まずいな。彼らが冷たいもてなしを受けたと聞いたとき、私は彼らが間違いを犯したのではないかと思い始めていた。彼らは見当違いなことをしたのかもしれない。彼らはIRSに直行すべきであったのかもしれない。そうすれば、私は秘密情報提供者として保護されたことであろう。二〇〇六年一二月の時点で、IRSはホイッスルブロアーに報奨を与える制度を作っていた。これは南北戦争中に法律違反の常習者を根絶すべくアブラハム・リンカーンが導入したもの以来、最大規模のものであった。「とはいえ、ボブ・ベネットが推薦した連中なんだから、大丈夫だろう」と私は考えていた。

ダウニングとケリーは私の資料にざっと目を通した。そこには顧客リストが含まれており、名前は編集されていたが、課税を逃れた巨額の資金はそのまま記されていた。また、全米での狩猟採集に関するUBSのメモも編集されたものが含まれていた。しかし、それでは不十分だったのだ。

「これが世界最大の脱税事案となる可能性があると言いたいのかね」とダウニングはあざけった。「それに、持ってる資料はこれがすべてかね。ちゃんとした書類を持って来なさい。そうしたら話をしましょう」

ヘクターとモランは、ダウニングがわれわれの申し立てを拒否できなくなるような十分な資料を私に求めてきた。私はすでに友人と、ある大きなプライベートエクイティのプロジェクトに取り掛かっていたのだが、それらは後回しにして有用な情報の収集を始めた。選び、写し、編集し、あの連中をぶちのめせる点を強調した。今回は、銀行の名前も明らかにした。しかし、それらの資料をフェデックスで送付する気にはなれなかった。スイスはすでに疑っており、私の郵便物を横取りしないとだれが言えようか。そこで、私は再び飛行機に乗って、陽動作戦にボストン経由でワシントンに飛んで、ヘクター・アンド・モランに直接提出したのだ。そして、彼らにホームランを打ってもらわないと困ると伝えた。

私はジュネーブに戻る。ヘクター・アンド・モランは再び司法省を訪れる。ケビン・ダウニングとカレン・ケリーは証拠が詰まった大きなポートフォリオを受け取り、私の弁護士に告げた。「電話はしてくるな、こちらから連絡する」

晩春となった。初めてワシントンを訪れて以来、丸一年が過ぎたことになる。私はストレス発散に、フィリピンでマウロと一週間を過ごすことにした。いつもどおり、彼のヘリコプターで飛び回り、女の子を追いかけ回して楽しい時を過ごし、私もかなり前向きになった。ヘクター・アンド・モランが司法省に提出したものがあれば、彼らももはや私を拒絶することはできないだろう。

「われわれは、匿名の密告者に対してはいかなる召喚状も発行するつもりはない」。メーデー直後、ダウニングはヘクターに電話をかけてきた。飛行機が墜落してパイロットが焼死しそうになっているときに叫んだことであるなら、さもありなんと思えたであろう。

「では、刑事免責についてはいかがですか」とヘクターが尋ねる。

「何も約束はできません。私がこの男と直接会うまでは、彼には何も与えられない」

二人の代理人が電話を寄越し、経過を報告してきたときには、彼らはすべての翼をもぎ取られたかのような声だった。

「この連中は何が欲しいんだ、血液検査か、それとも尿のサンプルか」。私は腹が立った。

私は改めて連絡すると伝え、じっくりと考えてみた。実際に一カ月もの間、考えていた。一度始めたら後戻りはできないことだと分かっていた。五月下旬、私は決心した。そうだ。ついに出番だ。しかも、全力で。その時点では、このまま放っておくほうがよほど楽であった。ヨーロッパのお菓子の国にある美しい借り家に住まい、お金を稼ぎ続け、ＵＢＳを締め上げることは忘れ、すべては甘酸っぱい体験だったと片づけてしまう。しかし、すでに述べたとおり、私はそのようにはできていない。出る杭を求めるハンマーなのだ。

「私が行きます。防弾チョッキを出しておいてください」とヘクター・アンド・モランに電話で伝えた。

ＵＢＳのデータが入ったすべてのディスクと資料を荷物にまとめる直前、私は保険をかけることを思いついた。司法省に足を踏み入れた瞬間から、私は二度と戻ることのできないブラックホールに入ることは分かっていた。しかし、私の話はすでに何らかの形で出回り、スイスの秘密銀行に関する衝撃的な暴露が新聞紙上で怒りをもって伝えられれば、私を証人保護プログラムのなかに押し込めておくのはより難しくなるだろう。それは私のライフスタイルにはまったく合わないのだ。

アメリカの連邦当局に近寄る前に、彼らの関心を呼び覚まし、私を拒否できないようにしておかなければならない。彼らが私の話を聞けば、私をアメリカの愛国者、生けるポール・リビアとして歓迎するはずである。

私は何年間もフィナンシャル・タイムズを購読しているが、そこには何物にも左右されない調査報道のジャーナリストがいる。ヘーグ・シモニアンという保守系の記者で、いかがわしい金融界のなかで高い尊敬を集める専門家である。私はコートを着て、降りしきる雨のなか、オーヴィヴの街をトラムのスイッチングが行われるサークルまで歩いていった。そこには、カフェの外側に公衆電話のボックスがあるのだ。私はテレフォンカードを差し込み、フィナンシャル・タイムズに電話をかける。シモニアンが電話に出た。

「もしもし、どちら様ですか。ご用件は」

「ミスター・シモニアン。失礼ながら、『タランチュラ』と名乗らせていただきます。私は、あなたの心を奪い、かつスイス銀行の秘密保持を永遠に終わらせる話を持っております」と私は言った。

雨が帽子と肩を濡らすなか、私はそこに立っていた。二〇分間に及ぶ速射砲によって、彼は職業人生で最大の場外満塁ホームランとなるスクープを手にしたことになる。彼がマシンガンのようにキーボードを叩いているのが聞こえた。

弁護士と話をしたときと同じように、シモニアンもほとんど椅子からずり落ちそうになっていたに違いない。

第8章　メキシコで仕組まれたワナ

「世界は危険な場所である。それは悪事を働く人々によってではない。傍観して、何もしない人々によってである」――アルベルト・アインシュタイン（ドイツ人物理学者）

このスイスの匿名のプライベートバンカーは、ワシントンDCの司法省ですでに大問題となっていた。

司法省税務課の上席検事であるケビン・ダウニングは、本件を上司に報告したが、彼らはけっして喜ばなかった。第一に、実際にはまだ会ったことのないこの男は「飛び込み」の情報提供者にすぎず、司法省は独自の捜査に基づいて訴訟を行ったというわけではなかったからである。そして、この情報提供者の弁護士が言っていることが正しければ、アメリカ史上最大の脱税事件になり得るのだ。

おいしい話かもしれない。この匿名のバンカーは、アメリカ人の名簿、しかもスイスの口座に資金を隠している金持ち連中のリストを提供すると約束しているのだ。さらに、このペテンのすべてを指揮し、事態を正確に把握しているアメリカ人バンカーや、政治家たちとも良好な関係にあるスイス銀行の職員のリストを、この男が持っていることは明らかなのだ。

ダウニングにしてみれば、スイスのベネディクト・アーノルドが訪ねてきて、ＰＥＰ、つまり重要な公的地位を有する者の名簿を渡す用意があるというわけだ。そのリストにだれが載っているかなどだれも知りはしない。この時点でダウニングはブッシュ政権下で働いていたが、政権はすでに終わりに近づいていた。選挙が迫ると、有力者たちは、オバマ、クリントン、ジュリアーニ、そしてマケインの選挙運動に何百万もぶち込むのだ。どのような風が吹くかはだれにも分からない。通常、政権交代があると、新しい司法長官が就任するが、ダウニングのような職業公務員はそのまま残ることになる。しかし、この事件の幕が開き、食物連鎖の上位にいるだれかに火の粉が飛ぶことになれば、彼も彼の上司もみんな通りに放り出されることになるのだ。

もっとひどいことになる可能性もあった。オバマはすでに、司法長官候補としてエリック・ホルダーを選んでいる。ホルダーは、ワシントンDCで最も有力な法律事務所のひとつである、コビントン・アンド・バーリングのパートナーである。さて、どうなるか。ホルダーの最大顧客のひとつがUBSなのだ。

ケビン・ダウニングはこの事案を望まなかった。彼はKPMGのことで頭がいっぱいで、しかも食傷しているのだ。司法省は二〇〇五年の時点で勝訴していたが、それはKPMGが従業員の弁護に資金を出すことを強引にやめさせた結果であった。これに対して、判事は言語道断の憲法違反であり、憲法修正第六条で認められた被告の権利を侵害するものであるとし、一三人の被告に対する起訴を棄却したのだ。司法省の大敗である。ケビン・ダウニングと、ワシントンの司法省が組織した検察団全員に対して猛烈な批判を加えたカプラン判事は、その判決文のなかで「政府はその感情にとらわれ、判断を誤っている。順守されるべき憲法を侵害している」と述べた。それゆえ、次に取り上げる事案はホームラン級でなければならず、さもなければダウニングは大失態となるわけだ。彼が事案を取り扱わなければならないとしたら、それは案件を完全に乗っ取り、手柄を独り占めできる場合に限るということだ。

彼は、このスイスの裏切り者が持っているものに近づきたくはなかった。彼は私に会うことさえ望まなかったのだ。それゆえ、彼は裏切り者を免責することも、召喚状を出すことさえもせず、あわよくば、裏切り者が怖じ気づいて、消えてくれればよいとさえ考えていた。しかし、得体の知れないバンカーは気にもとめていないことが明らかとなる。ともかくも、彼は全速力でやってくるのだ。この大バカ野郎はピットブルだったのだ。

オーケー。いったん終わりにしよう。

ここまで、私がダウニングという男が考えていることを正確に把握しているかのように記してきた。私の独りよがりにすぎないと思われるかもしれない。しかし、私はこの男のことを一〇年間研究してきており、今となっては彼のことはかなり正確に理解できる。隠し立てせずに記せば、私もこの男が大嫌いだったし、彼も私のことが嫌であっただろう。しかし、それも枝葉の問題だ。

さて、本論に戻ろう。私の弁護士がケビン・ダウニングに電話をかけ、自分たちの依頼人が不法なスイス銀行の秘密のすべてを暴露する準備があると伝えてきたときに、彼がどう思ったかという問題について、私はどのようにして結論を導き出したのか。それは消去法である。それが私にとっては唯一の合理的な方法である。

出来事を見るひとつの方法として、すべてをスパイ小説と比較する、というのがある。つまり、自分がケビン・ダウニングのような人物であり、政府の巨大な情報機関で働いていると仮定するのだ。自分は中間管理職で、けっして大物ではなく、だからと言って街頭捜査官でもない。ロシアのＦＳＢ（モスクワのスパイ組織であるＫＧＢの現在の名前だ）でかなり高位にあるらしい男の仲介者として二人の弁護士が現れた。そして彼らの依頼人であるスパイは、ロシアの秘密のすべてを知っており、自分が所属する情報機関を裏切り、すべてを提供すると言っている。なんてこった。これは大出世もあり得る話だ。英雄になれる。勲章ももらえる。大統領が祝福してくれるだろう……。

もちろん、このスパイが本物ならば、である。では、どうするだろうか。少しでも常識があれば、スパイを歓迎するであろう。彼にぜひとも会って、彼が何を言うか聞きたいと仲介者に伝える。もちろん、用心深く、しかし礼儀正しく、敬意をもってだ。彼がロシアのすべての核ミサイルの秘密の発射コードを持ってくるかもしれないからといって、このスパイを追い払いたいとは思わないであろう。彼を誘惑し、気持ち良くさせ、できるかぎり彼から引きだしたいと思うだろう。さらなる情報を得るために、彼をロシアに送り返すことだって可能なのだ。

このスパイに初めて会う前に、用心して仲介者に彼の望みを聞くであろう。彼らが「何もありません、ただ彼は事を正し、クレムリンがその罪を償えばよいと思っています」と言ったら、驚くことになる。

本当だろうか。そんな都合の良い話があるだろうか。それでも、やってみるだろう。それが仕事だからだ。真実と正義、そしてアメリカの道だ。そうではなかろうか。

最も恐れるべきこと、最悪の悪夢があるとしたら、このロシアの裏切り者が暴露したあらゆる秘密が巡り巡って、自分の尻に火が付くことである。もし彼が自国政府の有力者、しかも自分の上司の大親友である人物にまつわる不都合な真実を語ったとしたらどうだろうか。ロシアのスパイが暴いた秘密が、自分の指導者や友人や自分の給料を決めることができる有力な上司にまつわるものであったら、どうだろうか。彼が暴露したことが何であれ、上司には報告せざるを得ないわけで、それが自分の職を賭すことになり得るとしたらどうだろうか。もし自分の上司たちの多くがお金と権力にしか興味がなく、まともなことには目もくれない連中なので、彼らが実際にロシア人と共謀している可能性はあると疑っているとしたらどうだろうか。

そうなると、この裏切り者のスパイに心躍らせるのではなく、むしろおびえることになるだろう。彼は聞きたくないことを話そうとしているのだ。為すべき最善のことは、彼を追い払うか、それができないならば、何かを理由に彼を非難し、みんなが忘れ去るまで、できるかぎり長い間、彼を遠ざけておくことである。彼が再び見通しを立てるまでには、自分は官庁を引退し、プライベーターのように現金をかき集めることになるだろう。「リボルビングドア」は司法省でも健在なのだ。

これが、ダウニングの理不尽な行動を説明するパラレルワールド、類推である。私に関するかぎり、こう考えるしか筋が通らないのだ。それ以外は理屈が通らないのだ。

しかし、まだそれらの結論のすべてには到達していなかった。私はまだケビン・ダウニングとカレン・ケリーに「お会い」していなかったのだ。彼らがヘクター・アンド・モランと、彼らをボルティモアの麻薬の売人でもあるかのように話をしているのは理解していた。しかし、それは彼ら「悪玉警官」のルーティーンにすぎないことに気づいた。「善玉警官」が現れるのはずっと先のことである。彼らに直接会うまでは、私は評価を下せなかった。相手の目を見れば分かる。そして、それはもうすぐ実現するのだ。

二〇〇七年六月、ジュネーブは一年で最も美しい季節を迎えようとしていた。アルプスにかかる灰色の分厚い雲は晴れ、静かな湖はクリスタルブルーに輝き、通りの女の子たちは厚手のコートを脱ぎ去り、超ミニのスカートとピタッとしたブラウスで歩き回っている。外は夏であったが、私の頭の中は真冬で、雷雲と自分がしていることへの疑念とでいっぱいだった。気持ちが沈むと、思考回路もおかしくなる。

どうしたんだよ、バカ野郎。サントロペじゃもうダメかい。もう十分人生を楽しんだんじゃないのか。どこかの刑務所に入りたいのか。セックスより復讐のほうがいいのか。

さて、これらの自省への回答は、「それでも自分は出る杭を求めるハンマーである」。そして「ノー」「ノー」「ノー」「イエス」である。

私は荷物をまとめ、ファイルでいっぱいになったブリーフケースと、CDのバックアップ、それから映画『ミッション・インポッシブル』に登場した非公式諜報員（Non-Official Cover）にちなんで「NOC」リストと名づけたあるものを持った。それは私のとっておきの切り札で、不法な預金者の名前が記されているのだ。さて、私は何らかの保証を先に得るまでは、そのリストを手放すつもりはなかった。しかし、太陽が輝けば、その準備をしなければならないだろう。私はもともと用心深いと思われるかもしれないが、今や超が付くほどに用心深くなっていた。もしスイスの連中が何らかの方法で私がやっていることを知ったら、連中は私のいない間に部屋に侵入するかもしれない。そこで私は、すべての証拠を部屋には置かず、ブティック銀行に貸し金庫を契約し、私の宝の山の写しを全部しまっておき、さらに写しをポンセの事務所に置いておいたのだ。

また、私はどこにいくかをだれにも伝えなかった。友人にも、タイにも、お手伝いにもである。そして、ワシントンまでのチケットは予約しなかった。ジュネーブ空港は私の部屋からたった一五分の距離である。私はタクシーを拾い、再びボストンまでのチケットを買う。ジュネーブのだれからの追及もそらすためだ。そして、支払いも現金である。

アメリカ司法省は、ワシントンDCの中心地のペンシルベニアアベニューNWに建つ巨大な石造りの建物にある。入り口は、ローマ風の巨大な渦巻き模様がついた一二メートルもある円柱四本に飾られ、建物全体は全能の神を祭る恐ろしい寺院かのようである。ポール・ヘクターとリック・モランと私は、一番良いスーツに身を包み、スレート製の階段を早足で上がっていった。弁護士たちは張り裂けそうなブリーフケースを持ち、汗をかいていたが、私は名刺と小さなノートにペンだけの「軽装」である。われわれは磁気探知機を

通過し、大ホールに入った。トーガをまとい、天に向かって腕をあげた半裸の女性をかたどったアールデコの彫刻「スピリット・オブ・ジャスティス」に気づいた。彼女は一方の乳房を完全に露出し、それ以外は隠している。司法省はこの気まぐれな乳首を隠す装飾に八〇〇〇ドルしかかけなかったのだ。私はこの時点で、このしみったれた寺院はバーケンフェルドには不似合いな場所であることに気づくべきだったのだ。

サマーインターンの法学生がわれわれを迎えに来た。われわれは長い廊下を歩いていく。世話好きそうな政府の弁護士や連邦政府の役人や大理石にかかとの音を響かせる上品な身なりの女性とすれ違う。それからエレベーターで上階に上がり、長い廊下を進むと税務課である。インターンは大きな会議室のドアを開けると、一目散に去っていった。

ケビン・ダウニングはテーブルの向こうの会長席にあたる場所に座り、両脇にはカレン・ケリーと、マシュー・カッツと名乗る男が座っていた。この男は後にIRS（米内国歳入庁）の犯罪捜査官であることが分かるのだが、財務省の役人だとだけ名乗っていた。ダウニングを見た瞬間、こいつはエリオット・ネスを気取っていやがるとひらめいた。短い茶色の髪に、青く冷たい目、低い鼻に、大きなあご、薄い唇をしている。カレン・ケリーはKマートで売っていそうな茶色のスーツを着た小柄な女性で、小さな茶色の目、ボサボサのヘアースタイル、終始しかめっ面をしている。彼女は岩の箱のように無能に見えた。マシュー・カッツは痩身で、サイズの合わない、色あせた青いスーツをまとい、兵士かのような角刈りをしている。ただ、二人よりも友好的な表情をしているのは、彼が司法省の人間ではないからであろう。

私の弁護士たちは荷物を下ろすと、誇らしげにほほ笑み、「みなさん、おはようございます。われわれの依頼人をご紹介したいと思います。ミスター・ブラッドレー・バーケンフェルドです」とヘクターが言った。

私はうなずき、ほほ笑んだが、挨拶の言葉を受ける前にカレン・ケリーが怒りに立ち上がらんばかりに私を指さし、金切り声を上げた。「あんたはホイッスルブロアー（内部告発者）なんかじゃない、ただの情報屋だ」

私は驚きのあまりのけ反った。

なんだって。自分の知らないところで何か彼女にしたとでも言うのだろうか？

モランが私の椅子を引いたので、彼にささやいた。「これは何だよ、こんな会議に俺を連れてきたのか」

「リラックスしてください。最初の一発だけですよ」。ぼそぼそと彼は答える。

しかし、彼は間違いだった。ダウニングは、私を、まるでバーベキューにスカンクの死骸を持って現れた者かのように見つめていた。私は弁護士とともに席につき、深呼吸をした。

「さて、では改めてお名前を伺いましょうか。スペルを教えてください」と、ダウニングはうなるように言う。私が答えると、彼は言った。「あなたの代理人たちによれば、あなたはわれわれの興味をそそるような情報を持っているということですが、バーケンフェルドさん」

「ああ、一生に一度の事案ね」とカレン・ケリーはあざ笑う。

私はすでにテーブルを乗り越え、このバカ女の首を絞めてやりたいと思っていたのだが、無視することにした。私は落ち着きを取り戻し、冷静を努めた。

「興味を持たざるを得ません、ダウニングさん。これはアメリカの納税者を何十年にもわたってだまし続けた世界最大の銀行に関することですから」と私は言った。

「もう一度、銀行の名前を教えてください」

「UBS　AG、ユニオン・バンク・オブ・スイスです」

何かを飲み込んだかのように、彼の顔がピクリと動いた。

「でも、あなたはその幇助をしていたわけね」と、ケリーが言い返す。

私は椅子にもたれ、頭を振り、「テメェなど、徹底的につぶしてやるぞ」という意味を込めたほほ笑みを唇に浮かべる。

「ご興味がないなら、そうおっしゃってください。だれか別の方が興味を持たれることと思います」

「私はぜひ聞きたいね」とマシュー・カッツが言う。

唯一まともな頭を持った人間だと思った。

「よろしい、バーケンフェルドさん、お話しください」とダウニングが言う。

そして私は話をした。その後、二時間以上にわたり、私は自分の職業人生のすべてを語った。どのようにしてクレディ・スイスで職を得て、バークレイズに移り、そしてＵＢＳのピラミッドで頂点に立ったのか。ＵＢＳが北米の顧客を勧誘するために、また彼らのような政府の役人の調査を回避するためにわれわれにどのような教育をしたのか、そして狩猟採集の旅での私の成果のすべてを彼らに話した。昼時までに、私の口はカラカラに乾き、お腹はグウグウ鳴っていたが、彼らが提供してくれたのは生ぬるい水だけで、われわれはまるで取調室にでもいるかのようであった。彼らはメモを取ってばかりいたので、壁にかけられた現司法長官アルベルト・ゴンザレスの肖像画の目の部分にカメラが仕込まれているのではないか、もしくは部屋全体が盗聴されているのではないかと思った。

ダウニングはやっと時計に目をやると、書類を片づけ始めた。

「よろしい、バーケンフェルドさん。あなたが持っているという証拠文書をすべて渡してください。われわれが目を通します」

「異存ありません、ダウニングさん。ただ、通訳がないと理解できないと思いますよ。つまり、私です。ですから、個人的にお持ちして、一緒に見ていきましょう」

彼はピクリとも動かなかったが、マシュー・カッツは袖に手をやり、うなずいた。このＩＲＳ野郎は私が言っている意味を理解したようだ。リック・モランが割って入る。

「バーケンフェルドさんの免責と召喚状についてお話ししてもよろしいでしょうか」

ダウニングは私を見て、「そういうものを欲しがるということは、有罪であると言っているようなものだが」と言う。

「あなた方から守ってもらおうというのではありません。私はスイスから守ってほしいのです。私はここにいるというだけで、すでに現行のスイスの法律に違反しているのです」

「だが、期待過剰、だな。それに性急にすぎる」と彼は言った。

カレン・ケリーが再び食ってかかってきた。彼女はそうすることでしか会話ができないのであろう。「あなたがここにいる唯一の理由はホイッスルブロアーの報奨を得たいだけでしょ」

これには心底腹が立った。私が椅子から立ち上がると、弁護士たちも急いで立ち上がった。私が彼女の目にモンブランをぶっ刺すと思ったに違いない。

私は落ち着き払って言った。「みなさん、私がこの手続きを始めたのは一年半も前のことで、あなたがたが言っている報奨が存在するずっと以前のことです。私が銀行内でホイッスルブロアーを始めた時点で、私はすべてをリスクにさらしているのです。私が得られる唯一の報奨と言えば、スイスの刑務所での厳しい日々だけだったのです。今、アメリカでは金銭的な報奨が存在するというのなら、それはあなた方のものであって、私のものではありません」

「よろしい。またお会いしましょう」とダウニングは軽蔑するかのように手を振った。通りに出ると、私はネクタイを緩めた。タクシーを拾おうかと思ったが、首都の昼食時である。われわれは弁護士の事務所まで歩き始めた。

「そんなに悪くなかったと思うがね」とヘクターは死人に花を添えようとしていた。

「めちゃくちゃだよ」と私が言う。

「彼らは強硬姿勢を取ってるだけだよ、やがて軟化するさ」とモランが言う。

われわれはしばらく黙って歩いていたが、私はこの二人が何を間違えたのかを考えていた。司法省の対応は、私には腐った牛乳のような味がしたのだ。彼らの態度はまったく筋が通っていない。

「ホイッスルブロアーの報奨というのはどのようなものですか」と私は尋ねた。

「IRSは、内部情報の結果として回収した不正資金の一五～三〇%と言っているよ」

われわれは二〇〇六年一二月にこの新しい規制の存在を知ったときに議論をしてはいた。しかし、最初の面会の前の時点でヘクターがダウニングとそのことについて議論していたのは知らなかった。彼は、司法省は独自のホイッスルブロアーに対する報奨制度を始めるよう提案までしていたのだ。ヘクターはワシントンに広がる反ホイッスルブロアーの動きをまったく知らなかったようで、仕方のない誤謬ではあったが、彼は私の事案を持ち込んだ先の当の本人を怒らせただけだったのだ。それゆえ、カレン・ケリーは私と初めて会う前から、すでに怒りを覚えていたのである。

しかし、そのような制度は、供述を誘い込むためだけの相当疑わしい難物であることがすぐに理解できた。たとえＵＢＳが起訴されたとしても、資金を回収できるのはずっと、ずっと先のことである。つまり、私の得られる配当はゼロの三〇％ということだ。それにしても、私の弁護士が本気になるだけの魅力はあるのかもしれない。

「こんなのはどうかな。とりあえず起訴しなよ。それでうまくいったら、僕が手にしたものの一二％をあげるよ。契約書に書き加えておくよ」

弁護士たちには好ましい話であろう。

認めたくはないが、私はその夜、ホテルの部屋で思い悩んでいた。フォーシーズンズはモーテル６とは違う。それゆえ自分の部屋に一人座り、酒を飲み、独り言をぼそぼそと言うためだけで一〇〇ドル紙幣が六枚消えるのは法外であるが、それでも解決策を見いださなければならない。私がたくさんのタッチダウンパスを出す準備があるときに、司法省のあの連中があれほど敵対的だったのはおかしい。そして、私はボストンでもＦＢＩ（米連邦捜査局）のホワイトカラーの連中が私にまったく同じような対応をしたことを思い出した。おそらくダウニングやケリーは、単に「密告者」と思われる人間が嫌いなのであろう。もしくは、私が彼らのキャリアを脅かすと考えているのかもしれない。つまり、彼らが何十年にもわたって失敗し続けてきたクーデターを成功させる人間かもしれない、と。少なくとも、カレン・ケリーは私を単なる金目当てのカーペットバッカーのような人物だと考えている。では、ダウニングはどうか。私には分からなかった。それを理解するには長い時間が必要だった。

その後、私はノリッジ大学の士官候補生時代に、ライフルを頭の上に乗せて、川を歩いて渡ったことを思い出した。水はどんどん深くなり、胸を超え、ノドの高さまで来ると、パニックを起こして戻る奴が出てくる。私はけっしてそのようなことはなかった。私はずぶ濡れになって、息を切らしながら向こう岸に渡ったが、誇りは傷つかなかった。今回の司法省との件も同じように思える。「前進せよ、これは試験だ」と自らを鼓舞した。

あの堅苦しい会議室での二度目の面会は何一つ好転しなかった。ダウニングは母親にお気に入りのパジャマを捨てられたような顔をしていた。カレン・ケリーは髪も洗わずに、スーツのまま一晩を過ごしたように見えた。マット・カッツだけが清潔で、おとなしく、公平な態度であった。財務省の役人は、政治的な風に左右されるのではなく、真摯にお金の流れに興味があったのだ。

私はＵＢＳの資料を一枚一枚彼らに見せていく。銀行の意図や業務を説明するもの、アメリカ法の軽視を示すもの、われわれプライベートバンカーにより大きな成果を求める緊急のEメールなど、確かな証拠の数々である。私はナンバーアカウントを開く手続きとそれらがどのように維持されるのかを詳しく説明した。アメリカ政府の役人はこれまでまったく知らなかったことであろう。地下の金庫室の構造も図に示し、宝石、現金、無記名債、美術品、何百万ドル分もの金や銀の地金など、北米の顧客が隠している宝物の種類も正確に伝えた。

しかし、返ってきたダウニングの質問は、バカげた的外れなものであった。彼は、私がいくら、どのように、どれほどの頻度でお金を稼いだか、私の個人的な生活の細部について聞きたがった。それはあたかも、自分たち政府の官僚の給料や偏狭な生活と私のそれとを比較しているかのようであった。くだらない監査のようである。一方、マシュー・カッツは大量のメモを取り、信託の構造や、顧客の手数料、秘密口座の保有者にUBSが薦めていた商品など的を射た質問をしてきた。四時間が過ぎ、インターナショナルファイナンスに対するダウニングの無知ぶりを知り、この男は自分の小切手の決済もできないのではないかと思った。カレン・ケリーはフェンスの支柱のように黙っており、時折、先日のマントラを繰り返すだけである。

「正直にいきましょう、バーケンフェルドさん。ご褒美が欲しいんでしょ」

「そのとおりです。私はノーベル平和賞が欲しいです」と答える。

リック・モランはテーブルの下で私を蹴った。

「よろしい。では、ここにある顧客の名前について話しましょう」。ダウニングは、一〇センチもある資料の束を脇に追いやりながら言った。

「バーケンフェルドさんの免責と召喚状が先です」と、ポール・ヘクターが言う。

「そのことについてはわれわれの立場はすでに明らかにしたはずだが」と、ダウニングは怒鳴った。「ここまでわれわれが得たものなど薄っぺらな……」

私は割って入った。「一人の顧客について話しましょう」

部屋は静まり返り、彼らはみんな私を見つめた。

「アブドゥル・アジス・アッバス」

「そいつはだれだ」と、ダウニングが尋ねる。

「ニューヨーク市に住んでいるイラク人です。彼は、私の上司であったクリスチャン・ボヴァイの個人的な顧客ですが、私は彼の記録のすべてを見ることができました。実際のところ、彼は本当に大口の顧客で、ボヴァイは事務所の電話線を分けて、彼専用の電話を確保していたくらいです。クレムリンからホワイトハウスへの赤電話のようにね」

「それは、珍しいことかね」

「前例がありません。ボヴァイ以外は電話に出ることが許されません。私が銀行に勤め始めたばかりのころに、ボヴァイの不在中に電話が鳴ったのです。そこで私は彼の事務所に入って、電話を取りました。電話の向こうから外国訛りの声で怒鳴られました。『貴様はだれだ、何で貴様がこの電話に出るんだ』と。それで分かったのです」

「よろしい、ではそのアッバスはUBSにどのくらい預けてあるんだ」と、ダウニングはうなるように言った。

「六つのナンバーアカウントで、四億二〇〇〇万ドル。さらにマンハッタンのオリンピックタワーの四六～四七階に四〇〇〇万ドルのメゾネット式のコンドミニアムを所有しています」

「そりゃ、大金だな」と、マシュー・カッツが口笛を吹いた。

「そのとおりです、カッツさん。お分かりいただけたようですね。考えてみてください。われわれのスイス支店にはそのような顧客が一万九〇〇〇人もいるのです」

「それで、この未申告の口座保有者はどのようにしてお金を稼いだのですか」と、カレン・ケリーが尋ねる。私はこの二日間で初めて彼女に注意を向けた。

「彼は、サダム・フセイン政権との不正な石油売買でお金を稼ぎました。彼は、米州デスクで最大の口座保有者です」。これらすべては、クリスチャン・ボヴァイに確認したことだ。もちろん、召喚状や何らかの法的強制力もないままに顧客の実名を明らかにすべきでないことは理解していた。しかし、これらの薄汚れた秘密を自主的に漏らすことに私は一切の呵責を感じなかった。つまるところ、今は9・11後の世界であり、このアッバスという男はテロリズムという名前に塗り替えられたのだ。スイスの友よ、申し訳ない。だが、テロリズムはスイス銀行の秘密保持よりも重大なのだ。実際に、ブッシュ政権の閣僚の多くが、9・11の攻撃はサダム・フセインによって支援されたものであると考えていた。だからこそ、ワシントンDCにある司法省の捜査官たちこそ、この名を知りたがる……私はそう考えたのだ。

このときまでに、私は彼ら全員の注意を引いていた。彼らの目は私に釘づけで、次に何を言うか待っているのだ。

「そうだ、もう一つ知っておいていただかなければならないことがあります」

「それは何だね」と、ダウニングが尋ねる。

「私の理解では、アッバスはルディ・ジュリアーニの親友ですね」

文字どおり、レコードに針を落とした一瞬であった。ニューヨーク出身のダウニングは即座に私の顔の前に手を開いて、叫んだ。「われわれはアメリカ人以外には興味がない」。私は言葉を差し挟もうとしたが、彼はこのマントラを繰り返すばかりで、ほとんどパニック状態であった。まるで耳を指でふさぎ、目をきつく閉じ、喜ばしくない知らせを避けようと大声でハミングする子供のようであった。

アメリカ人以外には興味がないだと。この銀行はアメリカ人以外が経営しているのだ、大バカ野郎、と私は思った。ダウニングは明らかにウソを繰り返している。この情報は彼の神経に触ったようだ。何かがある。ジュリアーニは彼の地元の人間で、大統領選挙にも名乗りを挙げている。突然、目の前にいる三人の役人が私には三匹の間抜けなサルに見えた。悪いことは、「見ない、聞かない、言わない」である。

よろしい。ダウニングとその仲間たちがまったく知らないもう一つの分野に移ろう。「ゲームの最初の段階で銀行をチェックメートできる方法があります」。そのときから六カ月後の二〇〇七年一二月初旬、マイアミでアート・バーゼルの展示会が行われることを彼らに伝えた。「ＵＢＳはこのイベントのメーンスポンサーです。彼らがそうする理由はただ一つ、米州デスクのプライベートバンカーをスイスから派遣し、裕福なアメリカ人にスイスの秘密口座を開設するよう勧誘することです。それらの従業員は、ＵＢＳアメリカの名前を装って飛んできます。間違えないでくださいね。ＵＢＳアメリカはこの件にどっぷり漬かっているのです」

ダウニングが私の話を聞いていたかどうか定かではなかった。彼はまだジュリアーニの件で動揺しているのだ。それにも構わず、私は続けた。

「マイアミに飛んでくるＵＢＳのすべてのプライベートバンカーの名前を知っておりまず。彼らが泊まるホテル、携帯電話の番号、そしてＥメールアドレスもです。彼らはみんな、仕事ではなく観光で来ていると税関で虚偽の申告をします。もちろんアメリカ法に違反します。彼らはみんな銀行にそうするよう指導されているのです。そして、みんなＵＢＳが準備した暗号化されたノートパソコンとブラックベリーを携帯しています。それらのノートパソコンにはそれぞれの顧客の口座情報が入っており、それらのバンカーたちは一人当たり最大で二〇〇人のアメリカ人顧客を抱えています。それらのパソコンを手に入れれば、ゲームセット、勝利です」

私は、テーブルに大きなスプレッドシートを拡げた。そこには私が列挙したすべての情報が記されている。ＵＢＳのすべてのバンカーのフルネーム、携帯電話番号、Ｅメールアドレスと彼らが宿泊するホテルも記載されている。

「これがあなたがたのマスターリストになります」と、私は言った。「９・11後の世界ですよ。あなた方は、世界中で起きていることなら何でも監視できますでしょ。簡単なことですよね。これらの名前を持って、国土安全保障省と連携すれば良いだけでしょう。彼らがいつ飛んでくるのかは正確につかめるわけで、空港なりホテルなり、ノートパソコンとブラックベリーを持っているところを押さえればよい。ただ、早急かつ組織的に動かなければなりません。ノートパソコンにもブラックベリーにも『パニックボタン』が付いてましてね、それを押すとすべてのデータが一瞬で消去されてしまうのです。連中にボタンを押す隙を与えてはいけません。すぐに押さえ込まなければなりません」

事務処理ばかりの官僚であるダウニングとケリーの顔には、「私の仕事に口を出すな」という表情がありありと浮かんでいる。目に浮かぶであろう。それは、自動車の登録や郵便局の長い列に並んでいるときに見かけるそれと同じである。しかし、私は彼らに人生最大の当たりクジを渡しているのだということを理解させるために、もう一発お見舞いしてやった。

「バンカー一人当たり二〇〇人もの口座を持っているわけですから、ＵＢＳに口座を持つ一〇〇〇人以上のアメリカ人のデータを一網打尽にできるのです」

「テレビの見すぎだよ、それじゃハリウッドだ」と、ダウニングが口走る。彼は即座にすべての提案を却下したのだ。しかし、テレビは何の関係もない。私はめったにテレビを見ない。ダウニングが、自分では思いも寄らなかった方法を取ることを嫌がったことは明らかだ。奴のかわりに手柄を上げられるかもしれない。だが、われわれにはできない、と。

間違いはない。この計画は成功するのだ。アメリカの法執行機関はUBSに口座を持つ一〇〇〇人以上のアメリカ人のデータだけでなく、数人のプライベートバンカーも拘束できるのである。バンカーたちを絞り上げればさらに情報が出てくるだろうし、私が司法省にすでに提出した事柄を補強することにもなろう。スラムダンク級ではないだろうか。

そうではなかった。突然、会議が終了となった。ダウニングとケリーは立ち上がり、ドアに向かって歩き出す。カッツは困った犬のようにあとを付いていく。

「もう一度言っておくぞ」と、ダウニングは私と弁護士たちに食って掛かってきた。「アメリカ人脱税者に関するもっとまともな情報を持ってこい。そしたらお前らが欲しがってることについて検討しよう」

そして、彼らは行ってしまった。そのあとすぐ、われわれも退出する。

「ありゃ、何だよ」。三人でタクシーに無理やり乗り込みながら、私は怒りを吐き出した。

「連中を脅かしただろう」と、モランが言う。

彼はうなずきながら、「アッバスとジュリアーニの件だ。連中に教えた名前はあれだろ。頼むぜ、ブラッド」

「連中にはキツすぎたってことかい。でも、俺が持ってきた話の味見くらいにはなっただろう。連中は取引したがるさ」と私。

「そうなることを祈るよ」と、モランは言った。

「二人とも聞いてくれ。俺は連中にもう一発お見舞いするつもりだ。それで終わりだ」と、私は言った。

しかし、それは不発に終わった。次の面会は一時間もかからなかった。マシュー・カッツは不在で、ダウニングとケリーはまるでざんげの場に出て、神父から悪魔と踊るのはやめろと言われてきたかのような振る舞いをした。ヘクター・アンド・モランは、もう一度私の召喚状と免責を取ろうとしたが、ダウニングはまったく聞こえないふりをした。

「われわれはこれらの資料を徹底的に調査するつもりです。後日、改めてわれわれの立場をお伝え致します」

「いつ連絡を差し上げたらよろしいですか」と、ヘクターが尋ねる。

「電話はしてこないでください。こちらから連絡します」

「聞き飽きたな」と、モランがぼそぼそと言った。

それから再び通りに出る。人生で落胆したことは一度や二度はあったが、このときが最低であった。私は、アメリカの納税者に勝利を手渡し、不正に満ちたスイスの制度をさらし者にすべくわざわざやってきたのであるが、私が手にしたのはみじめなほどの挫折だけである。正直に言えば、ビンタを食らった感じだ。

「これはうまくいかないね。話を聞いてくれるところに持ち込もう、上院だな」と、私は弁護士たちに言った。

「上院！」。モランは立ち止まり、私を見た。そして、キャピトルヒルを指さして、「あいつらってこと」。

「そのとおり、上院で証言するための召喚状を取ってください。そうしたら、すべての仕組み、顧客の名前、さらには住所、電話番号、ヨットにガールフレンドに競走馬の名前もすべて上院議員につまびらかにしますよ。司法省のあのバカどもはオナニーでもしますよ」

「分かった、ブラッド。やってみよう。これからどこに行くつもりだ」とヘクターが言う。

「家に帰ります」

「ジュネーブの？」

「ええ、あっちのほうが家に帰ったという感じが強いんで」

私はホテルまでタクシーを拾った。私は鉛のブーツを履いて三日間マラソンをしたかのように疲れ果てていた。そして、思い切り腹が立っていた。ホテルの部屋に入ると、一瞬、コカインをキメたキース・リチャーズのようにあたりをめちゃくちゃにしようかとも思ったが、それも無駄なことであろうと思い至る。仕立ての良いスーツを脱ぎ捨て、ミニバーからウイスキーの小瓶を取りだし、どこかの公園にでも行って、極太のハバナ葉巻でも吹かそうかと思っていると、携帯電話が鳴った。

今度は何だよ。電話を取り上げたときはそう思ったが、私はすぐに笑顔になった。ロンドンの友人のラジャエル・ジャファルリからである。

「ラジャエル、調子はどうだい」。私は努めて明るい声を出した。

「とっても良いよ、ブラッド。君は」

「夢うつつ、だな」

彼は笑った。「君がアメリカにいるとは思わなかったよ。僕はオフサイトの会議に参加するんでワシントンにいるんだ」

「本当か」。私はとっさに考えた。モロッコでジャファルリと会ったのは、私がまだバークレイズにいたころで、彼は恐ろしいほどに慎重な人間だった。しかし、まだ自分がしていることはだれにも話せない。「僕もだよ。バージニアで狩猟採集があってね」

「ひょっとして、もう終わったのか」

「クリスマスプレゼントみたいなもんさ」

「じゃ、ブラッド。カンクーンに行ってロックンロールでもどうだ」

「そりゃいい。僕が飛行機、押さえるよ」

「その必要はない、僕はもう準備してあるよ」

私が提案を受け入れるまでには一秒もかからなかった。私には休憩と頭を冷やす時間が必要だったので、数日間のメキシコ行きとは精神科医の処方箋のようだ。私は彼に滞在場所を伝えた。

「素晴らしい、二時間後に拾いに行くよ」と彼は言う。

ちょうど二時間後、長い黒塗りのリムジンがホテルの前に止まる。ジャファルリが飛び出してきて、私の手を叩いた。彼の白い歯が太陽に輝いていた。アルジェリア生まれの彼は、ウエーブのかかった黒髪に、女性をうっとりさせるような目をしていた。ジュネーブで育ったので、フランス語も堪能だ。マリオ・スタグルやサンジャイ・クマール同様に素晴らしい男で、度量の広い友人だ。私が信頼を寄せ、また一緒に居て楽しい男である。

しかし、私がしようとしていることを彼に伝えることはできない。われわれはダレス国際空港に車で向かった。笑顔が弾け、パーティーの準備は万端である。私がUBSを辞めたことは彼も知っていたし、裁判の話も聞いていた。しかし、社内でのホイッスルブローのことも、ましてやワシントンで行っていることもまったく知らないことが会話から読み取れた。自分はプライベートエクイティの分野で仲間と仕事を始めており、その分野で活動するつもりだと伝えた。これは本当のことである。彼はたくさんの考えや人脈を持っているので、われわれはあらゆる可能性について話し合った。

ダレス国際空港に到着すると、リムジンはターミナルを通りすぎ、プライベートジェットのエリアまで進んだ。白く輝くサイテーションXの機体が滑走路にとまっている。私は笑った。

「民間機で行くと思ってたよ」

「ブルジョワになりなさんな、『鳥』にも乗らないハイローラーなんて意味ないだろ」と、ジャファルリが答える。

そして、カンクーンまで飛んだ。キャメル色の革のシートに、二人のパイロット、とても魅力的なフライトアテンダントと大量のスコッチを積んだピカピカの銅管のなかにはわれわれ二人だけである。ロンドンのジャファルリの会社は飛行機を所有してはいなかったが、「プライベートジェットシェア」を持っているので、この艶々の怪物を自由に利用することができるのだ。飛行中、彼はカンクーンの先端にある五つ星リゾートホテルのリッツカールトンに予約を入れていた。グリーンとピンクとブルーに彩られた四日間の冒険は忘れられない。プールサイドでお酒を飲んでいると、手入れの行き届いた敷地に伸びるエメラルドのヤシの木が大西洋の風に揺れている。テーブルクロスにラウンジチェア、ヨットハーバーに連なるスタッコ仕上げの橋、美しく、裕福そうな女性たちの日に焼けた肌と、ピンクの色合いはあちこちにある。湾はクリスタルブルーに輝いている。われわれはヨットに乗り、ダイビングをして楽しんだ。海が私の体と頭にこびりついたワシントンのヘドロを洗い流してくれるかのようだった。ジャファルリと私は、ビジネスや遊びや女性について話をしたが、私がアメリカの首都を急襲した本当の目的はけっして口にはしなかった。

われわれは大いに笑い、楽しみ、やがて生きる糧を得るためにジェットに戻る。体を休め、日にも焼け、次なる挑戦に立ち向かう準備はできたようだ。

アメリカの規制によって、メキシコからアメリカの空域に入るプライベートジェットは最寄りの空港に着陸して、税関と入国管理のチェックを受けなければならない。それゆえ、われわれはエルパソに着陸したのだが、ＩＣＥ（米移民税関捜査局）のバカバカしさに直面したジャファルリのことを記さずにはいられない。そこからほんの四～五キロ南に下れば、メキシコの「麻薬の運び屋たち」は川を進んで、簡単に国境巡視隊の目を潜り抜けているのである。

「国境警備に関して君の国には面白い理屈があるようだね」と、彼は言う。

「ワシントンは国境には関心がないよ。ファアレスの市長を殺した奴だとしても、投票してくれるならだれでもいいのさ」と、私は答える。

ジェット機がしばらく滑走路に止まっていると、制服を着たＩＣＥの役人が二人乗り込んできた。彼らは私のアメリカのパスポートを見ると、すぐに返して寄こし、次にジャファルリのスイスのパスポートを調べ始めた。

「飛行機から降りていただけますか、ミスター・ジャファルリ。それほどお時間は取らせません」と、もう一方が言う。

ジャファルリは肩をすくめ、立ち上がった。私はにっこり笑って、彼に杯を挙げ、彼が戻ってくるまでの一五分ほどの間、お酒を舐めていた。

「徹底的に虫歯でも調べてたのか」

「いや。腰をかがめずに済んだから本当によかったよ。でもちょっと変だったな。連中は僕のパスポートのコピーを取って、いくつか毒にもならない質問をして、解放さ」

「そりゃ、テロリストに見えるからね。スイスのパスポートを持っていて、ロンドンに住んでて、それでクレディ・スイスのマネジングディレクターだ。高級な危険人物だよ、しかも、かなり危ない」

数時間後、われわれはダレス国際空港に到着した。私は保養をさせてくれたことに心からの感謝を伝え、ロンドンで必ずお礼をすると約束をした。がっちりと抱擁したあと、われわれは別れた。彼はイギリスへ飛び、私はジュネーブへ帰る一番早い便を予約した。私はすっかりリフレッシュし、司法省での災難はもう気にしていなかった。ワシントンにはほかにもたくさんの官庁があり、人々がいるわけだし、私がしようとしていることを正しく評価するもっと賢い人物がいるはずだと考えていた。そのような人物を見つけだし、ベージをめくるだけである。

一週間が過ぎた。ヘクター・アンド・モランからは何の連絡もなかったので、私はイラ立ち、彼らに電話をかけた。もちろん、公衆電話からである。

「司法省の能無しから何か連絡はあったかい」

「まだ何も」と、ポール・ヘクターが答える。

「じゃ、上院とはどうなってる」

「今やってるよ、ブラッド」

「もう少し急いでくれよ、ポール。年を取るばかりだぜ」

電話を切った。イラ立っていた。彼らは良い奴らだが、弁護士としての能力を欠いている。何をすべきで、だれに掛け合うべきで、どのようにして創造的な方法を導き出すかを教えてやらなければならないのは、何ともしっくりこないが、彼らは私が見つけられた唯一の「利益相反のない」弁護士であり、少なくとも正直そうである。

その数日後、私の部屋で携帯電話が鳴った。ジャファルリがロンドンから電話をかけてきたのだ。彼の声はいつになく緊張していた。

「ブラッド、今、ＵＢＳのコンプライアンスの人間が電話してきたぞ」

「悪い仲間を飼い始めたもんだな」と、私は冗談を言った。まだ彼の声の調子が意味するところが分からなかったのだ。

「あの銀行にはもう友だちがいないようだね。だが、幸いにも僕の友だちはまだいるよ。よく聞け。だれかが僕の名前を語ってＵＢＳに手紙を送ったようだ。神に誓って言うが、僕じゃないぞ。ファクス番号を教えてくれ」

「どんな手紙だよ、ラジャエル」

「すぐに分かるよ、気に入らないだろうな」。そして彼は付け加えた。「ブラッドレー、気をつけろよ」

彼に番号を教えると、電話が切れた。数分後、ファクス機が作動し、一枚の紙を吐き出した。それを見た。そして読むに従い、血が全身を巡り、胸を焼くのを感じた。送付先はジュネーブのＵＢＳ本社、法務部宛てである。ここに、一字一句記そう。

二〇〇七年七月
ＵＢＳ ＡＧ
ウェルスマネジメント・ビジネスバンキング様方

法務部宛
コンフェデラシオン通り2番地
CH－1204　ジュネーブ
UBSジュネーブ御中

御行ウェルスマネジメント・キークライアント部の元従業員、ブラッドレー・バーケンフェルド氏が、御行に対し、悪意に基づいた法律問題を引き起こそうとしていることをお知らせ致します。

すでに決定した同氏の雇用に関するスイス裁判所での和解にもかかわらず、同氏はそれと知りながらアメリカ司法省に接触し、アメリカの法律に違反する可能性のある御行独自の手続きにつき暴露しようとしております。

今日までに、ワシントンDCのアメリカ司法省は、UBS銀行の幾人かの職員ならびに御行自体に対する召喚状の発行を検討しております。そして、同氏に対してはホイッスルブロアーとして報奨を与えることを検討しております。

バーケンフェルド氏はわが国スイスに居住しておりますので、同氏の悪意ある、また職業倫理に反する策動につき御行弁護士と確認されることをお願い申し上げます。小生からの連絡は極秘扱いとしていただけますようお願い致します。小生もまたスイス国民であります。

敬具

L・ジャファルリ（ロンドンにて）

読み返した。もう一度読み返した。もう一度読み返す。脳みそから蒸気が噴き出しているかのような耳鳴りがする。文章は風変わりで、堅苦しい。まるでだれかが外国人になりすまして英文を書いているかのようだ。「職業倫理に反する策動」だって。ジャファルリの英語は完璧で、こんなガラクタよりもよほど流暢だ。それにジャファルリの名前は文末にあるが、自筆の署名ではない。タイプされているのだ。署名は拇印と同じようなもので、なりすますには、タイプするしかない。

ベランダまで歩き、観音開きの扉を開ける。湖の向こうの遠いスイスアルプスを眺めていた。私は、ファクスが指から落ち、床で丸まるのも気づかなかった。ジュネーブとワシントンの弁護士以外、だれも、そうだれ一人として私が司法省に行ったことは知らないのだ。また、どちらの事務所もわが友ジャファルリのことは知らないし、ジャファルリもワシントンでの私の行動は知りようがないのだ。彼がもし知っていたとしても、このような形で私を締め上げ、物証を見せ、あたかも心配する友人かのように私に警告をして寄こすようなまねをするわけがないのだ。彼は友人だ、しかも何年来もの。彼は私の安全を守ろうとしているのである。

では、私を傷つけようとしているのはだれか。私はテキサスで税関に止められたことを急に思い出した。彼らはジャファルリを一人だけ飛行機から引きずり下ろし、詳細を確認した。おそらくはケビン・ダウニングのバカ野郎からの命令であろう。もしダウニングだとしたら、私がワシントンDCからどこへ向かったのかを奴は知り得たのだろうか。おそらく、私の電話を盗聴し、尾行を付けたのだ。ダレス国際空港まで付いていてくれれば、あとはサイテーションXのフライト情報を要求するだけだ。われわれが帰国するときには、税関はまだ出撃命令を得られずいたので、司法省はジャファルリを利用することを考えたのだ。スイスのパスポートを持った信頼に足るインベストメントバンカーを、である。

私の血は沸騰した。アメリカ政府内部のだれか、ダウニングか奴の仲間かだれかが、私をスイスの監獄にぶち込もうとしているのだ。

さらには、私を殺そうとしているのである。

第9章　タイトロープ

「批判を避ける唯一の方法は、何もせず、何も言わず、存在を消すことだ」――アリストテレス（ギリシャの哲学者）

母国の政府に裏切られたとしたら、痛烈に心を砕かれるであろう。

私は、アメリカの司法制度は犯すべからざる重要な基盤であると信じて育った。子供ながらにそう教えられてきたのだ。何が起ころうとも、アメリカ国民としての権利は、十戒やマグナ・カルタ以来、地上で著された最高の文書である憲法と権利章典によって守られる、と。そして、仮に国法に背いて非難されることがあるにしても、その運命を決するのは、おそらくは冷酷で、不正に満ち、利己的な一人の小役人ではなく、『十二人の怒れる男』のような善意と誠実さに満ちた陪審員たちだ。

たしかに、アメリカの歴史には愛国者が誇れない時代もあったが、常にそれは修正されてきた。もちろん、政府が腐敗していたこともあるし、それはつい最近のことでもある。しかし、自分が今経験しているようなことが現実に起こるなど想像もしていなかった。もはやアメリカの検察官や政府の役人が腐敗することはないのだ。彼らには牽制が働いており、冷酷な目をした監視人たちが法の守護者たちを観察しているのだ。これは一九三〇年代のベルリンの話ではないし、司法省はゲシュタポではないのだ。私はそう信じていたのだ。しかし、全体の幸福のために親分を裏切ると決心したマフィアの下っ端が、血で彩られたマフィアの掟のすべてを暴露し、やがてはマイケル・コルレオーネという名のＦＢＩ（米連邦捜査局）捜査官に白状しているかのように私には感じられた。

ラジャエル・ジャファルリの手紙が私の世界を粉々に打ち砕いてしまったのだ。だれを信じたらよいのかもはや分からなくなった。妻の浮気を暴くような平凡なものではない。それはまるで、一族郎党が団結して、自分に五〇〇万ドルの生命保険をかけ、頭をぶち抜くべくヒットマンを雇ったことが明らかとなったくらいの衝撃だ。

ジャファルリには認めたくないが、彼がワシントンのフォーシーズンズにいた私にかけてきた電話から、その後のメキシコでの休暇、そしてダレス国際空港での最後の握手と抱擁に至るまでのすべての会話の一字一句を反芻してみた。酔っぱらっていた時間もあるので、私が思い出せるかぎりの会話ということである。しかし、気になることは何もなかった。ジャファルリがおかしな発言をすることもなかったし、UBSとの取引や、私の将来の計画、または裁判の結果に対する満足や不満について探りを入れてくることも、過度に興味を示してくることもなかった。私なりに吟味した結果、彼はシロ、である。しかし、そんなことを考えなければならないこと自体が醜く、私は恥ずかしく感じた。そして、私にそうせざるを得なくしている司法省のバカ野郎どもに怒りを覚えた。

そうだ、連中だ。間違いない。容疑者リストはシンプルだ。片手で終わる。兄のダグは、今回の訪米の最後にボストンに立ち寄った際、話をしてあったので、私がやっていることは知っている。しかし、われわれが子供のころに起こした幼い口喧嘩を今でも根に持ってでもいないかぎりは、彼が犯人ではないことは確実だ。そして、ジャファルリでもない。これで二本の指が折れる。私の二人の弁護士も、ロースクールで顧客のお金をむしり取り、その後は殺してしまえとでも教えられていないかぎりは対象外、である。これで四本の指が折れたわけで、残る一本は、ダウニングと司法省だ。『波止場』でのマーロン・ブランドの有名なセリフが頭をよぎった。「お前だよ、チャーリー。お前だ」

それにしても、ダウニングはなぜそのようなことをしたのだ。司法省とケビン・ダウニングが私をワナにかけた。とすると、彼らは私とジャファルリをメキシコまで尾行し、ジャファルリを飛行機から下ろし、彼の身元確認をし、彼の名をかたって私の企みを暴き、引き下がらせるための薄汚い企てに利用したのだ。では、なぜだろうか。彼らが本当に望むことは私が口をつぐむことだとしないと、話の筋が通らないのである。ケビン・ダウニングには耐えかねていたが、だれかほかの人間が彼を操っているはずである。では、だれが操っているのだ、ピノキオか。

雲の上のだれかが私を嫌っている。それも、ダウニングと同じか、それ以上に嫌っているのだ。だが、それがだれであるか、見つけだそうとは思わなかった。それは大した問題ではないのだ。司法省は全能だ。私は龍に立ち向かったのである。今や、携帯電話、Eメール、ファクス、そしてだれと何を話すかに、これまで以上の注意を払わなければならない。UBSの内部にもいまだ親友であると思える人々はいるが、彼らを信用してよいのだろうか。私が心底頼ることができるのは、兄のダグとステートストリート時代からの無二の友であるリック・ジェームズだけであるが、彼らはジュネーブにはいない。私はスイスにいるかぎり、一匹狼であり、ハンターにつけ狙われ続けるのだ。

私はすぐに、荷物をまとめ、テントを畳み、脱出すべきだと思った。そうすれば、スイスが私に足かせをはめることはできない。しかし、その考えもすぐに霧散した。私はすでにヨーロッパでもアメリカでも要注意人物である。それゆえ、最良の戦略は逃げることよりも、反撃に出ることであると考えた。ラジャエル・ジャファルリの偽の手紙を司法省のケツにぶち込んでやる。今回は逃げ回らず、公衆電話も使わないことにした。その時点ではすでに確信に変わっていたが、だれかが私の電話を聞いているのなら、私の反逆を聞かせてやろうと思った。そしてワシントンのヘクター・アンド・モランに電話をかけた。

「よく聞いてくださいね、お二方。これから自宅のオフィスからファクスを送ります」と、私は言った。

「分かった、ブラッド。でも、安全かい」。リック・モランは気になったようだ。

「問題ありません。悪い意味で、僕はいつもやられてますからね」

ファクスを送る。五分後、二人は電話口で固唾をのんでいた。

「信じられん、これは悪ふざけか何かだろう」と、ポール・ヘクターが言う。

「私がバットマンで、ケビン・ダウニングにとってのジョーカーならね」

「ブラッド、君の友人のラジャエルがUBSに垂れ込んだのではないことは確実なんだね」と、モランが尋ねる。

「リック、君の奥さんがプール脇の男の子とセックスしてないことは確実なんだね」と、私は尋ね返す。

「当ったり前だ」と彼は言う。

「同じことですよ。ラジャエルと私は一〇年来の友人です。彼は仕事も成功し、裕福で、信頼に足る男です。私を裏切って、UBSにゴマする理由などありませんよ。動機がない。それに、ラジャエルは今回のことは何も知りません。だから、彼であるはずがない。この手紙は偽造ですね」

「疑いようがないね。われわれにどうしてほしい」と、モランが言う。

「今すぐ、この手紙をケビン・ダウニングにファクスして、『これは何だ、バカ野郎』と伝えてください。彼は何も知らないと言うでしょうが、少なくともわれわれが言わんとしていることは理解するでしょう。その後すぐに、IRS（米内国歳入庁）とSEC（米証券取引委員会）、それと一番大事なのが上院に電話してください。いけにえを捧げなければならなくなっても構いませんから、証言するための召喚状を取ってください。よろしいですか」

「分かった」。ヘクターはため息をついた。「シートベルトを締めておけよ」

「われわれはすでに急降下中だ、急いでくれ」と、私が言う。

電話を切った。受話器を相当きつく叩きつけたことは認める。私が彼らに伝えたかったのは、これまでの判断は間違っていたので、今後は強硬手段に出るべきだということだ。正直者はバカを見る、ということだ。しかし、事態はものすごい速さで進んでいる。馬を乗り替えている時間はないのだ。私は彼らの脇腹にムチを打ち続けなければならない。

ヘクター・アンド・モランは言うとおりに行動し、ダウニングは予想どおりの反応を示した。彼らはジャファルリの手紙に、全面的な説明を求める彼ら自身の手紙をつけて、ダウニングにファクスしたのだ。ダウニングが返事を寄越さなかったので、彼らが電話をかけたのだ。ダウニングは、休み時間に女の子のスカートをめくろうとして見つかってしまった男の子のようにケタケタと笑ったという。

「だれがこれを送ったのか分からないが、あなた方の依頼人には敵が多いのははっきりしましたね。まあ、驚きもしませんがね。彼は、万が一に備えたほうがいいでしょうな」

くそったれめ。

その直後、ヘーグ・シモニアンがフィナンシャル・タイムズにスキャンダラスな記事を掲載した。私はベランダに腰かけ、エスプレッソを飲みながら、喜色満面である。シモニアンによれば、自らは「タランチュラ」とだけ名乗ったスイスの匿名のバンカーから連絡があり、長年にわたるスイス銀行界の秘密保持と不正行為を暴露し、こき下ろしたという。シモニアンは、その者の素性を確認する術はないが、金融問題に関する豊富な経験に基づけばタランチュラは本物であると記している。翌朝には、その他すべての新聞がその記事を取り上げ、そのことでチューリッヒからルガーノに至るすべての銀行に激震が走った。

一方、ＩＲＳとＳＥＣからの免責と、上院常設調査小委員会からの「友好的な召喚状」を獲得すべく、私の弁護士たちは電話をかけまくっていた。私は、すべてが作動し、また司法省のみっともない策略が明るみに出たことで、ダウニングと彼の仲間たちもしばらくはおかしな行動には出るまいと思っていた。しかし、論理的な思考による一時しのぎもあっという間に終わってしまう。

数日後、私はジェームズ・ウッズから電話をもらった。彼はまだＵＢＳで頑張っていたが、私の忠告どおり南アフリカデスクに異動していた。

「ブラッドレー、一つ伝えておくぞ、いいか」

「聞いてるよ、ジェームズ」

「法務部の友だちのひとりが昨日の夜、ブランデーを飲みすぎてな。うっかり口走ったんだが、アメリカの司法省がＵＢＳの法務に『ターゲットレター』とかいうのを送ってきたらしい。おそらくピーター・キューラー宛てだろうな。その手紙がＵＢＳに対する警告であるのは明らかで、銀行は今、アメリカ当局の正式な犯罪捜査の対象となっていると言ってきたらしい」

「そりゃ興味深いな」。私は椅子から立ち上がってしまっていたので、できるかぎりぶっきらぼうに答えた。

「なんてこった、ブラッド。お前が正しかったな」と、ジェームズは叫んだ。

「いずれそうなると思っていたよ。気をつけろよ、ジェームズ」と、私は言った。

「お前もな」と、ジェームズが言う。

「心配するな、得意物件だよ」。私は努めて笑った。

ふざけるな、私は激怒した。手の内を明かすやつがあるか。司法省の行動は「これからクローゼットをのぞきに行くので、ポルノ雑誌は隠しなさい」と、スイスに伝えているのも同じである。連中の意図が何であれ、アメリカの納税者のために正義を求めることにはならないと思った。

もう十分だ。私は司法省のピエロどもとの取引は済ませたのだ。私はヘクター・アンド・モランに電話をかけ、最新情報を伝え、そして言い放った。「司法省のバカ野郎、あのバカどもとは取引するつもりはないぞ。飛行機のチケットを予約するから、別の訪問先を探してくれ」

二〇〇七年八月三一日、ヘクター・アンド・モランがアメリカ上院に接触を始めた。私は、だれに近づき、何を言うべきかについて彼らに指導したが、これが困難な仕事であることは分かっていた。カール・レビン上院議員は、上院常設調査小委員会の委員長として権力を持っているが、生粋の民主党員で、司法省を含むブッシュ政権には一人の友人もいないのだ。スイス銀行を打ち破り、彼らがどのようにして何十年もの間アメリカの納税者をだまし続けてきたのかを証言すると言ったのは私が初めてなのであるから、彼は私の申し出を興味深いと思うであろう。しかし、キャピトルヒルの電話帳をめくって、レビンに

電話をかけることなどできないのだ。私の弁護士たちは職員かだれかに電話をかけ、こう言ったのだ。「アメリカ人の依頼人がおります。彼はスイスのバンカーでもありまして、スイス銀行の不正行為のすべてについてホイッスルを吹きたいと言っております」。しかし、「売りに出ていたブルックリンブリッジを安く手に入れました」と言うも同じ、にわかに信じがたいことであるから、反応が薄いのも当然だ。簡単なことではない。数回の電話と手紙とで済む話ではないのだ。しかし、私は冷静に努め、数週間は待つよう彼らに伝えた。十分に理解してもらったら、再び当たってみよう、と。

九月中旬、司法省を「回避」して、上院担当に任命されたＩＲＳの二人の特別捜査官、ジョン・リーブスとジョン・マクドゥーガルを含め、ＩＲＳに接近するよう、弁護士たちに伝えた。私はいまだに協力したいと考えているのだが、司法省が猛犬並みに非友好的なので、もっと高位の人たちに接触するつもりであることをＩＲＳに伝えたかったのだ。ＩＲＳには、私がホイッスルブロアー（内部告発者）として全速力で進んでいるという事実を共有しておいてもらわなければならない。スイスから身を守るべく召喚状を獲得しないかぎり話さないとしているすべてのことをＩＲＳは聞きたくて仕方がない、ということは分かっていた。ただ、ＩＲＳは召喚状を約束することはできないが、上院はそれができるのだ。

その直後、私はヘクター・アンド・モランに再び上院のインターホンを押させた。今回は、主要な金融紙やウェブサイトのすべてで取り上げられたヘーグ・シモニアンの記事のおかげもあってか、多少の変化が見られた。弁護士たちは、委員会の都合に合わせて本人が直接詳細な証言を行うと提案した。また同時にこちらの要求を強調してもいた。「われわれの依頼人は召喚状を必要としています。さもなければ、彼は自身の自由を危険にさらすことなく証言することができません。歴史的な暴露と引き換えに寛大なご処置をご検討いただければありがたいです」。要は、「こちらの要求を受け入れろ、そうすれば説明してやるぞ」と彼らは言ったのだ。

一〇月九日、ヘクター・アンド・モランはジュネーブにいた私に電話をかけてきた。彼らは二人でグータッチをしていたことであろう。

「やったぞ、ブラッドレー。特別委員会が君の召喚状を発行したぞ」

「素晴らしい、コピーをファクスしてくれ」と私は答えたが、こうも考えていた。今ごろ、何言ってるんだ。最初からこの方法を取っていれば、狂犬ダウニングにキャンキャン吠えられずに済んだじゃないか、と。だが、私は「荷造りを始めるよ」と付け加えただけである。

それでも、私は活気を取り戻し、楽観的になっていた。やっと、私が語らなければならないことに耳を傾ける者が出てきたのだ。しかも、出世の見込みのないしみったれの役人たちではないのだ。大舞台である。今回は破壊力のあるすべての証拠を持っていくつもりだ。レビンの委員会で証言を行えば、もはや自分ではコントロールできない結果へとなだれ込む可能性があるので、どのくらいアメリカに滞在することになるか分からなかった。私はハウスキーパーに三カ月分を前払いし、植物を枯らさないよう頼んでおいた。

それから空港に向かった。スイスの国家警察が逮捕状を持ってゲートで待っている可能性も十分にあったので、私は少々神経質になっていたことを認めなければならないが、私はどんなときでもハイローラーだ。もう一度サイコロを振ってみよう。

ワシントンDCの一〇月は、六月よりもずっとよい季節である。気温も涼しく、そよ風も爽やかで、木々の葉は色づき始めている。そのような気候とは対照的に、私の周りは熱

を帯びてきていた。私は、ボストン郊外のウェイマスにある兄のダグの家を掩体壕とした。飛行機で何回も往復していたので、デルタ航空の株式を買うべきであったかもしれない。前述のとおり、ダグは几帳面で、経験豊富な弁護士であり、私がしてきたことのすべてを話すと、たくさんの証拠を集め始めた。これが後に私を守ってくれることになる。彼は私のホイッスルブローイングを全面的に支持してくれたが、私同様に、私をラッキー・ルチアーノのように扱った司法省のやり方に幻滅し、また怒っていた。ダグは、弁護士としての責務はヒポクラテスの誓いを奉じる外科医と同じようなものであると考えていた。司法省が自分たちの誓いを「融通無碍」なものと考えていることを知り、あぜんとしていた彼は、やがて私よりもよほど強い怒りを抱くようになる。

私はヘクター・アンド・モランとともに、来る上院での準備を行うとともに、ホイッスルブロアーとしてのIRSに対する立場を確たるものにすべく取り組んだ。一〇月一二日、弁護士の事務所でIRSのリーガルコンプライアンス担当官数名と面会の場を持った。私は大スキャンダルを分かりやすくするために、より多くの証拠と証言とを提供した。彼らに対し、カール・レビンの委員会ではすべてを話すつもりであるし、そうすれば、IRSも全体像を把握することになるだろうと伝えた。彼らは、礼儀正しく、配慮に富み、また恩義を感じていた。結局のところ、ＩＲＳは連邦議会に拠っているのである。一方、司法省は常に秘密主義で、スキャンダルに満ち、潜水艦に持ち込んだ蚊帳と同じように無用の長物なのだ。

その後一〇月を通して、われわれは予備的な証拠書類を上院に送付し始めた。私の「翻訳」がなければ内容を理解することはできないとしても、委員会のメンバーには事前に目を通しておいてほしかったのだ。しかし、私が高さ六〇センチにもなる書類の束を持っていったら、彼らの頭は爆発してしまうであろう。同時に、ヘクター・アンド・モランには司法省を引きつけ続け、ダウニングには免責を要求するとともに、より有効な証拠を小出しにするよう指示しておいた。あのバカ野郎が、われわれに対して冷たい態度を取り続けるであろうことは分かっていたし、実際にそうであった。しかし、その結果として彼は、私が本当にやろうとしていることを嗅ぎつけずにいたのである。ヘイルメアリーが奴のキャリアを通り越していったのだ。その後、モランとヘクターにＳＥＣに接触し、彼らにも現在進められていることに関して注意喚起をしてもらった。こうしておけば、あとになってバーケンフェルドは協力を渋ったとはだれも言えなくなる。

一一月六日、ＣＢＳニュースがビッグニュースを報じ、ウォール・ストリート・ジャーナルを含むあらゆる金融紙が即座にそれを取り上げた。ブラジルのサンパウロで、チューリッヒ郊外に住むUBSのプライベートバンカーが突如逮捕され、合わせて一九人のブラジル人がわが古巣であるUBSとクレディ・スイスを通じた資金洗浄によって、ブラジル企業が税金を逃れる仕組みを作ったかどで訴えられたのだ。ブラジル警察は「スイス作戦」の名の下、四四カ所に一斉捜査をかけ、ブラジル・レアルとドルの現金で四〇〇万ドルを差し押さえ、またそれらの企業がブラックマーケットを通じて月に四一〇万ドルを洗浄し、そのすべてをスイス銀行に隠していたと推定したのだ。

私は、フラッシュ・ゴードン並みの速さで、それらすべての記事を印刷し、弁護士を通じてカバーレターとともに上院、IRS、SECそして司法省に送付した。カバーレターの要旨はつまるところ、「お前ら、言ったとおりだろう」ということだが、その根底にあるメッセージは「あのブラジルの連中のほうがお前らよりもよほど賢いぜ」ということだ。ブラジルがUBSとクレディ・スイスに対して行った一連の作戦は、私が司法省にアメリカで取り組むよう提案した戦略に極めて近似している（ブラジル人もテレビの見すぎなのであろう）。五日後、私は国会議事堂へ向かった。

一一月一三日、カール・レビン上院議員は多忙を極めていた。言い換えるならば、彼は証言に立ち合うつもりはなく、スタッフに要約させた資料にあとで目を通すだけだ。たいていの場合、大物の上院議員は、C－SPANで放映される公聴会でしか議長を務めないものなのだ。さもなければ、彼らは何もしないのだ。彼らが仕事をしているかどうかは、見解上の問題でしかないのだ。

私の証言は、レビンの事務所の向かいにある大きな会議室で行われた。ヘクターとともに、きちんとしたスーツにネクタイを締め、スイスの秘密を手にこの聖なる部屋に向かったときは、やっと魔法使いのオズに会いにエメラルドの都に到着したかのように感じたものである。三ページのメモを見つけ、あの忌まわしいスイスの城を崩壊させると誓って以来、二年の月日が流れ、今やっとエンドゾーンに突進しようとしているのである。しかし、彼らもまた司法省同様に、私を薄汚いネズミのように扱いはしないかと考えずにはいられなかった。われわれは若いインターン生二人から挨拶を受け、丁重に部屋のなかへとエスコートされた。

会議室は六〇平方メートル弱はあろうかという大きさで、ボストンホエラーのボートほどの大きさのある長い会議机が据えられ、ベーズグリーンの壁にはしかめっ面をした上院議員のポートレートが飾られている。テーブルの一方の端には、すでに女性の速記者が座り、磨き上げた爪をキーボードの上に置いている。テーブルの向こうには、レビン上院議員の顧問で主席捜査官を務めるロバート・「ボブ」・L・ローチが座っている。四五歳くらいで、大きく四角いあごをし、ローマ鼻に、メタル製の眼鏡をかけ、硬い茶色の髪は生え際が白くなりつつあった。ローチの片側には「多数派」、つまり民主党員が二人座り、反対側には「少数派」である共和党員が二人座っている。テーブルのわれわれが座る側は空席で、われわれが座る前にローチが立ち上がり、速記者が直ちに記録を始める。

「バーケンフェルドさん、右手をお挙げください」と、彼は厳かに口を開いた。

右手を挙げると、彼が尋ねる。「あなたは真実のみを述べることを誓うか……」

私は「当たり前だろう」と言いたいところであったが、「誓います」とだけ答えた。うれしくなった。これでやっと記録に残るのだ。それ以上に、ケビン・ダウニングは速記録を入手しないかぎりは、私が話すことを耳にすることはないのだ。ざまぁみろ。

ボブ・ローチは礼儀正しく、親切だったが、ユーモアのかけらもなく、クスリともしない。彼が私の出頭に謝意を述べると、テーブルに座る全員がうなずいた。弁護士が準備したすべてのコピーが、委員の前にキチンと据えられていたが、ヘクターと私はそれを上回る量の配布物を持ってきた。その後しばらくの間は、私が何者か、過去一〇年にわたりスイス銀行でどのような役割を果たしてきたのか、そして、一人の「スパイ」も正体を現すことのなかった宗教的クラブに対してホイッスルを吹こうと決心した経緯について語った。そのすべてが魅力的で、私はあたかもミステリーか陰謀の物語を語っているかのようだった。違いと言えば、そのすべてが真実だということだけである。

彼らの前には大量の資料が置かれている。その多くが英語で書かれているが、フランス語やドイツ語のものもある。UBSのメモやパワーポイントのプレゼンテーション資料、内部の会計資料、それから極秘扱いのスプレッドシート（**資料1**参照）などである。委員会のメンバーはみんな優秀な人物であったが、秘密のスイス銀行の用語についてはこれまでにだれも明らかにしなかったのであるから、彼らはみんな理解していなかった。今日が学校の初日であり、私は彼らに基礎から教えるだけでなく、結合組織を追って説明していかなければならなかった。

上院での一回目の会議は、三〇分のお昼休みを挟んで九時間に及んだ。最初の一時間が過ぎたとき、彼らは眉間に深いしわを寄せ、目を大きく見開いていた。ここにいる者たちはみんな、政府の税務の専門家であり、自分たちが何年もの間だまされ続けてきたことを理解したが、それが実際にどのようになっていたかは皆目見当がつかなかったのだ。彼らは私を見つめていた。その姿はまるで、何十年間もその貴重な液体を抜き取られ続けた血液バンクの会長かのようで、そこで私はドラキュラの真実を語っているのである。

ブラッドレー・バーケンフェルドは実のところすべてを把握しているわけではなく、彼がホイッスルブローをせずとも、秘密のスイス銀行は自壊したのではないかと指摘する者もいた。だが、ボブ・ローチと上院はその意見には同意はするまい。これは私の物語の重要な点であり、私のホイッスルの聞きどころであるから、委員たちのように注意深く聞いてほしいと思う。

私が委員に語ったことを記していこう。丹念に読んでもらえば、私が息の詰まるような話を語る、単なる流言飛語の徒だとは思わないであろう。これはすべて私が学んだことであり、何年もの間、苦労して取り組んだ泥沼である。それをひとつひとつ彼らに伝え、彼らはまるで私がそのピカピカに輝くマホガニーの机の上でカバの皮を剥いでいるかのように驚いて座っていたのだ。二〇〇八年七月一七日と二五日のアメリカ上院のリポートでは終始私のことが引用されている。私は上院委員会に対し、UBSの内部資料や戦略に関する情報を提示する唯一の人間と認識されているのだ。

まず私は、UBSが何をしているか、それをどのようにやっているのか、そしてどのくらいの期間隠してきたのかを語った。そして、ジュネーブ、ルガーノ、チューリッヒを含むUBSのすべてのプライベートバンキングの物理的な場所や業務内容について語る。その後、UBSのすべてのプライベートバンカーのフルネーム、電話番号、Eメールアドレス、UBS内部でのコードネーム、彼らが仕事をするすべての都市などを記載した一覧表を提示する。これらの爆弾を飾り立てるために、UBSの組織図を用いながら、アメリカのオフショアビジネスに関係するUBSのすべての経営陣の名前を開示する。そして、アメリカ合衆国にあるUBSのオフィスと、登場人物たちという点を線で繋いでいく。彼らこそが、アメリカ政府に対するこの巨大な脱税を実行し、また永続させてきたのだ。

「提案を差し上げたく存じます。司法省、IRS、そしてSECには、これらすべての電話番号を国土安全保障省と照会されることを求めます」。私は司法省に提案した同じことを彼らにも提案したのだ。

「その理由は何ですか、バーケンフェルドさん」と、ボブ・ローチが尋ねる。

「UBSのすべてのプライベートバンカーはこれまでの訪米でパスポートのスキャンを受けています。面白い照合結果が得られるものと思います」

職員たちは顔を見合わせながら、メモを取る。速記者はキーボードを叩き続けていた。

「資産について少しお話しさせてください」と、私は書類をかき混ぜながら言った。「UBSによってスイスで開設され、維持されているアメリカ人の口座は総計で一万九〇〇〇あります」

会議室は、ハエのくしゃみが聞こえるほど静まり返った。

私は話を続ける。「そして、スイスのUBSが獲得し、また管理しているこれらアメリカ人の口座の総資産額は二〇〇億ドルに上ります」

みんなが瞠目した。眼鏡をかけた職員の一人は、そうすることで私の話が聞きやすくなるかのように、メガネを外し、磨きだした。ほとんど喜劇である。

「これは、UBS以外に銀行口座を有するオフショアの信託や企業、ならびに何千もの貸し金庫に隠された無数の宝物を除いた金額です。そうだ、スイス・フラン、つまりCHFはドルよりも少しばかり高いことを考慮すれば、金額はもう少し大きくなりますね。さらにスイスのUBSがこれらアメリカ人の秘密口座から上げる収益は、平均すると年に二億ドルです。つまり、過去一〇年間だけで、二〇億ドルの非課税収益、ということになりますね。それ以前の数字を正確にお伝えできないのが心苦しいですが、これが第二次大戦以来続いているのだと仮定されてもよろしいかと思います」

これでもまだ、彼らの注目を浴びることはなかったのだろうか。いや、だれ一人として腕時計に目をやる者はいなかった。たった一度も、である。

私は、資産と収益に関するＵＢＳの内部会計の内訳を、分野、資産クラス、月ごとに「翻訳」しなければならなかった。その後、ＵＢＳのプライベートバンカーたちがアメリカを訪問する際の都市、ホテル、滞在期間、ならびに頻度、さらには彼らの滞在中に行われる既存ならびに見込み顧客との面会の回数に関する詳細なリストを提供する。私がこれらすべての情報を完璧に蓄えていたことを不思議に思われるかもしれない。しかし、思い出していただきたいのは、私は怒りを燃料に二年間もかけて情報収集をしていたのだ。才覚を働かせ、容赦なく、である。

これには三時間を要した。その後、われわれは昼休みを取る。ヘクターと私は上院の売店でサンドイッチを食べたが、委員会のスタッフはあたかも隔離された陪審員で、私は法廷での重要証人であるかのように、私には近づこうとしなかった。それが現実だった。われわれが部屋に戻ると、ボブ・ローチは私の宣誓がいまだ有効であることを言って聞かせる。

「承知しております」と答え、私は資料に話を移す。「では、ＵＢＳがアメリカ人顧客をどのように分類し、その資産額に応じてどのように取り扱うかについて話をしたいと思います。キークライアントというのは二五〇〇万ドル以上を保有する者です。ハイネットワークスクライアントが一〇〇〇～二五〇〇万ドル、コアクライアントが二〇〇～一〇〇〇万ドル、マスアフルエントクライアントがUBSでは最小で、二〇〇～三〇〇万ドルです。彼らはみんな、好都合にもポートフォリオマネジメントの委託を行い、ファンドへの標準的な投資戦略に従います。皮肉にも、これらファンドの大部分が、投資銀行が組成したUBSの商品です。これらの顧客は、それぞれにその資産価値に応じてサービスを受けますが、それらサービスの費用は資産価値に比例します。銀行にある一万九〇〇〇の口座のすべてが、以上の分類のいずれかに入ることになります」

その額は驚きに値する。スタッフたちがネクタイを緩めても仕方のないところだ。私は話を続ける。

「では、われわれのようなプライベートバンカーがアメリカ滞在中に監視の目を逃れるよう、UBSがどのようにして公然とかつ臆面もなく教育しているかを説明したいと思います」

全員がうなずく。私は、次の資料を取り出した。UBSの社内研修資料である（**資料3**

参照)。

「この資料をご覧になれば、例えばアメリカの関税申告書にいつ、どのようにしてビジネスか観光かを記すかなど、さまざまなテクニックを銀行がどのようにして教育するかご理解いただけると思います。パラグラフ2をご覧ください。経営陣は、バンカーの身元を隠すために、ホテルの部屋をその都度変えるよう指導しています。さらに下方をご覧いただければ、顧客たちはコードネームだけで呼ばれ、バンカーの名刺には『ウェルスマネジャー』とだけ印刷されて、『UBS』の名は記載されないとしています。次のページでは、バンカーは顧客のポートフォリオに関する資料を持ち歩いてはいけないという鉄則が示されています。彼らはホテルか地元のUBSのオフィスに資料をフェデックスで送らなければなりません。スパイ用語でいうところの『デッドドロップ』というやつですね。その下に、PDA（携帯型情報端末）または『手のひら』機器上で顧客情報を暗号化する特別な技術が記載されています。また銀行は、バンカーたちにIBMの暗号化されたノートパソコンを提供しています」

私はここで話をやめ、顔を上げた。「ついでながら、私はこれらの暗号化された機器を持ち歩くことを拒否していました」

「それはなぜですか、バーケンフェルドさん」と、ローチが尋ねる。

「私はスイスの住民で、スイスの法律を順守して働いておりました。犯罪者のようなまねはしたくありませんでした」

「しかし、あなたはこれらの技術やその目的の秘められた本質を理解していたのではありませんか」

「重々承知しておりました。しかし、だれも無理強いをすることはありませんでした。これらの事柄に対する私の否定的な思いは後ほど披歴させていただきたいと思います」

これがまた琴線に触れたようで、ローチは敬意を表すようにうなずいた。「悪魔が私にやらせた」ふりをするような証人ではないのである。

「私はその点について話をしたいと思っておりました。それはこの委員会が私を証言に呼ぶ以前、私が自由に証言できるよう召喚状を発行されるずっと以前からのことです。私はこの情報を司法省に提供すべく何回も打診しました」

ここでも一息置いた。司法省でどれほどバカげた官僚主義がはびこっているのかを彼らに知っておいてもらわなければならないのだ。

「残念ながら、司法省は私を免責にすることも、召喚状を発行することも拒否しましたので、今私がみなさんにお伝えしていることを彼らの前で明らかにすることができませんでした。実際に、スイスのバンカーたちに会って、さらなる情報を集めるために、私に盗聴器をつけたり、司法省に特別な拠点を設けてもらったり、スイスを行ったり来たりするといったことも提案致しました」

「それは勇気あるご提案ですね、バーケンフェルドさん。しかし、あなたはもっと良い方法を思いついて、お考えを変えられた、と」と、ローチが言う。

「それは違います。司法省のケビン・ダウニング氏が私の提案を一顧だにせず退けられたのです。その理由は彼に聞いていただくのがよろしいかと思います」

「ぜひそうしましょう」と、共和党員の一人が言った。

「では、その問題はどなたか別の方にいずれ取り組んでいただきましょう」と、私が言った。「さて、ＵＢＳには、チューリッヒ、ジュネーブ、ルガーノのバンカーすべてを集めた年次会議のためのオフサイト会場が二つあります。これらの会議では広範な話題が取り上げられます。投資商品、価格付け、マーケティング、顧客紹介、ＶＩＰイベントなどです。また、やる気を起こさせるのがうまい講演者が壇上に上がることもしばしばです。莫大なお金がかけられているだけでも十分やる気を起こさせるわけで、私はそれを楽しんでもいました。二つの会場というのは、チューリッヒ郊外にあるＵＢＳウォルフスベルグ城の複合施設とジュネーブ郊外のモントルーパレスホテルです。会議中はＵＢＳのプライベートバンカーと経営陣以外は立ち入り禁止となりますので、私のような内部の人間が必要となりますが」

私は笑みを浮かべ、申し訳ないとばかりに肩をすくめた。少なくとも向こう一〇～二〇年の間は、スイスの金融界で働くアメリカ人がその場に行くことはないであろう。その後、私は三つ折りのカラーのブローシャーのコピーを五つ配布した。

「これはＵＢＳの『ファンドファクツ』ブローシャーです。銀行は四半期ごとに、ドイツ語、フランス語、英語、イタリア語で何千枚と作成します。そして、われわれのような外国投資家の担当者たちが携帯し、見込み顧客に配布するのです。ブローシャーには投資商品の営業文句だけでなく、銀行が継続的に顧客にアドバイスをする旨の提案も記載されているのがお分かりいただけると思います。ＵＢＳのプライベートバンカーたちがアメリカ人の顧客に対して投資商品を販売したり、アドバイスを提供したりする資格を持ち合わせていないことは言うまでもないと思います。実際に、顧客に資料を読んでいただいたあと、われわれは投資について話し合うには、アメリカ大陸から出てもらわなければならないと公然と指導します。言い換えるなら、『盗聴されない公衆電話を見つけてください』ということです」

この時点で、すでに午後も遅い時間となってしまっていた。しかし、だれも終わりにしたいとは思っていなかったようだ。それはまるで、ライトをつけてベッドに横たわり、ジョン・グリシャムの最新刊を手放せずにいるような雰囲気であった。私はさらにいくつかの資料をめくり、皮肉な笑いを浮かべた。

「お、これはＵＢＳの内部資料のひとつです。きれいに印刷されていますが、カウンター・サーベイランス・ケーススタディ・ブックレットと言います。われわれはこれに基づき、銀行のセキュリティ・アンド・コンプライアンスの担当者から徹底的な訓練を受けます。皮肉なことですがね」

彼らは再び目を見開くことになる。われわれが一九四〇年代に潜水艦に乗ってアメリカ合衆国に密入国しようとしているドイツのスパイのように行動していたことがそこには記されていたのだ。

「さて、次の資料に移ってください。三ページのメモです。これは、表向きは二〇〇四年一一月に発行されたことになっている『クロス・ボーダー・バンキング・ポリシーズ』と呼ばれるものです。驚かれるかもしれませんが、ここでは銀行が何年間にもわたって、われわれバンカーに取り組ませてきたことを禁ずる内容が長々と記されています。これには私も驚きました」

私は、彼らがこの裏切りの書に目を通すために一分間の時間を取った。これこそが、私に火をつけ、まさにこの場に立たせたものである。頭を振り、互いにささやき合う職員もいた。私は彼らのささやきを耳にした。「これ、信じられるか」

私が口を開く。「次の資料は、同様のポリシーに関して更新された一〇ページものです。ここでもUBSが実際に行っていることとは相反する内容となっています。これは最近、二〇〇七年六月に発行されたものです。私がどのようにして入手したのかはお伝えできませんが、UBSのさまざまな部署に多くの友人がおります、とだけお伝えさせてください」

資料を配ると、いくつかの質問があったが、ローチは説明を必要とするスタッフを優先させていた。「この数字はどういう意味ですが、バーケンフェルドさん」「新規資金という言葉の定義を教えてください」「新規顧客に会うためにどの会議に参加するかはどのようにして決めるのですか」。正直なところ、私は資料を用いながら彼らに指導するのが楽しかった。彼らは純粋に興味を持っていたし、また真摯であった。ダウニングのバカ野郎とは大違いである。時間はあっという間に過ぎ、ようやくボブ・ローチが時計に目をやった。すでに午後五時を過ぎていた。

「バーケンフェルドさん、価値ある資料をたくさんご提供いただきました。持ち帰って真剣に検証したいと思っております」。彼が周りを見渡すと、スタッフたちは彼にうなずきかえした。「次の機会に継続してお話しさせていただきたいと思いますが、本日の会議を終えるにあたり、ご提出になりたいものはほかにございますか」

「これだけだと思います」。そう言って、私はしまっておいたコピーを取り出した。立ち上がり、彼らに配布し、また席に戻る。「それらは、ＵＢＳにおける私の顧客の名前で、北米の顧客のすべてが含まれています。彼らのナンバーアカウントの詳細、保有資産、オフショアの会社、それから彼らの素性を隠すために設立を手伝った信託と一連の投資内容で、非課税の収入は太字になっています。私の顧客の次に記載されているのは、当時の上司であるクリスチャン・ボヴァイが対応している顧客、さらにチューリッヒにいる彼の上司であるマーティン・リヒティと、全世界の営業に責任を有するより高位のマネジングディレクターであるラウル・ワイルの顧客リストです。これらは、ジュネーブが担当する四五〇〇口座および、全体で一万九〇〇〇ある口座の一部にすぎません」

リストのトップには、イゴール・オレニコフがあり、アブドゥル・アジス・アッバスやその他課税を逃れようとしているアメリカ人およびアメリカ住民などが掲載されている。私は、オレニコフのような顧客の名を挙げることはしたくなかったが、私に選択する余地はなかったのである。もしだれかのことを隠そうとすれば、自分がやられることは分かっていた。

委員会はこれら顧客のすべてをいずれは知ることになるし、ＩＲＳにおいても同様である。これら顧客の多くが、両手を挙げ、罪を認め、特赦の署名を行い、罰金とこれまでの税金を支払うであろうし、そうすれば、名前を公にされることはないのだ。

ハリウッドのセレブの名を目にしただれかが、「なんてこった」とささやいた。

「それは小者ですよ。たった二〇〇〇万ドルです。私の最大顧客であったイゴール・オレニコフのポートフォリオは二億ドルですからね」

彼らがリストを読んでいる間に、私は自分の資料を片づけた。ヘクターと私が退室したときも、彼らはみんな気づかず、席に座って資料を読みつづけていた。後ろ手にドアを閉めると、だれかが驚きの声を上げるのが聞こえた。

「なに、あの女だって、冗談だろ」

一週間後、上院で二回目の公聴会があった。しかし、今回はカール・レビンの会議室の雰囲気が違っていた。委員会のメンバーの心の奥底に流れる怒りが感じられたのだ。それは私個人に向けられたものではない。表向きは友好な関係であるヨーロッパの国家からアメリカ合衆国が長きにわたりバカにされ続けてきたという事実に対して、である。たしかに、私が彼らに提示した数々の証拠はスイスのたった一つの金融機関に関するものにすぎないが、論理的に考えれば、スイス政府の法的枠組みが、あたかも世界的なカルテルのようにUBSによる世界中での犯罪行為を助長しているという結論に至らざるを得ない事実を無視することはできないのだ。ジュネーブだけでも、程度の差こそあれ、一三〇もの銀行がUBSと同じような不正なビジネスを行っているのだ。

ここで再び私はさらに悪いニュースを提供した。UBSはスイス銀行界で最大の犯罪者であることはたしかであるが、UBSに限ったことではないこともたしかなのだ。私は彼らにそれを知らせることで火に油を注いだことになる。司法省に対して行ったのと同様に、私は、自分がスイスのインチキ商売に初めて足を踏み入れることになったクレディ・スイスについても多くの秘密を暴露したのだ。

しかし、上院委員会は司法省とは違い、使者を撃つようなまねはしなかった。職員たちが宿題をやってきたことは明らかで、私が一回目の公聴会で提出した膨大な資料を懸命に読み込んできたようだ。たくさんの質問がなされ、また説明を求められた。彼らは一斉射撃の準備をしているように思えたので、それがこれまで無力であった政府のすべての法執行機関へと向けられることを望んだ。職員たちは質問を重ねるにつれ、ほとんど困惑しているかのように見えた。

どうしてこれらの事実を知り得なかったのか。ＩＲＳやＳＥＣ、さらには司法省は何十年もの間、どうしてこれらのことが自分たちの鼻先で行われることを許してきたのか。この龍を倒すために、われわれはたった一人の良識あるアメリカ人に頼らなければならないのか。

ボブ・ローチが再び私に宣誓を求め、私はまず、弁護士が先日、委員会と司法省、ＳＥＣに送付した手紙について語った。その手紙は、ＵＢＳで働いている友人の一人から得た内部情報に基づいて作成したもので、彼によれば、ＵＢＳはアメリカの顧客とのオフショア商売のやり方を変えるよう指示を出したのである。

「みなさま、ＵＢＳが防衛態勢を固め始めたようです。それがこの密室での公聴会の内容が漏れた結果なのかどうかと考える前に、私はその理由を説明したいと思います」

「ぜひお願いします、バーケンフェルドさん」と、ローチが言う。

「二カ月ほど前になりますが、私がまだジュネーブにいるころに、司法省はＵＢＳにターゲットレターを送付しました。その手紙は、銀行が捜査対象となっているという趣旨のものです。個人的意見ですが、これは戦略上大きな誤りであったと思いますし、われわれはその結果を今目撃しているのです。警告を受けたＵＢＳは、自分たちのこれまでのやり方がもはや困難であることを知ったのです。彼らは渡航の禁止と文書の破棄とを指示しています」

だれかがテーブルを叩いて、非難の言葉をもらした。「なんてこった」。私はただ眉を上げ、肩をすくめる。

その日の公聴会は、一回目と同じくらいの時間がかかったが、終始、慌ただしかった。私が提出したたくさんの資料と情報は、スイス銀行で働いた者でなければ理解できないものであったので、それらを説明しなければならなかったのだ。しかし、ＵＢＳ内部でのホイッスルブロアーとして、そしてアメリカ政府に情報を提供するという大きなリスクをとった者として行った、すべての行動を時間をかけて要約した。彼らには私がしなければならなかったことを知ってほしかった。UBSを退社したあとでさえ、銀行内部から最新の情報を獲得し、何台もの公衆電話と、あちこちのホテルのファクス機を使い、それらの情報を弁護士と司法省とに送っていたのだ。安全な場所からフェデックスを送付するためだけに、自分のお金でジュネーブからヨーロッパのあちこちに移動していた証拠も提出した。私は、自分が行ったあらゆる努力を議会記録に残したかったのである。

その後、アメリカ当局がスイスの行動を抑えようとしたこれまでの試みが無駄である理由を、丁寧に説明した。

「適格仲介人契約、いわゆるＱＩ契約はアメリカ人投資家ならびに彼らを誘惑するスイス銀行に、オフショア口座の実態と保有状況を正式に提示させようとするものであります。つまり、すべての「非申告」の秘密ナンバーアカウントを「申告」口座にしようとする試みです。しかし、ＵＢＳはその契約を回避する方法を編み出し、頻繁に用いていることをお知らせしなければなりません。おそらく、ほとんどのスイス銀行が同じことをしていると思います」

会議室の面々は恥ずかしそうな表情を浮かべた。これまでに彼らが行ったことはすべて無駄だったことは明らかなのだ。

「それらの方法に対抗するにはどのようにしたらよいと思いますか」と、スタッフの一人が尋ねた。

「私が思いますに、アメリカ政府が本気になることです。スイスの秘密銀行の行動に対して全面攻撃に出ることです。規制を設け、それによって訴追することです。司法省にそれを実行する圧力をかけることが有益かもしれません」と、私は言った。

彼らはみんな顔を見合わせていた。それは彼らがすでに考えていたことなのだろう。

「私は、仲間を傷つけたくはありません。私と同レベルの社員はスイスの法律に縛られています。しかし、それ以上のレベル、つまりマネジングディレクター、取締役、会長、設計者、言葉は悪いかもしれませんが、金融のポン引き連中はそのかぎりではありません。私はみなさんが彼らの土俵で、彼らを捕まえるお手伝いができるものと思います」

「ご助力いただけますか」と、ローチが尋ねる。

「致します」

二度目の公聴会は終始、このような具合で進んだ。彼らは私に感謝を伝え、私もまた彼らに感謝し、さらなる情報をもたらす旨を約束をして、弁護士とともにその場をあとにした。

おそらく二四時間以内にカール・レビンはボブ・ローチから説明を受けたのだろう。レビンと委員会の上院議員たちは怒り狂い、スイスによるアメリカ法蔑視に関する公聴会の開催を即座に要求した。おそらくレビンは司法省に電話をかけ、怒鳴りつけたのだろう。なぜそう思うのか。最後の公聴会の二日後、ケビン・ダウニングが弁護士に電話をかけてきたのだ。彼は、私が上院で証言を行い、彼の貴重な調査を公にしたことを罵り、怒り狂ったのだ。

政治家がこの問題について出てきたことが司法省にとってはすこぶる迷惑だったのだ。彼らはもはや私が提出した証拠をもみ消すことも、またスキャンダルを醸成することもできなくなったのだ。しかし、不正や司法妨害に対するあからさまな非難は、民主党上院と共和党のそれとの間では湧き起こらなかった。双方とも、互いに叩けばほこりがでることは重々承知していたからである。しかし、彼らには、スイスのナンバーアカウントを掘り起こし、息を潜めて待つことしか、逃げ出すネズミを押さえる術はないのだ。貧しい国会議員には酷だったに違いない。慌てふためいてスイスのバンカーに電話をかけた者がどれだけいただろうか。私の証言は非公開のものであったが、キャピトルヒルでは嵐が猛威を振るっていたのだ。

私について言えば、事が起こることをゆっくりと待つばかりである。私は手榴弾のピンを引き抜き、部屋に投げ入れたのであるから、あとはだれが生き残るかを待つばかりなのである。

史上初めて、スイス銀行の秘密がトランプの家のように瓦解しようとしているように思えた。

第10章　追われる身

「あなたがこの世で見たいと願う変化に、あなた自身がなりなさい」――マハトマ・ガンジー（インドの政治指導者）

二〇〇八年一月、私はジュネーブに戻った。再び自由の身である。少なくとも一時的には、であるが。

湖を超えて冷たい風が吹き寄せ、スイスアルプスにはたっぷりと雪がかかっているが、そんな冷え切った空気を吸い込むとまるで純酸素を浴びているかのように感じる。不快な司法省の、ベトベトした触角から、遠く遠く離れているだけでも気持ちが良い。私はアメリカ上院に知っているすべてのことを話し、持っていたすべてのものを提供したが、今後も委員会と、IRS（米内国歳入庁）、SEC（米証券取引委員会）には提供を続けていくつもりである。それら政府機関の反応は、感謝にあふれ、また温かいものでもあったが、自分の不安定な立場について幻想を抱いてはいなかった。カール・レビンと彼のスタッフは私を勇気あるホイッスルブロアー（内部告発者）と見ていたが、ケビン・ダウニングは今でも私のことを彼の寝室のスリッパに潜むサソリと考えている。

司法省は私がジュネーブに戻ることを許可したが、ダウニングがどうにかして私を叩き潰そうとしていることは確実である。彼は自分を怒らせた揚げ句、私がアメリカ政府の別の機関に駆け込んだことが気に入らなかったのだ。私が上院に暴露したことで、ダウニングにはもはや起訴を求める以外に選択肢がなく、すでにその準備をしていることは明らかである。カール・レビンの委員会は私を神様のプレゼントだと思っていたかもしれないが、皮肉なことに、上院は私をスイスから守ることはできても、復讐に燃える愚劣なダウニングから守ることはできない。彼は今でも私を脱税の共謀者として訴えることができるのだ。可能なのであれば、彼はやるだろう。そのことには疑いの余地はない。

新年を祝うシャンパンのコルクを抜きながら、私はやっと連邦政府機関を行ったり来たりするストレスから解放され、自らの正しさと価値とを証明することも一休みである。

ジュネーブの美しい部屋に座り、思案にふけるつもりはない。人生は進み続けているのだ。取り組むべき仕事や、参加すべきパーティーはいくらでもある。また、愛すべき女性も幾人かいるかもしれない。私は親友のデーブ・バークとのプライベートエクイティのプロジェクトに再び身を投じた。彼は、優れた新規事業の情報に通じており、投資家のマッチングにも長けていた。私はムンバイに飛んで、インドの石油ガス担当大臣と面会し、「環境に優しい」タイプの石炭を購入する契約を締結した。

その後、北京と上海に飛び、中国の高官に接触して石炭取引とともにヨーロッパの一流不動産の取引ついて売り込みを行う。その間も当然ながら楽しみはある。それが何であるかはすでにお分かりであろう。しかし、結局のところ自分は斧が振り下ろされるのを待っている囚われの身であると感じていた。

国際的な取引の仲介をしながらも、私はアメリカのさまざまな政府機関に情報提供を続けていた。ケビン・ダウニングは情報提供者としての役割を引き続き果たそうという私の申し出を退けたが、上院やIRS、SECは私からの情報を渇望していた。そこで、私は覆面捜査官となり、いまだUBSで働いている友人たちすべてと親しく付き合い、彼らから秘密情報を得ていた。私が遊びながら、情報収集していることを彼らは知らなかった。事実、それは夕食やお酒をともにしながら会社のゴシップを語る同期会のようであったろう。ある夜、ジェームズ・ウッズと私は、旧市街にあるレストラン・レ・ザミュールで夕食をともにした。そこは、ソレイユルバン（「レバントの太陽」という意味）通りの石畳にたたずむ小さなレストランである。

「ところで、黒い魔法の王国はその後どうだい、ジェームズ」。フランス料理を楽しみながら彼に尋ねた。

「まるで悲惨なホラーだよ、ブラッド。パニックさ。出張はすべて禁止、セキュリティプロトコルも新しくなって、アメリカへの旅行など口にしようものなら、ボヴァイはカンカンさ。君の言うことを聞いて、南アフリカに異動して良かったよ」

「同感だよ、ジェームズ」と、私はほほ笑む。

「まるでだれかがアメリカ人にUBSの資金集め戦略を教えているみたいなんだ。それもリアルタイムでね。銀行が動くと、即座に妨害される」

彼は何も知らずにこう言ったのだ。

そこで私もならって、「面白い話だな、ジェームズ。でも、彼だか彼女だか知らないけど、チューリッヒの地下牢にぶち込まれたいのでなきゃ、だれもそんなことしないだろうよ」。

「そのとおりだ。でも、マーティン・リヒティの一番新しい指示を知ってるかい。俺の許可なく、どこにも行くんじゃない、だぜ」

「そのメモ見てみたいな、無駄だっての」と、私は笑った。

「コピーを送るよ。でも、だれにも言うなよ」

「神にかけて。ところで、ワインの追加は」

一月中旬ごろ、フィナンシャル・タイムズがまたUBSについて大きく報じた。ヘーグ・シモニアンによる記事では、経営陣の言葉として、UBSはアメリカ人顧客とのあらゆる秘密の関係に終止符を打ち、実際に彼らのナンバーアカウントを閉鎖するつもりだと報じたのだ。私はかつてのスイス人上司たちをよく知っているが、話のすべては煙幕にすぎず、ほとぼりを冷まそうとしているだけである。しかし、私の怒りは冷めなかった。もしケビン・ダウニングのバカ野郎と司法省の間抜けどもが、UBSに「ターゲットレター」を送って警告を与えなかったら、われわれはブラジルが行ったのと同じように、すべての営業活動を追い詰めることができたのだ。私が、コカインの隠し場所、売春宿、武器庫を兼ねたマンションを郊外に見つけたのに、警察官が「本当ですか、ではドアをノックして話を聞いてみましょう」と言っているのに等しいのだ。

しかし、少なくとも連中をしつこくなじることはできる。そこで、私は弁護士に指示を出し、カバーレターを作成して、フィナンシャル・タイムズの記事と一緒に、SEC、IRS、上院、そして司法省に送付させた。それはあたかも、火あぶりの刑に処せられながら、足元の火を自分で煽り立てているかのように思われるかもしれないが、私の次の戦略の一環であった。ついでに言えば、私が集中砲火を浴びても撤退しないことはすでにご承知のことだろう。

さて、私はUBSが実際に行っていることの情報を集め続けた。彼らが行っているのは、防御態勢を固め、アメリカ人顧客との不正な関係を示す有罪になりかねない証拠を隠滅し、狩猟採集民たちを脱税にはさほど気を払っていないそうな国々に向けて振りかえ、新しいオフショアのストラクチャーを組んだ別の地域へと資産を移動させることであった。彼らはだれもアメリカには近づくなと言っているのだ。フランスについても同様であった。やがて、フランスでの悪事がばれ、エスクロー口座にあった一一億ユーロもの資金が突然凍結され、最大で六〇億ユーロもの罰金が課せられる危険性があったのだ。バカは死ななきゃ治らない。このときまでに、私は完璧な秘密通信の方法を確立していた。公衆電話からインターネットカフェに移動し、ジュネーブ郊外に短期の「バケーション」に出かけ、ヘクター・アンド・モランにフェデックスを送る。もちろん、新しい情報が満載されているのだ。

二月、ヘクター・アンド・モランはSECと上院に対し、私の活動の最新情報を伝えた。それは電話で行われたのだが、その直後の三月、私は弁護士に指示し、SECと上院に対して積極的に情報と資料とを提供し始めた。その月の後半、私は再度一斉射撃を行った。UBSのお偉いさんがアメリカ司法省の裏をかく方法を見いだそうとしており、司法省の無能ぶりを考えれば、それも容易にやり遂げられるであろうと伝えたのだ。遅かれ早かれ司法省は私を付け狙うであろうと直観的に感じていたので、彼らの主張に反論する手段として「慈善活動」を続けたほうが良いだろうと考えた。うまくいっていると私は感じていた。賢明に動き、先制攻撃を仕掛ける。すべては、ケビン・ダウニングが私の背中に突き刺そうとする矢をかわすためである。

そして、起訴状が出た。それらは極秘である。

極秘起訴というのは、倒そうとしている相手に向かって、自分たちがそうするつもりだと教えない、ということだ。ダウニングや彼の上司たちがそれをうまくかわすことができるとしたら、彼らはこっそりと抜け出し、公衆電話からスイスの携帯電話、つまり私が上院に提出した電話番号に何回も電話をかけるしかないのだ。しかし、私の努力によって、上院はスイスの犯人のすべて、実行者であるＵＢＳのマネジャーたちの名簿を保有している。それはＩＲＳもＳＥＣも同様である。彼らはそのすべてを司法省に振り向け、こう言ったのだ。「さっさと国際税務詐欺の犯人を捕まえろ」。ダウニングは情報源が私であることを知って怒り狂ったであろうが、この時点では彼に選択肢はない。それに、もし彼がこの起訴を潰そうものなら、多くのお偉方を怒らせることになる。おそらくは彼の上司であるケビン・オコナーとその上役にあたる司法長官がこう言ったのだ。「決められたとおりにやりなさい。『繊細』な問題は後回しだ」。これは推測にすぎなかったが、やがて事実はそうなったのだ。そこで私は自分の読みに従うことにした。

暗殺予定者リストの第一位はイゴール・オレニコフである。ダウニングは、私が初めて司法省に足を踏み入れた時点で彼の名前を知ることができたのだが、彼は召喚状を発行することを拒んだのだ。それゆえ、彼は上院での私の証言の結果としてオレニコフの名を知ったのだ。オレニコフは私と直接つながっているので、ダウニングはオレニコフにハンマーを振り下ろそうとするであろう。しかしその後、ダウニングはすでに世界中が知っていることを発見する。オレニコフはすでに、ＩＲＳとカリフォルニア州オレンジ郡の司法省事務所によって告発されていたのだ。オレニコフはすでに逮捕されていたので、ダウニングが彼を追いかけることはできない。そのことがダウニングをさらに怒らせ、私を叩き潰そうという決心を新たなものにさせたのであろう。

しかし、オレニコフはバカではない（フォーブス四〇〇に入る人物だ）。彼はすでに、防衛態勢を固め、起訴されたことで社会的に面子を失うことを避けるために自分を告訴したまさにその事務所で働いていた司法省の捜査官を雇い入れ（リボルビングドアを覚えているだろうか）、二〇〇二年の税務申告に誤りがあったというたった一つの罪状を認めているのだ。彼は課税を回避するため、バハマ、リヒテンシュタイン、イギリス、そしてスイスにあるオフショア口座についてＩＲＳに申告するのを忘れたことを認めたのだ。もちろん、おわびとともに、である。政府は、五二〇一万八四六〇ドル三六セントの罰金を支払い、すべての資金をアメリカに戻せばよいとしたのだ。オレニコフは喜んで小切手帳を出した。二〇億ドル以上の資産を持つ男にしてみれば、はした金である。皮肉なことに、イゴール・オレニコフに対する民事訴訟において、彼と彼の息子（アンドレイ）がバハマのバークレイズ銀行に口座を開設するときにユーゴスラビアのパスポートを使っていたことが明らかとなった。二人とも、ユーゴスラビア生まれでもなければ、ユーゴスラビアに住んだことも、そこで働いたこともなかった。オレニコフの詐欺はその後も続く……。

オレニコフは楽しいことが大好きで、基本的にはちゃんとしているが、ちょっとした奇癖のある無頓着な億万長者（レギュラー・ジョーをご存知だろうか）だと考えているとしたら、このことを知っておいていただきたい。彼は、約束を守るに「えり好み」するのだ。いくつもある「オーレン・プロパティーズ」のオフィスには、美しい、高価な彫刻が自慢げに飾られているが、そのすべては無許可のコピーである。彼は世界的な彫刻家であるドン・ウエークフィールドとジョン・ライモンディを雇い入れ、何年もかけてオリジナル作品の詳細な提案をさせ、モックアップを作らせ、写真を撮らせ、寸法や価格を提示させた。しかし、ウエークフィールドとライモンディが再びオレニコフから電話をもらうことはなかった。というのも、彼は中国人の芸術家（著作権違反と特許権侵害は中国人の国民的娯楽である）にコピーを作らせていたのである。激怒した二人の芸術家はオレニコフを訴え、連邦裁判所は彼を有罪とし、ウエークフィールドには四五万ドル、ライモンディには四〇万ドルの損害賠償を支払うよう命じた。これもまたオレニコフにとっては駐車料金にすぎないもので、オリジナル作品を買い取るよりも安くつき、弁護士に手数料を支払う必要もない。しかし、これも彼のいつものやり方だが、オレニコフは芸術家に賠償金を支払うのではなく、上訴する道を選んだのだ。

結局、オレニコフは逃げ切ってしまった。二〇〇八年春の量刑審理にあたっても、オレニコフは自身の窮状を弁護士、会計士、ＵＢＳ、そして私といったすべての者のせいにした。彼に誤ったアドバイスを与えたというのだ。検察官たちは厳かにうなずき、量刑ガイドラインでは禁固三年が求められていたにもかかわらず、彼の実刑に反論を行ったのだ。オレニコフは一九九二年以来課税を逃れるためにオフショア口座を利用していたのであるから、なんらかの償いを受けなければならないということには同意したが、前科もなく、「だれも経済的に傷つけていない」というわけだ。彼らは軽いお仕置きに対して激しくロビー活動を行ったのだ。なぜか。オレニコフには高いところに、目立たない友人がいたからである。

アメリカ地方裁判所判事のコーマック・カーニーは、オレニコフに二年間の執行猶予と一二〇時間の社会奉仕とを命じた。司法省の元捜査官であるオレニコフの弁護士はこれを「世紀の取引」と呼んだ。そのとおりだ。結果として、オレニコフは自由に私を付け狙うことができるようになったのだ。この点については後述しよう。

さて、その他の起訴は極秘であったが、ＵＢＳにおける私の上司たち、クリスチャン・ボヴァイとミッシェル・ギグナードとマーティン・リヒティとラウル・ワイルは、自分たちがアメリカ政府の「お尋ね者」であることをスイス当局から突然書面で知らされる。アメリカ司法省には、スイスの司法省のだれかと緊密な関係を有する者がいたのだろうか。たしかなことは言えないが、新国務長官に就任予定のヒラリー・クリントンがそうである（しかし、それが判明するのは彼女が自由世界のリーダーになりたいと決心したときである）。しかし、スイスは、自分たちの法的な「倫理規定」を破ってまで、巨額の利益をもたらすバンカーたちをワシントンの刑務所に送るつもりはなかった。彼らがやらなければならないことは、スイスの家にとどまることであり、少なくともアメリカ合衆国以外であればどこへでも出張に出かけ、不正資金を運んできさえすればよいのだ。簡単な話ではなかろうか。

マーティン・リヒティのように不遜で、威張り腐って、のぼせ上がった人間でなければ、そう考えるかもしれない。リヒティは自分は無敵で、アンタッチャブルだと考えていた。白い靴下をはいたスイスの経営陣の多くとは異なり、リヒティは国際人のように振る舞い、何千ドルもするスーツに身を包み、なでつけた髪と日焼けした顔で世界中を飛び回るのだ。彼は用心するよう警告を受けたけれども、アメリカ人から出張の内容を指図されることを良しとしなかった。そこで、四月中旬、彼はバハマ行きの飛行機に乗った。おそらくは、金持ちをとらえることと、日焼けを維持することが目的であろう。彼のフライトはマイアミを経由し、そこで飛行機を乗り換えなければならないものだったが、彼は普通にターミナルを移動できるものと思っていたのであろう。しかし、それは間違いだった。まず彼は税関を通過しなければならなかったのだが、入国審査で彼の名前が挙がってしまったのだ。地元のＩＣＥ（米移民税関捜査局）の職員二人が、彼の肘とスーツケースを取り、話を聞くために彼を連行した。

不思議なことに、リヒティの顔は司法省の「指名手配」リストに掲載されているのだが、判事から法廷に召喚されることはなかった。司法省の連邦職員は、急増する国際的な脱税事件の「重要参考人」として拘束すると彼に伝えた。逮捕令状ではなく、重要参考人としての令状でリヒティを拘束したことで、ダウニングや司法省の兵隊たちは彼の命運を支配することができる。しばらくの間、彼が協力するかぎりは、出廷もなければ、面倒な判決もないわけだ。彼らはリヒティをマイアミの五つ星ホテルに案内し、お洒落なスイートルームに閉じ込めた。また二四時間体制で武装したガードマンを配置し、彼が泳ぎに出かけたり、また水に浮いたままとならないようにしたのだ。不便であることは除くとしても、気候を楽しみながらゆっくり待つよう指示されただけである。そして、リヒティはテレビ放映が予定されるカール・レビンの公聴会で証言するようにと「招かれる」までの間、四カ月もそこで過ごすことになる。

ジュネーブの部屋で携帯電話が鳴った。ジャック・リューバである。昼食時の音が聞こえたので、彼はオフィスを出ていたのだ。

「ブラッドレー、最新情報を知っているか。信じらんないぜ」

「何が信じられないんだよ、友よ」

「マーティン・リヒティだよ。彼がマイアミで逮捕されたんだ。銀行は否定してるけどね、一週間の予定だった出張からまだ戻らないよ。クリスチャンが電話をかけているんだけど、携帯電話に出ないんだよ。ついに秘書もしどろもどろさ」

「彼女は若年性のアルツハイマーにでもなったんじゃないか」

「口が悪いな、彼女は三〇にもなってないぜ。フィナンシャル・タイムズの記者が電話してきて、事実を確認しようとしてるんだけど、われわれ全員、緘口令さ」

ヘーグ・シモニアンに違いない。彼は、当初私の爆弾情報には懐疑的であったが、今となってはすっかり虜で、UBSの新しいスキャンダルのすべてを報じていたのだ。

「ところで、ジャック。報いがあったろ」と、私は言った。

彼は笑いながら、「君も胸が張り裂けそうだろ、ブラッドレー」。

「ああ、奴がかわいそうだよ。やがては刑務所行きだろ。アメリカの刑務所はリッツ・ホテルとは違うからな。大男の囚人がマーティンを妻にするだろうよ」

「手厳しいな。ところで昼食はどうだい」

「今日はダメだ、ジャック。また今度」

「分かった。またゴシップ聞いたら教えるよ」

「ありがとう」

電話を切って、長い息を吐いた。マーティン・リヒティが逮捕された。ダウニングが実際に動きだしたのだ。スイスのバンカーと顧客を捕らえ、人質のように押さえつけたのだ。それを喜ばしく思う自分もいた。つまるところ、それこそが私の望んだことであり、不遜で、恩知らずのスイスのバカ野郎どもは報いを受けるべきなのだ。しかし、テロネットワークの二重スパイのような感情を抱いている自分もいた。私は当局に確かな情報を提供したが、特殊部隊が姿を現したときには、彼らは私を含むその場のすべての者を殺そうとしているのだ。米州デスクのすべてのバンカーに対し、アメリカでの取り組みを増大させるようあからさまに指示しているマーティン・リヒティのメモなど、私が提出したものには、煙が出ている銃ほどに明白な証拠となるものもある。それは爆弾のようなもので、彼を拘束する材料となるのは間違いない。一方で、ヘクター・アンド・モランは長い時間をかけて、私は巨大なスイスの機構のなかでは小さな役割を果たしていたにすぎないとして刑事免責を獲得しようとしてきたが、それも失敗に終わった。私の免責を保証できるのは司法省だけであったが、ダウニングは門前払いを続けていたのだ。リヒティが拘束された今、私が及第点を得られないことは明白なのだ。

私は弁護士たちに電話をかけ、リヒティの件について話をした。世紀の脱税事件のホイッスルブロアーの代理を務めるヘクター・アンド・モランは、すでにマーティン・リヒティの終焉を知っているはずだと思われるかもしれないが、彼らは知らなかったのだ。

「それは興味深いニュースだね」と、リック・モランが言う。

「そう思うかい」と、私はあざ笑った。

「それで、これからどうするつもりだ」と、ポール・ヘクターが尋ねる。

私はため息をつき、頭を振った。彼らが何をしようとしているかを私に言うべきだろうが。ゆっくり検討して、改めて連絡すると彼らに伝えた。

スキーをしたことがあればご理解いただけると思うが、カチカチのアイスバーンで転倒し、スキーは外れ、転がり落ちながらも、どうにか止める方法を探しているようなものだ。そのときの私の感情はちょうどそのようなものであったが、氷にストックを刺し、胸を張り、まっすぐに立ち上がれ、と私の本能が言っている。私には二つの選択肢があった。永遠にジュネーブにとどまり、身を潜め、自分のビジネスだけを続け、ホイッスルブローイングに関するすべてをあきらめ、二度とアメリカには戻らない、というのが一つ。もう一つは、背筋を伸ばし、堂々と正義を主張し、争いに舞い戻り、ダウニングがどのような不協和音を奏でようともその困難に立ち向かうことだ。

リヒティの拘束は私にとってシグナルである。私の上司たちは追われる身となったのであり、私がそうなるのも時間の問題なのだ。ケビン・ダウニングは、私に何の免責も与えはしないだろう。彼は真実よりも、私を投獄することを望んでいるのだ。私はアメリカにいる家族や友人と会うこともできず、おびえながら残りの人生をヨーロッパで過ごすつもりはない。私はそういうふうにはできていないのだ。さあ、決戦のときである。

その時点では、私のような情報提供者を報いるような制度はなかったので、努力の成果としてなにがしかの報酬を得ようなどとは意識もしていなかった。簡単なことだ。私は信念を守る意思はあるだろうか。かつて受けた軍事教育が思い出される。ミッションがすべてである。

そして私は部屋を見渡した。美しい装飾と快適な生活。そしてツェルマットのスイスシャレー、自動車、ジュネーブの親友たちや美しい女友だちに思いをはせる。そのすべては、私が何もしなければ、その後も享受できるものばかりである。アメリカに戻れば、今の生活のすべては二度と手に入らないことは分かっていた。実際に、私が長い時間目にすることができる唯一のものは、鉄格子とコンクリートの小さな窓から差し込むかすかな日差しだけかもしれない。私は何回も何回も自問した。「果たしてその価値はあるのか」と。

その答えはどこからともなくやってきた。バーケンフェルドは逃亡者のようなまねはしない。バーケンフェルドは逃げも隠れもしないのだ。私はヘクター・アンド・モランにもう一度電話をかけた。

「よく聞いてくれ。SECと上院、双方との再度の面会を手配してほしい」

「ちょうど電話があったところだ。彼らも君とのフォローアップの面会を求めているよ。彼らに何と言ったらいいかな」と、モランが言う。

私は目をむいて言った。「分かったと伝えてくれ」

「こっちに戻ってくるつもりか。よりによって、君の上司の一人が拘束されたばかりだぞ」と、ヘクターは信じられないようだった。

「僕は犯罪者じゃないし、そういう振る舞いをするつもりはない。ダウニングのアホが何を言おうが、考えようが、行動しようが僕は興味がない」

「分かった、ブラッド。ＳＥＣと委員会に電話するよ」と、モランが言う。

「ガツンとやってくれ。だが、しくじるなよ」と、私は答えた。

二〇〇八年五月の第一週である。私は深呼吸をして、荷造りを始めたが、これまでの旅とは違うものを感じていた。今回は、もし帰れるとしても、それがいつになるかまったく分からなかったのだ。ジュネーブは春爛漫である。アメリカよりはいくぶん暖かい。スーツは二〜三着あればよいか。差し当たり、大丈夫だろう。ポロシャツは、ズボンは、ジーンズは。大丈夫だ。ほかに何かないかクローゼットを見渡すとお気に入りのパーカーがあった。私は声を出して笑った。古いマフィア映画で、ジャケットを膨らませた殺し屋がターゲットの家に現れたときのセリフを思い出したのだ。「ちょっと散歩に出ようか。コートはいらないよ」。洋服の選択はさっさと終わらせたが、最新のＵＢＳの証拠書類をまとめることには細心の注意を払った。グリーンの革のカウチの前にあるテーブルに放ってあった封筒を取り上げた。アメリカで行われる高校の同窓会の案内状である。封筒を開けながら、無邪気な学生時代からの冒険のような年月を思い返し、あのころのように物事がシンプルであればよいと願った。それから、深夜便の予約をする。ボストンまでの片道切符だ。そして、ウェイマスにいる兄のダグに電話をかけた。

「明日、ボストンに到着するよ」

「何のために」と、ダグは問いただした。彼は、私の事件に関するあらゆる企てを注意深く見守っており、マーティン・リヒティが拘束されたばかりだということを知っていたのだ。

「高校の同窓会だよ」

「狂ってんじゃゃねぇのか」

私は笑った。「いやいや、実は上院とSECと追加の面会があってね。それにダウニングとの件もケリつけなきゃいけないし。同窓会はついで、だよ」

ドアに向かう前にアパートを見回した。暖炉の前にあるコーヒーテーブルに目が行った。そこにはモノポリーのゲームが置いてあった。近寄り、箱を開け、ゲームのカードを引いてみた。シルクハットをかぶりおどけた表情の男が描かれた「刑務所から釈放」のカードだった。私はカードを財布に入れ、部屋を出た。

飛行機に搭乗する直前、空港の公衆電話を見つけたので、ヘーグ・シモニアンに電話をかけた。フィナンシャル・タイムズのオフィスで彼を捕まえるには時間が遅すぎたが、このときまでには彼の携帯電話の番号も知っており、彼も私の声を覚えていた。もう「タランチュラ」と名乗る必要はなかったのだ。もう寝てしまっているかもしれない。

「こんばんは、ヘーグ。夜分申し訳ない。私はアメリカ行きの飛行機に乗るところなんだ。私が消えた場合に何が起こるか知っておいてほしいと思ってね」

彼はため息をついて、幸運を祈ると言った。彼は記者として人生に一度あるかどうかと言える情報源である「ディープスロート」を失うことを心配したのだろう。

長いフライトだった。おそらく比較的若く、気楽な私の人生のなかで最も長いフライトであった。だが、ビジネスクラスに座ったので、長い脚を伸ばすスペースは十分にあった。強い酒を何杯か飲んだが、ほとんど酔わず、機内食も食べずに済ませた。熟睡できないことは分かっていたので、長編映画のメニューをスクロールする。ハリソン・フォード主演の『逃亡者』をみつけて、ニンマリである。

ボストンで生まれ育ったならば、ローガン国際空港への着陸は常にうれしいものだろう。夜明けの湾は、青や銀色に輝き、三本マストが美しい「オールド・アイアンサイズ」の愛称で知られるＵＳＳコンスティチューションが帆を上げて航行するのが見える。光り輝く、ガラス張りのハンコックタワーは威風堂々とそびえ、かつてニューヨークにあったツインタワーのようである。飛行機が旋回を始めると、それらすべてを見下ろしながら、自分が銀行のキャリアを始めたこの地が、またそれを終える地となるのだろうかと考えていた。

飛行機を降り、スーツケースを持って、入国審査に向かった。ほかの乗客はあまりいなかった。カウンターの眠そうな職員は私の顔さえ見ようとしなかったが、二人の目にあるものが飛び込んできた。奇襲攻撃だ。

制服を着た四人のＩＣＥ職員が暗い廊下を大股で歩いてくるのが見えた。ほかの乗客たちの視線を感じたが、そのときまでに私は何が起こっているかは理解していたので、政府が雇ったヒットマンたちにうなずき、ほほ笑んだ。

「ご同行いただけますか」と、一人が言う。これは要求ではない。

われわれはランプをあとにする。一人のＩＣＥ職員が先行し、残りはあとからついてくる。椅子が並ぶ別室を通過する。糊のきいた白い制服のシャツを着た女性が最高裁判所の判事のような大きな机に座って、コーヒーをすすりながら、私を児童ポルノの売人であるかのように見つめている。われわれはそこを抜け、取調室のような場所に入る。彼らは私のカバンを取り上げ、長いテーブルに置くと、座るよう命じた。私は椅子に座る。職員の一人が椅子に足を上げる。彼はロー&オーダーの見すぎなのだろう。腕を組み、指を叩いている。

「あなたの逮捕状です、バーケンフェルドさん。司法省からです」

「本当ですか、私にはさっぱり分かりません」と、私は言った。

彼らは顔を見合わせ、あざ笑った。もう一人が私に覆いかぶさってきた。

「一万ドル以上の現金を所持していますね」

「いいえ。クレジットカードのほうが軽いですから」と、私は答えた。

これが相当に気に入らなかったようで、今度は怒鳴りつけてきた。

「もう一度伺います。一万ドル以上の現金を所持していますね」

私はうなずき、彼にバーケンフェルドのほほ笑みをお見舞いしてやった。「教えていただきたいことがあるのですが。母国語は英語ですか」と、私は言った。

彼らは私を椅子から引き上げ、振り向かせると、手錠をかけた。そして私を待機房にぶち込んだ。

高校の同窓会はお預けになった。

第11章 トワイライトゾーン

「違法な賭博行為が発覚した」——ルノー署長（映画『カサブランカ』より）

私はどうしてもフロリダが好きになれない。ディズニー・ワールドやミッキーマウスが嫌だというのでもなければ、デイトナの美しいスピードウエーが嫌いだというのでもない。たしかにF1ではないということはあるにしても。私のようにビーチとビキニと、ラテンのノリのナイトライフが好きであれば、マイアミは楽しいところであるはずなのだが、サントロペやカンクーンとは違うのだ。それゆえ、その他のエンターテインメントはさておくにしても、私にとってフロリダはマンシヨンと不毛な地と湿気があるだけのところで、骨がきしむようなニューイングランドの冬から逃げ出し、ラウンジチェアに身を預け、パステルカラーの傘の下で酒を飲むばかりの場所なのだ。比較的若い者がフロリダを訪れたら、暗い将来を見せつけられることになるだろう。青い髪をした年寄りたちがゆっくりと動いているのだ。神の待合室である。

しかし、国際的な脱税を目論む者を捕まえるには、たとえその者のアメリカでの住まいがボストンにあったとしても、フロリダは格好の場所である。そしてケビン・ダウニングのお気に入りであることは明白だ。彼は、私をフォートローダーデールまで引きずり出し、南部フロリダ地裁の判事に大演説をぶたせることができるのだ。ダウニングはボストンを選択することもできたし、さらに言えば、ニューヨークやワシントンＤＣでも良かったはずである。しかし、それらが訴訟原因発生地となると、私にとっても好都合なのだ。

私は自分のお金でフロリダまで飛んで、正式に平手打ちを食らわなければならないとの連絡をヘクター・アンド・モランから受けたとき、ダウニングは私をおびえさせ、六月のフォートローダーデールで飛行機を降りた瞬間に逮捕するつもりだと思った。まさに典型的な法廷地あさりである。

これは私の苦々しい推論にすぎないかもしれない。しかし、ケビン・ダウニングが、私の事案を争うグラウンドゼロは東海岸に面した場所で、できるかぎり私の居住地から遠いところであるべきと判断したことは事実だ。だが、そのためには多くの人員がワシントンからフロリダにその都度飛んでこなければならない。おそらく、司法省には秘密のマイレージサービスでもあるのであろう。人々の血税を使って、税務犯罪者を起訴すべく全米を飛び回り、無料で飛行機に乗り、ホテルに泊まり、休暇を取るのだ。いずれにせよ、連中は血税を無駄にしないためにあらゆることを行っていると主張しながら、酔っ払いの船乗りのように浪費するのだ。

マーティン・リビティが拘束され、自分も無事で済まないことは重々承知のうえでボストンに着陸してから一カ月が過ぎた。税関国境警備局の職員は、私を一時間空港に留め置いたあと、コソ泥でも扱うかのようにパトカーの後部座席に押し込み、ウィンスロップまで連れてくると、ニューイングランドの古びた拘置所に一晩拘留した。しかし、それほど厳しいものではなかった。私は携帯電話と『ファイブ・イヤーズ・トゥ・フリーダム』という良書を持っていた。これは、アメリカ陸軍特殊部隊の元将校であるジェームズ・N・ロウが北ベトナムで竹製の鳥かごに五年間拘留された自らの経験を記したノンフィクションである。大局的に物事を見ることができる。

朝になると、保安官がウィンスロップの拘置所からボストンの連邦裁判所に私を移送し、一見したところ「ジャッジ・ジュディ」タイプの、政府の戯れ言にはまったく興味のなさそうな女性と面会させた。ボストンの裁判官はドラマはお好きではない。彼らは、サウスボストンでの犯罪に飽き飽きしているのだ。ダウニングはその場にいなかった。しかし、司法省は二人の連邦検事を送り込んできたが、そのどちらにも私がさらなる証言を行うためにアメリカに来たという事実は伝えられていなかったのだ。ダウニングはまた、当時の私の弁護士であるモランに対し、私が一年前にスイス銀行の情報を自発的に提供するために出頭した事実を裁判官に明らかにしないよう圧力をかけた。ダウニングは、私がスイスから戻ってきた本当の理由、つまり全米史上最大の脱税事案を自ら告発するために上院とSEC（証券取引委員会）との面会を継続すること、を明らかにすることをモランに禁じたのである。「違う、奴は高校の同窓会に出席するために訪米したにすぎないのだ」と。つまり、司法省は連邦判事にあからさまなウソを並べ立て、私が国際的な犯罪者であり、ちょっとでも隙を見せれば逃げてしまうとしたのだ。

しかし、判事は取り合わなかった。

「本省さん、私の見るかぎり、バーケンフェルド氏に前科はありませんね」と、彼女はダウニングの手下に言った。

「裁判長、彼は連邦税の脱税では重要人物です。罪状認否を行うまで彼を拘束したいと思います」と、司法省の検事は大声でまくし立てた。

「税金ですか」。裁判官は一、二度監査を受けたかのように、その言葉を吐き出した。「みなさんはすでに彼のパスポートを押収しているのですから、彼はどこにも行けません。それに、まだ罪状認否の日取りも決まっていませんでしょう」

「しかし、裁判長……」

「みなさんは、どうしても私に彼を拘束してほしいと言うのですか」

「一カ月程度で十分です」

「バカげています」。裁判官は私を指さした。「バーケンフェルドさん、あなたは自己誓約による保釈とします。指示があれば、いついかなる場合でも出頭しなさい」

「承知しました、マーム」と私は答えた。

「しかし、裁判長」。司法省の間抜けは食い下がった。

「はい、次」

それで終わりだった。私は荷物を回収する。おそらく徹底的に調べられたことであろう。

しかし、そこには、お気に入りの葉巻が何本かとスイスチョコレート以外には何もないのだ。ダウニングの手下たちは、ブリーフケースに入っていたすべての書類とコンピューターディスクのコピーを取ったことであろうが、それはもともと提出するつもりでいたものなのだから、何の問題もない。兄のダグがウェイマスにある彼のコンドミニアムまで車を出してくれた。

ダグはすでに司法省に対し怒りを覚えていたが、私が逮捕されたことに文句を言いながら、部屋のなかを歩き回っていた。彼も私と同様に、ダウニングは遅かれ早かれ私を厳しく罰するであろうと予測していたが、司法省の目に余る権力の乱用と、それに輪をかけるような露骨なやり口に、彼の血は沸騰していた。しかし、私はまだ屈辱を受けてはいない。まだ始まったばかりなのだ。私は再びSECと上院と面会をするつもりであったが、その計画を変更するとダグに伝えた。ダグは私を改めて司法省に連れていき、「フルデブリーフィング」をさせるようへクター・アンド・モランに圧力をかけていた。おそらく彼は、逮捕されたショックで私が膝を抱え、泣いていると思ったのであろう。私は弁護士たちに電話をかけ、手配するよう伝えた。さあ、対決のときである。

数日後、ワシントンに舞い降り、乳首を隠した高価な彫刻のある、あの美しく、貫禄ある古い建物に再び足を踏み入れた。リック・モランが一緒だ。彼は父親に「そんなことはしてはいけない」と言われ続けた子供のようにうなだれていたが、ともかくもついてきた。ピカピカの会議室でダウニングによる尋問である。彼の隣には、カレン・ケリーがキャンキャンうるさいチワワのように座り、連邦検事補のジェフ・ナイマンも同席している。ロースクールを出たばかりのようなこの男は黒髪をなでつけ、ゴルフ焼けも鮮やかで、フロリダ州南部地区連邦地裁の連邦検事事務所で働いていたのだ。彼は一五〇センチ強ほどしか背丈がなく、おぞましいほどの舌足らずだ。ズボンは五センチは短く、不ぞろいの靴下をのぞかせている。彼を見ると、『いとこのビニー』という古い映画に出てくるひどい吃音症の法廷弁護士を思い出す。私は当初、彼がどうしてここにいるのか分からなかった。

ダウニングは、自分の思いどおりにならないニューイングランドで私が出廷したことに明らかに腹を立てていた。彼は私を拘束しておきたかったのだ。そうすれば、好きなだけ私を尋問できる。いわば、イラン流である。だが、私は今、自由の身のように歩き回っている。彼はテーブルを叩いた。

「よろしい、バーケンフェルド。名前を教えろ。すべての名前だ」

「それらはすべて上院、それからＩＲＳ（米内国歳入庁）にも提出しました。われわれがお願いした時点で召喚状を発行いただければ、あなた方は昨年の段階でそれらの情報を手にすることができたのです」と、私は肩をすくめながら言った。

ジェフ・ナイマンの目がダウニングに向けられた。彼はおそらくこう考えていることだろう。どうして彼に召喚状を発行しなかったのだ、と。しかし、彼は一言も発しなかった。それで、トーテムポールの上位にはだれがいるか理解できた。ダウニングだ。

「生意気なやつめ、われわれは今、それが必要なんだ」と、ダウニングは言い返してきた。

だが、これはただの子供じみたゲームにすぎない。上院は私が提出した証拠をすべての関連省庁と共有しているのであるから、司法省もすでに入手しているのだ。ダウニングにしてみれば、それが最後の一撃かのように私を逮捕・起訴することで、私をおじけづかせようとしたのだ。しかし、合理的で、経験豊富な刑事司法のプロであるはずの彼の振る舞いは、まったく道理にかなわないものばかりであった。私は、自ら望んで名乗り出たホイッスルブロアー（内部告発者）であり、明らかにした不正行為にも自分が加わっていたことをすでに告白しているのである。彼は、これ以上何を思いついたというのだ。彼は単にドラマを、彼の信奉者のためのショーを欲していたのだ。そこで私は協力してやることにし、ボブ・ローチと上院小委員会に提出したスイス人バンカーと顧客の詳細なリストのコピーを取り出し、テーブルの上を走らせた。

「さあ、どうぞ。政府のほかの省庁はすでにこれを持っています。あなたもそうだと思いますがね」と、私は言った。

彼はそれをひったくると、ジョン・ゴッティでも捕まえたかのように誇らしげに、資料を指でめくった。一方、私は財布から、ジュネーブの部屋で拾った黄色い「刑務所から釈放」のカード（**グラビア　図16**参照）を取り出し、テーブルの上を滑らせた。ダウニングとケリーとナイマンは前かがみになってカードを見つめる。

「これは今、使えますかね」と私が言った。

三人はあぜんとして座っていた。彼らが私を捕まえられると思っているなら、彼らの幻想を打ち砕くまでだ。

「ところで、SECと上院との面会があらかじめ手配されています。私は彼らとの約束を果たすつもりです」と言った。

ダウニングは発作を起こしたのではないかと思った。彼は椅子を蹴って立ち上がると、私を指さしながら叫んだ。

「上院だろうが、SECだろうが、貴様はだれとも会わないし、話すこともないのだ。分かったか、バーケンフェルド」

私の弁護士たちは後に、カール・レビン上院議員とSECのロバート・カザミに対し、ケビン・ダウニングが連邦法上、二つの重罪を犯し、アメリカ議会の委員会やSECなどの調査機関の証人を遅らせたり、脅したり、妨害したりすることを禁ずる合衆国法典第一八編第一五〇五条に抵触したと書面で報告している。KPMGの悪名高い事件でカプラン判事がダウニングや司法省を断じたように、憲法で定められたアメリカ国民の権利を守る義務を有する、まさにその同じ人物が、その権利を侵害しているのである。ダウニングは常習犯となりつつあるのだ。

私は彼に向かってうなずき、ほほ笑みかけた。そして、ジェフ・ナイマンのほうを見る。この青二才の地方検事は、ただそこに座り、身じろぎもせず、ライブラリー・ライオンのように表情もない。彼は今、司法省の検察官が、ほかの連邦機関と協力しないよう政府の証人を脅しているのを目撃したのだ。ダウニングの行動が度を超しているのは明らかであったが、ナイマンは一言も発することがなかった。私の弁護士は後に、この暴言を司法省に報告している。ケビン・ダウニングがKPMGの事件から何も学んでいないのは明らかで、彼は証人を威嚇するばかりで、その一方、彼の仲間はビビって口を開くこともできなかったのだ。

私は資料を整理し、立ち去ろうとした。

「貴様の罪状認否で会おう。逃げようなんて思うなよ」と、ダウニングはまくしたてる。

「われわれは出廷しますよ」とモランが言った。これが私の弁護士がその日発した最初にして最後の言葉であったろうと思う。降伏宣言である。外に出るとわれわれは別れた。彼に言うべき言葉もなかった。

二〇〇八年六月一九日、熱風を浴びながらフォートローダーデールで飛行機を降りると、南部フロリダ州の連邦判事バリー・S・セルツァーの裁判に出廷した。蒸し暑い法廷では私の隣にリック・モランが立ち、向かい側にはしかめっ面のダウニングと彼の信奉者であるジェフ・ナイマンが座っている。セルツァーが裁判官室から法廷へと大股で向かう間、私は自分が告発どおりの罪状を認める答弁を行ったのは正しい判断であったと考えていた。セルツァーは中背の中年白人で、黒衣をまとい、まるで自分が最高裁の中心人物であるかのような態度であった。しかし、実際には連邦判事というのは、連邦裁判所の食物連鎖では新任判事と同じように最低に位置しているのだが、彼にはナポレオンコンプレックスがあるのが見て取れた。私はセルツァーの「総括」を少し読んでいたが、彼がバンカー嫌いであることは明らかで、不当にも私を自分の法廷に立つマーク・リッチ（著名な石油トレーダーであるマーク・リッチは、脱税とアメリカによるイランの石油制裁から利益を得たことで起訴されたが、起訴を逃れるためスイスに移住していた。リッチの前妻であるデニスはウィリアム・J・クリントン大統領センター公園や彼の政治活動に多額の資金を提供したことで知られている。大統領としての任期の最終日、ビル・クリントンは当時の司法長官エリック・ホルダーに対し、司法省によるリッチに対する恩赦を指示し、これが認められた）になぞらえようとしていた。公務員などアホばかりである。それゆえ、罪状を否認などしたら、牛に赤い布を振るようなものである。

私がなぜ無罪を主張しようとせず、罪状認否を行ったのか不思議に思われるかもしれない。法の観点からも、また私自身から見ても、無罪とはほど遠かった。私はすでに、自分自身がスイスのスキームに加わっていたことを証明する証拠を大量に提出していたので、訴訟を巡って戦っても、ダウニングやセルツァーの憎しみをかき立てるだけであることは分かっていた。私が強いて裁判に持ち込もうとすれば、ダウニングは子分を集め、陪審員が私をもう一人のチャールズ・マンソンであると確信するまで、子分たちを駆り立て続けることであろう。私は彼にそうさせたくはなかったのだ。

私はすでに次なるステージ、量刑審理に集中していた。その時点で、私の弁護士たちは情状酌量を求める勝ち戦を仕掛けることができるであろう。結局のところ、イゴール・オレニコフはすでにカリフォルニアの不動産帝国に舞い戻り、罰金として支払った何百万ものお金を取り戻そうとしている。彼が自由気ままに動けるのであれば、どうして私にそれができないなどということがあり得ようか。政府は、オレニコフには自由に去らせておいて、私を連邦刑務所に押し込めておくことなどしないであろう。まもなく、スイス時代の上司たちは一斉検挙され、おびえたティーンエージャーのように語り始めるであろう。やがて政府が、この事件において私の証言がどれほど重要か、私がただのホイッスルブロアーではなく、アメリカの納税者に何百何千万もの資金を取り戻す助けとなることを認識すれば、彼らは降参し、告訴を撤回するであろう。そうではなかろうか。

ケビン・ダウニングは司法公聴会の間中、冷笑を浮かべ、武装強盗と幼児虐待以外の思いつくかぎりの罪を犯したと主張することであろう。しかし、私はすでに機先を制して罪状を認めているので、政府はアメリカ合衆国対ブラッドレー・バーケンフェルドという訴訟書類を準備しているのだ。その一ページ目の冒頭にある「陳述書」では、すべての関係者が「本件を公判に付し、合衆国は合理的疑いの余地なく、次に掲げる事実を証明し、またそれらの事実が有罪を支持するに公正かつ十分なものである」ことに合意していると記されているのだ。

言い換えれば、「これは被告人が自身が行ったことだと証言したものであるが、われわれはそのすべてを自分たちで発見したことのように取り扱う」ということだ。

そのあとには、六ページにわたり、私が行ったあらゆる不正にかかる詳細、オレニコフの策略、そして「銀行」とだけ記されたUBSの卑劣な行為のすべてがびっしりと記載されている。しかし、事件簿に記されたすべては、私が上院、IRS、SEC、そして最終的には司法省に対する詳細にわたる証言で提供した情報の丸写しである。私は名乗りを上げ、悪の王国の鍵を手渡した。そして今、彼らは鍵を持って現れたかどで私をつるし上げようとしているのだ。

内容のほとんどがオレニコフに焦点を当てたものだった。彼はすでに有罪判決を受けており、私は彼の世話役であったことを告白しているのだから、いわば司法省に対する圧力である。われわれはすでに大物を捕まえており、今度はそのポン引きをお縄にかけたのだ。最後の一文にはこうあった。「イゴール・オレニコフがオフショアに隠したおよそ二億ドルにかかる所得税逃れを含む、共謀によって失われた税額は、罰金や金利を除いても七二六万一三八七ドルに上る」。納税者の損失に対する私の責任はそれだけある、ということだ。しかし、考えてみてほしい。たとえ私が小切手帳を取り出し、その場で金額を書き入れることができたとしても、ダウニングはそれを破り捨てたであろう。彼は真実も償いも求めなかった。彼が欲したのは私を罰することである。

セルツァー判事は、形ばかりの質問をいくつかしたが、それは一人で勝手に話しているようであった。

「では、バーケンフェルドさん。スイスに住居がありますが、どこですか」

「ツェルマットです、裁判長」

「私も行ったことがあります。車では行けない場所ですね」。彼は自分が国際派だと印象づけようとするかのように言った。

リック・モランが前向きな話を差し込もうとした。

「裁判長、バーケンフェルド氏は自ら進んで出廷しています」

セルツァーが彼を見た。「もちろん、分かっています。彼の銀行口座の記録を拝見したいです」

「スイスがそのような記録を公表することを拒むと思われます」と、モランが答える。

「ああ、マーク・リッチのようですね」と、セルツァーは見下した態度で言う。客観的比較であろうと思った。どうして、マヌエル・ノリエガやサダム・フセインではないのか。

セルツァーはわれわれに対し正式な罪状認否を行うよう指示した。最後のページには、われわれすべて、つまりダウニング、ナイマン、モラン、そして私の署名のための空間があった。われわれはそれを回して署名をしていく。ダウニングは派手な素振りで名前を走り書きする。私は不幸な離婚の被害者のように名前を記した。

セルツァーはけっして私を見ようとしなかった。私の書類を片づけながら、次の大きな事件の準備をしていたのだ。法廷には、彼の助手が政府の勝利を示す日付印と時刻印を押す音が響いた。そして、セルツァーは丸々とした指を組み、私を見下ろした。

「有罪が認められました」と彼はうなった。「バーケンフェルドさん、あなたの保釈金を一〇万ドルとします。ボストンでお支払いになれば、執行猶予となります。足首に監視装置を付けてもらうことになります。判決の日は追って決定されます」。そう言って、彼は小づちを叩いた。

私はその場をあとにし、北に向かった。

ボストンに向かう飛行機に座り、保釈金という屈辱について考え込んだ。お金は大した問題ではないが、保釈保証人を利用することにした。保釈金を放棄し、どこかに隠れようなどとは考えもしなかったが、貯金の利息を失うのが嫌だったのだ。足首の監視装置はそれ以上にイラ立たしいもので、昼夜問わず、否応なくケビン・ダウニングに繋がれており、彼が肩口で冷笑しているかのようだった。彼はすでに私のパスポートを押収していたのだが、私がどこに逃げていくと思ったのであろうか。ブッチ・キャシディのように、ワイオミングの人目のつかないところだろうか。

彼はおそらく監視装置にプラスチック爆弾のC－4を詰め込むつもりであろう。そして、私が逃亡すると思えば、無線発火装置を使って私の脚を吹き飛ばすつもりだろう。

フライトの間中、ダウニングの私に対する異常ともいえる妄想を理解しようと試みたが、ボストンが近づくにつれて、私は窓の外をじっと眺めるのをやめ、客室内を見渡した。日焼けの跡も鮮やかに、買い物袋を膨らませた、着飾った女性がたくさん搭乗していた。

ふと、スイスに秘密口座を持つ何千ものアメリカ人の妻たちに思い至り、そのほとんどが自分の夫がチューリッヒやジュネーブへの「ビジネストリップ」の間、何をしていたのか知りもしないのだろうと思った。そのうちどれだけの女性が夫の戯れの恋や愛人、ギャンブル癖やストリップ通いに気がつき、本来であれば自分のものになっていた何百万もの隠し金のことは知りもしないで、離婚を申し立て、和解を受け入れていることだろうか。アメリカの納税者ばかりでなく、そういった女性の多くもまたスイス人にだまされてきたのだ。彼女たちの離婚を担当した弁護士たちはもう一度和解条件を見直すべきであろう。そのほとんどが詐欺的なものであることは確実なのだから。

七月のワシントンの熱気が湿った肌に触れるころ、カール・レビン上院議員の常設調査小委員会は、タックス・ヘイブン・バンクス・アンド・ユーエス・タックス・コンプライアンスに関する初の公聴会の準備で躍起となっていた。これまで長年にわたり、議会の裏口では、外国銀行によるアメリカ税法の乱用について委員たちは不平を漏らしてきたが、彼らはそれを証明することができずにいたのである。彼らは権力を有する男性であり女性ではあったが、空の砲台のようなもので、何もできずにいたのである。そこに私が砲弾のつまった箱を持って現れたのであるから、彼らは今や、弾を込め、銃尾を閉め、発射準備も

完了しているのだ。

国会議員が多額の給料と終わりなき休暇と無料の健康保険、そして多すぎるスタッフ以上に好むものを一つ挙げるとしたら、マスコミ報道である。委員会がステージ上での生中継デビューの準備を進めるにつれ、マスコミ報道も増えていった。五月にはヘーグ・シモニアンがフィナンシャル・タイムズに記事を書き、キャピトルヒルがついに怒りだしたので、UBSの経営陣は公式に旅行禁止令を出し、職員に合衆国を避けるよう指示を出したと伝えた。その直後、ニューヨーク・タイムズは大きく紙面を割いて、司法省やIRS、上院小委員会がUBSを名指ししたことで、裕福なアメリカ人が監視対象となると報じたのだ。

フロリダで私が有罪判決を受けたことで、シモニアンはあらゆる金融紙に私に関する記事を書きたてた。ちょうど一〇日後、司法省は連邦裁判所に「匿名」の召喚状を提出し、未申告口座を保有する一万九〇〇〇人の匿名アメリカ人の名前を公表するようUBSに要求した。その召喚状に記載されている、一万九〇〇〇人の名前と五万二〇〇〇以上の口座と二〇〇億ドルの残高といったすべての重要な情報は、私が司法省やSEC や上院、そしてIRSに自発的に提供したものである。司法省は単にカット・アンド・ペーストして自分の手柄としただけである。本来であれば「ブラッドレー・バーケンフェルド」の召喚状と呼ぶべきものであったのだ。

もちろん、ＵＢＳはその要求を拒絶し、自分たちはスイス銀行の秘密保持を求める法律によって縛られていると主張した。この鼻であしらったような態度が、わがアメリカの国会議員たちを激怒させた。シモニアンはフィナンシャル・タイムズの別の記事で、スイスはアメリカの一斉攻撃を受けることになるだろうと警告したが、その直後に大砲が撃ち込まれたのだ。アメリカ政府は連邦裁判所に対し、ＵＢＳにすべての名前を提供するよう申し立て、裁判官は「承知しました」との回答とともに、命令を下したのだ。ニューヨーク・タイムズは今や毎日のように記事を掲載していた。私のかつての上司たちのケツには火がついており、スイスの隠れ家から何らかのかたちで要求に応じなければ、ＵＢＳアメリカの何百もの支店は、逮捕状と南京錠を持った連邦政府の職員によって叩き起こされることに気づいたのである。

ボストンでの認否から七月中旬に行われる公聴会までの間、私はボストンにいて、大喜びで嵐の様子を眺めていた。兄のダグは日常業務に向かい、私は自分の掩体壕、つまり注意深く選んだ法律書類と最新の新聞や雑誌の山、コンピューターに埋まった寝室に身を隠していたが、携帯電話はひっきりなしに鳴っていた。もはやさほど信用してはいなかったが、弁護士たちと会話するばかりであった。たくさんの記者が私に近づこうとしていたが、私は賢くも身を隠していたのだ。私は自分自身のことはよく分かっている。思ったこと、特に司法省に関することを話してしまうであろう。しかし、それはいまだ日程の決まっていない量刑審理の場で私に有利に働かないであろうことは分かっていた。夏は半ズボンを好んで履くので、足首の黒い監視装置は、巨大なG－SHOCKかのようであった。足にそれをつけてシャワーを浴びてみるとよい。監視装置は、われわれすべては政府の奴隷であることを思い出させるものであるが、たいていの人は人前で足かせをはめる必要はない。

七月三日、ポール・ヘクターが電話を寄越し、ちょっとしたニュースを伝えてきた。

「ブラッド、ボブ・ローチからちょうど連絡があったところだ。彼は君にもう一度ワシントンに来てもらい、委員会の調査を手伝ってほしいそうだ」

「いつでも喜んでお手伝いしますよ。日程は分かりますか」と、私は答えた。

「七月九日だ」

「伺いましょう」

とても良い兆候だ。その時点ではそう思った。上院は司法省とは違い、私がもはや用なしだというふりをすることもなかった。彼らは、私を自分たちの事案にとっての要であり、スイスを捕まえる助けとなる男であると考えていることは明らかであった。ダグが帰宅すると、われわれは毎晩その日の展開を見直していたが、これが吉報であることに彼も同意した。

しかし、事態は私が望んだようには進まなかった。私はローチと彼の部下である捜査官と面会した。彼らは、ＵＢＳの中心人物としてのマーティン・リヒティの役割を掘り起こすために助力を必要としていたのだ。私は喜んで作業を手伝い、それはうまくいった。私は家に戻り、カール・レビンの公聴会に呼ばれるのを待っていたのだが、ヘクター・アンド・モランが電話を寄越して、悪い知らせをぶつけてきた。

「君は公聴会に出席しないよ、ブラッド。彼らは君に証言してほしくないようだ」

「なんでだよ」

「僕らもよく分からないが、彼らは『ノー』だと言ってる。おそらくはダウニングが君の証言を妨害してるんだろう」

「司法省の卑怯者たちは、俺が何を言いだすか恐れてるんだろ」

「おそらくそうだろう。申し訳ない」。ヘクター・アンド・モランは打ちのめされているようだった。

ダウニングは、私が上院の公聴会に出席することを防がなければならず、そうしなければ司法省の問題に悪影響を及ぼすと主張したことは疑いのないことだ。彼は正しかった。もし私が出席したら、私を刑務所に送ることに対して一般市民から激しい抗議が寄せられることであろう。だれがスイスのゴールドフィンガーたちの存在を暴いたのか、また私が汚名を着せられそうになっていることが、世界中にリアルタイムで知れ渡るのだ。一方、委員会のメンバーはおそらく安心するであろう。彼らには私をコントロールすることも、証言に手を加えることもできないのだ。もし私がいまだに言わないことがあったとしたらどうだろうか。もし私がジョン・ケリー上院議員に向かって、「ところで、上院議員。あなたの親友の某はジュネーブに口座を持っていますよ」と言い出したらどうだろうか。彼らにとっては、私が家にいて、公聴会をテレビで見ていてくれたほうがよいのだ。

私はそうした。七月一七日、私はダグのソファに座り、ビールの栓を抜き、C-SPANをつけた。私が脚本を書いた大作が「ブロードウエー」デビューを果たそうとしているのである。ミシガン州選出の民主党カール・レビンが常設調査小委員会の委員長席につく。彼はいつもどおり、無地のダークスーツに赤いネクタイを締め、グレーのバーコード頭、老眼鏡を鼻の頭にのせている。率直に言って、私は上院議員としての彼が好きだ。彼は、自らは国民に仕える者であると信じているかのようにワシントンで働く古いタイプの国会議員の一人である。彼の左側には、ミネソタ州選出の共和党ノーム・コールマンが座る。レビンよりはかなり若く、きちっとした身なりをした童顔だ。政党の異なる二人の上院議員は上品な喜劇コンビのように舞台で演じているが、笑いはまったくない。私が党を超えた協力の触媒となったことは明らかだ。

レビンは注意深く準備した、長い声明をもって議会を開会した。彼は、エベネーザ・スクルージのように眼鏡越しに聴衆を演台から見渡しながら読み上げていく。

「みなさん、おはようございます。今日、世界ではおよそ五〇のタックスヘイブンが運営されております。彼らの二つの特徴は、秘密保持と課税逃れにあります。アンドラやバヌアツといったアメリカ人には馴染みの薄い、知名度の低いタックスヘイブンもあれば、スイスやリヒテンシュタインのように秘密保持で知られた場所もあります。何十億ドルものアメリカの資産が、銀行や信託会社、会計士や弁護士などの助けを借りて、これら秘密のタックスヘイブンへと流れ込んでおります。アメリカ財務省が、オフショアにおける税の乱用によって毎年失っている税収は一〇〇〇億ドルにも上ります。タックスヘイブンは、合衆国と正直で勤勉なアメリカの納税者に対する経済戦争に従事しているのです」

その後、レビンは議事を進めていくなかで、委員会は二つの銀行、リヒテンシュタインのLGTとスイスのUBSによる不正を暴いていくことになると発言した。しかし、UBS　AGの職員は証言を行うことに合意したけれども、LGTは協力を拒んだとも述べた。LGTにもホイッスルブロアーがいたことは明らかで、私が委員会に証拠を初めて提出した四カ月後の二〇〇八年二月、彼は秘密裏に一万二〇〇〇ページに及ぶ証拠書類をアメリカ政府に提供したのだ。しかし、このホイッスルブロアーは出席することができなかった。なぜなら彼は、今やリヒテンシュタイン最大の指名手配犯であり、アメリカの証人保護プログラムに逃げ込みはしたが、彼の首には一〇〇〇万ドルの懸賞がかけられていたのである。彼はほんの少しだけ登場することになるが、それも暗闇でのボブ・ローチとの録画インタビューだけであるとレビンは伝えた。この男は生命の危険にさらされているのだ。

「バカ野郎、俺をその場に連れ出せるじゃないか」と、私はテレビをひっぱたいた。

「われわれは、スイスをして長らく、隠し事をしようとする人々の銀行たらしめてきたその秘密保持にどうにか風穴を開けることができました」と、レビンは言った。

「お前らが風穴を開けただと」。それを無理やり開けたのは私であって、連中はかっさらっていっただけである。

レビンは続ける。「二〇〇七年後半、小委員会はブラッドレー・バーケンフェルド氏の宣誓供述を得ました。彼は、スイスでプライベートバンカーとして一二年以上にわたり働き、そのうち四年間はUBSのジュネーブ支店に勤務されておりました……」

さぁ、やっと私の名前が輝くときだ。

「バーケンフェルド氏は、二〇〇八年にアメリカ国民イゴール・オレニコフ氏と共謀して、スイスとリヒテンシュタインの秘密口座に秘匿した二億ドルの資産にかかる税金七二〇万ドルを脱税したかどで起訴され、その罪を認めました……」

私はスクリーンにビールを投げつけそうになった。「立役者である情報提供者をそんなふうにお披露目するのか。なんだそりゃ。『バーケンフェルド氏は果敢にも自ら名乗り出て、極めて大きなリスクをとりながらも、膨大な量の情報を提供してくれました。それなくしては、われわれはこの議事を進めることはできなかったでしょう』じゃねぇのか」。レビンが話を続ける間、私は歯ぎしりをしていた。

「この起訴に関連して、合衆国は当時、商用でフロリダを訪問していたUBSのプライベートバンキングの重役で、スイス人のマーティン・リヒティ氏を重要参考人として拘束しました。この強硬措置は、合衆国が課税を逃れるアメリカの納税者の手助けをするスイスのバンカーを訴追した初の事例です。本日、リヒティ氏も出席しております。これを可能とした司法省ならびに南部フロリダ地裁に感謝の意を表したいと思います」

少しだけ気分が良くなった。マーティンは苦しい立場に置かれることになり、私は彼が身もだえするのを見届けることになるのだ。彼のざんげを聞けば、私が見せしめになったことも救われる。

レビンは、スイスのバンカーたちがアメリカ政府をだますために用いた野蛮かつ常軌を逸した方法について長談義を展開した。それは、ボブ・ローチと彼のチームが私の証言を法廷に見合ったドラマにまとめあげ、彼らの上司があたかも優秀な捜査官のように読み上げることでできるようにしたものであることは明らかであった。そして、開会の辞を締めくくるにあたり、彼はこれらの問題をすべて解決することになる画期的な法案、「タックス・ヘイブン乱用防止法案」を発表した。この法案は、カール・レビン民主党上院議員、ノーム・コールマン共和党上院議員、そしてバラク・オバマ民主党上院議員による共同提案である。

しかし、あざ笑うスイスの犯罪者たちに利用されるすべての貧しいアメリカ人のことを心から心配しているというオバマが公聴会に現れることはなかった。実際のところ、オバマ上院議員は、自らメンバーとなっている委員会の会議に一度も出席していない。彼は全米を遊説中で、アメリカ初の黒人大統領となるための追い込みをかけていたのである。それに、オバマの主たる支援者の一人であり、お気に入りのゴルフパートナーであるロバート・ウォルフがUBSアメリカの会長であるのだから、委員会の演台に立つのは少々厄介なのだ。オバマの大統領選に対し、UBSアメリカの従業員たちが投じた資金は、全体で五番目に大きな額だったのである。この時点では、バラク・オバマのことをよく知る者はいなかった。ただ、若くて、格好良くて、雄弁な、民主党新世代の一番のホープというだけである。コールマン上院議員がスイスによる税の乱用を非難したとき、彼もまたオバマの友人についてはほとんど知らなかったことは明らかだ。

「誤解のないように言えば、われわれが注目しているのは、UBSがスイス以外で行っていることであります。UBSは合衆国にもたくさんの社員を抱えておりますが、彼らもまたわれわれ同様に、小委員会が明らかにした事柄に愕然としているに違いありません」

愕然と、だと。連中はそれをけしかけてんだぞ、バカ野郎。

「しかし、ここでUBSに問うべき根本的な疑問があります」と、コールマンは提起した。

「つまり、スイスのバンカーたちを送り込むにあたって、二〇〇三年以降、UBSの二〇人のバンカーたちが、都合三〇〇回以上訪米しておりますが、アメリカにいるだれかが事態を把握しているはずではないのか……この国で行われたこの手の活動は、意図的に目をつむった人々がいなければ実行すらできないのではないか……私は、これらの取引についてアメリカの人々が知っていることを明らかにしたいと考えております」

「本当に明らかにしようとしたら、その快適な仕事を失うことになるぞ。議場のなかを見渡してみろよ。政治家の半分は今日の昼に会計士や弁護士に電話をかけて、『恩赦を獲得してくれ』って叫ぶだろうよ」と、私はあざ笑った。

やっと証人が口を開くときが来た。最初の登場人物に私は吐き気がした。司法省の次官ケビン・オコナーで、黒髪を刈り上げたブルドックのような顔をした大男である。彼がケビン・ダウニングの上司であり、この男が行軍命令を出していたのは間違いない。彼の隣には、ダグラス・シャルマンＩＲＳ長官が座っている。卑屈な態度の痩せた男で、見るからに会計士、である。二人ともレビンに殴られるのではないかと思っているかのように、背中を丸め、縮こまっていたが、レビンは公聴会へ参加してくれたことに謝意を述べると、右手を挙げ、宣誓するよう求めた。

シャルマンは、適格仲介人契約（ＵＢＳは幾度となく回避しようとしてきた）や匿名召喚状（今のところＵＢＳはあざけっている）など、ＩＲＳがアメリカ人の脱税者を追跡するために用いているすべての高尚な技術にも言及した声明を述べる。それから彼は私のような人間に言及する。私は聞き耳を立てる。

「今日、この場でお話しする最後の、そしてもっとも重要な手段が情報提供者であります。情報提供者は、ＩＲＳが民事刑事を問わずオフショアでの脱税を調査するにあたって有益な情報源となります。新たに設けられた、情報提供者を報いるホイッスルブロアー制度によって、潜在的な違法行為に関する追加情報が得られるものと期待しております」

彼は、私のことを話したのだ。そして、私のように自ら名乗り出て、価値ある情報を提供することができれば、だれでもＩＲＳから気前良く報酬を得ることができると勧誘したのである。彼が、ワシントンで最も情報提供者を嫌う人物の隣に座っているのは皮肉というものであろう。ホイッスルブロアーに月桂冠を与えたい人物と、ホイッスルブロアーの首を狩りたい人物が隣り合わせているのだ。

これがワシントンＤＣというものであろう。

ケビン・オコナーの順番が来たとき、私は大笑いしてしまった。私は彼に一度も会ったことがないし、話すところを聞いたこともなかったが、シーン・ハンニティの太った兄貴のような外見の男の声が、キーキーうるさい老女のようなものだったからだ。オコナーは自分の委員会がどれほど素晴らしいものであるかを議長に語ったあと、司法省の税務課がIRSと協力して行ったすべての素晴らしい捜査の数々を挙げていった。レビンのスタッフは、UBSが新規資金を獲得し、それをだれのものか分からなくする技術のすべてを列挙した大きなパネルを提示する。これらを知っているかとレビンがオコナーに尋ねると、オコナーはこう答えた。「承知しています。ブラッドレー・バーケンフェルド氏がわれわれに教えてくれました」

ありがとう、ディック・トレイシー。それなら、どうして私を投獄したいのだ。

そして、コールマン上院議員は度肝を抜く発言をした。「われわれはこれをやめさせなければならない」。今日に至るまで、スイスの秘密ナンバーアカウントのことを聞いたこともなく、アメリカ国民が実際にそれを利用していることを突然知ったかのような口ぶりだ。

そして、ジョン・ケリー上院議員が議場に入ってくるとすべての目が彼に向けられた。ケリーが演台に座る。ケリーは委員会のメンバーではなかったので、彼は「参加」を許してくれたことをレビンに感謝し、秘密のスイス銀行に対する極めて重要な捜査を行ったことに対してしばらく褒めそやしていた。私は頭を振り、大声で怒鳴り散らした。「ちくしょう、連中は俺から教えてもらっただけで、何も知らなかったんだ」

ちょうど四年前、私はジョン・ケリーの事務所に座り、二〇〇四年の大統領選でジョージ・ブッシュに敗れたばかりの上院議員と一対一で話をしたことがある。彼は、彼の選挙活動のために私が行った多額の資金集めにお礼を言いたかったのだ。それは正しい。私は、ナンタケットとジョージタウンとで行われた二つの資金集めイベントに参加し、スイスで五〇万ドルをかき集め、私個人のお金とともに彼に投じたのだ。私を上院議員のインナーサークルに紹介したのはジャック・マニング（**グラビア　図11**参照）という人物で、ケリーの親友であり、合衆国で五番目に多くのアパートを所有する（四八州に一四万七〇〇〇のアパートを所有する）巨大不動産会社ボストン・キャピタルのＣＥＯ（最高経営責任者）である。一八億ドルの資産を有する（フォーブス四〇〇入りだ）マニングは、民主党の大口献金者であり、クリントンのホワイトハウスでは常連だった。実際に、マニングは一九九八年にボストンの彼のマンションで御一人二万五〇〇〇ドルというビル・クリントンとアル・ゴアのための資金集めイベントを主催して名をはせたことがある。当時、彼らは現職の大統領と副大統領であり、シークレットサービスにしてみれば「ありえねぇ」という話である。しかし、マニングは見事にやってのけたのだ。

さて、四年後の今日、私はケリーが厳格な調子でアメリカ人納税者が受けてきた損害について語るのを見て、血管がブチ切れそうになった。

ケリーは自らを美化するように上院銀行委員会時代の思い出を語り続ける。当時、彼はパナマの独裁者であるマヌエル・ノリエガや新進気鋭のジハード戦士であったオサマ・ビン・ラディンのお金を隠していたバハマの悪名高き銀行ＢＣＣＩの調査を主導していたのだ。「われわれは、後にケリー修正と呼ばれることになる修正案を銀行委員会で通しました。これは報告の透明性を求めるものでして……」

あぁ、「ケリー修正」ね。彼は自分自身のことを語るために公聴会に参加し、自分が仲間外れにされていないということを確認したかったのだろう。信じられないことに、彼はオコナーやシャルマンに対して、司法省やＩＲＳは国際的な銀行犯罪をなぜ徹底的に取り締まらなかったのかと丁寧に尋ねたのだ。本気で言ってるのか。

最終的にケリーは息切れしてしまった。彼は飛び込んできて、注目を一身に集め、窮地を救うバットマンのように振る舞い、そして去っていったのだ。次にレビン上院議員はスタッフに指示し、ＬＧＴのホイッスルブロアーで、現在は証人保護プログラム下にある匿名の人物のインタビュー録画を流した。その男は大きなテレビ画面上では影になっていたが、つるっぱげの頭に大きな耳、眼鏡をかけているのがはっきりと見て取れ、リヒテンシュタイン訛りのスイス系ドイツ語を話している。私は額を叩いた。「なんてこった、もしこの男のご近所さんがこれを見たら、だれだか分かるじゃないか」。私は匿名の情報提供取引を行わなくてよかったと思った。私が猫を飼っていたとしても、司法省はそれすら守らなかったと思う。

次にレビンは、起訴された二人のアメリカ人の話を持ち出す。彼らはＬＧＴに秘密口座を持っていたのだ。二人とも、憲法修正第五条の権利を主張して、すべての質問に回答することを拒んだのだ。委員会はすでに彼らが協力しないことを知っていたのであるから、どうして公衆の場で話を持ち出したのか。すべては見世物のためである。「われわれがどれほど優秀か思い知ったか」というわけだ。

最後に、レビン上院議員はマーティン・リヒティを、弁護士とともに証人席に付くよう呼び入れた。私は、不思議な安心感が胸に去来するのを感じた。彼らはやっと、われらが高慢不遜たるＵＢＳのマネジャーの一人を公衆の面前で粉々に引き裂き、この国際的なクラップスゲームを指揮し、アメリカの納税者の資金を総取りしていた代償を支払わせようとしているのである。リヒティは、マイアミの五つ星ホテルリッツカールトンのプールサイドに座っていたはずなのに、グレーのスーツを着た彼は少し青ざめて見えた。彼は立ち上がり、宣誓を行うと、再び席につき……。

黙秘権を行使したのだ。

「委員長、弁護人の助言に従い、私は合衆国憲法修正第五条で認められた権利を主張し、あなたのご質問に対する回答を謹んで差し控えさせていただきます」

なんだって！　リヒティは協力しないつもりか。話をしないというのか。司法省は四カ月も豪華なスイートルームに彼を拘束していたのであるから、彼から秘密を絞り出し、この立派な国会議員たちの前に誕生日プレゼントのように彼を引き出すことができた。そして、彼がレビンに鳥のように歌うことを確実にするために、これは数年後に知ったことだが、リヒティと司法省は議会公聴会の二週間前に秘密裏に非訴追協定（NPA）に合意していたのだ（**資料4**参照）。NPAは、訴追を免れる条件として、政府からのあらゆる質問に協力して答えることをリヒティに求めるものである。簡単な話ではなかろうか。

では、何が起こったのか。レビンも委員会も、司法省の秘密合意については知らなかった。リヒティはそこに座り、不遜にも黙秘権を主張した。そして、レビンは肩をすくめ、彼を非協力的な証人として退けてしまったのだ。

ケビン・オコナーは一言も異議を申し立てなかった。上司の後ろに座るケビン・ダウニングにはたじろいだ様子もない。二人とも、リヒティが確実に話す約束をしたことを知っていたのだが、彼がそれを拒んでも、司法省の連中はまばたき一つしなかったのだ。

私はあぜんとして、その後のことははっきりとは覚えていない。UBSは新任のCFO（最高財務責任者）であるマーク・ブランソンを証人として送り込んだ。彼は、不正行為が行われていたことを銀行はまったく認識しておらず、二度とそのようなことは起こらず、またUBSはアメリカ議会ならびに司法省に全面的に協力するつもりだと頑張った（ウソつけ）。全面的に協力するだと。本当か。お前の親分がたった今、上院の公聴会で協力を拒んで、黙秘権を主張したじゃないか、このインチキ野郎。ブランソンは、それまで東京に勤務しており、スイスの仕組みには加わっていなかったので、UBSが彼を選んで送り込んだことは明らかだ。彼はまたイギリス人なので、忌まわしいスイス系ドイツ語訛りがない。彼は潔白なのだ。

「私がこの場に参りましたのは、UBSは過去に発生した可能性のあるコンプライアンス違反を遺憾に思っていることを明らかにするためであります」。そうだ、いわば法令順守だ。過去に発生した可能性のあるとはどういうことだ。ブランソンは、私が提供した都合の悪い証拠のすべてを認めたが、ＵＢＳの経営陣はそれについてはまったく認知しておらず、本当に驚いていると主張したのだ。私が提出したＵＢＳの査察対策技術に関する研修資料についての説明を求められたときも、研修はスイスの法律にのっとって、口座保有者の匿名性を維持することに関連したものにすぎないと、彼は宣誓の上で主張したのである。コールマン上院議員が彼に尋ねた。「ＵＢＳは、三万人以上のアメリカ人を雇用していますが、アメリカの支店ではだれも銀行の不正行為を知らなかったのですか」

「アメリカの支店でだれが承知していたかは分かりません」

ふざけるな。私はロングアイランドとフィッシャーアイランドで、ニューヨーク市を本拠とするＵＢＳインターナショナルの取締役リチャード・ジーゲラッシュとパーティーをしたことを思い出した。マーティン・リヒティは、ジーゲラッシュが金持ち中の金持ちと親しく付き合っているので、連中の資産をスイスに預けさせるべく私を直接ジーゲラッシュのもとに行かせたのだ。ジーゲラッシュには何人かの金持ちを個人的に紹介してもらっている。アメリカのだれも知らない、だと。

私は、少なくとも公聴会の場では何も起こらないと気づいた。ブランソンはＵＢＳのいけにえ、上院の打たれ役として公聴会に参加したのだ。完全な政治的見世物だったのである。「われわれに一票を。こんなに一生懸命に働いております」

レビンは、アメリカの国会議員はすべての真相を探るつもりだと約束して公聴会を終わりにした。そして小づちを打つ。

一週間後、レビンの委員会はまた別の公聴会を開き、C－SPANで放映された。私はそれも見たが、今回もほとんど同じだった。UBSは、一万九〇〇〇のアメリカ人口座保有者の名前を明らかにすることについては、誠意をもって交渉すると約束した。そして上院議員はこう言ったのだ。「どうもありがとう」と。

「おめでたいバカどもが。UBSがひとつでも名前を漏らすには、連中の金玉にチェーンソーをぶち込んでやらなきゃダメなんだ」

私はいまだ、どうして連中はリヒティを見逃してやったのか理解できずにいた。私はただ、彼が公衆の面前で黙秘権を主張したので、オコナーやダウニングが神聖なる議場で立ち上がり、「異議あり、彼に話をさせろ。さもなければムショにぶち込め」と叫ぶのを避けたかっただけかと考えていた。

そうに違いない。連中はまだリヒティをマイアミに拘留している。連中は彼を厳しく罰しようとしているのだ。ちょうど、私に対して行ったように。少なくとも、私が刑務所に行かなければならないのなら、リヒティも収監されてしかるべきだ。監房で一緒になるかもしれない。そうしたら、自動車のナンバープレートを作りながら、毎日、面と向かって笑い飛ばすことができる。

八月、国会は恒例の一カ月の休暇に入り、彼らはみんなゴルフやセーリングに出かけた。それは、エジソンが電球を発明するずっと以前、ワシントンが暑すぎて人々が働くことができなかったころから続く伝統である。二〇世紀半ば以来、エアコンがあることなど気にしてはならない。

国会の休会中こそ、彼らの背中を突きさす絶好のときだ。彼らは子分を結集して、果敢に戦うということはしないのだ。それゆえ、八月はケビン・ダウニングにとって、マーティン・リヒティをひそかに逃がす絶好のときなのだ。それはちょうど公聴会の二週間後であった。リヒティは口を閉ざすよう指示され、スイスへ戻る飛行機に乗せられたのだ。それを知る者はいない。一切の書類も作られなかった。

しかし、私にはいまだスイスに良き友人がいるので、それを知ることができたのだ。私は弁護士たちに電話をかけ、ダウニングのバカ野郎に、どうしてスイスの不正の親玉を帰国させたのか説明するよう指示した。

ダウニングはリック・モランの電話に出た。

「マーティン・リヒティを解放したのですか。彼はこの捜査の要ですよ。それにブラッドの件でも要になる。なぜですか、冗談じゃない」

ダウニングは笑うだけで、電話を切った。

第12章　対決のとき

「歴史の流れを確定するのに最も大きな役割を果たすのは経済である」――カール・マルクス（ドイツの経済学者）

その夏も盛りを迎えたころ、嵐雲が膨らみ始めていた。

二〇〇八年八月は、世界中の金融市場はハリケーンの季節であった。雷鳴のようなごう音を聞くかのようだった。それは、株式市場を飲み込み、不動産バブルを弾き飛ばし、スイスの秘密銀行の塔へ向かう津波の音でもあった。

アメリカのメディアのほとんどが異なる話題、タイタンの戦いに焦点を当てていた。大統領候補のバラク・オバマとジョン・マケインは死闘を演じ、ジョー・バイデンとサラ・

ペイリンはリングのコーナーで背を丸め、互いのボクサーの腫れあがった目を冷やし、そして次のラウンドへと押し出そうとしていた。それは大衆向けのネタであり、息をつかせない討論の合間に流れるテレビコマーシャルに何百万ものお金をもたらすものである。それゆえ、一般大衆はチューリッヒとジュネーブの地下金庫を砕こうとしている地震にはまったく気づかなかったのだ。しかし、われわれのような国際金融業で職業生活を送っている者たちは気づいていた。そして、一人の元スイスバンカー、最初の爆弾を仕掛け有罪判決を受けたいけにえは、それ以外のことにはまったく興味がなかった。

カール・レビンと、常設調査小委員会のほかの上院議員たちは行進中である。彼らにはクレア・マカスキル、トム・コバーンなど有力な超党派の仲間が加わっていた。彼らは自分たちの選挙区でも、多くの人々が家屋敷を失っていたので税収の減少を実感したのである。上院の背後では、IRS（米内国歳入庁）が血の匂いをかぎ回っており、これまでにないほどに有罪判決と罰金とに飢えていた。その一団の影で、司法省は追従するしか術がなく、できるかぎりの大声で吠えまくっていたので、彼らが主導していると考える者もいたかもしれない。

一一月、私の元上司で、UBSグローバル・ウェルスマネジメントの長であったラウル・

ワイルがアメリカ人の脱税を幇助したかどでフロリダの大陪審で有罪判決を受けた。フィルは一笑に付し、彼の引き渡しを求めるアメリカの要求にはスイス政府がけっして応じないであろうと確信していたのだ。つまるところ、スイスが大物バンカーを引き渡しでもしたら、カジノを運営する人間がいなくなってしまうのだ。しかし、私はワイルのことを知っていた。彼が傲慢なくそ野郎であることを知っていたので、遅かれ早かれ、彼もマーティン・リヒティの二の舞を演じることになるだろうと思っていた。今回は、司法省も彼を告発する以外に選択肢はないであろう。

レビンの委員会で宣誓のうえで証言し、「匿名」の召喚にも協力することを誓ったUBSの最高財務責任者であるマーク・ブランソンはスイスに帰国すると、その約束をすっかり忘れてしまったようだ。ダグラス・シャルマンIRS長官は、その任についてまだ日も浅く、通常任期も五年あるので、その立場を守るつもりのようだ。彼はタフには見えなかったが、その外見はまやかしかもしれない。IRSは即座にスロットルを全開にしてフロリダ地裁にUBSを告訴し、秘密口座を保有する一万九〇〇〇人のアメリカ人の名前を開示するよう求め、今回は勝利した。だれもがよく知るように、IRSには恐ろしいほどの権力があるのだ。巨大金融機関は訴えられ、それでも協力を渋ろうものなら、致命傷を得ることになる。つまり、特権は奪われ、口座は凍結され、毎日課される罰金は何百万ドルにも上り、営業できなくなってしまうのだ。チューリッヒ、ジュネーブ、ルガーノのUBS本部では、私のかつての上司たちは小便を漏らしていた。

その間、私はボストンに戻り、兄のダグと次なる行動を計画していた。私は、初めてアメリカ当局に名乗り出て以来、事の進展を長いこと綿密に調べていたが、私のスコアカードは目標に達していなかった。私は司法省に事案を持ち込み、今や足首には監視装置をつけられ、事実上自宅監禁の状態であり、これまでのところの運気からすれば懲役刑を含む判決が待っているのである。上院は私の証拠を横取りし、それを用いてスイス銀行の秘密に対する史上最大の訴訟を起こしたのだ。しかし、その後、彼らは私をのけ者のように扱い、一九五〇年代の、パパは何でも知っている家族の一〇代の娘が妊娠したときのように、私を小部屋に押し込めたのである。

ステートストリート・バンクでの苦い経験を考えれば不思議に思うかもしれないが、私はもはやワシントンのだれも信じることができず、ボストンにいたほうがよほど安全だと感じていたのだ。私にとってワシントンは、髪粉をかけたかつらをかぶったイギリス人たちが権力の座を占めていた植民地時代のようなもので、ボストンは反逆者とティーパーティーの拠点なのである。私はもはや首都へ通い、ペコペコしながら行ったり来たりするつもりはなかったし、その文化のなかで働いてきた能力に疑問のある男たちを信用してもいなかった。私はポール・ヘクターとリック・モランを解任したのだ。もっと早くやるべきであったであろう。

その後、私は徹底的な調査を行い、ボストンの名門弁護士事務所トッド・アンド・ウェルドにたどり着き、同社で最も経験豊富な弁護士のひとりであるデビッド・マイヤーに私の事案を担当してもらうことにした。マイヤーは、一二年にわたりサフォーク郡の地区検事長の事務所で殺人を担当し、冤罪事件の弁護で名を挙げた人物である。二〇〇七年、彼は『マサチューセッツ・ロイヤーズ・ウイークリー』で「最優秀弁護士」に選出されてもいる。彼は百戦錬磨で、知識豊富で、情熱に燃えるタイプのように思え、さらに連邦政府とは何のしがらみもなかった。ボストンの男はワシントンに汚されてはいないのだ。デビッド・マイヤーは司法省に接触し、今後は自分が彼の事案を担当すると伝えた。ケビン・ダウニングは、「だれだ貴様は」と言わんばかりに丁寧に応対した。

ダウニングは、自分がコントロールできるヘクター・アンド・モランを私が解任したことが気に入らなかった。彼が好きなときに司法省に呼び寄せて威嚇することができないボストンの弁護士を、私が図太くも採用したと思ったのだろう。マイヤーはダウニングの怒りなど無視し、フロリダにおいて私の量刑が下される日付を確認するよう圧力をかけた。「遅らせたいと思っている。すでに裁判所には継続審議をお願いしているので、同意することを求める。さもなければ、私に情状酌量を求めることなどあきらめろ」と、ダウニングは言い返してきた。

ダウニングが私の量刑審理を引き延ばしたのはこれが初めてではない。彼はすでにヘクター・アンド・モランとの間でも行っており、またやったのだ。さらに一年間のうちに三回も引き伸ばしを行ったが、それは私を剃刀の刃の上に座らせておきたいという以外の何ものでもなかった。この国には、アメリカ国民の権利を守るための厳格な法律があるのではないのか。もちろんだ。あなたはそれを固守しなければならないが、政治家たちは乱用しているのだ。

しかし、ダウニングは私を放置して大満足していたのだが、その実、私に大変な便宜を図っていることに気づかなかった。私は、自分の事案に関しては何もなすべきことがなかったので、ＩＲＳのホイッスルブロアー（内部告発者）に対する報奨制度の研究に意を割いた。ＵＢＳはいまだ政府から罰則も罰金も求められていなかったが、それはすぐに実行されるとの直観があった。ＰＯＧＯ（政府監視プロジェクト）やＧＡＰ（政府説明責任プロジェクト）など、善意の非営利支援団体の多くが私に接触してきていた。彼らは私の告訴を激しく非難し、私を擁護する何千人もの署名を集めてくれたりもしたが、私の立場が改善したり、最終的に私の努力が報いられることについては、「効果的な手段」を何も持っていなかった。

そのようなとき、私はワシントンのナショナル・ホイッスルブロアー・センター（ＮＷＣ）を見つけたのである。それは小さな組織でしかなかったが、私のような情報提供者を守らんとする信念を持った、才能と知識にあふれる人々によって構成されていた。ＮＷＣの常任理事であるスティーブ・Ｍ・コーンは、ホイッスルブロアーを専門とする弁護士事務所ではワシントンで最高の評を持つコーン・コーン・アンド・コラピントのパートナー弁護士でもあった。コーンは国防総省の職員で、ビル・クリントンとモニカ・ルインスキーの一件を暴露したリンダ・トリップの代理人でもあったのだ。トリップは容赦ない報復を受けたが、政府を訴え、五九万五〇〇〇ドルの報奨と前職への遡及的、完全な復帰を勝ち取ったのである。コーンはまさに私が求める男であった。

コーンはボストンに飛んできて、ランガムホテルで面会した。私はすぐに彼が好きになった。彼は、グレーのくせ毛に、細いメタルフレームの眼鏡をかけ、理解の早い、小柄で情熱的な人物だった。彼はすでにホイッスルブロアーの代理人を何年間も務め、議会で証言した経験もあり、ホイッスルブローに関する包括的な書籍を何冊も著しているが、私が話をしているのは前例のないことであることを彼も理解していた。その後、コーンがチームに加えるよう推薦したもう一人の有能な弁護士、ディーン・ゼーブもやってきて、空港のヒルトン・ホテルで面会した。ゼーブは切れ者の税理士で、上院財政委員会のホイッスルブローイング法の起草者でもある。憲法について質問があるなら、トーマス・ジェファーソンに聞けばよい。IRSのホイッスルブローイング法で質問があるなら、ディーン・ゼーブに聞けばよいのだ。私が、UBSの大量の資料とともに、これまでのホイッスルブローについての履歴を示すと、彼はあぜんとしていた。

「信じられん、これ、全部か」。ゼーブは息をのんだ。「通常の依頼人のインタビューの時間じゃ終わりそうにないな。どうだろう、ブラッド」

私はズボンのすそを上げ、足首につけられた黒い監視装置を見せた。「たっぷり時間はあったんですがね」

数日後、コーンとゼーブは連れ立ってきて、われわれはボストン・ハーバーホテルで面会した。私は顧問契約に署名する。

「これは戦争になりそうだな。だが、君は完全武装だよ、ブラッド」と、コーンが言う。

「それに、危険人物ですね」と、私は笑った。

スティーブ・コーンとディーン・ゼーブは、上院に対する最初の一撃として、私の宣誓供述の筆記録を求めた。彼らは、私がどれほど政府に貢献したかをIRSに示すために筆記録を必要としたのだ。しかし、ボブ・ローチは委員会の規則を理由に要求を拒んだ。そんなことがあるのだろうか。私自身の言葉を、私が知ることができないなどということがあり得るのだろうか。その後、六カ月にわたる口論の末、最終的にコーンとゼーブは、キャピトルヒルの隔離された部屋で筆記録の閲覧を許された。それで、私が語ったことを確認することはできたが、彼らがコピーを作ることは許されなかったのだ。

それでも、私は楽観的になっていた。ダウニングによって再び延期された量刑審理について、というのではなく、いつの日か私が耐え抜いてきたすべてに対して経済的な報いを得ることができるのではないか、という思いである。私の事案を取り上げた新聞やブログのすべてが不正を非難し、最高の情報提供者を迫害しようとする政府を糾弾していた。それらは何の影響も及ぼさなかったが、コーンとゼーブの助けにはなることは分かっていた。

新年の鐘が再び鳴り、私もどうにか二〇〇九年を迎えると、少しばかり気が楽になり、事態の好転を期待するようになった。

私の淡い期待は私に関することであって、アメリカの新大統領のことではない。たしかに、アメリカの歴史を学び、また人種的抑圧という嵐の時代を過ごしてきた多くのアメリカ人と同じように、私もバラク・オバマの成功を心から願うとともに、彼がこの国を調和と理想の新たな高みへと導くことを願っていた。しかし同時に、政治家の選挙公約に散々だまされてきた多くのアメリカ人と同様に、私の態度は静観、であった。私は言わば、血を見すぎたがゆえに、慈悲というものを信用しなくなった警察官のようなものであった。国際的なバンカーとして、私はあまりに多くの不正と富の乱用とを見てきたので、もはや指導者たちを信用できないのである。あらゆる種類の政治家の選挙運動に資金を投じてきたが、それは彼らが売り込む戯れ言を信じていたからではなく、彼らが裕福な友人を紹介してくれるからである。それは毎回うまくいったが、私は政治というのは大衆向けの「ケーキ」にすぎず、その裏側で取引はすでに成立しているのだと考えるようになっていた。それゆえ、国民皆保険、人種の調和、他国への終わりなき戦争の非介入など、新大統領の公約は好きだったが、彼はその半分を破り、残りは大失敗するだろうと思っていた。事実そうなった。

その後、ちょっとした出来事があった。オバマによる新司法長官の指名である。ブッシュ時代の司法長官であるアルバート・ゴンザレスは司法省を「政治利用」し、ジョージ・ブッシュの政敵を罰するために利用したことで非難され、マイケル・ミュケイジーに交代していた。いまやミュケイジーは去り、エリック・ホルダーが就任していたのだが、彼は後に司法省を史上最も「政治利用」した人物として知られるようになる。この新司法長官は、億万長者の石油王で、合衆国の多額の税収をだまし取ったマーク・リッチの恩赦を提案した人物でもある（皮肉なことに、リッチの代理人であったボブ・トーマジャンはチューリッヒのUBSにあった秘密ナンバーアカウントに二億五〇〇〇万ドルを預けていた）。さらに、ホルダーは新たな任に就く直前まで、UBSの弁護士として多額の報酬を得ていたのである。それゆえ、ケビン・ダウニングは、私のことが大嫌いであろう人物を新しい上司としたことになる。ここでの好転は期待薄だ。

ボストンの冬は厳しいものであるが、私は好きだった。それは変わることがない。やはり私はこの地域で育ち、冬はアイスホッケーのリンクやスキー場で過ごしていたので、コンクリートの街を吹き抜ける厳しい風や汚れた雪の山なども気にならないのだ。兄のダグの部屋には暖炉はなかったが、私が導火線に火をつけて以来、世界中の金融界で破裂する爆竹のニュースにホカホカしていた。

ラウル・ワイルを起訴したフロリダの大陪審は、一一月以降、スイスが何らかの信を示し、彼を引き渡すのをイライラと待ち続けていた。スイスがそのようなことをするわけがないことは私には分かっていたが、やがて彼らも気づいたようである。二〇〇九年一月一四日、議長を務める判事は怒り、ワイルを「司法省の逃亡者」と宣言した。問題は、ワイルはこのところUBSの立場でアメリカには足を踏み入れておらず、グレースランドでのバケーションにも現れそうにないことだ。しかし、合衆国が大罪を犯した国際的バンカーを探していると言えば、インターポール（国際刑事警察機構）が黙っていないのだ。最終的にワイルはイタリアで逮捕され、二〇一五年の秋にフロリダの連邦裁判所で裁判にかけられた。何千もの口座がアメリカの税法にもUBS独自の基準にも適合していないことをワイルは理解しているとマーティン・リヒティが証言したにもかかわらず、ワイルはすべての罪を免れたのだ。司法省は私の証言を一度も求めてこなかった。その後、二〇一六年六月、フランスの検察はUBSとワイルを脱税のかどで審理するつもりであると発表した。

これがUBSにとっては赤旗となったようで、その四日後にはアメリカ議会からの攻撃に降参の手を挙げたのだ。ＵＢＳは司法省との間で訴追延期合意（ＤＰＡ）に達し、「ある行為」を認め、アメリカ政府に七億八〇〇〇万ドルの罰金を支払うことで同意した。彼らがどのようにしてその金額をはじき出し、またフロリダの判事がなぜそれに即座に同意したのかはだれにも分からない。しかし、これは見せかけばかりの軽い罰にすぎないことは私には分かっていた。ＤＰＡには、二〇〇〇年から二〇〇七年の八年間で、ＵＢＳは北米の秘密口座で毎年二億ドルの収益を上げていたと明記されていた。つまり、全体で一六億ドルである。さらに、アメリカ人がＵＢＳに保有する口座に、現金と有価証券とでおよそ二〇〇億ドルあったことを思い出してもらいたい。この巨額の資金のすべてをロードアイランドのパパママ貯蓄口座に預けておくだけでも、その利息は彼らが支払いに同意した額をはるかに上回ることになるのだ。皮肉にも、罰金の額は、彼らがだまし取ったことを私が証明した額にだけ依拠していたことが後に明らかになる。アメリカ政府は条件を受け入れ、現金に換え、そして横取りしたのだ。ＵＢＳは難局を脱したと思っただろう。

その後にガツン。まさにその翌日、ＩＲＳはＵＢＳを糾弾し、「匿名」の召喚を行って、ＵＢＳに対し一万九〇〇〇人の名前を明らかにするよう迫ったのだ。おそらくＵＢＳは七億八〇〇〇万ドルを支払えばすべては終わると思っていたことであろう。しかし、それは間違いだった。エリック・ホルダーは新大統領の相方かもしれないが、ダグラス・シャルマンIRS長官はジョージ・ブッシュが任命したのだ。彼は真剣に職務を全うしているようだし、彼には世論と議会の全面的な支援があるのだ。

そのおよそ一週間後、UBSのCEO（最高経営責任者）であるマルセル・ローナーが辞任した。ローナーは弱冠四四歳で「引退」したとUBSは発表したが、彼が詰め腹を切らされたのは明らかだ。二月二六日、それはちょうど私の四四歳の誕生日であったが、これ以上の誕生日プレゼントがあろうか。ダグと私はシャンパンのボトルを開けた。誕生日ケーキとスイスチョコレートにはぴったりだった。

三月二日、エリック・ホルダーはワシントンの本部に賓客の訪問を受けた。スイスの司法警察大臣のエフェリーネ・ヴィドマー・シュルンプフが大慌てでワシントンまで飛んできたのだ。ついにUBSの背骨を砕いたアメリカ上院常設調査小委員会は、その他のスイス銀行に次なる焦点を合わせていた。第一の候補が、私がプライベートバンキングのキャリアをスタートさせたクレディ・スイスである。上院は、無条件降伏を求めた。スイスにおけるホルダーのカウンターパートにあたるヴィドマー・シュルンプフは、現在攻撃を受けているスイス銀行のすべてを「公平かつ平等に取り扱うこと」を求めるばかりであった。

つまり、彼女は慈悲を請うているのである。司法省は、長官の反応については説明を避けたが、ホルダーがもっと多くのスイス人の首が必要になると彼女に伝えたのは明らかだ。彼女は尻尾を巻いて帰国した。

二日後、ＵＢＳの取締役会会長が辞任する。私とボーナスで争い、ＵＢＳ内での私のホイッスルブローを却下し、全社的な内部調査を台無しにしたピーター・キューラーである。その後、彼はトップの地位まで上り詰めたが、今や通りに放り出されたのだ。スイスの銀行界は、あっという間にターゲットばかりの状況になっていたのである。

まさにその同日、カール・レビン上院議員は二回目の常設委員会の公聴会を開催し、テレビ放映された。カーブを描いた長い演台で彼の隣に座ったのは、ミズーリ州選出のクレア・マカスキル上院議員と、オクラホマのトム・コバーン上院議員である。政府の証人として、ダグラス・シャルマンＩＲＳ長官と、アメリカ司法省税務課のジョン・Ａ・ディシコ司法次官補代理が参加している。ディシコは不運な公務員のようであった。事実はまったく知らず、サイズの合っていない安手のスーツに身を包み、抑揚のない声でありふれたことばかりを話す、まさに司法省の代表だ。

ケビン・ダウニングの上司であるケビン・オコナーはどこにも見当たらなかった。彼は、司法省のナンバー三の地位であるアメリカ司法次官職の地位にはすでになく、元ニューヨーク市長のルドルフ・ジュリアーニのパートナーとして、年商三億二五〇〇万ドルを誇る法律事務所ブレイスウェル・アンド・ジュリアーニのニューヨーク事務所で働いていたことが後に判明する。ここで、アブドゥル・アジス・アッバスが頭に浮かんだのは当然だ。私は二年前にダウニングと司法省に、アッバスはジュリアーニの友人だと教えていたのだ。

今回、レビンは怒り狂っており、耳から蒸気が出ているのが見てとれるほどであった。IRSに追い詰められたUBSは嫌々ながら不正を認め、訴追延期合意に署名し、七億八〇〇〇万ドルの罰金を支払う約束をした。しかし、IRSが一万九〇〇〇人のアメリカ人口座保有者の名前を明らかにするようUBSを追及し、銀行は開示を約束したにもかかわらず、今や「スイス銀行法」の傘の下に隠れてしまったのだ。

しかし、レビンを本当に激怒させたのは、夏の公聴会でマーク・ブランソンが一万九〇〇〇人という数字が確定的なものであると証言したことである。レビンと彼のスタッフは、アメリカ人が保有する口座の本当の数は五万二〇〇〇であったことを、私の証言で知っていたのである。さらに悪いことに、六カ月前、UBSが「相当数の」アメリカ人の口座を明らかにすることで協力を約束した八月以降、銀行が開示したのはたった一二人の名前だけだったのである。

バカげた見世物だ。私は足を組み、ポップコーンを一盛り抱えながら中継を見ていた。闘志むき出しのレビン、マカスキル、コバーンは、UBSの傲慢な相方で、擁護者にすぎない本性を現したブランソンを激しく非難していた。レビンは「これまで本件に関して有罪判決を受けたのは、情報提供者であるブラッドレー・バーケンフェルドだけである」と言った。

ブランソンはそれも無視し、UBSがアメリカに対して犯した罪に関する上院議員の質問の九割をかわし、「私が今の立場に就いてから一年しかたっておりませんので、そのことについては分かりません」と主張したのだ。東京にいた従業員を送り込み、その者は何も知らないスイスでの活動について議会に答弁させるのだから、UBSにとってこれほど都合の良いことはない。そして彼は、UBSは合意した罰金を支払うが、スイス政府からの強制がないかぎりは一人たりとも名前を明らかにするつもりはないと述べた。「罰金の支払いは裁判で決議された法律問題でありますが、口座保有者の名前については政治家同士で交渉いただく問題です」とブランソンはあざ笑ったのだ。UBSはスイス政府を頼みとし、スイスの秘密保持の法律をあがめることで、顧客のリストを開示することから逃れるつもりなのだ。

レビンは小づちを取って、部屋中で振り回し、ブランソンの頭にぶち込んでやりたかっただろうと思う。醜いやり取りが四時間続いたあと、レビンは礼儀正しく公聴会を休会としたが、そのメッセージははっきりしていた。「目にもの見せてやる。とっとと議場から出ていけ」

私は、『ア・フュー・グッドメン』以来、裁判をテーマにしたドラマを楽しめていない。裁判をテーマにした面白いドラマに共通することだが、最も面白い場面は、舞台裏で行われている事柄である。つまり、弁護士同士の過熱した議論であり、被告や被害者にかかる強烈なプレッシャーであり、秘密取引である。スイスの秘密銀行による犯罪や不正のスキャンダルは世界の金融市場に吹き荒れた嵐ではあるが、表層的なものにすぎない。その裏で、権力者たちが帳簿をいじっているのだ。

三月六日、新たにアメリカ国務長官に就任したヒラリー・ローダム・クリントンがチューリッヒを訪れ、彼女のカウンターパートであるスイスの外務大臣ミシュリン・カルミ・レイと秘密会談を持った。スイスの二大銀行であるUBSとクレディ・スイスがアメリカ当局の攻撃対象となっているのであるから、カルミ・レイ女史が動揺していたのは疑いのないところだ。全世界に八万人以上の従業員を抱え、何千億ドルもの資産を有するUBSは、処理したての虚勢雄牛なみに貴重な存在なのだ。UBSの株価は九〇%も急落し、七・四五ドルという史上最安値を付け、五三〇億ドルの赤字に見舞われている。カルミ・レイは、姉御のクリントンに配慮を請うたのだ。もしUBSが一万九〇〇〇人のアメリカ人口座保有者を暴露したら、ほかの顧客たちは逃げ出し、スイス最大の銀行は倒産してしまうのだ。

クリントン国務長官にはいくつか創造的なアイデアがあったのは明らかだ。彼女の新しい上司であるバラク・オバマ大統領は、ジョージ・ブッシュ前大統領が初めて利用したキューバのグアンタナモにあるテロリスト収容所を最低でも閉鎖すると選挙で公約していた。政治的に狡猾なクリントンは、おそらく自分がどれほどオバマを軽蔑しているかは口にしなかったであろう（彼女と彼女の夫は悪魔と取引をした。ビル・クリントンはオバマの立候補を支持し、オバマはヒラリーを国務長官とする。やがてオバマが職務に嫌気が差したら、ヒラリーはその高職から一気に大統領まで駆け上がる、というものだ）。クリントン長官は、ミシュリン・カルミ・レイにグアンタナモの下級テロリストを受け入れ、ひそかにスイスに定住させることを検討するよう提案したのかもしれない。アフガニスタンで拘束された、イスラム教徒の数人のウイグル人であれば、基本的に害はない。それに、オバマはイランの最高指導者と極秘の対話を始めることに興味を持っている。アメリカはテヘランに大使館を開いていないので、彼の地におけるアメリカの利益はだれを隠そうスイスによって代表されているのだ。おそらくスイスは服役中のアメリカ国民を解放するようテヘランに圧力をかけることができるであろうし、一方でオバマはイランの核開発を受けてブッシュ親子が課した愚かな制裁措置の解除にむけて即座に取り組むことになる。つまるところ、だれもが等しくエネルギーの独立を達成する資格はあるのだ。イスラエルは動揺するであろうが、過激な反植民地主義の申し子たるオバマは大して気にもしないであろうし、左翼寄りのユダヤ系アメリカ人は思いどおりになるのだ。クリントンは、これらのちょっとしたジェスチャーはＵＢＳのスキャンダルを大目に見る見返りとすれば大したことではない（直接的な負担はアメリカの納税者が負う）とカルミ・レイに提案したのだ。

ミシュリン・カルミ・レイは検討することを約束し、ヒラリー・クリントンは次の国際的なテレビ出演の場に向かったのである。驚くなかれ、時を経ずして、一組のウイグル人がスイスの春の陽光のなかでまばたきをしていた。その数カ月後、イランで人質に取られていたアメリカ人のロクサーナ・サベリはニューヨークで同じような体験をしていた。奇跡的にＩＲＳと司法省はＵＢＳに対する刑の執行を停止し、一方、カルミ・レイはヒラリー・クリントンが救ってくれるので、ＵＢＳは幾人かのアメリカ人口座保有者の名前、つまりたくさんの名前を明らかにしたほうが良かろうと伝えたのだ。

クリントンは、もしＵＢＳが降伏したら、億万長者の友人たちが痛い目に遭うことになるのを心配したのだろうと思う。

このとき何が起きていたのかを知るアメリカの納税者は一人もいなかった。クリントン国務長官によるスイスとの秘密取引は、もう一人のホイッスルブロアーであるブラッドレー・マニングが機密扱いとなっていた政府の大量のＥメールや通話記録のすべてをインターネット上に流すまでは明るみに出なかったのだ。そのなかに、クリントンとＵＢＳ、スイスとの交換条件に関する事後報告書がわずか数枚まぎれていた。この問題について彼女がその後、カルミ・レイとどのようなやり取りをしたのかは永遠に謎である。というのも、クリントンはそれらのＥメールを自宅にあるプライベートのサーバーから送っており、その後すべてを破棄してしまったからである。ここには見るべきものはありません、お通りくださいである。

ヒラリー・クリントンの介入にＵＢＳが感謝の意を表したことに関して、後日さらに開いた口がふさがらなくなる事実が判明する。二〇〇八年まで、ＵＢＳはクリントン財団にほんのわずかな寄付をするばかりであった。この財団はその使命として「世界の厚生を向上させ、女の子や女性の機会を増大させ、小児肥満症を減少させ、経済機会と成長を創出し、地域社会が気候変動の影響を解決する手助けをするために、企業、政府、NGO、そして個人を召集すること」を高らかにうたっている。私に言わせれば、有意義なことに充てられる寄付金などほんのわずかであり、この財団自体が事実上のクリントンのミニ国家であり、何百人もの従業員に高額の賃金を支払うことで彼らの忠誠心をつなぎとめ、だれも行ったことのない分野で堂々と政治的影響力を獲得するためのものにすぎない。いずれにせよ、クリントンとカルミ・レイとの取引が行われる以前は、UBSが財団に寄付していた金額は六万ドルにすぎず、これは銀行が年間に支払う駐車料金にも満たないものであった。しかし、その後、クリントン財団のレジはUBSからの贈り物を六〇万ドルと読み上げたのだ。UBSはまた、いくつかの都心部開発計画で財団と提携することを決め、三二〇万ドルの融資を極めてリーズナブルな金利で提供したのだ。それから、UBSはビル・クリントンが国際問題については優秀な語り部であることに突如気づいたらしく、ウェルス・マネジメント部のボブ・マッカンCEOとくつろいだおしゃべりをしてもらうことに一五二万ドルも支払ったのだ。ホワイトハウスを去って以来、ビル・クリントンにとっては最大の給料日であっただろう。

しかし、このお返し、交換条件は不要ではないだろうか。つまり、自分は田舎の小さな町の政治家で、地元の銀行が町の議会と建築規制のことでもめているとする。問題の解決に乗り出すと、偶然にも銀行は変節し、自身のお気に入りの慈善団体に多額の寄付を行い、さらにはその団体のパートナーとなってプロジェクトに融資し、その後、政治家をしている夫にマンションが買えるほどの賃金を払って、銀行の会長とコーヒーを飲んでもらうのだ。これは賄賂とは呼べないのだろうか。地域のだれも驚かないのだろうか。

豚箱行きだろう。

いずれにせよ、ヒラリー・クリントンのマフィアまがいの行動は二〇〇九年になるまで表沙汰にはならなかった。しばらくの間、だれもヒラリーがミシュリン・カルミ・レイの肩を揉んだことを知らないので、ＵＢＳの株価は急落を続けていた。怒ったスイス国民や銀行の顧客、さらにＵＢＳの株主たちは首脳陣の辞任を求め始めた。マルセル・ローナーとピーター・キューラーはすでに辞任していたが、三月一七日、さらに二人の経営陣、ミシェル・ギグナードとダニエル・ペロンの解任が伝えられた。四月一日、ＵＢＳは「アートバンキング部」を閉鎖する（ロダンの展覧会やアート・バーゼルでのお祭り騒ぎはもう終わりだ)。その直後、もし兄のダグのコンドミニアムの窓をのぞくことがあったら、ジグを踊る私の姿を目にしたことであろう。クリスチャン・ボヴァイが酔っぱらった船乗りのように通りに放り出された。クビになったのだ。終わりだ。良かったな、バレリー・デュブイ。考えてみてほしい。もしクリスチャンが例の三ページのメモのことで私を追い払うことをしなかったら、この物語は生まれなかったであろう。スイスは彼のことを目隠しなしで処刑場へ連行すべきだったのだ。

四月二日、金融市場と世界経済に関するG20サミットがロンドンで開催され、先進二〇カ国の国家元首、財務大臣ならびに中央銀行総裁が集まった。史上初めて、スイスがサミットの「グレイリスト」に取り上げられた。つまり、スイスの経済状態は良くても不安定だとされたのである。お行儀の悪い男の子が公然とビンタされたようなものだ。

四月一五日、UBSはチューリッヒで年次株主総会を開いた。私は一組のピエロと一緒に参加したかったが、総会に参加した友人によればほとんど乱闘状態で、株主たちはUBSの経営陣に向かって金切り声を浴びせ、年次報告書はズタズタに引き裂かれ、それに用いられた高級な用紙も無駄だったとのことだ。五日後、低迷する株価を刺激しようと、UBSはブラジルでのオフショアのプライベートバンキング事業を売却した。それにより二五億ドルがもたらされたが、十分ではなかった。ＵＢＳは、第１四半期に「予想を上回る」一七億ドルの損失を計上したのだ。言い換えれば、「われわれはやられたのだ」ということだ。

しかし、それだけではなかった。ジョージ・ブッシュ政権時のハンク・ポールソン財務長官、ベン・バーナンキＦＲＢ（連邦準備制度理事会）議長、ティモシー・ガイトナー・ニューヨーク連銀総裁は何百億ドルものＴＡＲＰ（不良資産救済プログラム）救済資金をいい加減に扱っていた。興味深いことに、ガイトナーの個人的なお金の問題に関する微罪は、オバマが彼をポールソンの後継者として財務長官に任命する際にもさほど問題とはならなかった。「ターボ・ティム」は二〇〇一年から二〇〇四年にかけて国際通貨基金に勤務した際、社会保険関連の三万五〇〇〇ドルの納税をしておらず、その過失がＩＲＳによる監査の途中で偶然にも発見されたのだ。ガイトナーはそれを自身の税金計算ソフトの「エラー」のせいだとした。つまり、「ターボタックスがそれをやったのだ」と。しかし、新たに民主党が与党となった議会はガイトナーの「まぶたのけいれん」を無視し、彼の任命を承認したのだ。

ポールソン、バーナンキ、そしてガイトナーによる七〇〇〇億ドルのペテンから最大の利益を得た一つに、「大きすぎて、潰せない」とされた巨大保険会社のＡＩＧがある。一八〇〇億ドルがＡＩＧに投入され、ＡＩＧは立ち直り、そのうち一〇〇〇億ドルをビジネスパートナーである二〇の外国銀行に滑り込ませたのだ。

勤勉に働きながらも、貯蓄口座から搾り取られた納税者の資金を手に入れたのはだれであろうか。そのとおり、ＵＢＳである。ＡＩＧは受け取った救済資金のなかから五〇億ドルをＵＢＳに送ったのだ。そして、だれもそれを知らなかった。これが明らかとなったのは、ガイトナーが他人の資金をどう浪費したのかを正確に打ち明けるよう迫られてからである。しかし、それゆえにＵＢＳはＩＲＳに七億八〇〇〇万ドルの小切手を送ることもさして気にしなかったのだ。人前では、泣きわめき、癇癪を起こしたりしていたが、その裏では腹を抱えて笑っていたのだ。もう一つの「世紀の取引」であり、アメリカ人納税者が（再び）絞り上げられたのである。

ＵＢＳの古い宣伝文句ではないが、「ユー・アンド・アス」ということだ。

一方、私がボストンの掩体壕でこのサーカスを眺めている間、私の新しい国防長官デビッド・マイヤーはフロリダの裁判所に対し、少なくとも量刑審理の日取りを決定するよう請願を続けていた。ダウニングは恥じることもなく、繰り返し延期していたのだ。軽薄かつ熟練したホラ吹きである彼は、私の事案に関する追加証拠が入手できそうだと主張し続けたのだが、彼にとっては内容を知る証人は私しかいないので、この主張も甚だ疑わしいものであった。そこで、私はスティーブ・コーンとディーン・ゼーブとともにホイッスルブロアー報奨を獲得すべく活動を続け、一方でデビッド・マイヤーは、政府の役人からの称賛を獲得すべく、私の証言がなければスイスをぶちのめすことはけっしてできなかったと説いて回ったのである。

しかし、ヒラリー・クリントンはすでにスイスが実害を被らないことを確約していた。そして、ミシュリン・カルミ・レイは一万九〇〇〇人の顧客の名前を引き渡すようUBSに圧力をかけることを約束したのだ。ついにUBSは名簿を用意した。

二〇〇九年四月三〇日、フロリダの地方裁判所において、UBSはやっと「匿名」の召喚状に応じ、秘密口座を保有する四五〇〇人のアメリカ人の名前を開示したのだ。一万九〇〇〇人のアメリカ人口座保有者のうち、四五〇〇人である。計算してみよう。名簿は慎重に選ばれたもので、つまり重要人物はだれもいないのである。金持ちの子供たちや医者、自営業者やたたき上げの億万長者ばかりである。政治家も、有力者も、選挙運動の資金調達係も、軍事関連業者も、ロビイストさえも載っていないのだ。いけにえの羊ばかりである。それはＵＢＳにとっても、また口座保有者たちにとっても、うわべをきれいに取り繕った取引である。彼らの名前は、ＩＲＳの自主的開示プログラムに名乗り出て、現金や有価証券をアメリカに回金し、ＩＲＳに罰金を支払うことに合意するかぎりは、匿名のままとなるのである。回収した資産は一二〇億ドルを超え、その後も増加している。アメリカ人の資金がアメリカの銀行に戻ってきているのだ。

僭越ながら、その資金を取り戻したのは私である。ようこそ、アメリカ。喜んでお手伝いしますよ。

ＵＢＳはすでに七億八〇〇〇万ドルの罰金を支払ってしまっている。彼らは再び裁判にかけられることも、罰金を再計算されることもないのだ。つまり、二重の危険、である。ヒラリー・クリントンとミシュリン・カルミ・レイとの密約により、関係者すべてにとって都合の良い結果がもたらされ、そしてすべてが見事に連携されたのだ。ＵＢＳはチューリッヒでパーティーを開いたに違いない。「支払いは一度きり」である。

ケビン・ダウニングは私を焦らしつづけたが、私はさほど気にしていなかった。私はいまだ自由の身であるし、どこか自分を古き西部の銃撃戦に最後まで残った男のように感じてもいた。ＵＢＳの元上司たちが次々と高位から陥落し、また銀行がその汚い商売を永遠にあきらめざるを得なくなっていることを、満足感をもって眺めていた。罰金について言えば、ほとんど払っていないも同然であったが、株価という点では彼らは大損害を被り、その高慢な首をがっくりと垂れたのだ。二〇〇〇億ドル以上の資金が口座保有者によって銀行から引き出された。上級幹部が保有するストックオプションは銀行の株価に連動するので、もはや無価値である（私の持ち株は、株価がまだ高かった時期に売却してしまっている）。秘密のナンバーアカウントを開く先としてのUBSの評判は地に落ちた。終了、ご苦労さま。心地良いエレベーターに乗って、巨大な金庫に案内するようUBSに依頼するアメリカ人など二度と現れないであろう。UBSは同様の脱税スキームでほかの国々からも多額の資金をだまし取ってきたが、それらの国々はアメリカが払い戻しを受けたのを目の当たりにしたのだ。フランスとドイツはすでに目を覚まし、捜査を開始している。UBSは台風の目に入っているにすぎず、ほとんど風もないが、ハリケーンの残り半分は地平の先に見えてきているのだ。事態はますます悪くなるばかりである。

五月、ダウニングはやっと、私の弁護士であるデビッド・マイヤーに渋々連絡を寄越した。彼にはもはやおとぎ話もおかしな言い訳もなくなり、私を苦しめる手立てが見つからなくなったのであろう。南部フロリダ地裁は、私の量刑審理の日取りを二〇〇九年八月二一日に確定し、これ以上の延期を受け入れることを拒んだ。ダウニングはこれまで法律によって自らの振る舞いを規定するようなことはけっしてしなかったが、いまや攻撃手段を失ったのだ。つまり、われわれはあと三カ月待たなければならないわけだが、われわれはその運命の日の準備を一年以上前から行ってきたのだ。

「やっと対決のときですね。ぶっ壊しましょう」と、マイヤーに言った。

出廷の日、私は小さなカバンを持ってフォートローダーデール行きの飛行機に乗った。フロリダで過ごす時間が長くないことは分かっていた。

私の運命は、すでに不正な仕組みのなかで決まっていたのである。

第13章　スケープゴート

「富と権力を有する者が自らの利己的な目的のために、政府の行動をあまりに頻繁に捻じ曲げようとすることは誠に遺憾なことだ」——アンドリュー・ジャクソン（第七代アメリカ合衆国大統領）

絞首刑には最適な日であった

八月のフォートローダーデールは、地上で最も太陽に近い場所かのように感じられた。海岸線に並んだホテル群のきらめきは目に痛いほどで、道路は砂漠の蜃気楼のように揺らめいている。パームヤシはピクリともせず、空気は海水を混ぜた蒸気のように重く、白砂のビーチにはだれもいない。熱くて歩けないからだ。しかし、そのすべてが私にはどうでもよかった。私はただ、ウィリアム・ズロック判事の曲がった口を見るばかりだったのだから。

ズロック判事が彼の部屋から法廷まで歩いてくるとき、私はセルツァー判事の前で、告訴どおり有罪との罪状認否をしたことは正しかったと思った。ズロックは背が高く、固そうなあご、トカゲのような緑の目に、もじゃもじゃの金髪も豊富だ。彼の法廷に立つ前に、少しばかり調べたのだが、彼はノートルダム大学のクオーターバックを務め、ベトナム戦争の末期には海軍の中尉になっていた。彼は極めてうぬぼれが強いとの評判で、最も親しい同僚ですら暑苦しく、横柄だと評していた。デビッド・マイヤーの事務所のシニアパートナーであるリサ・アローウッドに言わせれば、ズロックは「正真正銘のくそ野郎」ということになる。彼には、被告や弁護士を口頭で斬首するのを好む傾向があった。

二つの陣営が、ズロックの法廷という名の王国で対峙した。左側がわが軍で、私と弁護士のデビッド・マイヤー、それに彼の地元の部下が一人だ。右側が「政府」軍で、ズロックの呼びかけに従うと、ケビン・ダウニング、ジェフリー・ナイマン、そして三人目の検事マイケル・ベン・アリーとなる。ベン・アリーがそこで何をするつもりなのか私には分からなかったが、おそらくダウニングがオッズを対等にしたかったのか、彼のレモネードを取りに行く人間が欲しかったのかであろうと思った。

参考人はいなかった。リンチに参考人は必要ない。傍聴席はメディアに占められていたが、味方はただ一人、私を支援してきてくれた兄のダグである。私は兄のエネルギーを背中に強烈に感じていたが、たとえ何が起ころうとも、彼は一言も発することができないであろうことも分かっていた。

右手を挙げることも、真実のみを語ることを神に誓うこともなく審理が始まった。ケビン・ダウニングと彼の副官たちがもっぱら話をすることになるのだろうが、政府の検事がけっしてウソをつかないことは大前提である。

われわれが試合に現れるまでに、ダウニングと裁判所、またマイヤーと裁判所との間で一連のやり取りがあった。ダウニングは長文の量刑覚書を提出し、たっぷりと懲役にするよう働きかけた。彼は覚書のなかで、私の罪状認否のあと、私が犯したたくさんの罪、特に共謀者であるマリオ・スタグル（スタグルの名前がオレニコフの供述で明らかとなってしまったため、彼を巻き込まずに置くことはできなかった）とともに犯したそれを発見したと主張したのだ。スタグルはこの場におらず、自らを弁護することもできなければ、またそのようなこともあり得なかったので、彼をドクター・イーブル（米映画『オースティン・パワーズ』に出てくる悪役）のような超悪玉に仕立て上げるのは簡単なことだ。ズロックがダウニングにどのようにしてそれを発見したかと尋ねると、ダウニングは平然と言ってのけた。「バーケンフェルド氏が証言しました」

ズロックはそのことに戸惑いすらしなかった。政府がどのようにしてスイスの秘密銀行の暗号を解読し得たかと問われると、その答えは常に「ブラッドレー・バーケンフェルド」であったことは本書を読めばお分かりであろう。

デビッド・マイヤーは、われわれ独自の量刑覚書を、私の「ファン」から届けられたたくさんの応援の書とともに提出していた。それらは、いたずら好きやフィナンシャル・タイムズを読んでいる賢いブロガーたちではなく、自分たちの言葉の意味を理解している政府の有力者たちである。その第一が、カール・レビン上院議員からのものであった（**資料5**参照）。

「バーケンフェルド氏は、小委員会との連携を始め、後にスイスのUBSでのプライベートバンカーとしての職務に関する証言と資料とを提供してくれました……一四カ月以上にわたる小委員会での調査を通じて、バーケンフェルド氏は自ら進んでスタッフとの追加面談を受け入れ、小委員会に資料を提供してくれました……バーケンフェルド氏が提供してくれた情報は正確なもので、それによって小委員会はＵＢＳの事業に対する独自の調査を行うことが可能となりました」

言い換えるならば、「彼がいなかったら、何もできなかったんだから、勘弁してやれ」ということだ。

もう一つの手紙は、証券取引委員会の監視部長であるロバート・カザミがズロック判事に直接送ったものだ。

「ブラッドレー・バーケンフェルド氏に関する情報を裁判所に提供するために本状をしたためます。裁判所におかれましては、バーケンフェルド氏の量刑審理に関連してご検討いただけるものと思います」

カザミは、私がホイッスルブロー（内部告発）によって自主的に協力した内容の詳細、ＳＥＣ（証券取引委員会）との度重なる面会、そしてそれらがどのようにしてＵＢＳに対する民事訴訟を成功に導いたか、さらには今後UBSが連邦の証券取引法を犯すことを防ぎ、また罰金として二億ドルの資金をSECにもたらしたことを二ページにわたってつづっていた。

「これらの理由によって、バーケンフェルド氏の協力は委員会の調査にとって大変に意義あるものであったと言うことができます。本状による情報が、バーケンフェルド氏の適切な量刑を決定する一助となることを切に願います」

つまり、「私は、あなたがアメリカの税務における真の英雄を罰するようなバカなまねはしないことを望んでいる」ということだ。

希望の泉は枯れない。だが、ズロックには馬耳東風であろう。スティーブ・コーンは、ワシントンDCのナショナル・ホイッスルブロアー・センター本部から手紙を書いて、私の事案を扱った司法省の無能ぶりと不正行為、そして誠実なホイッスルブロアーを激しく非難するために用いたウソの数々を膨大なリポートとして上院に報告していた。コーンは上院に私のために介入することを迫り、そしてカール・レビンはそれを実行したのだ。しかし、役には立たなかった。ズロックは共和党員なのだろう。

そして論争が始まった。しかし、それは、アメリカ政府がスイスによる大胆な犯罪を解明するのを助けるために人生とキャリアとをリスクにさらしながらも、あちこちの政府機関に何度も何度も跳ね返されてきた被告、つまり私に情状酌量が与えられるかどうか、またはイゴール・オレニコフと同程度の罰を与えるかどうかという議論ではない。ただ、私が服すことになる刑期が争点であった。正直に言えば、当初、ズロック判事が「七〇～八七カ月」と言い出したときは、腰が抜けそうになった。七年だと。

ダウニングは、ただ単に善良かつ慈悲深いふりをするためだけに、この手の事件についての量刑ガイドラインが示す最大の刑期よりも引き下げる、つまり短くする提案を準備していた。だが、すべては見世物である。もしすべては彼次第ということであれば、彼は終身刑を求めたであろう。ズロックはその提案を無視した。彼には、何をすべきかを教えるくだらない弁護士など必要なかったのだが、彼はかなり抜け目のない人物であった。判事などというものは政治的な生き物で、彼は自分が決したことが世界中の新聞に掲載されることを知っていたのだ。

「さて、ガイドラインでは現在のところ七〇～八七カ月となっています。しかし、法廷刑の最長が六〇カ月でありますので、それが最大の刑期となります……裁判所はいかなる場合でも法廷刑を上回る判決を下すことはできません。それゆえ、ガイドラインが二〇〇～二五〇カ月であったとしても、法廷刑は最大六〇カ月ですから、裁判所では六〇カ月が最長です」と、ズロックは検察官に言った。

ダウニングはこれには不満だったが、彼にはどうにもできなかった。彼には、二〇年後にリップ・バン・ウィンクルのような長い白鬚を生やした私を刑務所から引きずり出すという淡い夢があったことを私は知っている。しかし、私は今もってUBSの事案で政府を助けることができる唯一の人間であるのだから、判決後でさえ彼には私の協力が必要なのだ。それを得るためには、彼は5K1の申し立てを行い、裁判所が量刑ガイドラインや法廷刑を無視できるようにしなければならないのだ。彼がそれを行わなければ、私は彼に失せろと言い放ち、二度と彼や政府のだれとも口を利かないとすることもできるのである。

私は少しばかり安心した。だが、実刑としてあり得るのは五年までと聞いて喜んでいるのだから、事態は相当悪いのだ。

ズロックは、ダウニングに論証を求めた。ダウニングが話を進めるにつれ、二枚舌を使う彼のたぐいまれなる才能を目にすることになる。彼は、自分が話したことに反論する人形をかかえた腹話術師のように振る舞った。

「裁判長、バーケンフェルド氏が逮捕され、正式な起訴が行われたあと、バーケンフェルド氏は即座にアメリカ政府へ協力し、ご存知のとおりUBSの経営陣やバンカーなどがアメリカ政府に対して仕掛けた巨大な脱税スキームへの個人的な関与に関する詳細な情報を提供し始めたのであります」と、ダウニングは言ったのだ。

ダウニングは開口一番、事実を歪め、私は逮捕されたショックで話を始めたかのような印象を与えようとしたのだ。しかし、彼は自分の組織のチンピラがボストンで私に手錠をかける以前から、一年間もの間、私が語り続けてきたことを知っているので、もう一枚の舌を使い始めたのだ。

ダウニングは続ける。「逮捕以前、具体的には二〇〇七年の夏、バーケンフェルド氏は司法省にやってきて、この脱税スキームの特徴を説明し始めました。そして、本件に関与していたUBSの社員に関する情報を提供し、このスキームの特徴ならびにどのように実行されていたのかをより詳細に語りました」

よろしい、ズロック判事が私のインタビューの記録を求めることができることをダウニングも分かっているだろうから、彼は私への攻撃を緩めようとしているのだろう。私はそう思った。

「当時、バーケンフェルド氏はアメリカ政府に資料も提供していました。それゆえ、二〇〇七年六月時点でアメリカ政府はＵＢＳに接触し、その不正スキームに関する情報を提供するよう求めることができる立場にありました。そして、そのとおり実行しました」

あれ、彼は私のことが好きになったのか。それとも、私がどれほど彼の役に立つか気づいたのか。いいや、そう考えるのは早計だ。次は「人形」の番だ。

「残念ながら、二〇〇七年夏にバーケンフェルド氏がやってきたとき、彼は自身がこの不正スキームに個人的に関与していたことをアメリカ政府に対して開示しませんでした」。まるですべてを嘆いているかのようにダウニングは語ったのだ。

何！　私はＵＢＳのマネジングディレクターの一人としてこれらすべてを実行していたと言わなかったか。私は単なる門衛でしたと言ったのか。私はトイレ掃除をしているときに偶然そのすべてを知ったというのか。

「さらには、今やだれもが知るとおり彼の顧客の一人であり、この脱税スキームを利用していたＵＢＳの最大顧客の一人であるオレニコフ氏について何の詳細も語ろうとしませんでした」

お前が免責も召喚状も出さなかったからだろうが。だから、お前じゃなくて上院にすべてを打ち明けたんじゃないか。私は頭に血が上るのを感じ、法廷で「このウソつき野郎」と叫びたかった。デビッド・マイヤーはそれを感じ取り、私の腕をつかんでおとなしくするよう諭した。ズロック判事が口を挟む。

「参考のために伺いますが、オレニコフ氏は最終的に追徴課税、金利ならびに罰金としてどれだけ支払ったのですか」と、ダウニングに向かって言った。

「合計でおよそ五三〇〇万ドルであったと思います、裁判長」

たしかに大金だ。ズロックは驚いたようだ。なぜこの検察官は当たりクジを刑務所に閉じ込めておきたいのだろうかと不思議に思っているかのようだ。ダウニングは、自分は感謝ではなく、復讐に燃えているように思われていることに気づいたに違いない。

「バーケンフェルド氏が二〇〇七年の夏に司法省のドアを叩かなければ、今日に至り、この巨大な脱税スキームがアメリカ政府によって解明されていたかどうかは疑わしいものがあります」と、ダウニングは譲歩する。

くそ野郎、だから起訴を取り下げるべきなんだよ、違うか。

「それから、よろしいですか、裁判長」。ダウニングは、見せかけばかりの悲しむかのような調子で言った。「バーケンフェルド氏がこのスキームに関与したこと、そして彼が脱税を幇助していたアメリカ人顧客を明らかにしなかったことを別とすれば、われわれは彼を不起訴とすることでしょう」

何だと！　貴様は初めてあった日にすべての名前を手に入れることだってできたんだ。召喚状を発行し、免責を保証しさえすれば良かったのだ。でも、貴様はホイッスルブロアーを嫌って、私を起訴したんじゃないか。

「しかし、彼が情報の提供を拒み、そして、われわれは彼と彼の活動を捜査し始めることとなったわけでありますが、それゆえ、本日、われわれはこの場におり、それゆえ彼は告訴され、また彼は抗弁したのであります」

ふざけるな！　私は自分がやってきたことをすべて貴様に話したから抗弁したのであって、無罪であるふりをするつもりなどない。それが誠実さってもんだろう。ちゃんと調べてみろ。まあ、司法省のハンドブックにはないだろうよ。司法省に誠実さなんてありはしない。

その後、ズロックは私の証言のおかげで何人の脱税者が逮捕されたかダウニングに尋ねたが、ダウニングは私がすべての口座情報を提供したことを認めざるを得なかった。

「さて、あなたは大変重大なことをお話しになりました」と、ズロックはダウニングに言った。「そして、私はあなたの発言をはっきりと理解したことを確認したいと思います。つまり、バーケンフェルド氏がいなければ、このスキームは今だ有効だったということですね」

カール・レビンが彼の手紙のなかで明言しているので、ダウニングはこれに反論することはできなかった。リキッド・プラムの排水管洗浄液でうがいをしたように感じたことであろう。そして、白状した。

「バーケンフェルド氏が行ったように、詳細な情報を提供するスキーム内部の人物がいなければ、何が起こっているのかを発見する手立てはないものと思います」

ダウニングと彼の「人形」の双方が同時に語ったのだ。「彼は情報を提供した。いや、彼はしなかった」と。私は首を振りながら、彼が本当に必要とするのは裁判所が任命したセラピストであろうと考えていた。しかし、それから彼は私の横腹にナイフを突きさした。そうせずにはいられなかったのであろう。

「バーケンフェルド氏が足を踏み入れてきたとき、彼は税金問題にも適用されることになった新たなホイッスルブロアー法による影響のように思えました」

また、ウソつきやがった。しかし、この点についてダウニングは判事を丸め込むことはできなかった。私が弁護士を雇い、UBSやほかの銀行の事案に関して司法省に接触したのが二〇〇六年半ばであり、それはIRS（米内国歳入庁）のホイッスルブロアー制度の法律が成立するずっと前のことである。彼は、ズロック判事が突然向き直り、この裁判を却下することがないよう、どうにかして私を欲深い極悪人に仕立て上げなければならなかったのだ。

「もう一度伺いますが、バーケンフェルド氏がいなかったら、アメリカ政府がこのスキームを明らかにすることはできなかったわけですね」と、ズロックは圧力をかけた。

ダウニングはうなずき、「そのとおりです、裁判長」と答えた。

さて、少なくとも今この場で、連邦地裁の公式な法手続きの下で語られたことのすべてが永久に記録に残るのだ。「バーケンフェルドなしでは、何一つ起こらなかった」と。しかし、それだけでは私の量刑には何の影響もない。私の弁護士が苦境から抜け出す策を見いださなければならない。そしてデビッド・マイヤーの番が来た。

「裁判長、バーケンフェルド氏になりかわりまして、バーケンフェルド氏の役割全般、またはその評価を明らかにせんとする裁判所の質問全般に対して、ダウニング氏が率直にお答えになられたことをありがたく存じております」

　分かりやすく言い換えるなら、裁判長、あなたがこの国際的な脱税事案において、バーケンフェルドが果たした中心的な役割について真実を話せとダウニングに迫ったことで彼は追い詰められ、真実を語りました、ということだ。

　マイヤーは続けた。「バーケンフェルド氏を代表して、彼の量刑覚書ならびに添付資料で説明致しましたとおり、また政府による5K1動議にありますとおり、これらの事実と状況を考慮するに、裁判所は動議と下方向逸脱とをお認めになることを謹んで提案致します」

　つまり翻訳するなら、事の次第はみんな知ってるんだから、懲役七年なんてバカな話はやめにして、ざっくばらんに話をしようよ、ということだ。

　ズロックはマイヤーの嘆願に合意した。「裁判所は、バーケンフェルド氏が合衆国政府に対して多大なる援助を提供したことを認めます。政府もこの点は認めております。したがって、裁判所はガイドラインからの下方向逸脱を検討致します」

　良い感じだ。しかし、彼はこう付け加えた。「政府の動議を認めますが、裁判所には法律で認められたあらゆる判決を言い渡す権限があります」

あらら……。

ズロックは私に演台に立つよう指示した。テレビで何回も実際の裁判を見てきたので、これから何が起こるかは分かっていた。私は一見冷静であった。汗一つかいていない。しかし、頭の中ではさまざまな考えがピンボールのように駆け巡っていた。

「おはようございます、裁判長」と、私は言った。

ズロックは挨拶を返してはくれなかった。

「ブラッドレー・バーケンフェルド、今改めてこの法廷に立っておりますが、あなたは以前、アメリカ合衆国対ブラッドレー・バーケンフェルドの裁判で起訴された際に罪状認否を行い、裁判所はあなたに有罪の判決を下しました……あなた、もしくはあなたを代表するだれかに、あなたへ刑を課すべきではないとする法的理由はありますか」

さて、私にいかなる刑も課すべきではない理由はごまんと思いついたが、私はすでに有罪を認めており、兄のダグがいきなり立ち上がり、そいつはブラッドレー・バーケンフェルドなどではない、いかれた替え玉だと叫びでもしないかぎり、刑を課すべきでない「法的」理由は存在しないのだ。

「ありません、裁判長」と私は答えた。

ズロックはうなずき、「刑が課されるべきではないとする法的理由はありませんが、裁判所は情状酌量または刑の軽減を求めるあらゆる情報、ならびに証拠を受け入れます」と言う。

マイヤーが再び立ち上がった。さて、彼の出番だ。私は祈りのポーズを取りたかったが、ピクリとも動けなかった。

「謹んで申し上げます。裁判所におかれましては、本件の特殊な状況を鑑み、八〇％の下方向逸脱を求めます。さすると、バーケンフェルド氏は量刑ガイドライン上、ゾーンB、つまり裁判所の裁量ということになりますが、私は公平かつ合理的な判決として、バーケンフェルド氏には五年間の執行猶予ならびに適当な期間、たとえば六カ月とか九カ月の自宅謹慎が適当であると提案致します」

それこそ私が言いたかったことだ。実刑はなしで、五年間の執行猶予。兄のコンドミニアムに閉じこもって、中華の出前を食べていればよいのだ。

マイヤーは続けた。「裁判所に申し上げたいのは、今回の事例は極めて特殊なものであるということです。二日前、ＩＲＳ長官がスイス政府と歴史的な合意に達し、これによって、ＩＲＳはアメリカ人納税者がＵＢＳに持つ何千もの口座へアクセスすることが可能になったと発表しました。発表のなかで長官は、国際税務の世界は急激に変化しつつあると伝えています」

そのとおりだ、デビッド。次はその理由を教えてやれ。

「要するに、警鐘を鳴らし、IRSと司法省とSECとレビン上院議員の小委員会にロードマップを提供し、アメリカ政府が国際税務の世界に著しい変化をもたらすことを可能とした人物、その人が今日、判決を受けるためのこの法廷に立っているのだ、ということを謹んで申し上げたいと思います」

マイヤーは話を続け、私がアメリカ政府のために行ってきたすべてをもう一度法廷に並べ立てたのだ。私がキャリアと人生をリスクにさらして名乗り出て、複数の政府機関と何度も何度も会議を重ねて証拠を提出し、逮捕され、つるし上げられたあとでさえ、そうしてきたことをズロック判事に詳しく話したのである。そして、司法省が必要とした情報を得られなかった唯一の理由は、彼らが私を守ろうとしなかったからだとズロックに説明したのである。しかも、彼は極めて礼儀正しい表現で、そのすべてを語ったのだ。彼は、O・J・シンプソンを無罪にしたシェークスピア風の弁護士ジョニー・コクランとは違うのだ。さらに、不幸にも私はセレブ殺人犯でもない。私はいけにえにされたバンカーにすぎず、しかもまったくテレビで報道されることもないのだ。

マイヤーは真実を語り終えるにあたり、執行猶予と自宅謹慎以上の刑を課すべきではないと再び申し立てた。その後、判事は私の主張を求めた。

「バーケンフェルドさん、何かおっしゃりたいことはありますか」

私は深く息をして、最高の一撃をお見舞いした。

「裁判長、本日お話しさせていただける機会を与えてくださりありがとうございます。まず、本日こうして法廷に立つことになった私の活動に対して遺憾の意を表します」

すでに罪を認め、許しを請うのであれば、謝ってしまったほうがよいであろうと思った。

「UBSは、私や私の同僚たちを採用し、教育し、どのような結果となるかを忠告することもなく、この職務に邁進するよう経済的な動機づけをしていました。スイスにありますUBSのリーガル・アンド・コンプライアンス部に自らの懸念を書き伝えましたところ、彼らはその懸念を解消することを拒みました。その直後、私は会社が事実を隠蔽していることを知りましたので、アメリカ当局に接触し、このスキャンダルを暴露することに決めたのです。裁判長、このような状況をご考慮いただきありがたく存じております。ご質問には喜んでお答えします」

「質問はありません、バーケンフェルドさん」と、ズロックが言った。

びっくりした。本当だろうか。私が目の前にいるのに、ひとつも質問がないのか。どうして私が司法省を除くすべての人に、すべてを与えたのか、私から直接聞きたくないのか。

「裁判所に対して申し立てたいことはほかにありませんか」と、ズロックが尋ねる。

彼は司法省の大バカぶりを明らかにするようなことを聞くつもりがないことは明白である。私にできることは、自力でやり遂げることだけだ。

「はい、裁判長。付け加えたいことがいくつかあります。私がUBSで取った行動が誤りであったと気づいたときのことです。私は、アメリカ当局ならびにアメリカの官庁に協力するために名乗り出たことをはっきりさせておきたいと思います。当時の問題は、私はスイスの住人としてスイスの法律に縛られていたことで、もし召喚状もなしに顧客の名前を漏らしたりしたら、私はスイスの刑務所に送られ、一五年ほど収監されることになっていたでしょう。それが問題でした。しかし、私はこの手続きをどうにか進めたかったですし、銀行の秘密保持に抵触し、当時、住んでいたスイスでの立場を危うくすることなく、できるかぎり情報を提供しようと思っていました」

さあ、分かったか。ここで、ケビン・ダウニングにどうして連中は免責を認めることも、召喚状を発行することもしなかったのか聞くのだ。

しかし、ズロックは「分かりました、ありがとう」と言うだけだった。彼はダウニングを壁に押し付け、蝶々のようにバタバタするのを見たくはなかったようだ。彼はダウニングに向かって言った。

「よろしい、では合衆国はいかがですか」

ダウニングは胸を張った。司法省で顔を合わせていたときに見ていたとおりだ。彼は借りを返そうとしているのだ。

「それでは手短に、裁判長。バーケンフェルド氏が自ら意図的に陥ったジレンマのように思われると思います」

そして、私が刑務所に放り込まれるべき理由を挙げていった。

「第一に、バーケンフェルド氏はスイス銀行で働くためにスイスに行った時点で何をしているか知っていたのです」。もちろん、そのとおりだ。私はスキーのインストラクターになりたくてスイスに行ったのではない。「次に、バーケンフェルド氏はホイッスルブロアーになると決心した時点で、ＵＢＳにあるオレニコフ氏の資金をほかの銀行に移し、スタグル氏と共同して、オレニコフ氏の脱税を幇助し続けていました」。オレニコフの資金をＵＢＳ

から移すことを決めたのは私ではない、彼がやったのだ。「第三に、ホイッスルブロアーの書状は、彼がオレニコフ氏とのスキームをよそに移すことを決めたあとで、UBSから補償を得る手段を見つけるためにでっち上げたもののように見えました」。なんだって、バカげてる。単なる憶測じゃないか。私の弁護士は「異議あり」って叫ばないのかよ。

「最後に、彼が合衆国政府に姿を現したとき、彼はホイッスルブロアーであると名乗り出ました。彼は、他人の不正を暴いてお金を稼ぎたかったのです。そして、自分自身の悪行を開示することを拒みました」。ウソだ。私がワシントンDCにある司法省の会議室に行って、スイスはジュネーブにあるUBSのプライベートバンカーとしてここに来たと言ったのを覚えていないのか。「それゆえ、政府はバーケンフェルド氏を告訴したのです。それゆえ彼は起訴されたのです。それゆえ、われわれは実刑を求めるのです」。ふざけるな、貴様が俺をぶち込みたいだけだろうが。だから、起訴したんだろうが。だから、インチキくさい有罪判決を下したんだろうが。

「銀行の秘密保持に関する彼の主張でしょうか。それについては、われわれはスイス政府に対して彼が強制的に証言をさせられたことを示す何らかの法的拘束力を持つ裁判所の命令を得るつもりだと、彼および彼の弁護士に対して明確に伝えました」。なんてこった。裁判所の命令なんて一時間もかからずに取れたじゃないか。貴様は会うたびに召喚状の発行を否定していただろうが。「だが、最後にこのことを申し上げなければなりません。オレニコフ氏が収監され、それによってバーケンフェルド氏は二〇〇七年に名乗り出て、その情報を明らかにしました。オレニコフ氏の嘆願のあとに、バーケンフェルド氏が提供した情報はありませんでした」。それじゃ、無能な貴様らが私が自首するまでオレニコフのことを知りもしなかったから、私は刑務所に行かなければならないってのか。「それゆえわれわれは本日法廷に立ち、それゆえアメリカ政府はバーケンフェルド氏の収監を求めるものであります。以上です。裁判長」

私は煮えくり返っていた。向き直り、デビッド・マイヤーを見たが、彼は一言も発せず、また明らかに話すつもりもないようだった。私は心のなかで自分の額を叩いた。本当に弁護士を選ぶのが下手だな、ブラッド。見事な弁護士鑑定士だよ。私はダウニングの最後の言葉をどうにか聞くことができた。

「裁判長、もう一点付け加えてよろしいでしょうか」

「もちろんです」と、ズロックがうなずく。

「最後に前向きな話もさせてください。われわれは今後も、UBSのほかの顧客ならびにバーケンフェルド氏のほかの顧客に対する調査ならびに訴訟にあたり、バーケンフェルド氏を引き続き利用するつもりでおります。そしてまた、この法廷に戻ってくることを願っています」

「減刑の動議のためにですか」

「そのとおりです、裁判長」

ダウニングは相当に図太いことを認めなければなるまい。彼は露骨にも、私を最後の一滴まで絞り上げ、その見返りにいつか法廷に舞い戻り、そのときは私に対する寛大な措置を請うつもりだと言ったのだ。私にはあからさまなゆすりにしか聞こえなかったが、ズロック判事にはとても寛大な発言と聞こえたことであろう。

「それでは、バーケンフェルドさん、演台にお立ちください」とズロックが言った。

さぁ、お立ち合い……。

「犯罪に関するすべての事実と状況を知悉し、また刑罰を下すべきではないとするいかなる理由も存在しないことから……当法廷では、ブラッドレー・バーケンフェルドを連邦刑務局による四〇カ月の収監と致します」

三年と四カ月か……くそったれ。

「また、バーケンフェルドさんには合衆国に対し三万ドルの罰金の支払いを命じます」

三万ドルだと。アメリカ政府にかけ合うために行ったり来たりでその倍は使ってるんだ。リベートもらったっていいくらいだぞ。

「釈放と同時に、バーケンフェルドさんは三年間、監視下に置かれます」

三年の実刑と三年の執行猶予だと、ふざけるな。

「さらに、バーケンフェルドさんは特殊課税として一〇〇ドルを今すぐに合衆国に対して支払うことを命じます」

なんだそりゃ、ランチ代か。

「被告側は、判決に至る手続きで何か異議はございませんか。なければ審理は終了と致します。ミスター・マイヤー」

「ありません、裁判長」とマイヤーが答える。

「バーケンフェルドさん」

私は少しためらったが、「ありません、裁判長」と答えた。

反対意見が耳から噴き出していたが、自分は厳選された短気な裁判官の前で薄氷の上にいることは分かっていた。ズロックは、ペンを走らせれば私の刑期を長くすることだってできるのだ。

彼はダウニングに向かって、「政府は何かありますか」と言った。

「ありません、裁判長」と、ダウニングが答える。彼は勝利のほほ笑みを隠すのがやっとのようだ。

「バーケンフェルドさん、あなたは二〇一〇年一月八日正午までに、連邦刑務局が定める施設に出向いてください。被告側は何かありますか」

「ありません、裁判長」とマイヤーが答える。

「政府は」

「ありません、裁判長」とダウニング。

「よろしい。弁護団のみなさま、ご尽力に感謝致します」

ズロックは小づちを振り上げ、木製の台を叩いた。銃声のような音がする。そして彼はほほ笑みを浮かべた。

「みなさん、良い週末を。休廷と致します」

良い週末を、だと。彼が本当にそう言ったのか信じられなかった。私は、不思議の国のアリスのようだった。その後、何があったのかほとんど覚えていないのだが、大量の書類にサインをして、一〇〇ドルを現金で支払ったのは覚えている。おそらくは、コピー代か何かなのだろう。ダウニングは、私が収監されるまでの間、捜査に協力させるようマイヤーに何かを言ったようだ。彼ら二人は法廷に居残り、話し合っている。相対するはずの弁護士が自身の運命について話し合っているとしたら、良いことであるはずがない。私は聞きたくもなかった。

その日、裁判所の一室で、ダウニングは、私が一年前に解任した弁護士のヘクター・アンド・モランについてかなり無遠慮なことをデビッド・マイヤーに言ったのだ。「自分が何をしてるか分かってない弁護士を使うからこうなるんだよ」。素晴らしい方を紹介してくれて、ありがとう、ボブ・ベネットさんよ。

兄のダグと一緒に、真昼の蒸し暑いなかを歩き始めた。彼は怒りのあまり、言葉を失っていた。車に乗り込み、ネクタイを緩め、エアコンを全開にして、ホテルに向かう。ダグのほうを見ると、四角いあごに、ただ茫然と前を見つめていた。

「悪いことばかりじゃないさ、少なくとも、このアンクレットは外せるぜ」と、私はため息をついた。

第14章 キャンプカップケーキ

「ホーガン大佐、脱走するなら……仲間になろう、私も連れていってくれ」――シュルツ軍曹（『OK捕虜収容所』より）

二〇一二年、スクールキル連邦矯正施設

ある晴れた日曜日の朝、ロペスは自由を求めて牢を破った。それは『大脱走』とまではいかなかったが、十分にドラマチックなものであった。彼は、収容所の廊下を、四人用の作業靴を履いて五分ほど全速力で走り抜け、建物の端にある防火扉をぶち破り、森へと走っていった。そのすぐあとを、われわれがワドルスと呼んでいた太った刑務官が追いかける。足をドカドカと鳴らし、息をゼーゼーと切らし、ベルトに付けた鍵や警棒の音を鳴らしていた。ワドルスがロペスを捕まえることはないであろう。奴は足が早いのだ。

二段ベッドの上にいた私は驚いたが、すぐに『プリズン・リーガル・ニュース』のコピーに目を移し、読みかけの減刑の嘆願に関する記事に戻った。「キャンプワン」の仲間の一人の公判が近づき、彼の「刑期」を減刑させるために説得力ある主張を準備しなければならないのだ。ホワイトカラーの罪を犯した者は、たいていは無教養で、私の助けが必要だったのだ。私は喜んで彼らの手助けをし、今やブロックのなかにたくさんの「顧客」がいた。私は、彼らの事件を調べ、概要をまとめ、無料の弁護士を探し出し、そして彼らを拘留し続ける政府のバカげた理由の穴を見つけてやるのだ。私にとっては、制度に反抗するやりがいのある仕事であり、彼らにしてみれば、私は内部のクラレンス・ダロウであり、彼らの国選弁護士のような存在だったのだ。

アンワーという名の囚人が私の個室のそばをブラブラと歩いていた。彼はフィラデルフィア出身の優しい、年配の黒人で、コカインを所持していたことで二〇年を食らっていた。われわれは消灯後にモータウンサウンドを歌うのを楽しみにしていた。私がベッドから「フーズ・ザット・レイディィィ……」と歌い始めると、暗闇のなかから小気味よいバリトンで「ザット・ラブリー・レイディィィ……」と歌い返してくるのだ。彼が通りすぎるときに、私はちらっと顔を上げた。

「やあ、アンワー。ロペスはどうなった」

「やっこさん、最後は道に迷って、ワドルスを突き飛ばしたらしい」

「バカなやつだな」

「ああ、悪い知らせさ、ベイビー」

スクールキルでは、刑務官に手を上げること以外は、ほとんど何でも許された。携帯電話やドラッグ、アルコールやポルノ、その他あらゆる禁制品を持ち込んで捕まった連中も、中度の監視所の独居房に入れられるか、裁量面会が制限されるだけである。しかし、連邦刑務局の職員に手を上げたらどうなるか。刑期が延長されるのだ。ロペスもそれを知っていたであろう。

「やつはバテたんだろうよ」と、私が言った。

「残念だな、大してかからんだろうよ。三〇カ月というところかな」

われわれは刑期を年では表現しなかった。いつも、月である。「一二カ月になったよ」

「ラルフは六〇カ月を切ったところだ」という具合だ。年単位は忌々しいが、月単位であれば数えやすい。時間が刻々と過ぎるのが分かるのだ。長い刑期を言い渡された者は、高度または中度の監視所から始めなければならない。そこでは、普通の監房があり、運動の時間があり、厳重監禁があり、身体検査があり、独房がある。しかし、そこでの時間を無事過ごし、残りの刑期が一二〇カ月（一〇年）未満となると、私がいるキャンプに昇進となる。ロペスには一三年間の刑期があり、このとき、三カ月を残すばかりとなっていた。

われわれがいた軽警備棟を「キャンプカップケーキ」と呼んでいた。だれか賢い男が朝飯前という意味でつけたであろうあだ名である。キャンプワンとキャンプツーの二つの収容施設に三〇〇人の男が収監されていたが、そこは中度の監視所からは一・五キロほど離れたところで、サッカー場ほどある芝生に横たわっていた。そこには有刺鉄線を張り巡らせた塀もなければ、見張り棟にはショットガンを持った刑務官もいないが、キャンプは何キロも続く深い森に囲まれている。時折、森に散歩に行くやつもいれば、偶然にも地理に強い麻薬の運び屋やガールフレンドとランデブーすることもある。宅配の中華料理が木にぶら下がっていたのを何とか手に入れたやつもいる。しかし、必ずみんな戻ってくるのだ。もし戻らずに捕まりでもしたら、最後の優雅な数カ月が、すぐにより長く、厳しい時間となってしまうのだ。

われわれがいるキャンプワンの収監所には、高さ一・二メートルの長い壁が個室の列の真ん中にあり、全体を二つに分けているのだ。そのなかには、一組の二段ベッドと二つの衣裳ダンス、文机に棚と椅子がある。われわれは毎朝起き、朝食を買いに売店まで長い道のりを歩いていき、作業割り当てをこなし、また昼食を買いに歩き、午後はジムかバスケットコートで過ごし、夕食を食べにまた歩き、夜はくつろぐのだ。火曜日の夜は映画である。週末、面会室で来客を待つ運のいい奴もいる。毎晩、われわれはジャングルのシンフォニーかのようないびきのコーラスを聞きながら眠るのだ。ノリッジで学生として過ごした経験と比べれば、ここはクラブメッドだ。

ロペスが脱走した日曜日は、美しい夏の日だった。私は、彼を見つけられるかどうかと外を歩いてみた。おそらく彼は外周をジョギングしていて、休憩しようとしたときに、ワドルスに見つかり、見逃してもらおうとしたのだろう。しかし、ワドルスは太った、気難しい男だから、ロペスは絞り上げられたのだろうと思う。彼はどこにも見当たらなかった。

露に濡れた芝に輝く太陽を見て、別の日曜日、フロリダで判決を受けたあとの日曜日のことを思い出していた。まさにその日曜日、マーサズバニヤードのファーム・ネック・ゴルフ・クラブで、バラク・オバマ大統領はリンクスを歩いていたのだ。その日のゴルフパートナーはロバート・ウォルフ、UBSアメリカの会長である。シークレットサービスの一団に守られながら、プレーするには良い日であったろう。そして、オバマとウォルフは私の失脚にハイタッチをしたか、もしくはズロック判事に「グッドジョブ」のメモを送ったのだろうか。しかし、スイスのバンカーと同じように、シークレットサービスも語らないので、事の真相を知ることはできない。

また別の日曜日を思い出した。収監された次の日曜日である。真冬のその日、独居房からやっと解放されたのだ。その日の私のパートナーは、ロザンヌ・バーに似ていて、ベーコンのような匂いのする看守であった。彼女は私を引き出すと、刑務局のバンに乗せ、中警備棟からキャンプまで車を走らせた。

スクールキルは、先の金曜日の吹雪で積もった雪に囲まれ、軽量コンクリートブロックの壁や見張り棟は凍って、崩れそうに見えた。一組の黒人の囚人が「穴」から解放され、道路沿いの土のうえをトボトボと歩いているのが見えた。私はロザンヌにどうして彼らを車に乗せてやらないのか尋ねたが、彼女はただニヤニヤ笑い、ダンキンドーナツのマグカップをすするばかりであった。これが、私の刑務所生活の第一の厳しい教訓であった。白人の囚人は車に乗るに値するが、黒人の囚人は歩くことしかできないのだ。それを知った瞬間、その場で私は機会があるごとにこのふざけた制度を壊してやろうと決心した。

ここはこういう具合か。ホーガン大佐のおでましだぞ。貴様ら、俺に会った日を後悔するだろう。そして、俺に早く出てってくれと祈ることだろうよ。

ともかく、ワドルスは太りすぎていてロペスを捕まえることができなかったので、さらに五人の刑務官が建物を駆け抜け、ドアを破って森に入っていった。その後、彼らは刑務所内の封鎖を宣言し、作業から戻った人間を引き立て、点呼を取り、われわれをバラックに押し込めた。消灯後、夜の一〇時ごろであったろうか。私は防火扉が開き、泥にまみれた足音がするのを聞いた。寝床に立ち上がると、ロペスだ。

「お前、何やってんだよ」と私がささやく。

「腹減ったよ」。松葉まみれになっている彼はにっこりと笑った。「それとシャワー浴びたい」

私がひじで体を起こし、目を瞬いている間に、ロペスはさっとシャワーを浴び、きれいな服に着替え、ロッカーに隠しておいた中華風焼きそばか何かを静かに平らげると、森に戻っていった。

「今度は、ほんとに消えるからな」。彼は私に向かってボーイスカウトのような敬礼をして、去っていった。

「さよなら、アミーゴ。グッドラック」と彼の背中に呼びかけた。

これが、キャンプカップケーキである。

冗談みたいな場所で、完全に税金の無駄遣いである。刑務官が監房をパトロールし、部屋に立ち入り、薬物や携帯電話を持っていないか検査しているまさにそのときに、囚人はトイレでマリファナを吸っているのだ。社会復帰のための真面目な努力などどこにもない。ただ時折、実習室で研修があったり、だれもが笑ってしまうようなくだらない講義があるだけだ。私はジュネーブですっかり料理の腕を上げていたので、あるときフランス料理の授業を提供したいと申し出てみた。外で必要になる奴もいるだろうと思ったのだ。しかし、職員は料理本の注文を拒んだ。「外からの本は一切認められない」というわけだ。私はすぐに、心を癒やすために作られた制度ではないことに気づいた。刑務局の莫大な予算は、監房が満員になってこそ正当化されるのだ。受刑者が減れば、それだけお金が減ることになる。「連中が途切れないようにしろ、いいな」である。

私はスクールキルに入るにあたり、心がけたことがある。あごを上げ、目を輝かせ、耳を開き、笑顔を絶やさず、何でも学び、また私が知っていることは分け与えることだ。いつもどおりざっくばらんな人懐っこさをもって、だれとでも話をし、彼らの人生についても知るようになった。私のブロックにいる一五〇人のうち、市民の安全に害を及ぼしかねないのはほんの一握りであった。ほとんどがバカバカしい麻薬がらみの罪か、私のような政治犯である。

巨大電話会社クエストの会長兼CEO（最高経営責任者）であったジョー・ナキオがいる。彼はブッシュに近い人物で、折に触れてホワイトハウスを訪問したりもしていた。9・11直後、ブッシュ政権はすべての電話会社に対して、顧客の通話記録とEメールの提出を求めた。AT&Tとベライゾンはすぐに降伏したが、ナキオは連邦政府に対して失せろと言ってしまったのだ。

「われわれは民間企業である。そんなことはできない」

「いや、できる。これは国の安全にかかわる問題だ」とブッシュ一派が答える。

「憲法違反だ。その都度、裁判官の許可がなければ、開示することはできない」

「あぁ、そうですか」

そして、ブッシュ一派は彼をインサイダー取引で告発し、七年間の刑務所送りである。クエストにおけるナキオの後任は、そのメッセージを解し、連邦政府に通話記録を提出した。

それから、ビル・ヒラードという、とても聡明で、優しい話し方をする、六〇代後半のがっしりした男がいた。ヒラードは、陸軍の特殊部隊の出身で、輝かしい経歴とたくさんの勲章を持っていた。一九七三年にサイゴンが陥落したあと、彼は、ラオス、カンボジア、ベトナムからなるゴールデントライアングルから運び出されるアヘンの警護に当たっていた。それはそれで良い。アメリカ政府は、アメリカ人の麻薬依存症患者にヘロインを売ることで秘密戦争の資金を賄ってきたのだ。ヒラードにはもう一つの任務があった。いまだ竹籠に押し込められているアメリカ人の戦争捕虜に出くわした場合に、彼らを殺すことである。なぜなら、そのほとんどがラオスやカンボジアでの「秘密作戦」に従事している間に捕まった者たちだからである。信じられないのであれば、『キス・ザ・ボーイズ・グッドバイ（Kiss the Boys Goodbye）』という題名の本を読んでみればよい。私は二度読んだことがあるので、ヒラードの話の裏は取れていた。幸運にも、彼がアメリカ人戦争捕虜を見つけることはなかったという。

引退後しばらくしてから、コロラドで行われたＦＢＩ（米連邦捜査局）のオフサイトで、彼の特殊能力について講演をしてほしいという誘いを不用意にも受けてしまった。自分の話は「旧聞」に属すると思った彼はそこで話をしてしまったのだ。六カ月後、連邦政府の役人がメリーランドの彼の自宅に現れ、国家機密を漏洩したかどで彼を起訴し、老後のすべてを塀のなかに押し込めたのである。これはロバート・ラドラムの陰謀小説か何かのように聞こえるかもしれないが、真実である。キャリアを国にささげたヒラードが得たものはスクールキルである。

似たような醜悪な経験を持つ者はたくさんいた。割り当てられた作業以外、やることがなかったので、私は念入りな調査を行った。自分の環境についてウソをついている者はほとんどいなかった。もちろん、ハードコアなタイプの人間の一人や二人はどこにでもいる。あるイタリア系アメリカ人でジョーという名の男は、私のはす向かいにあるベッドで寝ていた。彼は物静かで、フレンドリーであった。ただ、それも火曜日の夜の映画を前にみんなに伝えて回った夜までのことだ。

「興味ないね」と、ジョーは私にきつく言った。

「まぁまぁ、落ち着けよ。映画やってるぜと言ったまでさ。俺に噛みつくなよ」と私は答えた。

それから、私はアンワーを探した。

「ジョーはどうしたんだ。映画が始まるぞっていったら、叱られそうだったよ」

「何の映画だい」と、アンワーは尋ねる。

「グッドフェラーズだよ」

アンワーは笑い死にしそうになった。「お前、あいつがだれか知らねぇのか。ピッツバーグジョー、映画のなかでヘンリー・ヒルがコカインの件でＦＢＩに密告した男だよ。それでやつは二〇年食らったんだ」

「マジか。それで見たくないわけだ」と私も笑った。

しかし、ほとんどの場合、平均的な囚人は悪いときに悪いところに居合わせただけの普通の男であった。刑務所での親友になった一人にクリフ・ファーラがいる。彼はニューハンプシャー出身のありふれたブルーカラーの男である。運に見放され、失業中だったファーラは、たまたま拳銃を持っていて、地元のチンピラの仕事を手伝うことに同意していた。彼の仕事は、みすぼらしいモーテルに行って、夜の間、何キロかのコカインを守ることだけだった。しかし、そこに連邦政府の職員も現れ、ファーラは銃の所持で五年、コカインでもう五年を食らったのだ。囚人一人当たりの平均的な年間費用が四万ドルなので、アメリカの納税者は、礼儀をわきまえたカントリーボーイを一〇年間収監するためだけに四〇万ドルも浪費していることになる。ファーラと私は、ともにくつろぎ、ともに働き、そして互いに笑わせていた。

笑うことは最高のその場しのぎであり、私はあらゆる場面で努めてそうしてきた。刑務所に三〇台の最新の除雪機が搬入された。そのうち半分が刑務官の自宅の通路に消えたわけだが。芝刈り機でも同じことが起きていた。われわれは巧妙に仕返しする。彼らは自分たちのコーヒーカップを洗うようわれわれに強くあたるので、われわれはこっそりとそれを屋外のトイレに持っていって、便器のなかで汚れを落とすのだ。「さぁどうぞ、舐められるほどきれいになりました」。彼らはわれわれを引き立て、点呼を求め、われわれは「ゴッド・ブレス・アメリカ」を歌うのだ。私は、ウォール・ストリート・ジャーナルを振りながら食堂に入っていった。「やあ、刑務官のみなさん、BOPがみなさんの年金受給額を減らしているみたいですよ。ひどい話だ」。私の場合、もし刑務官がやりすぎでもしようものなら、私はかがみ込み、彼の名札を横目で見ながら、「ホッジス、フランソワですね。弁護士に正しいスペルを伝えたいもんですから。裁判では正確を期さないとね」。

彼らは、頭の良い人間にはほとんど手を出すことができない。しかし、引き際もわきまえなければならない。さもなければ、「ディーゼル療法」を受けることになる。彼らは別の施設、例えばニューヨークなど隣接する州の施設への異動を手配するのだ。二地点を移動するのではなく、ガタガタと音のなるガス臭い刑務所のバスに詰め込まれ、コロラドの刑務所まで一週間かけて移動し、次の週はエルマイラへ移動するのだ。この拷問の旅が終わるころには背骨は縮み、二〇ポンドは体重が落ちる。これは炭酸ガスを使った水責めと同じように、日ごろから行われていることなのだ。さて、だれがこの費用を負担するのか。囚人である。

初日に外で記者会見を開いて以来、職員は自分たちが相手にしている人物のことを知っていたので、私がそのような対応をされる懸念はまったくなかった。「バーケンフェルドをやりすぎると、全国ニュースにさらされちまうぞ」というわけだ。スクールキルでの時間は終始笑っていられたわけではないが、私は概して陽気に、落ち着いて過ごしていた。私の刑期のなかで最も厳しかった時期は、イゴール・オレニコフが私のホイッスルブローイング（内部告発）に関する新聞記事を読み、実際に私がＩＲＳ（米内国歳入庁）から報酬を得ることになるかもしれないと気づいたときである。それで彼は、私とＵＢＳ、その他二〇人を訴え、五億ドルという「控えめな」損害賠償を求めたのである。その額は、彼が政府に支払わなければならなかった追徴課税と罰金、五三〇〇万ドル（**グラビア　図19参**

照）を大幅に上回るものである。彼は、私が連邦の刑務所に収容され、自己弁護できないことを知っていた。また、私が顧問料を支払えず、弁護士に見捨てられたことも知っていたのだ。しかし、彼は、もう一人のバーケンフェルドという名のピットブル、兄のダグの存在を計算していなかったのだ。

オレニコフの訴えを管轄したカリフォルニアの判事は、私に三週間以内に反論するよう指示した。その直後、ダグは九〇日間の期間延長を申し出て、認められる。その後、彼は経験豊富な弁護士として、一人でその事案に取り組んだ。彼は夜を徹してオレニコフの偽の主張への回答を準備し、厳然たる事実をもって反撃しようとした。オレニコフはアメリカ政府をだましただけでなく、ＩＲＳをペテンにかけるためのあらゆる手段を自ら進んで行っていたのである。ダグの回答は複雑かつ強力なもので、四四ページにもわたった。締め切りが厳しいにもかかわらず、ダグはオレニコフによるでっち上げの主張に対する包括的な回答のコピーを三〇部準備した。関係者一人当たり一部である。そのコピーのすべてに私の署名が入っているのだ。

ダグはそれらのコピーを、フェデックスで七回にわけてスクールキルに送ってきた。私は、刑務所での郵便の割当量をすべて使わずにおいたので、すべてのコピーにサインをして、封をし、切手を貼り、送り返した。締め切りまであと一日、であった。ダグの回答にカリフォルニアの裁判所はびっくり仰天し、さらなる法廷闘争となり、わが一族はもう一人の法律の狙撃手を見いだすことになった。有能との評判の高い弁護士ジョン・クラインが、オレニコフに対する戦いに加勢してきた。彼はだれあろう、UBSの代理人である。奇妙な不倫相手だとお思いだろうか。しかし、中東の古い格言にもあるとおり、「敵の敵は味方」である。この格言は、敵側にも当てはまったようだ。イゴール・オレニコフは、だれあろうケビン・ダウニングという「コーチ」を見つけたのだ。かなりあとになってから知ったのだが、ダウニングはオレニコフのいかれた主張をすべて見直して、私をひどい目に合わせる方法をアドバイスしたようだ。なんと忠誠心あふれる国民の僕（しもべ）であろうか。

いずれにせよ、私は建物のなかを歩き回り、ダグはウェイマスのコンドミニアムの窓を眺めながら、さらに待った。二〇一二年四月一〇日、公判の日の午後、刑務官が私を呼び出し、応接室の電話に出るように言った。ダグからである。ドカン。判事は私に有利な判決を下した。オレニコフは大ウソつきだと宣言し、オレニコフのような脱税犯が正義のために尽くした男を訴えるなどバカげていると述べたのだ。

「オレニコフと彼の証人は繰り返しウソをついている」。判事は、二八ページにわたる判決文に記していた。「略式判決における信頼性の判断を下すことは当法廷の責務ではないが、一連のあからさまなウソは見過ごすことができない」と、判事は訴えを却下としたのだ。

ダウニングとオレニコフとの秘密同盟を説明するためにしばらく脱線する。

その後の訴訟における宣誓供述によって、ダウニングとオレニコフの協力の度合いが明らかとなった。二〇〇八年三月、オレニコフの刑事事件弁護士であるエドワード・ロビンズの事務所で会議があった。ケビン・ダウニングはこの会議に参加するために、納税者のお金を使ってカリフォルニアまで飛んだ。しかし、これは通常の会議ではなかった。

対立的なものではなく、むしろ真摯なものであった。ロビンズ弁護士はしばらくの間、席をはずし、ダウニングとオレニコフは二人きりで話をしたのである。この会議の間、ダウニングは私がホイッスルブロアー（内部告発者）の報奨を得ることはけっしてないと主張した。なぜ、またどのようにして、この二人の会話で私の報奨が話題に上がったのだろうか。ホイッスルブロアーの報奨制度はＩＲＳの管轄で、司法省とはまったく関係がないのである。ダウニングは、私にホイッスルブロアーの報奨を与えまいとする正気を逸したような思いから、私に対する敵対行為をしていると言ってもよいであろう。

ダウニングはオレニコフの訴訟や先年の罪状認否には一切かかわっていないことを理解しておかなければならない。しかし、今、彼らは二人きりで、交際を楽しんでいるのである。この会議のあと、二方面作戦として姿を現したのだ。

ダウニングは私の起訴状を獲得しようとし、オレニコフは私とその他多くの人たちを相手に言われのない民事訴訟を起こし、あからさまな虚偽の主張によって彼自身の犯罪行為に対する責任を他者に転嫁しようとしたのだ。しかし、ダウニングは検察官としての公的な責務を逸脱し、この事実無根の民事裁判の訴答書面の至るところに自分の指紋を残したのだ。

オレニコフは二〇〇八年九月に、カリフォルニアの連邦裁判所にバカげた訴訟を起こした。当初の訴状は、三回修正され、その都度、連邦裁判所に提出された。数年後に行われた証言において、オレニコフと彼のアドバイザーたちは、個人的に検討してもらうためにダウニングにすべての訴状のコピーを渡していたことが明らかとなった。ダウニングは彼らが提訴する前に自由に見直し、批評していたのである。つまり、ワシントンDCの連邦検事が、民間人が連邦裁判所にいわれのない訴訟を起こす準備の手伝いをしていたわけだ。

四つの訴状のすべてで、司法省に関するあからさまな虚偽の説明がなされ、司法省はUBSに対する捜査を主導し、私がIRSのホイッスルブロアーの報奨には値しないとしたのだ。「二〇〇五年までに、IRSと司法省は、そのスキームについて被告UBS　AGに接触した」と最初の書状にはある。ウソだ。IRSも司法省も二〇〇五年にはUBSに接触していない。私がUBSの件で、IRSと司法省に接触したのは二〇〇七年である。二〇〇七年に私が司法省に足を踏み入れ、何が起きているかを説明するまで、ダウニングはUBSのスペルさえ知らなかったのだ。

一回目の修正版ではこうある。「二〇〇四年ごろ、UBS　AGの活動を調査していた司法省がバーケンフェルドに接触し……」というのは違う、彼らは接触してきていない。この手のあからさまなウソが、二回目、三回目の修正版でも繰り返された。私が自主的に司法省に接触し、王国の鍵を渡した二〇〇七年まで、彼らは手掛かりすら手にしていなかったのだ。三回目の修正版は、私の量刑審理があったまさに翌日にオレニコフの弁護士によって提出されたのだ。

ダウニングは提出前にそれらの訴状を見直したのだが、司法省に関するあらゆる主張がウソである。これらのでっち上げの訴状にウソを入れ込むためにダウニングが主たる役割を果たしたのか、それとも連邦裁判所に提出する前に修正することができなかったのか、私には分からない。さらに、これらの主張にはウソがあることをダウニングが連邦裁判所に警告した記録は一切ない。

どうしてケビン・ダウニングが提出前のウソばかりの訴状を見直していたのか、さまざまな証人が相矛盾する意味不明な理由を挙げていた。オレニコフの弁護士の一人であるマリサ・プーロスは、オレニコフの司法取引の条件に違反していないかどうかを確認するために、民事訴訟の内容をダウニングに伝えたと証言した。しかし、ダウニングはオレニコフの保護観察官ではないし、検事としてオレニコフの裁判に関係してはいない。ナイストライだ、マリサ・プーロス。

もう一人は、長年オレニコフの社内弁護士を務めたジュリー・オルトで、彼女は同じ疑問に対して、まったく異なる回答をした。ダウニングが「喜ぶ」かどうかを確認するために、ダウニングに知らせたと証言したのだ。プーロスとオルトは、この裁判での不正行為を連邦裁判所から叱責されている。

私が思うに、ダウニングがこの事実無根の訴訟での訴答書面を見直す合法的な根拠などなかったのであろう。そして、特筆すべき偶然と言えるかもしれないが、この訴訟がカリフォルニアの裁判官によって最終的に却下されたちょうど一カ月後、ダウニングは検事としての職を離れ、司法省の裏口からこっそり抜け出し、ワシントンDCの民間法律事務所に滑り込んだ。彼は今でもそこで働いている。さて、筆を進めよう。

さらに二〇一四年、ダウニングの弁護士仲間が「彼（バーケンフェルド）を心底嫌っていた」と素直に認めたのだ。そんなことは分かっている。だが、ダウニングの口の軽い仲間が確認してくれたのはよかった。そこで、ダウニングと司法省は正義のために働いていたと信じている人がいるとしたら、考え直してみたらよい。私は今はその反証を持っているのだ。

私は常に兄を愛しているが、今回の訴訟での彼の助力は度を超していた。私は刑務所の野外トイレでうれし涙を流し、そして床の掃除に戻ったものだ。

ところで、刑務所での私の一番の仕事は、床の掃除であった。おかげで私はリノリウムの専門家になった。中警備棟の床を掃除し、軽警備棟の床もきれいにし、刑務所長の部屋もきれいにしたのだ。実際のところ、彼はけっして悪い奴ではないのだが、頭が悪いのだ。

彼は大半はその場にいないので、私はゴミ箱をきれいにし、散らかったものをすべてクローゼットに戻し、破棄されたEメールのやり取りに目を通すのだ。私のブロックにいた連中は、毎週何が起こるかを私が知っていることを不思議がっていた。私はただほほ笑み、「直観だよ、みんな」と言うだけだ。連中は、仲間に秘密諜報員がいることを知らなかったのだ。

私は、政府の経費で楽しもうと決心し、実行した。私の最初の仕事は、初日に私が連行された中警備棟にある刑務所の正面玄関の床をきれいにすることだった。新しい囚人が、たいていは涙ぐんだ家族に付き添われながら到着すると、刑務局のバカな職員は、彼らに南部のプランテーションの奴隷にでもなったように感じさせようとするのだ。一方、私は自らの職務として、彼らのストレスを和らげてあげるわけだ。

「キャンプカップケーキへようこそ、ブラザー」。私は満面の笑みで話しかけ、次に家族に向かって、「やぁ、みなさん。ご心配なさらずに、ここは快適ですよ」。

職員たちはこれが気に入らなかった。すぐに、私の脇へ寄ってきて、黙ってろと言った。「どうするつもりです。みんなに愛想良くしたことで三年増やしますか」と皮肉を言ってやる。

彼らは私を再び独房に押し込めたが、正直に言うと、私は彼らから恐れられていたのだ。彼らはみんな私のことは知っていたし、私が通りすぎると彼らのささやきが聞こえてきたものだ。「あれが、外で記者会見したバンカー野郎だよ」。収監される一カ月ほど前、60ミニッツが私の裁判を大きく取り上げたのだ。スティーブ・クロフトがボストン・ハーバーホテルで私のインタビューを行った。彼は見事に編集していたが、それでも私はしつこく、司法省のいけにえになったことに対する私のメッセージをはっきりと伝えていた。いずれにせよ、その後、メディアは私の話を聞きたいと大騒ぎしたのだ。およそ三週間ごとに、CNBC、スイステレビの取材班、フィナンシャル・タイムズやウォール・ストリート・ジャーナルの記者がスクールキルに現れ、面会室でインタビューを行った。刑務官たちは私に悪口を叩かれるのを恐れていたので、「バーケンフェルドには手を出すな」となったのだ。

さらに、スイス銀行の詐欺話で私が協力したさまざまな政府機関にも圧力をかけ続けるよう弁護士に指示してあった。ナショナル・ホイッスルブロワー・センターのスティーブ・コーンは、真の正義を求める専門家であり、事あるごとに怒りを表していた。彼とゼーブがどれだけの手紙を書いたのか正確には分からないが、全部を集めたら税法（**資料7**参照）よりも分厚くなったことだろう。私は突如、刑務所の「キャンプカウンセラー」の事務所に来るように呼び出しを受けた。

「何でしょうか、婦人」

「何も問題ありませんか、バーケンフェルドさん」

「ええ、またなぜそのように思われるのですか」

「実は昨日、ケリー上院議員の事務所から電話があって、あなたの生活状態について問い合わせてきたのです」

「彼らの金庫は社会主義者に蹂躙されて、国債で破綻が避けられなくなってるのかもしれませんが、私の状況は問題ありません。あなたはいかがですか」

彼らは私をここに置いておきたくはなかったのだが、私はこの場が気に入っていた。それに、泥をお金に変え、あらゆる場面を楽しもうとする私の人生のあり方を刑務所ごときに変えさせるつもりはない。「白人の特権」とも言えるような私の状況を嫉妬する者もいたし、アフリカ系アメリカ人やラテン系の刑務所仲間のなかには、政府の「密偵」のような私の役割について不平を口にする者もいた。

そんなときは、「態度を慎めよ、ブラザー。俺がそんなに薄汚い奴だとしたら、どうしてお前と一緒にここにいるんだよ」と言ってやるのだ。

「お前は俺をバカにしてる」という受刑者もいた。そのときは「軽蔑する前に、尊敬しなければならなかったかな。どっちもやってないけど」と返すのだ。

そうすると彼らは黙るのだ。彼らとのいざこざを解決してしまえば、あとは順風満帆である。

二年目の刑期に差し掛かるころ、スティーブ・コーンとディーン・ゼーブがやってきて、面会室で話し合いを行った。ＩＲＳのホイッスルブロアー報奨を申請することについては電話で話し合っていたが、その時点まで私は絵に描いた餅としか考えていなかった。今回は少しばかり違うようだ。

「報告書の作成が終わりました」とコーンが言う。

「ＩＲＳに提出しています」とゼーブ。

「どのような内容ですか」と私が尋ねる。

「全部話したほうがいいか」とコーンが笑った。「およそ二〇〇ページになるんだが、その半分は宣誓供述書か、レビンやグラスレー（チャック・グラスレー上院議員は、二〇〇六年のホイッスルブロアー法の起草者で、ホイッスルブロアーの権利を忠実に擁護している。彼はアメリカ上院議員としての任期の間、一〇年以上にわたってホイッスルブロアーを支援し、また勇気あるホイッスルブロアーたちを守り、報いるための法案を通過させている。彼はバーケンフェルド事件の支援者でもある［**資料6**］）やカザミなど政府の大物による署名入りの証言だ」

私は口笛を鳴らす。「報告書と呼ぶには、ずいぶんと重量級だね」

「そのなかには、ＩＲＳの捜査官によるあなたを支持する証言もあります。連中でも自分たちの職員に反論するのは難しいでしょう」とゼーブが言う。

「オッケー、それでわれわれが目指すものは」と私が尋ねる。

コーンはほほ笑み、賢そうに見える眼鏡をなおす。「ＵＢＳが支払ったのが七億八〇〇〇万ドル。そのうち二億ドルをいくらか上回る額がＳＥＣ（証券取引委員会）に入る。つまり、それはＩＲＳの計算には入らない。それで残りの五億八〇〇〇万ドルが対象となる。一五％から三〇％の間がわれわれの目標だ」

私は目を瞬かせ、テーブルに身を乗り出すと、彼らも前のめりになり、ニヤニヤと笑っていた。

「つまり、俺たちは五〇〇〇万ドルの報奨を手にするってこと」と私がささやいた。

「一億ドルまで近づけられると思っていますよ」とコーンが答える。

私はゆっくりと息を吐き、彼らの肩をつかみ、座り直した。

「いつでもお越しください。ここをわが家だと思って」

その時点で、刑期はあと六カ月残っていた。楽しいことがあると時間がたつのも早いもので、二年間はあっという間に過ぎてしまった。正直に言うと、このようなことを信じる読者がいるかどうか分からないが、私の懲役刑はカルマみたいなものだと思っている。多くの人にとっては人生の汚点なのかもしれないが、私にしてみれば、自由の国における物事の仕組みを目の当たりにすることができたのだ。さらに、政府の龍に向かって数年間、剣を振り回したあとでは、戦士の休息であった。ほとんどの者はつらい時間と感じるかもしれないが、私には休憩時間だったのだ。

これは書き記す必要がないのかもしれないが、コーンとゼーブの訪問を受けたあと、すでに快活であった私の態度は、刑務局に対するかぎりは不愉快なほどに高慢なものとなっていた。私は自らの幸運をみんなに教えて回った。刑務所仲間のうちには、頭がおかしくなって私がおとぎ話を言っていると思った者もいたが、私をよく知るもっと賢い連中は私の話は真実だと確信していた。

「ここを出れば、大金持ちってことだろ」とクリフ・ファーラが尋ねる。

「ベイビー、お前が出所したら、プレイボーイのかわいこちゃんでいっぱいのヨットでパーティーやろうぜ」

ファーラは笑ったが、彼の目はすでにその場にいるかのように輝いていた。

刑務所の職員や刑務官に至っては、私がそばに寄っても、今まで以上に不愛想な態度をとった。

「お前がお金を手にすることはないよ、バーケンフェルド。夢でも見てな」

「そうかい。携帯電話の番号を教えてくれよ。次の冬、お前が歩道で凍えているときにでも、サントロペでポルシェのコンバーチブルから電話してやるよ」

ハロルドという名の上級刑務官が私の味方をするようになると、否定的な雑音はほとんど聞かれなくなった。彼は賢く、フレンドリーで、偉ぶるところがなく、ウォール・ストリート・ジャーナルを読んでいたのだ。あるとき、連邦刑務局の職員が食事の監視をしていると、ハロルドは私のテーブルのところまで来て、ほほ笑みかけ、指を指して言った。

「いたいた、ミスター三〇％」

「言ったろ、みんな。ハロルドですら数字を知ってるぞ」。私は昼食仲間に笑いかける。

「マジかよ、バーケンフェルドはほんとにお金をもらえるのか」と彼らはブツブツ言っていた。

私のもともとの刑期は四〇カ月であったが、品行方正であることが考慮され、三一カ月、つまり二年半に短縮された。司法省はそのことには口を挟まなかった。彼らは、私を十分に絞り上げたと思っていたし、メディアが競って私の話を取り上げてくれたおかげで、世界中もまたそれを知っているのだ。彼らが攻撃の手を緩めれば、釈放されたあとに彼らを付け狙おうとはしなくなるだろうと思ったのかもしれない。しかし、それは間違いだ。私はチャンスをうかがい、刑務所生活での時間を最大限利用し、マフィアの古い格言「復讐という料理は冷えたころが一番うまい」への誓いを守り続けていたのだ。

私がスクールキルにいる間は、特筆に値するような出来事は起きなかった。だれも殺されなかったし、ケンカもまれで、概して受刑者たちはおとなしくしていた。というのも、ひとたびキャンプカップケーキに身を置くと、長く暗いトンネルの向こうに自由の光が輝いているのが見えるからだ。兄のダグは頻繁に尋ねてきてくれたし、ボストンのステートストリート時代からの親友であるリック・ジェームズや、その他の親しい仲間たちもよく足を運んでくれた。父や継母も可能なときは来てくれたし、兄のデーブはシアトルから、母はフロリダから私を応援する手紙を頻繁に送ってくれた。私もできるかぎり電話をして、元気に暮らしていると、家族や友人たちを安心させようとした。図書館にある本はすべて読破したし、スイスでの冒険について思いをはせもした。しかし、司法省に対する怒りのほかは一切後悔しなかった。法律についてもたくさん学んだし、それが再三にわたって致命的なまでに歪められることを知った。私の怒りが癒えることはないだろうが、けっして笑顔を忘れることもない。

二〇一二年夏のある日、目を覚ますと、もうじき終わりを迎えることに気がついた。ブロックには刑期を終え、自宅に帰る者もいたが、辛抱強い仲間たちはまだそこにいた。不思議な感覚だった。終わりが近づき、もう一度自由を味わいたいと思いながらも、残していく仲間たちへの哀愁もある。それはちょうど高校を卒業するときや、軍役を離れるときに似ている。だれもが終生の友となるわけではないが、永遠に関係の続く者もいるし、少なくとも心の中ではそうだ。

アンワーはその日、私にハンバーガーを持ってきた。彼はキッチンで働いていると、必ず何かをくすねては、私やほかの仲間に分け与えるのだ。われわれは私の個室に座り、私はごちそうを楽しみ、コーラをすすっていた。

「あと一カ月だな。早く出たいだろ」とアンワーは言う。

「そうだね、アンワー。でもここは楽しいからね。お前はどのくらい残ってるんだ」

「えっと、あと五〇カ月だな」

私はコーラをガブガブ飲みながらうなずいたが、あと四年もかよ、と思っていた。

「お前だって、早く出たいだろ、アンワー」

「いいや」。彼はゆっくり頭を振ると、窓の外を眺めていた。「俺はここにいたい」

私は椅子に背をもたせ、彼を見た。「どういうことだよ」

「ブラッド、お前らはいつも携帯電話だのコンピューターだのインターネットだのの話をしてるだろ。俺にはお前らが話していることが分からん。ここにはタイプライターしかないからな。禁止されてる携帯電話を平然と持っている奴もいるからな、見たことはあるよ。でも俺が外にいたころにはそんなもん何もなかったさ。外に出て、俺が何をしたらいいんだ。技術もなければ、家族も、お金もない。ここには温かいベッドに、温かいシャワー、食い物もある」

私は分かったというようにうなずいたが、衝撃を受け、また怒りと悲しみがノドに込み上げてきた。彼は完全に施設での生活に依存してしまって、行くべきところも、未来もないのだ。これがアンワーや彼と同じような何千もの男たちにとってのスクールキルなのだ。長く荒れ果てた道の先には、困難と悲しみとが敷き詰められているのだ。私は彼の肩を叩いたが、彼を見ることはできなかった。

「お前なら大丈夫だよ、やってみるしかないじゃないか」

彼は笑いかけるばかりだった。彼のほうがよく分かっていたのだ。

二〇一二年八月一日、偶然にもスイスの建国記念日に、私は刑務所での制服を脱ぎ捨て、チャンピオンのスエットとスニーカーを身に着けた。仲間たちが集まってきたので、私は法定書類の入った箱以外、持っていたものをすべて分け与えた。大したものはなかった。売店で買った安物の時計と、ステーショナリー、雑誌に本といった具合だ。これは単なるジェスチャーにすぎないのだが、われわれが互いにしてやれることでもある。アンワー、ビル・ヒラードとクリフ・ファーラが私と一緒に外に出て、正面玄関までの長い廊下を歩いていった。彼らが来られるのはそこまでである。われわれは握手をし、ハグをして、私は自由の世界に向かった。

ダグとリック・ジェームズが私を迎えに車で来ていた。ＢＭＷ　Ｘ５の後部座席で、彼らは私のために移動ピクニックの準備をしていた。ステーキにピザ、できたてのドーナツにジュース、そしてコーヒーである。ニューハンプシャーへの長いドライブが始まった。私はそこで、二週間の社会復帰訓練を受けなければならなかったのだ。われわれは笑い、からかい、私が釈放された喜びに浸った。人生で、最高の長旅であった。

受刑者は、釈放されるために新しい住居と職があることを証明しなければならない。なかにいる連中の多くにとって、これが難問なのであるが、私には容易なことであった。私がニューハンプシャーを選んだのは、「われに自由を、さもなくば死を」をモットーとするその地には所得税がないのだ。その時点までに、私は報奨を獲得できることは分かっていたので、お金を蓄えるためにも戦略的に判断したのだ。スクールキルのスタッフは私の狙いが分からなかったようだ。おそらくは、私がメープルシロップが好きだから、くらいに考えていただろう。

ニューハンプシャー州マンチェスターにある社会復帰訓練所は、シンプルな茶色い石造りの建物で、二〇人の「連邦学校の卒業生」とともに安易な二週間を過ごした。私がそこに着いて一週間もしないうちに、ボストンにあるダグのオフィスに、ワシントンのディーン・ゼーブから電話があった。ゼーブの口をついて出た最初の言葉は「白煙が出たぞ」であった。ＩＲＳは、私が全米史上最大の脱税にＵＢＳが関与していたことを暴露したことに対して、ホイッスルブロアー報奨として一億四〇〇〇万ドルを与えることになったと、ゼーブはダグに伝えてきたのだ。報奨が出るであろうことは分かっていたが、私は、政府は信頼に足り得ないことを高い代償を支払って学んでいたので、そのままにしておいた。

その後、新しい仕事に就いた。私の父は、ペンシルベニア州のクエーカー教徒の寄宿学校に通ったのだが、彼の古いクラスメートの一人であるフリッツ・ベルが三〇マイルほど離れたニューハンプシャー州レイモンドに小さな農園と会議場を所有していたのだ。ベルは優しい年配の紳士で、「もちろん、喜んでブラッドを引き受けるよ」と父に言ったのだ。フリッツも私の家族も大喜びだ。彼らは、敷地内にある小さな管理人用の建物に私の部屋を準備してくれた。私は喜んで庭を手入れし、岩の壁を作り、倉庫を修理し、すがすがしい秋の空気を吸い込んだ。私は常に肉体労働を楽しんでいた。落ち着くのだ。私は少額の給与もお断りしていたが、連邦政府は私が社会復帰を遂げた証拠を求めた。皮肉中の皮肉とも言えるのだが、連中は納税者のわずかな資金を使って私を刑務所に押し込め、そして、納税者に私を雇うことを求めているのだ。

九月初旬、スティーブ・コーンがワシントンから電話をかけてきて、これから私に会いに来ると言った。彼はボストンまで飛んで、そこでマンチェスターまでの定期便に乗り換え、車を借りて、レイモンドまでやってくるのだ。

「家にいるんだろ、ブラッド」。彼はとても興奮しているようだった。

私は笑った。「心配するなよ、僕はアメリカを出られないんだから」

その夜、泥だらけの作業靴に、破れたジーンズ、ランバージャケットのシャツを着た私と、弁護士らしいスーツをまとっていても、ネクタイは緩み、赤ら顔のコーンとが、わが家の狭いキッチンで差し向かいに立っていた。彼はグラグラするテーブルの上でブリーフケースを開け、アメリカ合衆国財務省が発行した政府小切手を取り出した（**グラビア　図17**参照）。

四月一五日を過ぎたころに、運が良ければ受け取れる還付金の小切手とそっくりだった。小切手は、ブラッドレー・バーケンフェルド宛になっており、総額は七五八一万六九五八ドル四〇セントである。報奨の総額は一億四〇〇〇万ドルであったが、政府はそこから税金を徴収したのだ。私がそれを気にもとめなかったかというと、そのとおりだ。仲間と数百万分け合っただけだろ、違うか。

われわれは勝利に言葉を失っていたので、ほとんど会話をしなかった。スーパーボウルで勝利した小柄なコーチとクオーターバックの選手のように、握手をし、ハグをした。私は小切手を裏返し、署名をし、それを持って会議室に向かった。あとで飾るために、何枚ものカラーコピーを取る。コーンは午前中のうちに急いでワシントンに戻り、私の幸運の印をエスクロー口座に預金した。マンチェスターの銀行に預けようとしたら、彼らはおそらく警察を呼んだことであろう。

二〇一二年九月一一日、コーンとゼーブは、ワシントンDCのナショナルプレスクラブで記者会見を行い、ホイッスルブロアー史上最大の報奨が、つい先ごろ連邦刑務所から釈放されたブラッドレー・バーケンフェルドに与えられた旨の報告を行った。執行猶予中で、ニューハンプシャーを離れることができないので、私自身がその場に立つことはできなかった。しかし、ダグが私の代理として参加し、私が話したかったすべてのことを語った。力強い演説であった。

司法省では、連中は家具を蹴飛ばし、罵っていたことであろう。当時の司法省税務課の長キャサリン・ケネリーは後に認めている。ブラックベリーでニュースを見たとき、部屋の反対側まで投げつけ、「一億四〇〇万ドルだって、私の年間予算より大きいじゃないか」と叫んだ、と。

数日後、私はダグとリック・ジェームズにボストンの自動車ディーラーに行ってもらっ

た。敷地には、東海岸にぴったりの、真っ黒なポルシェ・カイエン・ターボが止まってい
た。値札は一〇万ドルを超えていた。ダグとジェームズが電話を寄越し、交渉してほしい
か尋ねてきた。
「やめとこう、言い値で払って。楽しいことで交渉しても無意味だよ」
平床のトラックに乗せられた美人が農場にやってきた。まるで、大きすぎるウエディン
グケーキのようだ。翌日、会議室から出てきた一人の女性がポルシェに気がついて、フリ
ッツ・ベルにそれがだれのものか尋ねた。彼は笑って、「庭師のものだよ」と答えた。
一一月末、自宅謹慎と労働釈放期間が終わりを迎えた。私は、ベルの家族の一人一人に、
感謝の印として五〇〇〇ドルの小切手を渡した。彼らはみんな温かく受け入れてくれたう
えに、私の報奨のことには一言も触れず、一ドルたりともねだろうとしなかった。人間味
あふれる実直な人々であった。
腰を落ち着ける新しい場所が必要になったので、大西洋に面した景勝地であるライの不
動産業者に接触した。彼女はいくつかの物件を写真とともに送ってきた。小さなゲスト用
のコテージがついた七つのベッドルームがあるきれいな貸し邸宅があった。芝生が生い茂
り、高い木々に囲まれ、ビーチからも遠くない。しかし、私の目を引いたのは、高くそび

える真っ白な旗竿である。私の心には、すでにそこに掲げるべく購入した大きな旗がたなびいていた。黒地に骸骨と交差する骨、そう海賊旗だ。

「これにしよう」と業者に伝える。

「かなりお高いですよ、ブラッド。月に七〇〇〇ドルほどです」と彼女は警告する。

私はほほ笑み、電話口で優しく語りかけた。

「ねえ、君。心配ないよ、ＵＢＳが払ってくれるんだからさ」と私は言った。

第15章 金持ちと貧乏人

「なんと素晴らしいことでしょう。世界を良くすることを始めるのに、だれも一瞬ですら待つ必要なんてないんです」――アンネ・フランク（ホロコーストの犠牲者）

ニューハンプシャーの木々から最後の葉が落ちるころ、私は荒磯に立ち、一隻の向こう見ずな帆船が打ち寄せる大きな波に向かっていくのを眺めていた。遠く離れたその海上で、帆船の白い帆が風にひるがえっていたが、船長は海の大きな力を恐れてもいない。私はその男に何か相通じるものを感じていた。彼が私に気づいたのは分かっていたし、彼も同じように感じていたことであろう。

空気は新鮮で、潮の香りがし、すがすがしかったが、いまだに肺の奥底にスクールキルの香りが残っていた。しかし、私は胸を張り、シンプルなピーコートのポケットに手を入れて立っている、大金持ちの前科者である。無一文から大金持ちに、乞食から王子になったのだ。私の銀行口座には、スイスのプライベートバンカーとして稼いだ額を大幅に上回るお金がある。それが報奨にすぎないとわきまえなかったら、自ら堕落することもできたであろう。

別の男なら乱痴気騒ぎをしたかもしれない。度を超えたパーティーを開き、シャンパンの風呂に入り、安物の宝石をまとったきれいどころを誘惑する。しかし、長続きはしないだろう。私はすでにそんな体験をしていたし、お金がすべてではないことはとうの昔に学んでいた。私はそういう世界に二〇年間も身を置き、最も裕福で、権力を持ったぐいまれなる人たちが彼らの富や影響力を行使しても、どうにもならないことがあることは分かっていた。富を求めても、傷ついた心に巻いた包帯程度にしかならないことを目の当たりにしてきたのだ。

生きる喜びこそが人生であり、ともに暮らす人々こそが人生である。もし突然財力を手にしたとしたら、それは愛する人、その価値のある人々を助けるためのものである。ある意味では、私は宝くじに当たったようなものだ。ただ、ラッキーナンバーを選んだのではなく、懸命に闘ったことの結果として、この賞を手にしたのであり、闘いの傷は今でも癒えていないのだ。

もちろん、だからと言って、個人的な喜びをもって、その傷を和らげるつもりはない、というわけではない。ライにある広大な借家には、新しい家具や壁にかける絵画が必要だったし、熱烈な映画ファンである私には、サラウンドシステムを備えた巨大なフラットスクリーンも欠かせない。私にはお気に入りの道楽が二つある。NHL（北米アイスホッケーリーグ）とF1レースだ。そこで、スーパースターのヘルメットやユニフォーム、トロフィーカップや古いポスター（**グラビア　図20参照**）のコレクションを始めた。まあ、そんなところだ。欲しい時計はすでにすべて持っていたし、高級なスポーツカーも一台あれば十分だ。少なくとも、しばらくの間は。

私はまだ執行猶予中であったし、あと三年も残っていた。私はニューハンプシャーに居住しなければならなかったが、豪華な家があれば、それも苦にはならない。しかし、侮辱は続いていた。ニューハンプシャー州の自動車免許証を取得したが、特別許可がなければ州外に出ることはできなかった。政府は、外国のさまざまなビザやスタンプのある私の古いアメリカのパスポートを返還しようとしなかった。あのパスポートは私にとってはお守りのようなもので、それを返さないのは、狭量というか悪意があるようにも思える。新しいパスポートを申請し、やっと取得しても、数年間はそれを使うことは許されなかった。これらは、私を自由にしただけでなく、計り知れないほどの金持ちにした運命の曲がり角を過ぎても、司法省が引き続き敵意を向けてきていることの結果であることは分かっていた。私が動き回ることを恐れていた、というわけではない。私がかつてのような生活に戻ろうとすれば、携帯電話だけでは済まないことを連中はよく知っていたのだ。

ワシントンDCのナショナル・ホイッスルブロアー・センターでは、私の事案がセンターの遠地点となった。前述のとおり、スティーブ・コーンとディーン・ゼーブは記者会見を開いて、私の歴史的な努力の輝かしい成果を報告したが、司法省は私がその場に行くことを認めなかった。私はまた、保護観察官の監視下にある。その男は最終的にはわが家に来なくなったが、ポルシェを持ち、邸宅に暮らし、美食を楽しみ、そしてたくさんの素晴らしい仲間に囲まれた億万長者が逃亡するわけがないと思ったのであろう。

私を家に閉じ込めておけば静かにしているとケビン・ダウニングが考えたのだとしたら、彼は大きな間違いを犯したことになる。現実はその反対だ。ニューハンプシャー州のライは、訪れるには一年中良い場所なのだ。少なくとも月に一度は、新聞記者やテレビの評論家たちがわが家を訪れ、私の話を記録していったが、私はそのたびごとに、まったくもって無能で、完全に堕落している司法制度というものを激しく非難していた。しかし、私の言葉も、ほとんどの場合、馬の耳に念仏であることは分かっていた。しかし、それこそが私が取れる唯一の行動であり、今や世界中の秘密銀行が崩壊し、私が行ったことの残響が何十年間もとどろくのである。私がすべての触媒となったのは分かっているが、クーデターの功績もほとんど認められず、大した問題とはならなかった。私は自分の役目を果たしたにすぎない。今は喜びを分かち合う時だ。

私が行ったあがないをつらつらと書き記すつもりはないし、率直に言って、あがないが必要だとは思っていなかった。しかし、私はひそかにその価値があるもの、愛する人々に必要なものを探していた。私の家族や親友たちにはもちろん恩恵をもたらしたいし、フリッツベルの農園で良くしてくれた方々などもそうだ。お気に入りのホッケーチームのボストン・ブルーインズは恵まれない子供たちのためのチャリティを始めようという私の考えに賛同してくれたし、ボストンの小児科病院にも恩恵を分け与えた。

私が釈放され、報奨を得た直後、クリフ・ファーラは刑務所の図書館からウォール・ストリート・ジャーナルのコピーを奪い取ったらしい。私の顔と記事が一面に載っていたのだが、ファーラはそれを勝利のペナントのように振り回しながら、食堂を走り回ったのだ。その後、ファーラはスクールキルから出所し、私も連絡をしたが、いつかアンワーも出所してくることを待ち望んでいる。報奨を得る前から金離れは悪くはなかったし、報奨を得てからはお金のことは気にしなくなった。それに、たくさんのお金があることで、一日を明るくするチャンスは限りなく訪れ、また嫌な過去を消し去ることもできた。一番の喜びは、ニューハンプシャーでの週末旅行で、友人と豪華なレストランに行くと、メニューを配りながら、バーケンフェルドのほほ笑みを浮かべて、こう言うのだ。「お好きなものを注文してください。すべてUBS持ちですから。それとケビン・ダウニングがウエーターを務めますよ」

将来にそれといった計画はなかったが、やってみたいことはいくつかある。私と同じ世代であれば、『ブランディット』という古いテレビ番組を覚えているであろう。昔の西部の騎兵隊長が主人公で、彼は反逆の濡れ衣を着せられてしまうのだ。剣を折られ、味方を失った彼は汚名をすすぐ決心をし、自分を裏切った人々に正義をなすのだ。ギリシャ神話から今日のホイッスルブロアー（内部告発者）に至るまで、繰り返し語られる物語ではあるが、それが私の目標のひとつである。権力には真実を語り、それを受け入れようとしない人々に不都合な事実を示し、またスイスのバンカーたちがその醜い顔をもたげ、自らは何も知らないふりをするならば、いつでも出ていくのだ。さげすまれ、人生を台無しにされた勇敢な男性や女性がいれば、肩を貸してやるつもりだ。私はすでに一〇〇件以上のインタビューに応じ、テレビ番組にも数えきれないほど出演したが、いまだ無職だ。これが天職なのであろうと思っている。

釈放されてすぐに、ひとつの思いが心に生まれ、後にはっきりと、そしてわずかな悲しみとともに形になった。執行猶予が終わったら、アメリカ合衆国を去り、おそらくは二度と戻ることはないだろう。私が生まれた国ではあるが、国家に命を預けた愛国者から、虐げられた国民となり下がり、だまされ、そして裏切られたのだ。私にとって、アメリカはもはや丘の上の輝ける町ではないのだ。腐敗した政治家と無能な検察官と欲深い金融家たちに牛耳られている。彼らの多くが私にとっては不倶戴天の敵であり、それは今もこれからも変わらないのだ。私は常に監視されていることを知ってはいるが、アメリカを離れれば少しはマシであろう。ヨーロッパの美しい湖の人里離れた湖畔に、大きくて堅牢な建物を建て、完全武装したボディガードに守られながらの生活を考えていた。アメリカにいる家族や友人を訪れることもあるだろうし、もちろん、彼らがわが城を訪れることもあろう。

しかし、権力に不当に扱われるのはもうたくさんだ。私はこれまでも豊かに暮らしてきたし、その楽しみ方も知っている。

しかし、それも向こう数年のうちには実現しないであろう。

一方、私は満ち足りているし、裕福だし、また賢くもなっている。楽しむべきおもちゃもたくさんあるし、それ以上に熱中することもときにはあろう。援助すべきチャリティもあるし、追及すべき趣味もある。素晴らしい仲間に出会うこともあろう。私の親友は、私がお金持ちになる前からの知り合いばかりだ。私は暗いウサギの穴に落ち込んだが、やがてはい出し、幸せに暮らしているのだ。

だが、私のことはすでによくご承知のことだろうから、ウソをついても無駄であろう。

私は今でも、出る杭を求め続けるハンマーなのだ……。

謝辞

本書は、私のホイッスルブロー（内部告発）と、その後のスイス銀行の秘密保持の破綻に関する物語である。本書を綴るにあたり、多くの方々にお力添えをいただいたが、まずは私の冒険を支えてくれたすべての方々に謝意を表したい。

私の家族と親友たちは、スキャンダルを暴露した当初から、長い裁判、刑務所での時間、そして今日に至るまで常に私の味方でいてくれた。父は、私がＵＢＳの不道徳な行為を暴いたことを誇りとしてくれた。わが兄ダグは、私に向けられた多くの訴訟において文字どおり私を支えてくれ、ホイッスルブローの弁護士と協力して、私の代わりに正しさを主張してくれた。ありがとう、ダグ。

ワシントンＤＣのスティーブ・コーンとデビッド・コラピント、ヒューストンのディーン・ゼーブはＩＲＳ（米内国歳入庁）のホイッスルブロアー法において私の代理を務めてくれた。彼ら以上に優れた弁護士はいない。ホイッスルブロアー法と、ワシントンＤＣの動きを正しく把握し、司法省の終わりなき陰謀を鋭く見張っていてくれた。私が獲得した歴史的にも前例のない報奨は彼らのおかげであり、彼らが自信を持って遂行してくれた賜物である。サンフランシスコのジョン・クラインとワシントンDCのクリス・ヘーグは、私のかつての顧客との訴訟で私を守り、また法的代理人として活動してくれた。スイスのジュネーブのチャールズ・ポンセは、私がUBS社内でホイッスルブローを行い、後に退職するまで、助言を与えてくれた。フィリペ・ドゥ・グイエノは、フランスの判事が私と協力してUBSの犯罪行為を調査するにあたり、貴重な調整役を担ってくれた。マイアミの熟練弁護士であるジェラルド・グリーンバーグは、執行猶予中の私がパリに飛ぶことを司法省に無理やり許可させてくれた。そのおかげで、UBSに対するフランスの犯罪捜査に協力することができた。司法省は私を捜査に協力させたくなかったのだ。グリーンバーグのおかげで、私はたくさんの友人と、光の街で五〇回目の誕生日を祝うことができた。

数多くの非営利団体が早くから私の事案を取り上げてくれた。当時、政府説明責任プロジェクト（GAP）を率いていたジェスリン・ラダックは、私の事案に早いうちから光を当ててくれた。彼女は、私の努力を台無しにしようとする司法省の企みを白日の下にさらしたのだ。司法省は史上最大の脱税を暴く鍵を手渡した男を起訴し、多くの人々が英雄的とした努力をしたかどで刑務所にぶち込んだのだ。司法省におけるホイッスルブロアー

（内部告発者）としての彼女の痛ましい経験と、多くの人々の代理人を務めてきた経験とが、私の窮状に人々の注意を向けてくれたのだ。

GAP以外にも、ナショナル・ホイッスルブロアー・センター（NWC）、政府監視プロジェクト（POGO）、タックスペイヤーズ・アゲンスト・フラウド（TAF）、トランスペアレンシー・インターナショナル、グローバル・ウイットネス、デモクラシー・ナウ、ノー・フィアー・コアリション、ディスクロージャー・ウオッチ、フェデラル・エシクス・センター、ホイッスルブロアー・USA、フェデラル・アカウンタビリティー・フォー・リフォーム（FEAR）、ナショナル・フォーラム・オン・ジュディカル・アカウンタビリティ、ホイッスルブロアーズ・サポート・ファンド、インターナショナル・アソシエーション・オブ・ホイッスルブロアーズ、ナショナル・パブリック・ラジオ（NPR）。彼らはみんな、私が被害を被っていた司法省の職権乱用と、UBSやほかのプライベートバンクが裕福なアメリカ人の脱税に加担していたことを衆目の知るところとした。

ホイッスルブロアーの組織以外にも、数多くのジャーナリストが綿密な調査を行い、UBSやほかのプライベートバンクの不正行為を伝え、また賞罰を与えるにあたっての司法省の陰謀を報じた。アメリカでは、洞察力あふれる報道をされた次のジャーナリストたちを称賛したい。シェリル・アトキンソン、ファビオ・ベネデッチ・バレンティーニ、デビッド・ヒルセンラス、ウィリアム・ホーク、エイモン・ジェイバース、ジャネット・ノバック、ダニエル・リンチェス、ローラ・サーンダーズ、デーブ・ソロモン、ケン・シュティア、ビビアン・ウォルト。アメリカ以外では、プライベートバンクが共謀して脱税を行っているという報道がいまだ盛り上がっているが、次に挙げるジャーナリストが、UBSやほかのプライベートバンクが共謀して世界中の政府から税金をだまし取っていることを暴露する一助となった。イアン・アリソン、トム・バージス、アストリッド・デルナー、キャサリン・ドゥボウロス、シリ・ジェデ・ダール、ルーカス・ハギス、ミシェル・ヘンリー、アルテュール・オネゲル、ジョン・レッチング、マタイ・ペロリ、エドゥアール・ペリン、フランソワ・ピレ、バレリー・ドゥ・セネバル、ヘーグ・シモニアン、セバスチャン・シティル、ゴラン・スカールモ、ノーパー・ティワリ、ロアー・バルダーハ、マシュー・バレンシア、マルティィナ・ザフェイリアド。この世界的な詐欺を暴くことに貢献した方はほかにもいるであろう。見過ごしたことにおわび申し上げるとともに、心からの謝意を表する。

私は、正しいことをしたホイッスルブロアーが被る反動を十分に理解もせずに、世界最大の銀行と対決した。過去数年にわたり、すべてをリスクにさらして悪事を暴いた幾人かの英雄的な人物に出会えたことを幸運に思っている。バーナード・マドフによる何千億ドルもの詐欺を暴いたハリー・マーコポロスや、勇気ある努力をしたほかの多くのホイッスルブロアーに感謝したいと思う。これらの人々が社会に重大な貢献を成したことを認識しなければならないし、彼らの労力を守り、彼らが適切に報いられる法律なり制度なりを支えていかなければならない。

この物語を綴るにあたり助力をいただいたすべての方に御礼を申し上げたい。友人、家族、そして同僚たち、世界中での私の経験を見直し、プライベートバンカーの仕事や生活を描き出し、この物語が不要な回り道をせずに済むようにしてくれたみなさんの御力添えに心から感謝したい。また、エリック・レイマンには、複雑怪奇な法律文言の世界を導いてくれたことを感謝したい。

大親友であるフリッツ・ベルには終生変わらぬ感謝を申し上げる。安らかに眠らんことを。また、出所後に住まいと職、そして仲間を与えてくれたウィル・フレゴシにも感謝したい。彼らは私が独り立ちし、自ら行ったホイッスルブローを誇りとし、それを世界に伝えることを後押ししてくれた。

最後に、スティーブン・ハルトフに心からの感謝を申し上げる。長い時間をかけて私の話に耳を傾け、プライベートバンカーの生態に没頭し、私の歴史的なホイッスルブローを徹底的に調査し、司法省に対する私の戦いという長い物語を理解してくれた。彼は見事に私の言わんとするところを把握し、私がどのようにしてスイス銀行の秘密保持を破壊したかという秘話を本書にまとめてくれた。

付録

UBSの一〇大スキャンダル

私の歴史的なホイッスルブロー（内部告発）が明らかにしたのは、UBSが近年取り組んだ、数多くの脱税スキームの一つにすぎない。私が暴露したオフショアの脱税スキャンダルは最大級のものであったが、その他にもさまざまなスキームがあったことを知れば、UBSが世界中でどれだけ法律を無視していたのか分かるであろう。

一．二〇〇四年五月一〇日、制裁下にある国家へのアメリカ通貨の不正送金

罰金　一億ドル

二．二〇〇九年二月一八日、アメリカ合衆国におけるオフショアを利用した脱税

罰金　七億八〇〇〇万ドル

三．二〇一一年五月四日、地方債を利用した証券詐欺

罰金　一億六〇〇〇万ドル

四．二〇一二年一一月二六日、イギリスのトレーダーによる二三億ドルの不正取引

罰金　四七六〇万ドル

五．二〇一二年一二月一九日、為替市場でのＬＩＢＯＲ操作

罰金　一五億ドル

六．二〇一三年七月二五日、モーゲージ債での詐欺

罰金　八億八五〇〇万ドル

七．二〇一四年七月二九日、ドイツにおけるオフショアでの脱税

罰金　四億三〇〇〇万ドル

八．二〇一四年九月三〇日、フランスにおけるオフショアでの脱税とマネーロンダリング

罰金　一四億ドル

九．二〇一五年五月二〇日、為替市場及びＬＩＢＯＲのスキャンダル

罰金　五億四五〇〇万ドル

一〇．二〇一六年三月一〇日、バンカーに対する違法ボーナス

罰金　一億三〇〇〇万ドル

資料１　スイス銀行の秘密保持

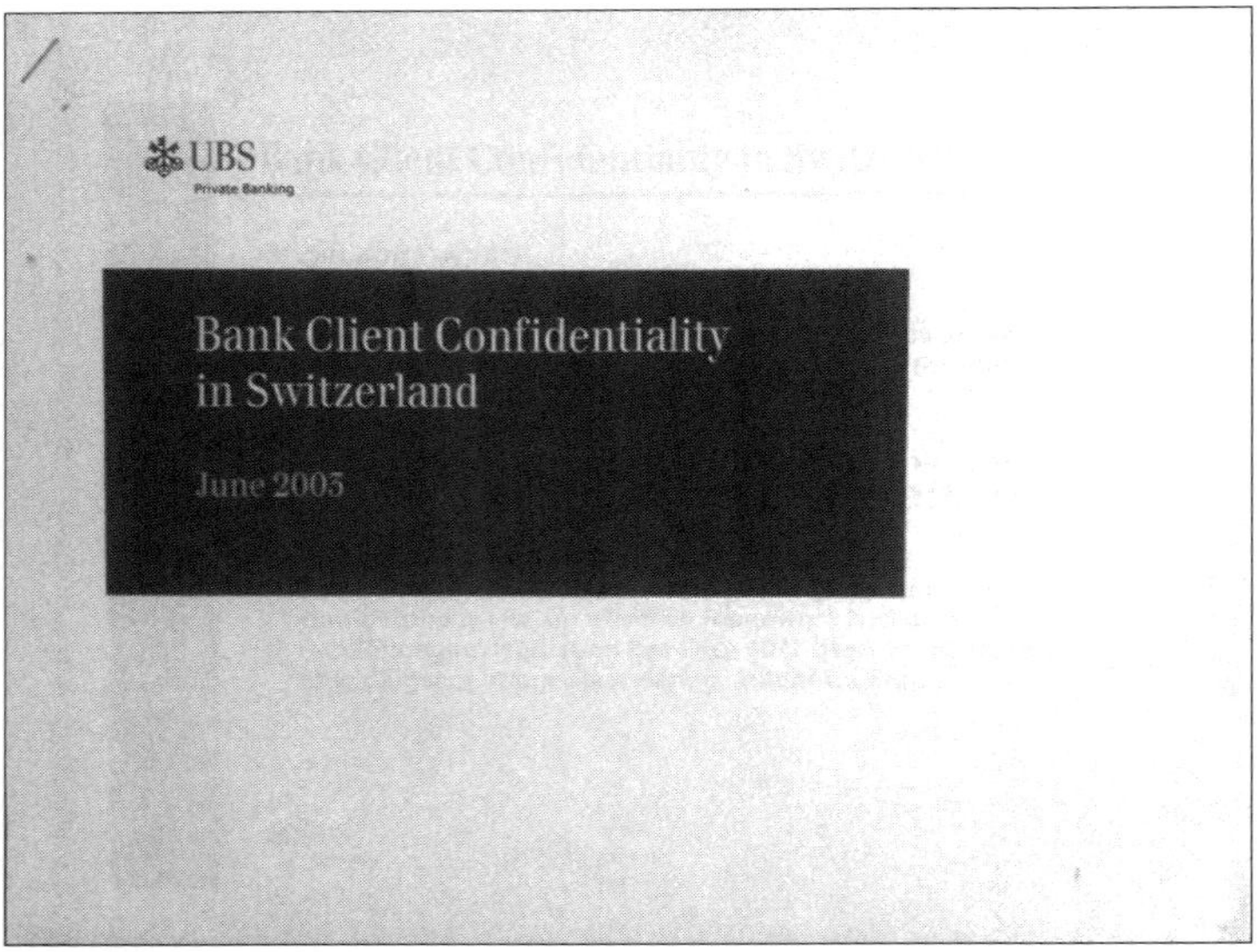

UBSのパワーポイントのプレゼンテーション資料では、UBSの顧客はスイス銀行の秘密保持によって完全に守られることが正確には伝えられない理由が説明されている。

資料2　3ページのメモ

Cross-Border Banking Activities into the United States (**version November 2004)**

1. **Introduction; Regulated Activities in United States and Status of UBS Entities**

The U.S. legal regulatory framework draws an important distinction between banking and securities activities:

Banking activities, most important cash and custody services, are governed by various federal and state laws and are regulated by various federal and state banking supervisors, including, in the case of UBS AG's branches, agencies, and bank depository subsidiaries, the Federal Reserve Board (the "Board"), the Office of the Comptroller of the Currency ("OCC"), the Federal Deposit Insurance Corporation ("FDIC") and the Connecticut, Illinois and Utah state banking departments.

Securities related activities (i.e., broker-dealer, investment advisor) are governed by various federal and state laws and are regulated by the Securities and Exchange Commission ("SEC") and state securities supervisors. Broker-dealers also are members of, and governed by, a self-regulatory organization ("SRO") known as the National Association of Securities Dealers ("NASD"). There is a separate regulator and regulatory scheme for providers of commodities services.

UBS AG has several U.S. branches and agencies and various non-banking subsidiaries all properly licensed, but these licenses **do not** encompass cross-border services provided to U.S. residents by UBS AG offices or affiliates outside of the United States. (Unless otherwise specified, all references herein to "UBS AG" refer to offices located, or employees based, outside of the United States).

2. **Advertising & Events**

Advertising: Some state laws prohibit banks without a banking license from that state from soliciting deposits from that state's residents. States also may prohibit non-licensed lenders from making certain loans to consumers in such states. Any entity outside of the United States that is not registered with the SEC (and, in the case of brokerage activities, with the NASD) may not advertise securities services or products in the United States. Therefore, UBS AG will not advertise and market for its services with material going beyond generic information relating to the image of UBS AG and its brand in the U.S.

Events. UBS AG may not organize, absent an opinion from Legal, events in the U.S.

3. **Establishing Relationships with New Clients Resident in the United States**

Securities services/products. UBS AG may not establish relationships for securities products or services with new clients resident in the United States with the use of U.S. jurisdictional means. Thus, it must ensure that it does not contact securities clients in the United States through telephone, mail, e-mail, advertising, the internet or personal visits.

Banking services/products. To avoid possible violations of state law and/or to avoid establishing and maintaining a place of business in the United States, UBS AG should ensure that:

- No marketing or advertising activity targeted to U.S. persons takes place in the United States;
- No solicitation of account opening takes place in the United States;
- No cold calling or prospecting into the United States takes place;

- No negotiating or concluding of contracts takes place in the United States;
- No carrying or transmitting of cash or other valuables of whatever nature out of the United States takes place; The same applies to actively organizing such transfers or attempting to circumvent this prohibition through other means.
- No routine certification of signatures, transmission of completed account documentation, or related administrative activity on behalf of UBS AG takes place;
- Employees do not carry on substantial activities at fixed location(s) while in the United States thereby establishing an office or maintaining a place of business.

Outside the United States. Soliciting and accepting banking business from U.S. residents while they are outside of the United States generally is not problematic.

---

4. Maintaining Relationships with Clients Resident in the United States

Securities services/products. UBS AG may not maintain relationships for securities services or products with clients resident in the United States, unless the relationship is conducted without the use of U.S. means (*e.g.*, telephone, mail, e-mail, advertising, the internet or personal visits into the United States) and consistent with procedures UBS AG has established in this regard.

Banking services/products. If UBS AG obtains a U.S. resident client for banking services without violating the restrictions set forth in section 3 above, it may service the account:

- UBS AG may provide statements, account information and transaction confirmations to the client, provided it does so in accordance with the terms agreed by the client and in compliance with all applicable internal procedures.
- UBS AG may provide product and service information subject to the points mentioned in section 6 below.
- UBS AG may certify signatures, transmit account documentation and conduct related administrative activity for existing clients.

Under no circumstances will UBS AG be carrying or transporting cash and other valuables of whatever nature on behalf of clients into or out of the United States. The same applies to actively organizing such transfers or attempting to circumvent the prohibition.

When traveling cross-border, UBS AG employees always must remember that all clients of UBS AG expect us to take all necessary steps to safeguard confidentiality. Client advisors are referred to separate guidance on the protection of confidential information and other available resources that may assist.

---

5. Dealing with Financial Intermediaries and other Non-Private Clients Resident in the United States

Securities services/products. UBS AG may not deal with financial intermediaries or other non-private clients resident in the United States in matters relating to securities services and products, except for registered broker-dealers and U.S. licensed banks, provided that it does not directly or indirectly deal with the private and non-private clients of such broker-dealers and banks.

Banking services/products. UBS AG may accept referrals from financial intermediaries in the United States, provided that the financial intermediaries (i) do not work for UBS AG, (ii) do not actively market UBS AG services and products, and (iii) make referrals only to accommodate client requests. In dealing with such intermediaries, UBS AG must comply with the restrictions set forth in sections 3 and 4 above.

---

6. Product Offering

Securities products. All securities products offered to U.S. persons must be compliant with U.S. laws, which generally means that they must be registered with the SEC. The purchase of securities may be exempt from registration if certain condition are met.

Lending products. It may be necessary to obtain a state license to offer lending products, depending on the purpose, amount, interest rate and borrower of the product. There is a reasonable argument that federal consumer protection laws do not apply to products offered by non-U.S. entities, but state consumer protection laws (*e.g.*, anti-usury) may apply.

Research. UBS AG research may not be distributed to clients in the United States, except in very limited circumstances.

E-Banking. UBS AG has implemented specific restrictions for e-banking for U.S. customers.

3

このUBSによるメモこそが、ブラッドがその歴史的なホイッスルブローを実行した純粋な理由である。

資料3　UBSの研修資料

Case Studies Cross-Border Workshop NAM

- **Please go through each case. Put yourself into the concrete situation as it occurs in real life.**
- **Do not tackle the case with the perspective of what you think that Legal, Compliance, IT or Security Risk wants to hear.**
- **Compare your behaviours with the ones of your colleagues in the group.**
- **Identify and note questions you want to raise in the plenary session.**

Case 1

During your trip to the USA/Canada, where you wish to visit various clients, you are stopped at the border by the customs authority or during your stay by the police and confronted with the following questions:

- purpose of your visit
- your profession
- people you are going to visit
- content of your baggage incl. notebook, cell phone, PDA (SMS, MMS, digital photographing) or Blackberry

Question 1: How do you react? How do you prepare for such a potential confrontation? How did you fill out your immigration form?

You get a strange feeling about the way the way the questions are asked. You remember that, with the intention to avoid having to carry those documents with you, you had sent an envelope with some of the sensitive account related data to your hotel (alternatively: a friend in the respective country whom you know very well; a family member; a local business contact).

Question 2: How do you handle sensitive documents you want to use during your visit (such as account statements and similar documents) when planning a trip to the USA/Canada?

Case 2

During the discussion with a very interesting prospect in the USA/Canada he/she indicates that he/she has a substantial amount of money to transfer from his/her home country to your bank. The prospect queries whether the bank can assist him/her in this respect. He/She mentions in the same token that Bank XYZ had offered him/her very concrete services for his/her assistance.

Question: How do you react? Would it make a difference if the person was a long standing client of the bank?

Case 3

During a trip to the USA/Canada you intend to meet client X. He recently gave you a telephone call and asked you to bring his latest account statements with you at your next visit. He also mentioned that he would like to hand over to you a number of written trading orders and to discuss them at the proposed meeting. Finally, he refers to the telephone conversation you had with him some weeks ago regarding the advantages of a PM mandate and he asked you to also bring along the necessary documents for the conclusion of a PM contract.

Permanent Subcommittee on Investigations
EXHIBIT #92

BB 252

Due to a conflict of dates you are not able to travel. As you do not want to disappoint your client, you consider making a call to the local UBS branch/subsidiary (where you know one of the officers very well) and ask an officer to meet your client and to satisfy his requests on your behalf.

Question 1: What do you think of this idea?

Question 2: Generally speaking, to what extent and in which activities can your colleague of the local branch/subsidiary be of assistance? Please go through concrete situations as they occur in your daily work.

<u>Case 4</u>

After passing the immigration desk during your trip to the USA/Canada, you are intercepted by the authorities. By checking your Palm, they find all your client meetings. Fortunately you stored only very short remarks of the different meetings and no names.

As you spend around one week in the same hotel, the longer you stay there, the more you get the feeling of being observed. Sometimes you even doubt if all of the hotel employees are working for the hotel. A lot of client meetings are held in your suite of the hotel.

One morning your are intercepted by an FBI-agent. He looks for some information about one of your clients and explains to you, that your client is involved in illegal activities.

Question 1: What would you do in such a situation?

Question 2: What are the signs indicating that something is going on?

<u>Case 5</u>

As you had a lot of documents to take with you to your trip to the USA/Canada, the carry on luggage was very heavy and you decided to put your notebook in the checked luggage. When arriving at your destination, you realise that your notebook is missing. You are not sure, whether you had a separate excel-file with a client summary still on your notebook.

Question 1: What would you do in such a situation?

Later on, when arriving at the hotel, you are contacted by an anonymous caller. He pretends having found your notebook at the airport and offers you a deal: He sends you the notebook if you pay him an amount of USD 100'000. Your notebook is equipped with the latest security features (encryption, token based authentication).

Question 2: Your reaction

このUBSの研修資料では、UBSのバンカーがアメリカやカナダの税関において、どのような回答をするべきか、シナリオ別に説明されている。

資料4　マーティン・リヒティによる非追訴合意

U.S. Department of Justice

United States Attorney
Southern District of Florida

500 East Broward Boulevard, Ste. 700
Fort Lauderdale, FL 33394
(954) 356-7255

July 2, 2008

David M. Zornow, Esq.
Skadden, Arps, Slate, Meagher, & Flom LLP
Four Times Square
New York, New York 10036

Re: Martin Liechti

Dear Mr. Zornow:

On the understandings specified below, the United States Attorney's Office for the Southern District of Florida and the Department of Justice, Tax Division (collectively hereinafter "the United States government"), will not criminally prosecute Martin Liechti for any crimes he committed related to his involvement in a tax fraud scheme whereby UBS managers, UBS bankers, United States clients of UBS and others defrauded the United States and other United States government agencies, including the Internal Revenue Service and the Securities Exchange Commission with respect to United States cross-border banking and investment activities (hereinafter "the UBS tax fraud scheme").

In exchange for these promises, Martin Liechti agrees that should the United States government determine that he willfully violated any of the following conditions, then: (a) Martin Liechti shall thereafter be subject to prosecution for any federal criminal violation of which the United States government has knowledge, including perjury and obstruction of justice, and any such prosecution that is not time-barred by the applicable statute of limitations on the date of the signing of this Agreement may be commenced against Martin Liechti, notwithstanding the expiration of the statute of limitations between the signing of this Agreement and the commencement of such prosecution; and (b) all statements made by Martin Liechti to the United States government or any United States law enforcement agency designated by the United States government, including statements given pursuant to a proffer agreement executed on May 22, May 23, June 2, June 12, and June 18, 2008 and any testimony given by Martin Liechti before a grand jury or other United States tribunal, whether prior to or subsequent to the signing of this Agreement, and any leads from such statements or testimony shall be admissible in evidence in any criminal proceeding brought against Martin Liechti.

This Agreement does not provide any protection against prosecution for any crimes except as set forth above.

1. Martin Liechti (a) shall truthfully and completely disclose all information with respect to the activities of himself and others concerning all matters about which the United States government inquires of him, which information can be used for any purpose; (b) shall cooperate fully with the United States government, the Internal Revenue Service, and any other law enforcement agency designated by this Office; (c) upon reasonable notice shall attend all meetings at which the United States government requests his presence; (d) shall provide to United States government upon request, any document, record, or other tangible evidence in his custody, possession or control relating to matters about which the United States government or any designated law enforcement agency inquires of him; (e) shall truthfully testify before the grand jury and at any trial and other court proceeding with respect to any matters about which the United States government may request his testimony; (f) shall bring to the attention of the United States government all crimes as defined by United States law which he may have committed, and all administrative, civil or criminal proceedings, investigations, or prosecutions in which he has been or is a subject, target, party, or witness; and (g) shall commit no crimes as defined by United States law whatsoever. Moreover, any assistance Martin Liechti may provide to federal criminal investigators shall be pursuant to the specific instructions and control of the United States government and designated investigators.

2. Martin Liechti appoints his attorney, David M. Zornow, as his agent to accept service of legal process, including subpoenas and summonses, in any proceeding instituted by the United States government or to which the United States government is a party with respect to the fraud scheme described above.

3. Unless and until the United States government decides otherwise, Martin Liechti shall remain in the United States until the United States government obtains from UBS AG or otherwise the compilation of documents assembled by Martin Liechti and his assistant in early 2008 concerning the fraud scheme described above, the existence of which Martin Liechti disclosed to the United States government pursuant to a proffer agreement on June 12, 2008.

4. Unless and until the United States government decides otherwise, Martin Liechti shall remain in the United States until either (a) UBS AG executes a stipulation satisfactory to the United States government regarding the admissibility of Martin Liechti's affidavit dated July 2, 2008 in any proceeding the United States government institutes against UBS AG to which the United States government or any United States government agency is a party with UBS AG, or (b) until the United States government secures Martin Liechti's testimony in a deposition so ordered by a district court judge pursuant to Rule 15 of the Federal Rules of Criminal Procedure and to which UBS AG is a party.

5. Martin Liechti shall provide to the United States government the names and identification information of UBS AG United States clients who had or have undeclared accounts with UBS AG. Martin Liechti shall remain in the United States until he has provided this information to the United States government.

6. Should Martin Liechti commit any crimes as defined by United States law subsequent to the date of signing of this Agreement, or should it be determined that he has intentionally given false, incomplete, or misleading testimony or information, or should he otherwise violate any provision of this Agreement, Martin Liechti shall thereafter be subject to prosecution for any federal criminal violation of which the United States government has knowledge, including perjury and obstruction of justice. Any such prosecution that is not time-barred by the applicable statute of limitations on the date of the signing of this Agreement may be commenced against Martin Liechti, notwithstanding the expiration of the statute of limitations between the signing of this Agreement and the commencement of such prosecution. It is the intent of this Agreement to waive all defenses based on the statute of limitations with respect to any prosecution that is not time-barred on the date that this Agreement is signed.

7. If the United States government determines that Martin Liechti has committed any crime as defined by United States law after signing this Agreement or has intentionally given false, incomplete, or misleading testimony or information, or has otherwise violated any provision of this Agreement, (a) all statements made by Martin Liechti to the United States government or any United States law enforcement agency designated by the United States government, including statements given pursuant to a proffer agreement executed on May 22, May 23, June 2, June 12, and June 18, 2008 and any testimony given by Martin Liechti before a grand jury or other United States tribunal, whether prior to or subsequent to the signing of this Agreement, and any leads from such statements or testimony shall be admissible in evidence in any United States criminal proceeding brought against Martin Liechti; and (b) Martin Liechti shall assert no claim under the United States Constitution, any statute, Rule 410 of the Federal Rules of Evidence, or any other federal rule that such statements or any leads therefrom should be suppressed. It is the intent of this Agreement to waive all rights in the foregoing respects.

8. This Agreement does not bind any state or local prosecuting authority. The United States government will, however, bring the cooperation of Martin Liechti to the attention of other prosecuting offices and any other foreign or domestic agency, if requested by Martin Liechti.

9. With respect to this matter, this Agreement supersedes all prior, if any, understandings, promises and/or conditions between the United States government and Martin Liechti. No additional promises, agreements, and conditions have been entered into other than those set forth in this letter and none will be entered into unless in writing and signed by all parties.

Very truly yours,

R. ALEXANDER ACOSTA
UNITED STATES ATTORNEY

By: Kevin M. Downing
KEVIN M. DOWNING
SENIOR TRIAL ATTORNEY
MICHAEL P. BEN'ARY
TRIAL ATTORNEY
UNITED STATES DEPARTMENT OF JUSTICE
TAX DIVISION
JEFFREY A. NEIMAN
ASSISTANT U.S. ATTORNEY

I have read this letter and have discussed it fully with my attorney. I understand and agree to the terms set forth in this letter. This letter fully and accurately sets forth my agreement with the Office of the United States Attorney for the Southern District of Florida and the Department of Justice, Tax Division. There have been no additional promises or representations made to me by any officials or law enforcement authorities of the United States in connection with this matter. I have signed this agreement knowingly, intelligently, freely and voluntarily because I believe it is in my best interest to do so.

MARTIN LIECHTI

I represent Martin Liechti as his legal counsel. I have discussed this letter with my client, and to the best of my knowledge, he understands this letter and agrees to the terms set forth therein.

David Zornow
DAVID M. ZORNOW, ESQ.

4

2008年７月２日に締結された非追訴にかかる秘密合意では、UBSの上級職員であるマーティン・リヒティにアメリカ政府に全面的に協力することが求められている。締結の２週間後、リヒティは上院小委員会に出席したが、すべての質問に答えることを拒んだ。リヒティは当該合意に明らかに違反したにもかかわらず、翌月、アメリカを秘密裏に出国し、以後、司法省から訴追されていない。

資料5　レビンの手紙

JOSEPH I. LIEBERMAN, CONNECTICUT, CHAIRMAN

CARL LEVIN, MICHIGAN
DANIEL K. AKAKA, HAWAII
THOMAS R. CARPER, DELAWARE
MARK L. PRYOR, ARKANSAS
MARY L. LANDRIEU, LOUISIANA
CLAIRE McCASKILL, MISSOURI
JON TESTER, MONTANA
ROLAND W. BURRIS, ILLINOIS
MICHAEL F. BENNET, COLORADO

SUSAN M. COLLINS, MAINE
TOM COBURN, OKLAHOMA
JOHN McCAIN, ARIZONA
GEORGE V. VOINOVICH, OHIO
JOHN ENSIGN, NEVADA
LINDSEY GRAHAM, SOUTH CAROLINA
ROBERT F. BENNETT, UTAH

MICHAEL L. ALEXANDER, STAFF DIRECTOR
BRANDON L. MILHORN, MINORITY STAFF DIRECTOR AND CHIEF COUNSEL

United States Senate

COMMITTEE ON
HOMELAND SECURITY AND GOVERNMENTAL AFFAIRS
WASHINGTON, DC 20510-6250

July 28, 2009

VIA U.S. MAIL & EMAIL (dmeier@toddweld.com)

David E. Meier, Esq.
Todd & Weld, LLP
28 State Street, 31st Floor
Boston, MA 02109

Dear Mr. Meier:

This is in response to your request that I provide my assessment of the assistance provided by Mr. Bradley Birkenfeld to the Permanent Subcommittee on Investigations in the course of its investigation into tax haven banks and their impact on tax compliance in the United States.

In October of 2007, Mr. Birkenfeld initiated a contact with the Subcommittee and subsequently provided testimonial and documentary information related to his employment as a private banker at UBS in Switzerland. In a sworn deposition before Subcommittee staff, Mr. Birkenfeld supplied information on the program conducted by UBS Switzerland to attract client accounts in the United States, and the activities and practices employed by UBS private bankers operating out of Switzerland.

Throughout the Subcommittee investigation, which lasted over 14 months, Mr. Birkenfeld voluntarily made himself available for additional staff interviews and provided additional documents to the Subcommittee.

The information provided by Mr. Birkenfeld has been accurate and enabled the Subcommittee to initiate its investigation into the practices of UBS.

Sincerely,

Carl Levin

Carl Levin
Chairman
Permanent Subcommittee on Investigations

アメリカ上院常設調査小委員会の議長であるカール・レビンからの手紙では、ブラッドの勇気ある行動によって、やがてUBSを打ち倒すことになる調査や公聴会、そして報告書の作成が可能になったことが記されている。

資料6　グラスレーの手紙

United States Senate

COMMITTEE ON FINANCE

WASHINGTON, DC 20510-6200

June 8, 2010

The Honorable Timothy F. Geithner
Secretary of the Treasury
Department of the Treasury
1500 Pennsylvania Avenue
Washington, DC 20220

The Honorable Douglas L. Shulman
Commissioner
Internal Revenue Service
1111 Constitution Avenue NW
Washington, DC 20224

Dear Secretary Geithner and Commissioner Shulman:

I am writing to express my concern about continued tax evasion by taxpayers using secret Swiss bank accounts, particularly accounts at UBS AG. Swiss lawmakers voted today to block the treaty the United States hammered out with Switzerland last year. While I understand that today's vote in the lower chamber of the Swiss Parliament is not the final word, I am worried that the Internal Revenue Service ("IRS") is doing next to nothing to identify tax evasion by U.S. taxpayers utilizing these accounts while waiting for ratification of the treaty.

It has been over three years since Mr. Bradley Charles Birkenfeld approached the Department of Justice, IRS and the Securities and Exchange Commission about potential tax evasion facilitated by UBS AG on behalf of U.S. clients. The attached letter from Mr. Birkenfeld's attorneys outlines a number of steps that the IRS could have taken with the information he provided in March 2007. It seems this information would allow the IRS to trace individuals in the U.S. that had UBS bank accounts. In addition, this letter also provides information about UBS USA, a wholly-owned subsidiary of UBS AG, and its involvement in UBS AG activities here in the U.S.

Using this information to identify U.S. clients would appear to be more productive than simply pursuing agreements and treaties with the Swiss, especially since those avenues seem limited to specific individuals. It does not appear that you would need a treaty, or other agreement with the Swiss government, to pursue the records of UBS USA.

As a result, I would like a detailed listing of all steps IRS has taken with the information that Mr. Birkenfeld provided. Please note that I am not asking for information about any individual taxpayer so I do not expect section 6103 to preclude you from responding to my request. I would also like to know what IRS is doing to ensure that, if and when it receives a complete list of UBS AG account holders, the IRS will not be precluded by the statute of limitations from auditing those individuals.

Today's vote in Switzerland only underscores the need for the IRS to encourage whistleblowers to come forward. Mr. Birkenfeld blew the whistle on just one bank. What is the IRS doing to encourage more whistleblowers to come forward about offshore bank accounts?

I appreciate your prompt attention to this matter and ask for a written response by June 18, 2010. Please contact me or my staff at (202) 224-4515 with any questions.

Sincerely,

Chuck Grassley
Ranking Member

Enclosure

ホイッスルブロアー法の起草者であるチャールズ・グラスレーからの手紙では、ブラッドがもたらしたUBSに関する前例のない情報を受け取った政府の無策ぶりが記されている。

資料7　バーケンフェルド弁護団の手紙

STRICTLY CONFIDENTIAL

November 17, 2009

The Honorable Carl Levin
U.S. Senate
269 Russell Senate Office Building
Washington, D.C. 20510

Bradley Birkenfeld – IRS Whistleblower- UBS

Dear Senator Levin:

My firm has been retained to represent Mr. Bradley Birkenfeld on his whistleblower claims.

I would like to take this opportunity to express my gratitude to you and your staff for the July 28, 2009, letter you wrote regarding the nature and extent of the assistance provided by my client, Bradley Birkenfeld (the IRS whistleblower against UBS) to the Permanent Subcommittee on Investigations. This letter was very helpful and was submitted to the Court at Mr. Birkenfeld's sentencing hearing in the United States District Court for the Southern District of Florida on August 21, 2009.

However, I feel compelled to bring a number of very serious matters to your attention. These matters directly concern the integrity of the new IRS Whistleblower Law, and the ability of the United States Government to ensure that the Congressional intent behind this law is fulfilled and the right of whistleblowers to fully and completely communicate with the U.S. Congress. Given the harmful impact of illegal international bank secrecy on the United States, as fully documented by the work of your Subcommittee, we believe these matters should be immediately reviewed.

First, I had the opportunity to review some of the early e-mails between Mr. Birkenfeld's prior attorneys and the Tax Division of the Department of Justice, including the chief prosecutor assigned to the Birkenfeld matter, Mr. Kevin Downing. These early e-mails, attached hereto, demonstrate that the DOJ did not understand that Mr. Birkenfeld was in fact a whistleblower that desired to come to the United States and make significant voluntary disclosures both to the DOJ, the IRS Whistleblower Office and the United States Government. As far back as March of 2007, the prosecutors were refusing to consider Mr. Birkenfeld a "whistleblower," despite his requests for protection under the newly enacted IRS Whistleblower Law

(passed by Congress in December of 2006). Mr. Birkenfeld's former counsel attempted to explain to the prosecutors the vital importance of the disclosures Mr. Birkenfeld intended to make, but they were brushed off ("don't minimize the importance of the information that our client is about to give the government . . . We look forward to working on the same side as you and the government in this matter."). E-mail Chain, March 28, 2007.

The misunderstanding concerning Mr. Birkenfeld's status as a whistleblower, and his willingness to voluntarily provide information to the government was not resolved. On June 11, 2007, the prosecutors recognized Mr. Birkenfeld's desire to work with the IRS whistleblower program, but specifically stated that DOJ is "not a part of the IRS whistleblower program." See e-mail chain dated June 11, 2007. Likewise, as a whistleblower, Mr. Birkenfeld had information relevant to the SEC. Yet by refusing to consider him a whistleblower the DOJ interfered with his ability to fully communicate with all relevant federal law enforcement agencies.

Despite the fact that the IRS Whistleblower Law is part of the laws of the United States, the DOJ was not willing or able to alter its approach to Mr. Birkenfeld in light of the new Congressional mandate. Moreover, under the False Claims Act (the law for which the IRS Whistleblower Law is based), the Department of Justice regularly works hand-in-hand with the program offices for which the contracting abuse is material. For whatever reason, the DOJ was not willing to consider Mr. Birkenfeld a whistleblower. These differences also impacted Mr. Birkenfeld's relationship with the U.S. Senate inasmuch as the DOJ raised objections to his cooperation with the Senate.

The disconnect between Mr. Birkenfeld's desire to "blow the whistle" on the UBS tax fraud and SEC violations, and the DOJ's refusal to consider Mr. Birkenfeld a whistleblower, harmed the interests of the United States and federal law enforcement.

First is the issue of Mr. Olenicoff. At the August 2009 sentencing hearing the DOJ prosecuting attorney stated that if Birkenfeld had disclosed information related to Mr. Olenicoff when he met with the DOJ, the United States would have recommended no jail time in this matter. During the sentencing hearing the DOJ prosecutor, Mr. Downing, stated that Mr. Birkenfeld did not disclose his relationship with Olenicoff. On page 32, lines 12-16 the prosecutor insinuates that Mr. Birkenfeld withheld information on Olenicoff because he wanted to "continu[e] aiding and assisting Mr. Olenicoff committing tax evasion." On page 33, lines 14-21 of the transcript the prosecutor is more specific in his criticism of Mr. Birkenfeld, and states that "Mr. Olenicoff would be in jail had Mr. Birkenfeld come in, in 2007 and disclosed that information." The prosecutor concludes by stating that Mr. Birkenfeld's failure to disclose information on Olenicoff was key to "why the U.S. government seeks jail time for Mr. Birkenfeld." Page 33, lines 19-21.

However, the actual record is very different. Mr. Birkenfeld *did not* withhold information on Olenicoff. Mr. Birkenfeld did *not* "continue" to "aid and assist" Olenicoff in tax evasion. Those statements are completely false.

Mr. Birkenfeld was fully ready, willing and able to provide DOJ with all the information he had on Mr. Olenicoff.

But the proof that Mr. Birkenfeld was ready, willing and able to turn in Mr. Olenicoff (among every other person for whom he had knowledge of the fraud) is confirmed by his whistleblower activities. Whereas the DOJ was not willing to treat him as a whistleblower, the U.S. Senate Subcommittee on Permanent Investigations did. In 2007, before the Olenicoff plea deal was filed in Court (and well before Mr. Birkenfeld was aware that there was a criminal matter pending against Olenicoff), Mr. Birkenfeld provided testimony about Olenicoff to the SEC and Senate. This should be confirmed in your staff files and in the transcript of the testimony Mr. Birkenfeld provided to your Subcommittee on October 11, 2007. Mr. Birkenfeld wasn't hiding or protecting Olenicoff. Far from it. Your Subcommittee staff should be able to fully confirm that Mr. Birkenfeld voluntarily gave them Olenicoff's name and the magnitude of his accounts at UBS.

The fact that Mr. Birkenfeld was not "hiding" Mr. Olenicoff from the government investigators is also confirmed in an e-mail chain between Mr. Birkenfeld's former attorneys and the lead investigator for the Senate Permanent Subcommittee dated March 4, 2008.

In this e-mail chain the Subcommittee investigator asked Mr. Birkenfeld's counsel: "if Brad ever heard of a person named Olenicoff." Clearly, the issue of Olenicoff and his role with UBS had somehow sparked the interest of the Subcommittee.

In response, Mr. Birkenfeld's counsel informed the Subcommittee that Mr. Birkenfeld had fully disclosed Olenicoff during his testimony before the Subcommittee on October 11, 2007:

"Yes. Olenikov was identified to you during the session we had on October 11, 2007 . . . Olenikov was Brad's biggest client with over $200,000,000 in accounts . . . . Olenikov just plead guilty to tax fraud and from the press reports I read, it doesn't appear that Olenikov disclosed the UBS Switzerland funds. We went back to the IRS and DOJ-Tax people and told them that Bard had information that would help them with Olenikov, but DOJ-Tax merely threatened Brad with withholding information from them . . . . I hope that someone in Congress takes note of the poor handling that Brad has received from DOJ-Tax."

The Senate Committee investigator responded: *"You are right. I completely forgot about Olenicoff . . . ."*

3

スティーブ・コーンとディーン・ゼーブからなるブラッドの弁護団が記したこの手紙は、レビン上院議員に対して感謝の意を表するとともに、司法省検事のケビン・ダウニングとの議論を伝えるものである。

読み方案内

Q　直近の金融危機を経験し、バンカーたちの疑わしい倫理観や行動を学んだあとでも、本書に描かれた陰謀や行動、不正行為に驚いただろうか。本書で最も驚いた要素は何か、またその理由は。本書で最も不快であった内容は何か。

Q　スイスの銀行法は口座保有者の秘密を保護している。ブラッドが北米に飛び、裕福な人々に口座開設をさせるにあたり、それらのアメリカ人が税金の申告を行うかどうかは彼には関係のないことだと言っている。同意できるだろうか。自らの収入をまったく申告しない者がいるという事例を知っていただろうか。数千ドルの申告を行わないこと（多数をだます）と、何百万ドルもの申請を行わないこと（少数をだます）に違いはあるのだろうか。

Q　脱税者が最も傷つけているのはだれか。

Q　ブラッドがクレディ・スイスで仕事を始めたとき、彼は、新しい顧客にスイスの秘密口座を開設させる仕事があまりに容易であること、さらに給料が良いことに驚いている。読者はこう思うかもしれない。それなら、息子か娘か、配偶者か自分自身が数年間その仕事をして、お金を貯め、アルプスで暮らせばよい、と。裕福であること、心配事のない生活、つまり食らい、踊り、フェラーリに乗る生活を愛さない者がいるだろうか。この仕事や生活スタイルを好ましく思うだろうか。なぜそう思うか、またなぜそう思わないか。

Q　もっとお金があったらより幸せだろうか。そのお金を非課税の秘密口座に預けたいと思うだろうか。お金がありすぎるなどということがあるのだろうか。もしくは、試しにやってみて、数年後に改めて回答したいと思うだろうか。

Q　著者には、皮肉かつ容赦ないユーモアセンスがある。人々を表現する方法など最たるものである。「潜水艦の蚊帳のように不要」といった変化に富んだ表現が用いられているが、どのユーモアが一番楽しかったか。

Q　ブラッドがボストンのステートストリート・バンクをクビになったとき、彼はピエロを雇い、風船を持たせ、銀行の活動を説明する広告をまいて、自分が黙って引き下がる男ではないことを証明した。このことが、後に彼がUBSとその疑わしい活動を暴露する前兆となったのだろうか。これまでに不正を公に暴いたことがあるか。それはうまくいったか、または裏目に出たか。

Q　著者は、UBSに対してホイッスルブロー（内部告発）を行うと決心した際に、課税を逃れようとするお金持ちたちの穴埋めをしなければならない勤勉なアメリカの納税者に思い至ったと記している。しかし、彼は、「三ページのメモ」で明らかとなった、上司のボヴァイとUBS全体の不誠実な行為にイラ立ってもいる。ブラッドがUBSの秘密を暴露することを決めた本当の理由は何であろうか。

Q　もしブラッドと同じ立場に身を置いたとして、上司がボーナスのことであなたをだまし、秘書を奪い、三ページのメモで対立したときにとぼけられたら、どうするだろうか。

Q　ブラッドはＵＢＳのバンカーでただ一人懲役刑となった。彼の上司やそのまた上司たちは、憲法修正第五条を主張し、スイスへの帰国を許されている。さらに裁判官は、検察が求めた以上の懲役を下している。これが公平だと思うだろうか。なぜ裁判がこのような結果となったと思うだろうか。

Q　司法省のケビン・ダウニングは明らかにブラッドレー・バーケンフェルドを嫌っており、それは互いに一致した感情でもある。ダウニングの最終的な行動は法的見地から正当化されると思うだろうか。もしくは、個人的な偏見から判断を鈍らせたことが許されると思うか。

Q　ホワイトカラー犯罪向けの刑務所とはいえ、著者は独居房も含め三一カ月収監された。彼のように刑務所に行きたいと思うだろうか。ＵＢＳを倒し、たくさんの非課税口座の所有者を暴露した報いとしてふさわしいと思うだろうか。

Q　勇気あるホイッスルブロアー（内部告発者）の行動からわれわれすべてが利益を得る一方で、彼らはのけ者とされ、社会から追いやられることが多い。薬物実験や石炭鉱山の実情、原子力の失敗、人身売買や政治の不正など、多くの不幸な出来事が長年にわたって暴露されてきている。ホイッスルブロアーは、それだけのリスクをとったあとに、免責を保証されるべきだと思うか。ブラッドのように自ら名乗り出た者を投獄したことが、将来、名乗り出ようとするホイッスルブロアーへの萎縮効果となると思うか。もしくは、そのような罰がふさわしい場合などあるのだろうか。

Q　召喚状によって、著者はカリフォルニアの自動車ショーで出会った紳士のように、自らＵＢＳに新しい口座を開設させた顧客たちを打ち明けなければならなかった。同じ立場に立ったら、どのように感じるだろうか。ブラッドが名前を明らかにした映画スターやそのほかの人々についてはどうだろうか。

Q　著者は、法的代理人を求めて、ワシントンＤＣに初めて飛んだとき、大手事務所のすべてがすでにＵＢＳと契約している、またはスイス銀行のために活発に活動していることを知った。アメリカの法律事務所がＵＢＳのような企業から多額の報酬を得ることは差しさわりのないものと思うか、もしくは非難に値するものと思うか。

Ｑ　本書で最も好きな登場人物はだれか。また最も嫌いな人物はだれか。

Ｑ　本書が映画化されたら、ブラッドレー・バーケンフェルド役はだれがよいか。秘書のバレリー・デュブイはだれが適役か。ほかの配役はどうか。

Ｑ　ブラッドとスイスのコーヒーを飲むことがあったら、一番聞いてみたいことは何か。

著者とのQ&A

Q　ブラッドレー、興味深い本の上梓、おめでとうございます。本書で自らの物語を記そうと決めた理由は何ですか。

A　私がどのようにしてスイス銀行の秘密保持を打ち倒したのかという語られざる話をお伝えするのが本書の目的です。スイスのプライベートバンキングは、富や特権、贅沢なライフスタイルというイメージを想像させるものです。私は、本書を通じて、プライベートバンキングの邪悪な側面、そして一世紀の歴史を持つスイス銀行の秘密保持を完全に打ち倒すための苦難の旅を描き出しました。秘密保持のベールがはがされれば、テロリストや汚職にまみれた政治家や影の権力者や政商や富裕層は、無実の人々への無差別攻撃の資金を手配し、選挙で選ばれた役人や政治家たちを買収し、納税義務を逃れることがさらに難しくなるでしょう。

　私は、スイス銀行の秘密保持に終止符を打てたことを誇りに思っていますが、一方で、UBSや司法省はあらゆる場面で私の歴史的なホイッスルブローを台無しにしようと攻撃してきたことも事実です。また、ＵＢＳと司法省がどのようにして、一〇年近くにわたり大衆を欺いてきたのかを伝えることも本書の目的です。彼らは、自らの相反する利害を守り、また秘密のナンバーアカウントを保有している有力な後援者たちを世間の目から逃れさせるために正義の道を踏み外したのです。

私の行った努力は、一億〇四〇〇万ドルという史上最大のホイッスルブロー報奨を得ることになりましたが、世界にはこのスキャンダルの真相を知る権利があります。本書を通じて、アメリカ政府が明らかにできなかったことを暴露できたこと、そして私の暴露が現在、ヨーロッパや世界各地で進められているプライベートバンキングの不正行為に対する捜査の触媒となったことに満足しています。

Q　暴露本は人気がありますが、著者は多くを暴露するという大きなリスクをとっていると思います。自身の事案の詳細を明らかにすることについて、どのような心配がありましたか。ほかの人々の生活についてはどうですか。

A　私は実際に起こったこと、またその理由を暴露するにあたり何も心配はしていません。むしろ、心配をするのは、ＵＢＳ、司法省やスイスに秘密口座を持つ多くの裕福なアメリカ人のほうでしょう。私は、大西洋の反対側や世界中で起こった不正が暴かれることを歓迎しています。

Q　医師である父親と、モデル出身の母親に関する記述には愛情があふれています。彼らがたくましく、賢い息子を育てたのは間違いないでしょう。あなたがUBSで大金を稼いでいたとき、彼らはあなたの職業をどのように考えていたのでしょうか。アメリカ人の脱税を幇助するといった詳細については承知していたのでしょうか。

A　UBSやクレディ・スイス、バークレイズやその他多くのプライベートバンクが、何十年にもわたってスイス以外でも活動しており、彼らは富裕層に対して慎重な金融サービスを提供していることを誇りに思っていました。尊敬され、順法精神のある家族こそが、彼らのサービスを受けるに値するのです。それらの銀行における私の役割は、安定した、魅力的な投資機会、そして匿名性を顧客に提供することでした。顧客の納税義務に対処することはわれわれの役割でもなければ、責任でもない。自分たちの顧客が自国での納税義務を果たしているかどうかと想像することはあるかもしれないが、それはタクシーの運転手やその他のサービス業者に支払った現金と同じで、顧客に所得税の申告を適切に行ってもらうのはわれわれの責務ではないのです。

質問に戻ると、私の両親は、スイスでのＭＢＡ（経営学修士）を修得したあとで私がそのような信用ある企業に籍を得たことに喜んでいました。それらの職場では、私のコミュニケーション能力と旅行好きが世界中の顧客の金融上のニーズを満たすことに役立つのも事実であり、両親は私が最高の職場を見つけたと確信していました。私が顧客に提供していたのは銀行のサービスであり、税務の助言ではありません。

スイスのプライベートバンキングは、適切なライセンスを持っていない国や、金融サービスを提供するための登録を行っていない国に住む顧客にプライベートバンカーたちが金融サービスを提供し、もしくはバンカーたちが顧客の脱税スキームを積極的に手助けし始めたときに、ほころびを見せ始めました。金融の規則や制度というのは、特に国境をまたぐような場合には、極めて専門的で、複雑になりがちです。さまざまな市場で活動するにあたり、自分たちの商行為が、その市場の規則に抵触していないことを確認するために社内外の法律の専門家たちに頼ることになります。われわれが十分に理解していなかったのは、企業がそれぞれの国の規則を積極的に解釈しており、時にはそれが度を越したものとなって、多くの商行為が法的リスクを犯すことになったということです。方針文書（「三ページのメモ」）を発見したことが、後に私がUBSでホイッスルを吹くキッカケになりましたが、そこではわれわれバンカーたちに課され、推奨されていた活動の多くを、UBSは禁止されたものと定義したのです。UBSはわれわれの努力の成果を享受する一方で、法律問題が起こった際にわれわれの活動への関与を否定する準備をしていたのです。彼らは、「不良」バンカーの責任を持つつもりはなかったのです。

Q　クレディ・スイスで働き始めたときに、裕福な個人から新規資金を獲得することがどれほど簡単であったかという記述が興味深いです。本当にそんなに簡単だったのでしょうか。それとも、その仕事に必要となる金融の知見を控えめに記しているにすぎないのでしょうか。言い換えるならば、この手の仕事にMBAは意味を持つのでしょうか。

A　金融サービスというのは極めて競争の厳しい産業で、多くのプレーヤーたちが投資家の限られた資金を求めてしのぎを削っています。結局のところ、顧客サービスの質が明暗を分けるのです。複雑な金融商品やサービスの内部構造を理解するためにはMBAは役に立ちますが、戦場で勝ち残るためにはそれだけでは不十分です。出会った多くの人々との親近感を醸成する天賦の才が私にはあったので、簡単なことのように思えたのでしょう。私は人々との交流を心底楽しんでいたし、反対に顧客たちは私の楽観的かつプロフェッショナルな態度を高く評価し、そして会社との関係を深めていったのです。

Q　UBSでのあなたのターニングポイントは、アメリカ人を勧誘して資金を集めることを事実上禁止した「三ページのメモ」を見たときだと思いますが、実際にはクレディ・スイス時代に富裕層とワインを飲んだり、食事をしたりといった、それまでにクレディ・スイスのバンカーたちがやっていなかったようなことを思いついています。クレディ・スイスは、UBSがすでに従事していたゲームに気づくのが遅かったということでしょうか。

A　当時、クレディ・スイスには、UBSがやっていたような洗練された資産獲得のやり方は出来上がっていませんでした。取引の多くは、銀行と別の関係を有する（銀行、商業貸付、トレーディング、信用状など）顧客たちとのものだったのです。ステートストリートでは、顧客に対してさまざまなサービスを組み合わせて販売する機会がたくさんありましたが、クレディ・スイスで行ったことは銀行の既存顧客や有望な顧客候補に対し、新しい事業機会をそのまま紹介することでした。UBS時代と同様に、クレディ・

スイスでの私の活動は何一つ隠し事はありませんでした。銀行のリーガルコンプライアンスの傘の下で行っていました。

Q　バーモント州の軍学校であるノリッジ大学を卒業する際に、軍隊でのキャリアを検討しながらも、最終的には夏休みに働いた金融の世界に身を投じます。ノリッジでの学業や軍事訓練があなたの人生にどのような影響を与えているか、またホイッスルブロアーとして臨んだ戦いでのあなたの対応方法にどのような影響を与えていますか。

A　全米最古の私立軍学校であるノリッジ大学での経験は、私がやがて直面する困難や戦いには大いに役立ちました。ノリッジの士官候補生には、勤勉・忍耐・自信が植え付けられるし、私はその環境から恩恵を得ています。それらの気質があったからこそ、UBSや司法省との死闘にも耐えられたのだろうと思います。

Q　軍事について言えば、あなたがやったことは愛国的でしょうか。より多くの裕福な人々にスイスのナンバーアカウントを開設させようとしていたバンカー時代についてはどうでしょうか。それは愛国的な行動でしょうか。

Ａ　難しい質問です。愛国心と、私のこれまでの行動とは直接的な関係はないものと考えています。アメリカやその他外国の顧客たちにスイス銀行の口座を開設させることが私の仕事で、それはスイスの多くのプライベートバンカーたちが何十年にもわたって行ってきたことと変わりはありません。私は、銀行は法を犯すことを求めてはいないという理解のもとで職務を全うしてきました。

顧客が納税義務を逃れようとすることが非愛国的かどうかという質問もまた面白い質問です。アメリカには現金ベースで行われるサービス業はほかにもたくさんあり、収入の大半が税務当局には申告されないというところもあります。それらの「未申告者たち」のすべてが非愛国的なのでしょうか。それら業者の顧客たちは、収入を完全に申告しない業者を「追放」しない、またはさらに悪いことに現金での支払いを税務当局に申告しないことに加担したからと言って、非愛国的だといえるのでしょうか。また、支出管理や財政規律の緩い政府に税金を支払うことを拒んだ人々にはモラルはないのでしょうか。これは複雑かつ、価値観を含んだ問題です。

この問題に対する私の感覚は時間の経過とともに変わってきています。本書で説明したとおり、企業が制約をかけたり、入念な調査をしていると思われた場合に、その疑わしい活動に目をつむるのは容易なことです。さらに、若くて、向こう見ずで、しかもお金がどんどん転がり込んでくるようなときにも容易に目をつむれることは間違いのないことです。しかし、時がたつにつれ、合法か違法かという問題は、必ずしも倫理観の問題ではないことに気づくでしょう。われわれの顧客が納税義務を逃れ、より無知な、貧しい人々がより多くの税負担を背負いこむことが正しいのでしょうか。どうして私はもっと早くその倫理観に従って行動しなかったのかと問われるかもしれません。良い質問ですが、それはだれにでも当てはまる問題でもあります。われわれの多くが、似たような倫理観の板挟みに直面してきたのです。それらは直面するだけでも厳しい状況であり、ましてや解決することなどできないのです。

結局のところ、私は「三ページのメモ」を通じて、私の職責の多くが度を越したものだと確信したときに問題は解決しました。その時点で、ゲームは終了したのだと思いました。ただ立ち去ることもできたのですが、私は勇気をもって世界で最も強力な銀行に立ち向かい、彼らの不法かつ非倫理的な行動に光を当てたのです。

Q　ボストンのステートストリート時代を振り返って、顧客との会話を不正に録音するこ

とを拒んで解雇されたとき、いつもどおりビジネスを行う同僚たちをどのように思いましたか。会社の「道義に反する」規則に黙って従う仲間たちと関係を維持するのは難しいと思いましたか。

A　ステートストリート・バンクのスキャンダルでは、事実を知る第三者よりも、不正の当事者に焦点を当てていました。さらに、ステートストリートの仲間たちはだれも不正行為は行っていません。巨大な金融機関で働く多くの者たちと同様に、不正に協力することを拒んで将来をリスクにさらしたくないと考える人々がステートストリートにもいたのは事実です。彼らは彼らの判断を下し、私は私なりの判断を下して、当局に訴え出たのです。

ステートストリートの事例と、スイスのプライベートバンカーたちが自分たちが活動する国々の法律を犯してまで業務を執行しようとする姿には、興味深い類似点があります。ステートストリートのトレーダーたちは、会社は法的問題を十分に検討したという前提や期待の下に、盗聴を受け入れたのかもしれません。それを決するのは自分たち自身だとは思ってもいませんでした。しかし、後に私がスイスで行ったように、不正を確認したら、規則どおりその罪を報告したのです。

Q　UBSでは高給取りのスターでした。雇用する条件として交渉した取引の結果、同僚よりも多くを稼いでいた、つまり、あなたが連れてきた新しい顧客の「新規資金」から上がるリターンの一部を獲得していました。あなたの友人は、その好条件の取引を知っていたのでしょうか。あなたは、のこぎり歯の上司、ボヴァイよりもたくさんのお金を稼いでいたのでしょうか。もしそうだとしたら、そのことが彼に嫌われる一因になったと思いますか。もしくは、その取引を押し通したあなたのやり方に対する反感でしょうか。

A　報酬に関する契約が、それを知るすべてのUBSの経営陣をイラ立たせたということは大した問題ではありません。それは、厄介なことが何も起こらなかったからではなく、私が彼らの予想以上に役に立ったからです。スイスのプライベートバンカーにとっては前例のない雇用契約であり、「彼ら」の一人、目の上のたんこぶであるアメリカ人によってやり遂げられたことです。

Q　ボヴァイがあなたから奪い、その後、通常の給料もボーナスも支払われなかったあな

たの忠実な秘書であるバレリー・デュブイはその後どうなりましたか。

A　バレリーは結婚して、二人の子供に恵まれ、スイスで幸せに暮らしています。

Q　ブラッドレー、あなたは、自身に芳しくない評価が下される場合でさえも、真実を語ることを恐れません。UBSの行動とスイス銀行の秘密保持を暴露しようとした第一の動機は何であったか教えてください。あなたに難癖をつけてきたボヴァイに対する復讐でしょうか。

A　最終的に私が歴史的なホイッスルブローを行うまでの出来事全体を把握しておくことが重要です。クリスチャン・ボヴァイはたしかに私には悩みの種でしたが、彼は単なるしみったれで、私の成功を妬み、私が彼の部署にもたらした成功を認めたくなかっただけのことです。私は契約上、強い立場にあったし、彼が私を痛めつけられる範囲は限られていました。過去にはもっと腹黒い人物と取引したこともあります。

前述のとおり、銀行に口座を開くにあたっての顧客たちの動機に対する不安は大きくなっていきました。私は、まっとうな事業を行っているアメリカ人と主に取引をしていたので、消えない倫理的ジレンマと言えば、納税義務に関するものでした。ただ、誤解のないように言えば、私はバンカーであって、税務コンサルタントではありません。納税義務に責任を持つのは顧客自身です。脱税は世界最古の職業とも言われますが、多くの倫理的ジレンマをもたらすものですし、私はその象徴的な存在となろうとはしませんでした。

ＵＢＳのイントラネットの奥深く、だれも見つけられないようなところに隠された「三ページのメモ」を見つけたことが、私が歴史的な行動を起こすキッカケとなりました。メモは、われわれのグループの活動を禁止としたのです。銀行は、われわれの努力の成果をピンハネし続ける一方で、もし当局に責められたら、メモを取り出し、われわれの努力は認められたものではなく、それゆえ、そのような「不良」バンカーたちの努力に対しては責任を持たないと言うつもりだったのでしょう。彼らはわれわれをつるし上げるつもりだったのです。これは、心理的ジレンマではありません。銀行は、われわれを法的に危険な状況に置いていることを理解していたのです。ただ、われわれに知らせることもなく、ただ、われわれの努力とは容易に関係を絶つことができるようにしたのです。

メモを見つけたあと、最初に取った行動はＵＢＳのリーガル・コンプライアンス部に直接掛け合うことでした。何度も書面で問い合わせたにもかかわらず、回答を得られなかったので、銀行には事態の深刻さを認めるつもりはないことが分かりました。つまり、彼らは現状が維持され、われわれバンカーたちを大きな法的リスクにさらしておくことを望んでいたのです。スイスの弁護士の勧めに応じ、私はその後、辞任を願い出て、UBS自身のホイッスルブロアー・ポリシーを引き合いに出しながら、銀行の経営陣や取締役と直接取り組むことにしたのです。その時点で、銀行の相談役は社内調査を求めましたが、通り一遍の調査の結果、私の懸念は単なる誤解の産物だと結論づけたのです。つまり、われわれのチームが違法な活動を行うよう指示された事実は認められないというわけです。これを受けて、私はアメリカ当局に接触することにし、最終的にはアメリカでのホイッスルブロアーとなったのです。

私がホイッスルブロアーになったのは、大きな報酬を得たいがためだと主張する者もいます。彼らが都合良く見落としているのは、やがては私を報いることになるホイッスルブロアー法は、私の冒険が始まった時点では存在していなかったということです。私が最初にスイスでUBSに対してホイッスルを吹いたずっとあと、ホイッスルブロアーとして名乗り出たあとでさえ、法的状況やほかの問題に関するホイッスルブロアーたちが経験した困難を考えれば、私が何らかの報奨を得るなどという見通しはまるで立っていなかったのです。言うまでもなく、最初に司法省に接触したときには極めて敵対的な対応を受けました。歴史的な証言を行っても報奨を得ることなどないと知りながらも、私は辛抱して情報の提供を続けて、実際に投獄され得るリスクをとっていたのです。そして、実際に収監されました。私はアメリカ史上最大かつ最長の脱税を暴露したことで、連邦刑務所で三一カ月も過ごすことになったのです。そして、今日に至るも、ＵＢＳのだれもこの脱税で投獄されてはいません。

つまり、私がホイッスルブロアーとして証言を行った理由は、顧客が脱税している可能性に対する意識が変わってきたからではありません。ＵＢＳが違法ビジネスを推進し、私や同僚たちを名もなきスパイとして雇い、そしてわれわれの活動には一切責任を持たないという意思をはっきりさせたことが、その理由です。単純なことです。私が得た報奨は、アメリカ財務省が何年にもわたって課税を逃れてきた顧客たちから一二〇億ドルに上る追徴課税や罰金を回収できたことに対する見返りです。個人の顧客たちの課税逃れが私に不安を与えていましたが、私がＵＢＳに対してホイッスルを吹いたことで、脱税者やそれを幇助する者たちから莫大な金額を回収することが可能となったのです。

Q　本書を読むと、映画化された姿を想像せずにはいられません。特に、あなたがシーンを細かく描き、登場人物のキャラクターが分かりやすいからだと思います。そこで、もしそれが実現するとしたら、ブラッドレー・バーケンフェルド役はだれがふさわしいと思いますか。また本書に登場するほかの人物についてはいかがですか。

A　映画化された場合の配役など考えたこともありませんでした。ただ、そのなかで私を演じるには、ごまかしの不自然なボストン訛りを話す役者ではダメです。本物のボストン訛りというのは、どこか威張り腐った感じがあります。それがなくてはダメです。ただ、この大作を世に出した最初のスイスのプライベートバンカーとしては、一大サスペンスの基礎はすでに提供したとも言えるでしょう。

Q　今回の件から学んだことは何ですか。もう一度やらなければならないとしたら、UBSに対してホイッスルを吹きますか。もっと早く実行しますか。司法省を回避するのは間違いないと思うのですが、独居房の厳しさが待っていても、司法省に接触しますか。

A　もう一度機会があったら、また同じことをするでしょう。私の努力によって、アメリカ財務省は一二〇億ドル（その後も増えている）もの資金を取り戻し、また自分たちは法の埒外にいると考えている何千もの脱税者たちを白日のもとにさらしました。新しい税法が成立し、また新しい租税条約が批准されていることも、私のホイッスルブローの直接的な成果でしょう。私は長い間、難航不落と思われていたスイス銀行の秘密保持を打破したのです。今回と違う行動を取るとすれば、司法省は避けて通るでしょう。今や、組織内部からも腐敗が進んでいるのが見て取れます。検察官たちは多くの者を追い求めていますが、そこには正義は含まれていないようです。

Q　最近、暴露されたオフショア口座の詳細をつづった「パナマ文書」はご覧になりましたか。知っている名前はありましたか。世界中のまた別の場所で、同じような暴露があると思いますか。

A　パナマ文書に関するニュースの記事は知っています。本書で登場した名前としては、だれあろう脱税の重罪人イゴール・オレニコフがいます。しかし、残念ながらオレニコフはうまく問題を回避しています。

パナマ文書というのは、オフショア信託の世界で重要な役割を果たしていたモサック・フォンセカという法律事務所から出てきたものです。やがては、ほかの法律事務所や会計事務所、銀行を含んだものが暴露されるでしょう。同じような文脈で、ＩＣＩＪ（国際調査報道ジャーナリスト連合）によって公表されたルクセンブルグリークスが、国際的な巨大企業がルクセンブルクの課税優遇制度を利用して、ヨーロッパでの節税を図っていたことを詳細につづっています。課税を逃れようとするのは個人ばかりではない、ということです。

Ｑ　富裕層の税金逃れを可能にしていたＵＢＳとオフショア口座を取り締まりましたが、アメリカ合衆国は今でも金持ちに有利な税法を持っているのではないでしょうか。ウォーレン・バフェットが声高に主張していますが、彼のような億万長者の所得税の税率は、所得の低い彼の秘書のそれよりも低いものです。われわれは、あなたがホイッスルを吹こうと決心した際に思い至った勤勉なアメリカ人を援助することになる公正な税制度のあるべき姿にどれだけ近づいているのでしょうか。

Ａ　アメリカの内外を問わず、裕福で権力のある者たちが、一般大衆とは異なるルールで活動していることは明白です。私はそれを是認するつもりはありませんが、その現実は理解しています。私のホイッスルブローによって、そのような多くの人々が白日のもとにさらされ、またその責任を負わされています。ある程度のところまでは、条件を公平にするためにできることはしてきたつもりです。それに、私は史上だれよりも多くのオフショアの資金をアメリカの銀行制度のなかに取り戻したと思います。

Q　最後に読者に一言。

A　スイスがこれまでに一度も侵略を許したことがなかったのは歴史的事実です……私が登場するまでは。

著者について

ブラッドレー・バーケンフェルドは、史上最も重大な金融界のホイッスルブロアーとして知られる元金融マンである。

バーケンフェルドは、ボストンでバンカーとしてのキャリアを歩み始める。その後、ヨーロッパに渡り、プライベートバンカーとしてクレディ・スイス、バークレイズ銀行ならびにUBSで成功を収める。二〇〇五年、税金を逃れようとする裕福なアメリカ人の顧客に仕えるプライベートバンカーの不正行為についてUBSの経営陣と衝突する。UBSの経営陣にはねつけられたバーケンフェルドは、アメリカ当局に接触し、アメリカ財務省が脱税を企てたアメリカ人から一二〇億ドルを超える追徴課税と罰金を獲得することになる、驚くべき暴露を始めることになる。

バーケンフェルドの事案によって、ヨーロッパの各国政府は一斉取り締まりを開始する。規制と法の執行に画期的な変化をもたらしたバーケンフェルドの事案の結果、スイス銀行の秘密保持は攻撃にさらされ、「ラフェール・バーケンフェルド」以前には想像もできなかった変化をもたらすことになる。スイスはアメリカやヨーロッパ政府からの圧力に屈し、銀行に対する規制を強化した。ブラッドの歴史的なホイッスルブローの結果、顧客の脱税や詐欺、不正行為やテロリストの活動を支える金融機関のリスクとコストは劇的に増大したことになる。

バーケンフェルドは、ノリッジ大学で経済学学士を、その後、スイスのアメリカン・グラジュエイト・スクール・オブ・ビジネスで国際ＭＢＡ（経営学修士）を修得する。彼は、不正を暴き、撲滅するホイッスルブロアーの権利擁護に精力を傾けている。ＮＨＬ（北米アイスホッケーリーグ）のボストン・ブルーインズの熱烈なファンで、記念品のコレクターでもあるバーケンフェルドは、慈善活動として高い評価を得ている、恵まれない子供たちを支援するチームの活動を支えてもいる。

■著者紹介

ブラッドレー・C・バーケンフェルド（Bradley C. Birkenfeld）

史上最も重要なホイッスルブロアー（内部告発者）として知られる元金融マンである。現在は不正を暴き、根絶しようと活動するホイッスルブロアーの支援を行っている。バーケンフェルドの歴史的な行動の結果、顧客の脱税や不正、またはテロリストの活動を支える金融機関のリスクとコストは大幅に増大した。バーケンフェルドは、バーモント州ノリッジ大学で経済学の学士を、スイスのアメリカン・グラジュエイト・スクール・オブ・ビジネスで国際ＭＢＡ（経営学修士）を修得している。NHL（北米アイスホッケーリーグ）のボストン・ブルーインズの根っからのファンでもあるバーケンフェルドはチームや慈善団体と協力して、恵まれない子供たちの支援を行っている。

■監修者紹介

長尾慎太郎（ながお・しんたろう）

東京大学工学部原子力工学科卒。北陸先端科学技術大学院大学・修士（知識科学）。日米の銀行、投資顧問会社、ヘッジファンドなどを経て、現在は大手運用会社勤務。訳書に『魔術師リンダ・ラリーの短期売買入門』『新マーケットの魔術師』など（いずれもパンローリング、共訳）、監修に『高勝率トレード学のススメ』『ラリー・ウィリアムズの短期売買法【第２版】』『コナーズの短期売買戦略』『続マーケットの魔術師』『続高勝率トレード学のススメ』『ウォール街のモメンタムウォーカー』『グレアム・バフェット流投資のスクリーニングモデル』『勘違いエリートが真のバリュー投資家になるまでの物語』『Ｒとトレード』『完全なる投資家の頭の中』『３％シグナル投資法』『投資哲学を作り上げる　保守的な投資家ほどよく眠る』『システマティックトレード』『株式投資で普通でない利益を得る』『成長株投資の神』『ブラックスワン回避法』『市場ベースの経営』『金融版 悪魔の辞典』『世界一簡単なアルゴリズムトレードの構築方法』『新装版 私は株で200万ドル儲けた』『リバモアの株式投資術』『ハーバード流ケースメソッドで学ぶバリュー投資』『システムトレード 検証と実践』など、多数。

■訳者紹介

藤原玄（ふじわら・げん）

1977年生まれ。慶應義塾大学経済学部卒業。情報提供会社、米国の投資顧問会社在日連絡員を経て、現在、独立系投資会社に勤務。業務のかたわら、投資をはじめとするさまざまな分野の翻訳を手掛けている。訳書に『なぜ利益を上げている企業への投資が失敗するのか』『株デビューする前に知っておくべき「魔法の公式」』『ブラックスワン回避法』『ハーバード流ケースメソッドで学ぶバリュー投資』（パンローリング）などがある。

2017年８月３日　初版第１刷発行

ウィザードブックシリーズ㉕①

堕天使バンカー
――スイス銀行の黒い真実

著　者　ブラッドレー・C・バーケンフェルド
監修者　長尾慎太郎
訳　者　藤原玄
発行者　後藤康徳
発行所　パンローリング株式会社
〒160-0023　東京都新宿区西新宿 7-9-18-6F
TEL 03-5386-7391　FAX 03-5386-7393
http://www.panrolling.com/
E-mail　info@panrolling.com
編　集　エフ・ジー・アイ（Factory of Gnomic Three Monkeys Investment）合資会社
装　丁　パンローリング装丁室
組　版　パンローリング制作室
印刷・製本　株式会社シナノ

ISBN978-4-7759-7221-2

関 連 書

ウィザードブックシリーズ 227

ウォール街のモメンタムウォーカー

定価 本体4,800円+税　ISBN:9784775971949

モメンタムは持続する！

効率的市場仮説は経済理論の歴史のなかで最も重大な誤ちの1つである市場状態の変化をとらえ、低リスクで高リターンを上げ続ける戦略。200年以上にわたるさまざまな市場や資産クラスを調べた結果、1つの事実が明らかになった。それは、「モメンタムは常にアウトパフォームする」ということである。しかし、ほとんどの投資家はメリットを見いだし、活用する方法を分かっていない。今まではそうだったが、これからは違う！　個人投資家だろうが、プロの投資家だろうが、レラティブストレングスと市場トレンドの大きな変化のなかで常に利益を上げ続けることを可能にしてくれるものだ。

ウィザードブックシリーズ 224

40兆円の男たち

定価 本体2,800円+税　ISBN:9784775971840

数百億円から数千億円の報酬を得るマネジャーたち

本書はヘッジファンド業界の舞台裏を暴く最高の書である。ヘッジファンドのマネジャーはポジションの評価を行ったりファンドの利益を増やそうと考えるときに、どのような投資基準で判断を下し、そしてどのような戦略を使っているのか――これまで語られなかった内容を、大物のマネーマネジャーたちが自らの言葉で語っている。

ウィザードブックシリーズ 152

黒の株券

定価 本体2,300円+税　ISBN:9784775971192

バフェットとの昼食権を25万ドルで取得したバリュー系ヘッジファンドの創始者の壮絶な戦い！

本書は、読者の心をわしづかみにするような現在進行形の武勇伝を時系列でまとめたもので、60億ドルを運用するヘッジファンドのグリーンライト・キャピタルがどのように投資リサーチを行っているのか、また悪徳企業の策略とはどんなものなのかを詳述している。読み進めていくうちに、規制当局の無能な役人、妥協する政治家、ウォール街の上得意先が違法行為にさらされないようにと資本市場が築いたバリケードを目の当たりにするだろう。

関連書

ウィザードブックシリーズ 243

金融版 悪魔の辞典

定価 本体2,000円+税　ISBN:9784775972120

魑魅魍魎がうごめく世界を生き抜くためのガイドブック

本書は、破綻すると分かっている住宅ローンや、恐ろしいほど高いリスクや、つぶすには大きすぎる銀行を私たちに押し付けてきた金権主義者や官僚を痛烈に皮肉り、批判し、揶揄している。本書は、複雑で、不条理で、尊大なウォール街から、単純な真実と、分かりやすい警告を導き出してくれている。

ウィザードブックシリーズ 230

勘違いエリートが真のバリュー投資家になるまでの物語

定価 本体2,200円+税　ISBN:9784775971994

バフェットとのランチ権を65万ドルで買った男！

本書は、生意気で自己中心的だった若い銀行家が驚くべき変身を遂げて、自分のルールで運用するヘッジファンドマネジャーとして大成功を収めるまでの記録である。この物語には、投資やビジネスや大金がかかった判断に関することについて多くの驚くような洞察があふれている。

ウィザードブックシリーズ 226

アメリカ市場創世記

定価 本体2,200円+税　ISBN:9784775971932

ウォール街が死んだ日の迫真のノンフィクション

ビジネス作家のなかでも傑出した一人であるジョン・ブルックスが、史上最もよく知られた金融市場のドラマである1929年の世界大恐慌とその後遺症の雰囲気を完璧に伝えているのが本書である。遠い昔々のことと思っている現代の読者にとっても身近で興味深い話題が満載されている。

ウィザードブックシリーズ 241

ブラックスワン回避法

定価 本体2,800円+税　ISBN:9784775972106

「損をして、得を取る」オーストリア学派の道教的迂回戦略

直接的な結果よりも、間接的な手段を獲得することを目的とした優位性（彼はこれを「勢」と呼ぶ）を狙う「迂回」アプローチこそが勝利をもたらすのだ。重要なのは、時間のとらえ方を変えることだ。一般的な感覚とはまったく異なる異時点的な次元で時間をとらえることになる。